Die Finanzierung unserer Zukunft

Stefan Brunnhuber

Die Finanzierung unserer Zukunft

Wie wir mit einer digitalen Parallelwährung
die Welt retten, unsere Gemeingüter
finanzieren und die Nachhaltigkeitsziele
erreichen

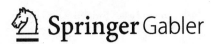

Stefan Brunnhuber
Dresden, Deutschland

Dieses Buch ist eine Übersetzung des Originals in Englisch "Financing Our Future" von Brunnhuber, Stefan, publiziert durch Springer Nature Switzerland AG in 2021. Die Übersetzung erfolgte mit Hilfe von künstlicher Intelligenz (maschinelle Übersetzung durch den Dienst DeepL.com). Eine anschließende Überarbeitung im Satzbetrieb erfolgte vor allem in inhaltlicher Hinsicht, so dass sich das Buch stilistisch anders lesen wird als eine herkömmliche Übersetzung. Springer Nature arbeitet kontinuierlich an der Weiterentwicklung von Werkzeugen für die Produktion von Büchern und an den damit verbundenen Technologien zur Unterstützung der Autoren.

ISBN 978-3-031-19624-9   ISBN 978-3-031-19625-6 (eBook)
https://doi.org/10.1007/978-3-031-19625-6

Die Deutsche Nationalbibliothek verzeichnet diese Publikation in der Deutschen Nationalbibliografie; detaillierte bibliografische Daten sind im Internet über http://dnb.d-nb.de abrufbar.

Planung/Lektorat: Carina Reibold
Springer Gabler ist ein Imprint der eingetragenen Gesellschaft Springer Nature Switzerland AG und ist ein Teil von Springer Nature.
Die Anschrift der Gesellschaft ist: Gewerbestrasse 11, 6330 Cham, Switzerland

Isaac Newton hat einmal gesagt: „Wenn ich weitergesehen habe als andere, dann nur, weil ich auf den Schultern von Riesen stand."

Jede Generation pflanzt die Samen, die von der nächsten Generation geerntet werden.

Dieses Buch ist Bernard Lietaer (7. Februar 1942–4. Februar 2019) gewidmet, auf dessen Schultern wir stehen, wenn wir uns mit der Zukunft des Geldes und der Nachhaltigkeit befassen, und dessen Wissen jetzt Früchte trägt.

Vorwort

Mit diesem Buch soll eine Debatte angestoßen werden, die in der Finanzökonomie bisher nicht stattgefunden hat. Wir haben uns auf eine monetäre Monokultur verlassen, um die globalen Gemeingüter zu finanzieren und zu regulieren. Trotz aller intellektuellen und mathematischen Auseinandersetzungen läuft die Debatte letztlich auf Austerität auf der einen Seite und Stimulierung, Regulierung und Umverteilungsbemühungen auf der anderen Seite hinaus. Keine der offiziellen akademischen Positionen befasst sich wirklich mit der Natur des Geldsystems selbst und seinen negativen Auswirkungen auf die Nachhaltigkeit. Wir haben es also versäumt, eine Antwort auf die Frage zu finden, wie wir Gemeingüter und unsere Zukunft wirklich finanzieren können. Ein Beispiel dafür ist die aktuelle Debatte über die UN-Ziele für nachhaltige Entwicklung (SDGs) sowie die Finanzierung unserer Allgemeingüter.

Der vorliegende Text plädiert für die Einführung eines neuen Finanzmechanismus, um die SDGs umsetzen und unsere Gemeingüter sichern zu können. Die Argumente gehen über Regulierungsbemühungen und kofinanzierte Umverteilung weit hinaus.

Ein subtiler, aber wesentlicher Unterschied zu anderen vorgeschlagenen Ideen besteht darin, dass wir zwar anerkennen, dass es eine Vielzahl von Beschränkungen und Zwängen gibt, die wir in diesem Text erläutern werden, dass wir aber keine „idealtypische" Lösung für das Finanzsystem vorschlagen (solche Lösungen sind dazu verdammt, bloße theoretische Vorschläge zu bleiben). Wir plädieren vielmehr für einen praktischen nächsten Schritt in der Entwicklung unseres Geldsystems, der unsere Chancen maximiert, unsere gemeinsame Zukunft in den nächsten 15 Jahren zu finanzieren. Die Vorteile dieses oder eines ähnlichen hier vorgeschlagenen Mechanismus' sind vielfältig: Erstens könnte er relativ kostengünstig, schnell und gezielt umgesetzt werden. Zudem hätte er eine antizyklische, antiinflationäre und resiliente Wirkung auf unser Handels- und Zahlungssystem. Außerdem baut er auf Erkenntnissen der Systemtheorie auf und baut damit Brücken zwischen den verschiedenen ökonomischen Schulen. Darüber hinaus werden Erkenntnisse aus den Lebenswissenschaften der Neurobiologie, der klinischen Psychologie und der Sozialpsychologie berücksichtigt, um dem realen menschlichen Verhalten jenseits des

„homo oeconomicus" Rechnung zu tragen. Und schließlich werden wir uns mit dem Ausmaß, dem Umfang und der Bedeutung der bevorstehenden globalen Herausforderungen und seiner finanzökonomischen Seite befassen. Kurz gesagt: Dieses Buch plädiert für eine neue Art des Denkens in Bezug auf die Neugestaltung und Schaffung eines monetären Ökosystems, um die Welt zu einem besseren Ort zu machen.

Dresden, Deutschland   Stefan Brunnhuber

Das Team von TAO of Finance

Die Weltakademie für Kunst und Wissenschaft (WAAS) hat in den letzten Jahren mehrere Dutzend Konferenzen, Tagungen, Anhörungen und Podiumsdiskussionen zum Thema „Wie können wir unsere Zukunft finanzieren?" organisiert. Die folgenden Mitglieder haben wesentlich dazu beigetragen, das in diesem Text dargelegte Hauptargument zu ändern, zu verbessern und zu kritisieren. Obwohl ich die volle Verantwortung übernehme, wären die Ergebnisse nicht möglich gewesen ohne den Beitrag und die Unterstützung des gesamten „TAO-Teams":

Zbigniew Bochniarz
Katalin Boto
Mariana Bozesan
Tomas Björkman
Alexander N. Tschumakow
Emil Constantinescu
Wouter van Dieren
Frank Dixon
Dragan Djuricin
Michael Dorsey
Ian Dunlop
Rodolfo Fiorini
Garry Jacobs
Hazel Henderson
Erich Hödl
Charly Kleissner
Jan Kregel
Ketan Patel
Mila Popowitsch
Stefan Schepers
Walter Stachel
Stephanie Tache
Tibor Todt

Ein Bericht an die Weltakademie für Kunst und Wissenschaft

Impressum

Autor: Stefan Brunnhuber & das TAO of Finance-Team
Entwurf: Wolf & Team (FFHD)-Alistair Bell
Sprache: Margaret Hiley, Karoline Kuhn
Literatur/Referenzen: Sarah Heincke & Susanne Haase

Worum es in diesem Buch geht: Finanzen-Zukunft-Gleichgewichte und der Rest

Wenn wir die Welt erforschen und über uns selbst nachdenken, erkennen wir, dass wir nie genug wissen und uns oft auf die Erkenntnisse früherer Generationen und verschiedene Praktiken aus anderen Teilen der Welt verlassen müssen. Wir begreifen auch, dass niemand jemals zu 100 % im Unrecht ist. Folglich beginnen wir, die Meinungen anderer zu verteidigen und für sie zu kämpfen, auch wenn wir sie nicht teilen. So entsteht gegenseitige Toleranz, die in Zeiten erforderlich ist, in denen die Demokratie, unsere Gesellschaft, der Planet und unsere Zukunft auf dem Spiel stehen – wie es jetzt der Fall ist.

In der Beziehung zwischen der wissenschaftlichen Gemeinschaft und der Gesellschaft als Ganzes gab es Zeiten, in denen einzelne Disziplinen bedeutende Beiträge zum Fortschritt der Menschheit leisteten. Die Entdeckungen des Periodensystems, des Mendelschen Gesetzes, der Vitamine und der Struktur der DNA sind einige Beispiele dafür. Im Bereich der Sozialwissenschaften sind dies der Keynes-Multiplikator und die negative Einkommensteuer, im Bereich der Verhaltens- und Neurowissenschaften der konditionierte Reflex von Pawlow und die Motivationshierarchie von Maslow.

Es gab auch Zeiten, in denen verschiedene Disziplinen gleichzeitig, aber unabhängig voneinander dieselben Einsichten, Naturgesetze oder ähnliche Muster in unserer sozialen Welt entdeckten. Der Physiker Werner Heisenberg sagte bekanntlich, dass die fruchtbarsten und kreativsten Entwicklungen im menschlichen Denken an Punkten in der Geschichte stattfanden, an denen zwei unterschiedliche Denkrichtungen aufeinandertrafen. Diese Linien können ihre Wurzeln in ganz unterschiedlichen Disziplinen, Kulturen, geschichtlichen Epochen oder religiösen Überzeugungen haben. Wenn sie aufeinandertreffen und miteinander interagieren, führt dies zu einem tieferen Verständnis, einer neuen Entwicklung oder einem Wandel zum Nutzen der Menschheit. Wir leben gegenwärtig an einem solchen Punkt.

Zum ersten Mal in der Geschichte verändert der Mensch die Welt grundlegend, unter anderem durch die Übernutzung von Land, die globale Erwärmung, die Zerstörung der biologischen Vielfalt und die atomare Aufrüstung. Der Mensch sitzt jetzt sozusagen auf dem Fahrersitz und bestimmt das Schicksal des Planeten. Daher auch der Name des neuen geologischen Zeitalters, in dem wir uns befinden: das „Anthropozän" (P. Crutzen).[1] In der vorangegangenen Epoche, dem „Holozän", haben wir derartige Begrenzungen nicht wirklich erlebt und konnten daher exponentiell denken handeln und wachsen. Diese Denkweise hat ihren Endpunkt erreicht und wir sehen uns nun mit relativen und absoluten Grenzen konfrontiert. Die Umweltwissenschaft hat mindestens neun planetarische Grenzen identifiziert. Dies ist jedoch nur die Hälfte der Geschichte. Zusätzlich zu diesen externen Grenzen sind wir auch mit internen Grenzen konfrontiert – Grenzen in der Art und Weise, wie wir unter den Bedingungen der Unsicherheit denken und handeln. Dazu gehören die Tendenz zur Risikoaversion, die Grenzen unseres Denkrahmens, die Ausrichtung auf Kurzfristigkeit sowie eine verzerrte Wahrnehmung von Zusammenhängen und Kausalitäten. Wir brauchen also eine neue Denkweise, wenn wir die Probleme des Anthropozäns lösen wollen. Eine neues Denken, welches uns auch in die Lage versetzt, unser vermeintlich sakrosanktes Geldsystem zu hinterfragen.

Dies ist kein Buch über eine neue Geldtheorie. Es erforscht die Parallelen zwischen östlichen Philosophien und Ideen im westlichen Wirtschaftsdenken. Es ist eine Art „TAO der Finanzen". Es verspricht sowohl ein besseres Verständnis des wirtschaftlichen Prozesses im Allgemeinen als auch die Verbindung zu einer nachhaltigeren Zukunft. Nach der Enttäuschung über das westliche Denken und die westlichen Wirtschaftsmodelle in der Finanzkrise 2008 müssen wir die wirtschaftlichen und monetären Prozesse aus einer völlig anderen Perspektive betrachten. Östliches Denken und der Taoismus bieten einen vielversprechenden Ansatz, um wirtschaftliche Aktivitäten in der Ära des Anthropozäns zu gestalten.

Das Ziel dieses Buches ist die Interaktion zwischen zwei Bereichen – Finanzen und Nachhaltigkeit – anhand der Informationen, die uns heute zur Verfügung stehen. Ich bin nicht nur Psychiater und Chefarzt eines psychiatrischen Krankenhauses, sondern habe auch als Universitätsprofessor im Bereich der Wirtschafts- und Finanzforschung gearbeitet und bin seit über zwei Jahrzehnten in der Beratung von Unternehmen und Institutionen tätig. Nachdem ich einige Zeit in China und Ägypten verbracht hatte, begann ich mich für die östlichen Entsprechungen zu den überlieferten mystischen Traditionen des Westens zu interessieren. Ich bin überzeugt, dass die Konzepte und die Philosophie des Taoismus uns ein tieferes Verständnis dafür vermitteln, wie Finanzen der Menschheit und dem Planeten wirklich nutzen können. Östliche Denkweisen öffnen einen ganzheitlicheren Blick auf den Wirtschaftsprozess und die Auswirkungen des Geld- und Finanzsystems. Dieses Buch versucht, ein Beispiel für diese Wechselwirkungen zu geben, das einige Bereiche berührt, die die Menschheit derzeit vor ihre größten Herausforderungen stellen: Geld, Nachhaltigkeit und unsere gemeinsame Zukunft.

Dieses Buch richtet sich an eine allgemeine Leserschaft mit einem doppelten Interesse an östlichem Denken, insbesondere am Taoismus, und Finanzen. Es sind jedoch keine Vorkenntnisse im Finanzwesen erforderlich, um es zu verstehen. Die wichtigsten Konzepte und Theorien werden in nicht-technischer Sprache und ohne mathematische Gleichungen dargestellt. Dennoch hoffe ich, dass sich unter den

---

[1] Crutzen (2016) und Stoermer (2000).

Lesern auch einige Personen befinden, die über Fachwissen in den Bereichen Finanzen und Geldtheorie oder Politik, aber vielleicht noch nicht mit der religiösen Philosophie des Ostens in Berührung gekommen sind. Einige Elemente des Taoismus gewinnen bereits an Bedeutung, zum Beispiel durch ein eher zyklisches Verständnis unserer Realwirtschaft. Wir konzentrieren uns inzwischen auf die Kaskadenökonomie, bei der Ressourcen immer wieder verwendet werden; wir denken über zyklische und Recyclingprozesse nach, die eine geringere Ausschöpfung der Ressourcen ermöglichen; und wir beginnen, eine ganzheitlichere Perspektive anzustreben, die die gesamte Wertschöpfungskette und die damit verbundenen Kosten in Betracht zieht. Und das ist noch nicht alles, wie in diesem Buch erläutert wird.

Der Haupttext ist so geschrieben, dass er für jeden zugänglich ist, der ein Bankkonto hat, schon einmal eine Finanztransaktion getätigt hat oder einfach nur einkaufen gegangen ist. Er richtet sich aber auch an professionelle Akteure in diesem Bereich. Sie könnten der CEO eines Global Players sein, ein Investmentbanker, ein Daytrader, bei einer Versicherungsgesellschaft oder in den Bereichen Financial Engineering oder Derivate tätig sein. Sie könnten Rechtsanwalt sein, in der Beratungsbranche arbeiten, als Lobbyist tätig sein oder eine Position in der Regulierung unseres Geldsystems innehaben. Auch Menschen, die in Buchhaltung, Philanthropie oder im Bereich der öffentlichen Finanzen arbeiten, sind angesprochen. Auch wenn Sie Makro-Händler sind, im Bereich Long/Short Equity tätig sind, Hochfrequenz-Händler sind oder einen Hedge-Fonds, Risikokapital- oder Private-Equity-Fonds verwalten, können Sie vom Gedanken des „Tao der Finanzen" profitieren. Wenn Sie einen MBA in Wirtschaft oder Finanzen haben oder eine akademische Laufbahn im Bereich der Makroökonomie anstreben, wird dieses Buch Ihnen vielleicht eine zusätzliche Perspektive bieten. Wir alle sind in irgendeiner Form im Finanzsystem unterwegs, haben aber unterschiedliche Anreize, widersprüchliche Interessen und gegensätzliche Vorstellungen von Wirtschaft, Finanzen und der Zukunft. Und so kann dieses Buch uns allen spannende und bisher vielleicht übersehene Einblicke in die Art und Weise bieten, wie wir unsere Zukunft finanzieren können.

Literatur

Crutzen, P. (2002). Geology of Mankind. Nature 415(23), 23.

Crutzen, P. J., & Stoermer, E. F. (2000). The Anthropocene. Global Change Newsletter 41, 17–18.

Inhaltsverzeichnis

Über den Autor

Stefan Brunnhuber Stefan Brunnhuber ist gelernter Automechaniker, studierte Medizin und Sozioökonomie im Tandem, Schüler von Sir R. Dahrendorf und Mitglied der FDP, über 12 internationale Gastprofessuren (Medizin, Finanzen, Nachhaltigkeit), zwei Facharztausbildungen. Er vereint ein breites Wissen aus sehr unterschiedlichen Fachrichtungen zu transformativen Lösungsansätzen, welche sich vor allem mit dem Geld- und Finanzsystem beschäftigen. Er ist Ökonom und Psychiater, Mitglied des Club of Rome und Mitglied der Europäischen Akademie der Wissenschaften, Mitglied der Lancet-Kommission und jetzt im Beirat ‚Sustainable Finance' der Bundesregierung. Er promovierte in Medizin und Sozioökonomie an den Universitäten Konstanz und Würzburg, sowie Habilitation an der Universität Würzburg. Hauptberuflich ist er ärztlicher Direktor der Diakonie-Kliniken für Integrative Psychiatrie sowie Professor für Psychologie und Nachhaltigkeit an der Hochschule Mittweida in Sachsen. Als Vollmitglied des Club of Rome und Kuratoriumsmitglied der World Academy of Art and Science ist er seit zwei Jahrzehnten im Bereich Finanzen und Nachhaltigkeit als Vortragsredner und Berater für Institutionen, Regierungen und Unternehmen tätig. Das von ihm entwickelte Konzept für eine digitale Parallelwährung soll gezielt die Nachhaltigkeitsziele der UN (SDGs) finanzieren. Diese Gedanken sind in einen Bericht an die World Academy of Art and Science eingeflossen, welche diesem Buch zugrunde liegen.

Abbildungsverzeichnis

Liste der Schaubilder

Tabellenverzeichnis

Kapital 1
Ein neues Narrativ für das Zeitalter des Anthropozäns: Über Grenzen, Verflechtungen und die globalen Gemeingüter

1.1 Eine kühne Behauptung für den Anfang

Stellen Sie sich einen Mechanismus, einen Denkprozess, ein kollektives Verhalten oder eine soziale Erfindung vor, die das Potenzial hat, die absolute Armut auf der Welt innerhalb von 18 Monaten zu überwinden. Ein Mechanismus, der zum Schutz der biologischen Vielfalt führt, die globale Erwärmung begrenzt, den Wasserverbrauch reduziert, Betrug und illegale Finanztransaktionen eindämmt und gleichzeitig die Schulbildung erweitert, den Zugang zur Gesundheitsversorgung verbessert und den globalen Frieden fördert – alles in einem. Stellen Sie sich vor, dass dieser Prozess durch alternative monetäre Kanäle schneller und einfacher beschleunigt wird als durch ein langwieriges Genehmigungsverfahren der Global Governance; stellen Sie sich vor, dass das alles in weniger als sechs Monaten mit weniger als 250 Mitarbeitern beginnen könnte. Stellen Sie sich einen Mechanismus vor, der Milliarden und Abermilliarden von Menschen auf diesem Planeten in die Lage versetzt, sich selbst und ihr Umfeld zu ernähren und sich besser um die Umwelt zu kümmern – alles auf einmal und ständig.

Und stellen Sie sich vor, dass dies mit Hilfe neuer Technologien und einem gleichzeitigen Wandel in unserer Denkweise erreicht wird. Plötzlich verwandeln sich die unüberwindbaren Probleme der fortschreitenden Umweltzerstörung und des unendlichen menschlichen Leids in Ziele und Herausforderungen, die wir als Menschen zu bewältigen in der Lage sind. Stellen Sie sich das nur einmal vor.

1.2 Eine neue Denkweise

Die Voraussetzung für die Einführung eines solchen revolutionären Mechanismus ist ein grundlegendes Umdenken. Nicht die linke oder rechte, keynesianische oder österreichische, marxistische, institutionelle oder verhaltensorientierte Wirtschafts-

© Der/die Autor(en), exklusiv lizenziert an Springer Nature Switzerland AG 2023
S. Brunnhuber, *Die Finanzierung unserer Zukunft*,
https://doi.org/10.1007/978-3-031-19625-6_1

lehre wird bestimmen, wie wir unsere Zukunft richtig finanzieren. Vielmehr ist es die Art und Weise, wie wir denken, die Welt wahrnehmen und bewerten, die den Unterschied ausmachen wird. Und es ist leicht, sich in den falschen Frames zu verlieren, die uns die falschen Geschichten erzählen, gestützt durch schlechte interdisziplinäre Beweise, die dann zu falschen politischen Entscheidungen führen.[1]

Erst wenn wir anfangen, empirische Erkenntnisse aus der Systemtheorie, der Neurobiologie und der klinischen und sozialen Psychologie zu berücksichtigen, können wir anfangen, uns ein völlig anderes Geldsystem vorzustellen. Anstatt dem Paradigma des Wirtschaftswachstums an erster Stelle und der teilweisen Umverteilung von Einnahmen durch Steuern, Gebühren oder Philanthropie zur Finanzierung von Gemeingütern an zweiter Stelle zu folgen, plädieren wir dafür, ein paralleles optionales Geldsystem zu entwerfen, das besser mit der Natur der globalen Gemeingüter und unserer gemeinsamen Zukunft vereinbar ist. Unser Denken muss kühn, tiefgreifend und weitreichend sein, wenn wir ein neues Gleichgewicht im bestehenden Finanzsystem erreichen wollen, um unsere gemeinsame Zukunft zu sichern.

1.3 Leben im Anthropozän: Verflechtungen innerhalb von Grenzen

1.3.1 Die wichtigsten Merkmale des Anthropozäns

Wir leben heute im Zeitalter des Anthropozäns, einer Epoche, in der menschliche Aktivitäten zum dominierenden Einfluss auf das Klima und die Umwelt geworden sind.[2] Dieses Zeitalter ist vor allem durch fünf Faktoren gekennzeichnet. Erstens: Solange wir uns nicht erfolgreich anpassen, leben wir jetzt innerhalb quantifizierbarer und messbarer planetarischer Grenzen, die verschiedene geoökologische Kipppunkte aufweisen. Sind diese Grenzen einmal überschritten, gibt es kein Zurück mehr zum vorherigen Zustand. Zweitens leben wir in einem Zustand ständiger Ver-

---

[1] P. Ehrlichs „Bevölkerungsbombe" (1968), die irreführende Interpretation und Rezeption der „Grenzen des Wachstums" Meadows et al. (1972), das „De-Growth-Argument", wonach wir die wirtschaftlichen Aktivitäten einschränken und dabei zwei Drittel der Weltbevölkerung außen vor lassen müssen, oder das „Material-Footprint-Argument", wonach der Planet sein Maximum an Ressourcenentnahme bei 50 Gt pro Jahr erreicht, sind nur einige von vielen Beispielen dafür, wie leicht wir uns in die Irre führen lassen und falsche Schlussfolgerungen ziehen. Hunger und Armut sind massiv zurückgegangen, das Modell des Club of Rome hat sich bewährt, „Armut ist immer noch der größte Umweltverschmutzer" (M. Ghandi) und für das Maximum der Ressourcenentnahme gibt es einfach keine empirischen Belege. Wenn wir anfangen, die menschliche Kreativität, den Unternehmergeist, die technologische Innovation, die Wissenschaft und die menschliche Fähigkeit zur klugen Anpassung an neue Herausforderungen ernst zu nehmen, muss die gesamte Geschichte unserer gemeinsamen Zukunft neu geschrieben werden.

[2] Crutzen, Paul, 2002. „Geologie der Menschheit". *Natur* 415: 23.

flechtung von allem und überall.[3] Drittens zwingt uns die zunehmende Komplexität unserer Welt dazu, mit größerer Unsicherheit und Mehrdeutigkeit zu arbeiten. Viertens: Das Wachstum unserer Wirtschaft auf Kosten des Ökosystems führt zu nichtlinearen, komplexen Rückkopplungsschleifen.[4] Wir müssen lernen, einzelne Ursache-Wirkungs-Beziehungen aufzugeben und sie durch zirkuläre Prozesse zu ersetzen, die sich gegenseitig verstärken, verzögern oder bremsen. Und schließlich haben seit 1950 die meisten – wenn nicht alle – menschlichen Aktivitäten und ihre Auswirkungen auf die geophysikalischen Komponenten unseres Planeten in einer so genannten „großen Beschleunigung" exponentiell zugenommen. Um es gleich zu Beginn unserer Studie genauer zu sagen: Nicht die Menschheit, sondern die „wenigen Reichen belasten den Planeten" (Raworth, 2012). Und wir haben es mit einer Situation zu tun, in der 99 % aller Veränderungen auf dem Planeten von nur 1 % der Ereignisse ausgelöst und verursacht werden.[5]

Das Leben im Anthropozän bedeutet jedoch nicht, dass die bevorstehenden Entwicklungen und Anpassungen unüberwindbar wären oder nur einem Naturgesetz folgen. Sie sind kein Mysterium. Im Gegenteil: Zum ersten Mal in der Geschichte sitzt der Mensch auf dem Fahrersitz und bestimmt sowohl seine eigene Zukunft als auch die des Planeten. Unser Schicksal ist nicht unausweichlich, aber wir sind es, die entscheiden müssen, in welcher Zukunft wir leben wollen. Kurz gesagt: Alles könnte anders sein (Abb. 1.1).[6]

Die fünf Faktoren, die das Anthropozän kennzeichnen, haben ihren Ursprung im Jahr 1750 mit der Erfindung der Dampfmaschine, gefolgt vom Haber-Bosch-Verfahren und dann der Erfindung von Antibiotika. Seit 1950 haben sich die meisten menschlichen Aktivitäten mit negativen Nebeneffekten und die daraus resultierenden geophysikalischen Auswirkungen exponentiell entwickelt. Seit den 1990er-Jahren sind die Schäden, die durch negative soziale und ökologische Externalitäten wie den Verlust der biologischen Vielfalt, das Abschmelzen der Eiskappen, erzwungene Migration, noch nie dagewesene Einkommens- und Wohlstandsunterschiede und zunehmende asymmetrische Kriege verursacht werden, zu einer

---

[3] Dies wird auch als *Paradoxon der kleinen Welt bezeichnet*: In einer Welt, in der alles miteinander verbunden ist, sehen wir uns bereits in der kleinen Welt um uns herum mit Komplexität konfrontiert. Die Dinge werden hyperkomplex und wir verlieren den Überblick darüber, wie wir in unseren täglichen Routinen handeln und reagieren sollen (Perkins, 2014). Die einzige Möglichkeit, diese Komplexität in der äußeren Welt zu überwinden, besteht darin, die Komplexität in unseren Köpfen zu erhöhen.

[4] Solche *großen Loops* erfordern eine Form der Anpassung zweiter Ordnung, die sich völlig von der Anpassung erster Ordnung an eine Umwelt unterscheidet. Irreversible nichtlineare Kipppunkte und asymmetrische Schocks, die selbst diejenigen treffen, die alles „richtig" gemacht haben, zwingen uns dazu, unsere Risikobewertung in einer Welt, in der alles miteinander verbunden ist, neu zu gestalten.

[5] Siehe Rathi (2017); dies bezieht sich auch auf die sogenannte 10:50-Regel: 10 % der reichsten Menschen auf diesem Planeten benötigen über 50 % der Ressourcen; siehe auch Otto, Kim, Dubrovsky und Lucht (2019).

[6] Komplexität und Vernetzung gab es in der Menschheitsgeschichte schon immer, aber jetzt werden sie verstärkt, vergrößert und katalysiert, vor allem durch die Informationstechnologie, unseren Lebensstil und die schiere Anzahl der auf diesem Planeten lebenden Menschen.

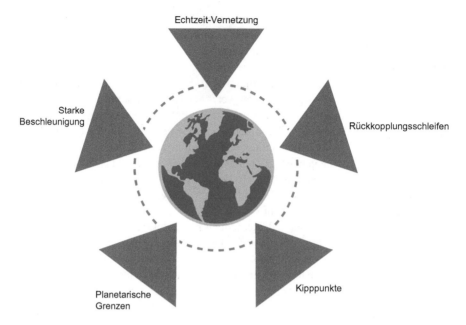

Abb. 1.1 Leben im Anthropozän – Kipppunkte – planetarische Grenzen – Verflechtungen – Rück-kopplungsschleifen

finanziellen Belastung geworden, für die wir aufkommen und die wir in unseren Budgets berücksichtigen müssen (Abb. 1.2).[7]

---

[7] Im Zeitalter des Anthropozän wird jede Tatsache zu einer normativen Aussage, weil wir gezwungen sind, über Zusammenhänge und Grenzen nachzudenken. Traditionelle Gegensätze wie Materie und Geist, Individuum und Gesellschaft, Gesellschaft und Natur erhalten eine moralische und ethische Dimension. Solange wir es uns leisten konnten, in isolierten Einheiten zu denken, galt noch der natürliche Trugschluss: Aus Fakten lässt sich kein moralischer Imperativ ableiten. Im Anthropozän ist das nicht mehr der Fall. Von nun an sind wir gezwungen, unser Denken und unsere Entscheidungen mit der Realität (den Fakten) in Einklang zu bringen. Wenn wir zum Beispiel einen Anstieg der globalen Temperatur oder einen Verlust der biologischen Vielfalt untersuchen, müssen wir eine normative Aussage dazu treffen. Diese Erkenntnis hat erhebliche Auswirkungen auf verschiedene Disziplinen: Die Rechtswissenschaft muss eine neue Grenze zwischen privaten und öffentlichen Gütern ziehen und die Verantwortung für das Privateigentum neu bestimmen; die Wirtschaftswissenschaftler müssen lernen, externe Effekte zu quantifizieren und herausfinden, wie sie internalisiert werden können, und beurteilen, inwieweit der freie Markt einen fairen Preis entsprechend ungleicher intra- und inter-generationeller Verteilungsmuster erzeugen kann. In der Politikwissenschaft müssen wir lernen, neue Formen lokaler und globaler Regierungsführung zu erörtern, ihre Verflechtung zu erkennen und kurz- und langfristige Anreize miteinander in Einklang zu bringen. In der Psychologie müssen wir die Komponenten besser verstehen, die uns helfen, unser Verhalten zu ändern, die Auswirkungen ir-rationaler Vorstellungen und die Möglichkeiten der Zusammenarbeit. Ganz allgemein müssen wir verstehen, dass sich die interdisziplinäre Arbeit verändern wird: Wir können nahezu jedes einzelne Objekt aus der Perspektive jeder Disziplin untersuchen.

Abb. 1.2 Überschwingen
und Zusammenbruch
(Seneca-Effekt)

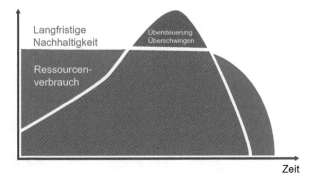

1.3.2 Ein Fünf-Sekunden-Zeitfenster
=====================================

1.3.2 Ein Fünf-Sekunden-Zeitfenster

Das Ausmaß der durch diese negativen externen Effekte verursachten Zerstörung
hat sich jedoch in der fünf Milliarden Jahre währenden Geschichte unseres Planeten nur in einem Zeitraum von fünf Sekunden ereignet. Je mehr Zeit verstreicht,
desto exponentieller steigen die Kosten der Strategien „business as usual", „Ab-
warten" oder „Nichts tun". Tatsächlich werden diese Kosten jedes andere vorhersehbare Szenario in den Schatten stellen, es sei denn, es kommt in naher Zukunft
zu bedeutenden Veränderungen. Betrachtet man diese fünf Sekunden im Kontext
unserer fünf Milliarden Jahre währenden planetarischen Geschichte, eröffnet sich
ein längerfristiger Blick in die Zukunft. Wir sehen, dass wir uns derzeit an einem
Hebelpunkt befinden, an dem frühere Epochen und Zeitalter in einer vielversprechenden Zukunft kulminieren könnten – einer Zukunft, die das Potenzial hat,
eine zweite Achsenzeit oder eine Form der zweiten Aufklärung oder Renaissance
zu werden.[8] Um diese zweite Renaissance zu erreichen, müssen wir unsere Denkweise ändern und eine integralere Form des Bewusstseins erreichen. Eine
Möglichkeit, dies zu erreichen, besteht darin, die Weisheit des Ostens zu integrieren (Abb. 1.3).

---

[8] Historisch gesehen könnte man behaupten, dass es bei der ersten Aufklärung, der ersten Achsenzeit und der ersten Renaissance um eine zunehmende Differenzierung zwischen der äußeren und
der inneren Welt ging, während es bei der zweiten Form der Aufklärung, die wir jetzt erleben, eher
um die Integration der Ergebnisse dieses Differenzierungsprozesses geht. Dies wird manchmal als
die „große Konvergenz" bezeichnet, die auf die „große Beschleunigung" folgt. Bei dieser großen
Konvergenz kommen Politik, Wissenschaft, Religion, Denken und Handeln zusammen und werden miteinander versöhnt. Die stärksten Integratoren in diesem Prozess sind die Informationstechnologie, sprituelle Praktiken und das Leben innerhalb der planetarischen Grenzen in Verbindung mit einer Änderung des Lebensstils. Die „große Konvergenz" beruht auf der Fähigkeit der
Menschen zu größerer Kreativität, bei der das Erkennen von Gemeinsamkeiten wichtiger ist als die
Suche nach dem Ausdruck der Unterschiede (siehe Baldwin, 2016; Von Weizsäcker & Wijkman, 2017).

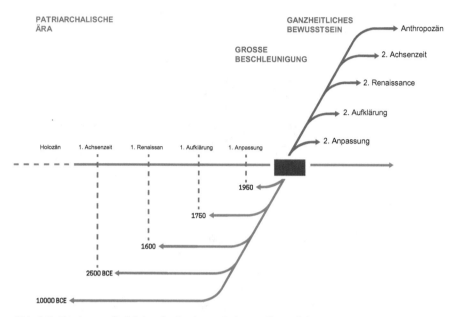

Abb. 1.3 Die letzten fünf Sekunden in einer sehr langen Perspektive

1.3.3   Leben mit der Ungewissheit

Unter dieser neuen Dynamik des Anthropozäns sind selbst diejenigen, die alles „richtig" gemacht haben, den nicht-linearen Rückkopplungsschleifen, asymmetrischen Schocks, unvorhergesehenen disruptiven Veränderungen und unumkehrbaren sozialen und ökologischen Kipppunkten ausgesetzt.[9] Anstelle klarer kausaler Zusammenhänge sehen wir uns nun mit vielfältigen Korrelationen, Bruchstellen und Wahrscheinlichkeiten konfrontiert.[10] Der Mensch kann zwar riechen, schmecken, hören, tasten und sehen, aber er ist nicht in der Lage, exponentielle Entwicklungen zu er-

---

[9] Die Realität existiert jedoch auch ohne Zahlen und Daten. Eine der Leistungen von Nassim Talebs *The Black Swan* (2007) war die Entlarvung des jahrhundertelangen Irrglaubens, dass Menschen in der Lage sind, Unsicherheit zu messen. Der „Schwarze-Schwan-Effekt" bezieht sich auf das Problem, dass wir dazu neigen, statistische Wahrscheinlichkeiten und Sicherheit zu verwechseln. Weisberg (2014) bezeichnet dies treffend als eine Form der „freiwilligen Ignoranz".

[10] Die Frage lautet: Können Finanzexperten die Zukunft besser vorhersehen als normale Bürger? Auf diese Frage gibt es jetzt eine empirische Antwort, die auf 20 Jahren Forschung mit mehreren tausend kontrollierten Studien beruht. Bei einer Zeitspanne von weniger als einem Jahr schneiden die Experten besser ab als der Zufall. Bei Prognosen, die länger als zwei Jahre dauern, erzielen die Experten ähnliche Ergebnisse wie der statistische Zufall. Voraussagen von Normalbürgern mit besonderem Interesse an dem Gebiet sind gleich gut oder besser als Experten. Welche Mechanismen können die Genauigkeit von Prognosen verbessern? Allgemeine Intelligenz ist hilfreich, aber noch wichtiger scheint der „Gruppeneffekt" zu sein. Heterogene Gruppenmuster mit offener Kommunikation, einer niedrigen Hierarchie und einer fehlerfreundlichen Umgebung können den Unterschied ausmachen (siehe Tetlock & Gardner, 2015).

kennen und darauf zu reagieren. Dementsprechend führen diese verschiedenen Phänomene zu einem höheren Maß an Unsicherheit. Da die Ungewissheit unvermeidlich ist, besteht der beste Ansatz darin, sie nicht zu leugnen, sondern einen wirksamen Weg zu finden, mit ihr umzugehen.[11] Die bloße reflexartige Reaktion auf Ungewissheit entbehrt eine kritische und bewußte Auseinandersetzung – sie wird dann entweder zu einem Flucht-/Kampfreflex oder einem Totstellreflex verkommen. Wenn wir den Wert der Ungewissheit auf konstruktive Weise schätzen wollen, müssen wir zunächst einen Schritt zurücktreten und achtsam werden. Es wird hier keine perfekte Lösung und keinen Master-Plan geben, der zu 100 % sicher ist. Wenn wir Ungewissheit wertschätzen wollen, müssen wir zunächst lernen, sie zu tolerieren und sogar anzunehmen; wir müssen uns daran gewöhnen, teilweise die Kontrolle zu verlieren.

1.3.4 Zahlreiche Kipppunkte[12]

Das Leben im Anthropozän bringt also nichtlineare Pfade mit sich, die weit weniger vorhersehbar oder vorhersagbar sind als alles, was wir bisher erlebt haben. In dieser Ära der zunehmenden Kipppunkte können kleine Ereignisse unverhältnismäßig große Veränderungen auslösen. Wie der einzelne Wassertropfen, der einen Eimer zum Kippen und Überlaufen bringt, sind Kipppunkte kritische Schwellen, an denen kleine Veränderungen den Zustand eines ganzen Systems verändern können.[13] Beispiele dafür sind kleine Gruppen von engagierten Menschen, die ein politisches System verändern, oder kleine Veränderungen der globalen Temperatur, die zu erheblichen Umweltveränderungen führen. In großem Maßstab sind sie aufgrund des

---

[11] Wir sind heute wesentlich skeptischer, was die Zukunft angeht, als noch vor 100 oder gar 200 Jahren, obwohl wir mehr wissen als früher. Ein Grund für diese Feststellung ist, dass wir Weisheit und quantifizierbare Informationen verwechseln. Die Aufgabe der Wissenschaft besteht nicht darin, Unwissenheit und Ungewissheit zu beseitigen, da beides unserer äußeren und inneren Realität innewohnt; ihre Aufgabe ist es, konkrete Probleme zu lösen. Die Ungewissheit verschwindet nicht, wenn diese gelöst sind, sondern liefert das Terrain für weitere Fragen.

[12] Solche *sozialen Kipppunkte* treten auf, wenn kleine Veränderungen in der Umwelt große Veränderungen in unserem Verhalten bewirken. Vier Fünftel seiner Lebenszeit teilt der Mensch mit anderen. Deshalb nennen wir unsere Spezies ein *Zoon-Politikon*. Soziale Kipppunkte sind Schwellenwerte oder eine kritische Masse, an denen Minderheiten auf abrupte und nicht-lineare Weise in Mehrheiten umschlagen können. Ein sozialer Kipppunkt spiegelt eine dynamische Veränderung der gesellschaftlichen Konventionen wider. Eine kleine, aber engagierte Minderheit kann kaskadenartige Verhaltensänderungen verursachen und auslösen, und weder Reichtum noch Autorität sind notwendig, um ein etabliertes Verhaltensgleichgewicht zu stören. Dies gilt für Änderungen des Lebensstils, sexuelle Belästigung, Energieverbrauch und öffentliche Unruhen. Am sozialen Kipppunkt bricht das gegebene soziale Gefüge auseinander und verlagert sich von A nach B; die Fähigkeit zur Selbstorganisation oder Autopoiesis ist reduziert, ebenso wie die Fähigkeit, auf externe Schocks zu reagieren. Die Wissenschaft hat den Prozentsatz der Menschen in einer Gruppe ermittelt, der erforderlich ist, um eine solche Veränderung auszulösen. Empirisch gesehen liegt er bei etwa 25 %. Siehe Jasny (2018).

[13] Diese „*Kippstrategie*" wurde erstmals von dem Wirtschaftswissenschaftler Thomas Schelling (1971) untersucht.

Ausmaßes, des Zeitpunkts, der Geschwindigkeit und der Art des neuen Zustands, den solche Dominoeffekte auslösen können, besonders relevant.[14] In der folgenden Tabelle sind die wichtigsten ökologischen und sozialen Kipppunkte zusammengefasst (Tab. 1.1).

Soziale und ökologische Kipppunkte sind miteinander verwoben und können sich gegenseitig verstärken. Mehr als ein Dutzend solcher sogenannten Seneca-Klippen sind wissenschaftlich anerkannt.[15] Wenn wir als Menschen nicht in der Lage sind, kluge Anpassungen vorzunehmen, scheint die Abfolge der Ereignisse nach Erreichen eines Kipppunkts unvorhersehbar zu werden und mehr oder weniger auf Autopilot zu laufen, wobei der Mensch wenig bis gar keine Kontrolle über den nachfolgenden Prozess hat. Die politischen und wirtschaftlichen Kosten der Anpassung an eine Situation nach Erreichen des Kipppunkts sind dann unvorhersehbar (Abb. 1.4).[16]

Zusammengenommen verändern die Realitäten des Anthropozäns unsere Gehirne, unser Denken und unsere Art, Entscheidungen zu treffen und miteinander zu interagieren.[17] Das Anthropozän verändert auch die Art und Weise, wie wir Regierung, Politik und Wirtschaft betreiben. Im Grunde verändert es alles.

---

[14] Im Hinblick auf das Finanzsystem sind der Amazonas und die borealen Wälder von besonderem Interesse. Der Amazonas (der zu zwei Dritteln in Brasilien liegt) speichert bis zu 180 Milliarden Tonnen Kohlenstoff, während die borealen Wälder (70 % in Russland, 23 % in Kanada) über 340 Milliarden Tonnen Kohlenstoff speichern. Diese größten Biome der Erde sind durch die globale Rindfleisch-, Holz-, Soja-, Papier- und Bergbauindustrie bedroht. Jüngste Forschungen gehen davon aus, dass eine Abholzung von 25 % einen Kipppunkt auslösen kann, an dem riesige Mengen an Kohlenstoff freigesetzt werden. Der Finanzsektor hingegen ist stark konzentriert: Nur wenige Unternehmen kontrollieren 50–70 % des Exportwerts. Institutionelle Anleger, die sich langfristig engagieren, sollten ein vitales Interesse am Schutz dieser Biome haben, da die Kosten für die Anpassung an ein Post-Tipping-Point-Szenario unvorhersehbar hoch sein könnten. Siehe Gaffney, Crona, Dauriach und Galaz (2018).

[15] Für eine vertiefte Lektüre siehe Bardi (2017); Gladwell (2000); Meadows, Meadows, Randers und Behrends (1972); Wuebbles et al. (2017); Steffen et al. (2018); Otto et al. (2020).

[16] Eine der zentralen Beschränkungen unseres Gehirns und unseres Verstandes besteht darin, dass wir exponentielle Wachstumsmuster nicht wahrnehmen können. Sie sind nur intellektuell zugänglich und erfordern geistige Anstrengung. Exponentielles Wachstum bedeutet nicht schnelles Wachstum, sondern Wachstum, das aufgrund der zugrunde liegenden Größe unerwartet ist. Wenn ein Baum nach einem Jahr 2,7 mm breit wäre und exponentiell wachsen würde, wäre er nach 20 Jahren über 485 Kilometer breit. Die 72er-Regel ist eine weitere Regel des exponentiellen Wachstums: Sie charakterisiert die Verdopplungszeit einer Investition im Verhältnis zur Wachstumsrate. Wenn die Wachstumsrate 10 % beträgt, verdoppelt sich die Investition in 7,2 Jahren. Unsere jährlich bereinigte Wirtschaftswachstumsrate ist exponentiell, unsere Zinseszinsrate ebenfalls. Nehmen Sie einen Cent und verdoppeln Sie das Ergebnis jeden Tag, und nach 30 Tagen haben Sie 5,3 Millionen USD. Siehe Meadows (2008).

[17] Ein kognitiver Rahmen, der im Anthropozän ersetzt werden muss, ist der Speziesismus oder der so genannte anthropomorphe Rahmen: Diesem Rahmen zufolge sind Tiere und Pflanzen minderwertig und dem Menschen untergeordnet. Wenn wir uns dafür entscheiden, nicht dieser linearen, rückwärtsgerichteten evolutionären Sichtweise zu folgen, sondern stattdessen davon ausgehen, dass Menschen, Tiere und Blumen in parallelen Welten nebeneinander existieren, mit unterschiedlichen Wahrnehmungsformen in der Mikro- und Makrowelt, die über die menschliche Wahrnehmung hinausgehen, würden wir unseren Kindern eine andere Geschichte erzählen.

Tab. 1.1 Wichtige negative ökologische und einige (negative und positive) soziale Kipp-Punkte

Ökologische Kipppunkte	Negative soziale Kipppunkte	Positive soziale Kipppunkte
Boreale Wälder	Migration	Wertänderungen
Korallenriffe	Korruption	Zugang zu objektiven Informationen
El Niño, Südliche Oszillation	Asymmetrische Kriege	Bildung
West- und ostantarktisches Eisschild	Relative Ungleichheit	De-Investitionsstrategien
Amazonas-Regenwald	Arbeitslosigkeit	Siedlungswesen und Bürgerbeteiligung
Grönländisches Eisschild	Mangelnde soziale Mobilität	Disruptive erneuerbare Technologien
Jet-stream	Finanzkrise	Neue soziale Sicherungssysteme
Permafrost	Fehlender Zugang zu Ressourcen zur Deckung der Grundbedürfnisse	Auslaufen der Subventionen für fossile Brennstoffe
Indischer Sommermonsun	Mangel an Sicherheit und Vertrauen	Durchsetzung der Klimapolitik
Alpine Gletscher	Vollständige Transparenz, Kontrolle und fehlende Privatsphäre	Änderungen des Lebensstils
Arktisches Winter-Meereis	Gefühl des Verlusts der Selbstwirksamkeit	Bevölkerungskontrolle

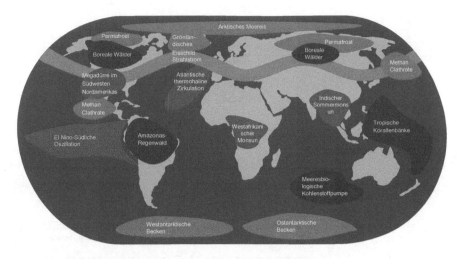

Abb. 1.4 Ökologische Kipppunkte, die sich gegenseitig verstärken

1.3.5   Die Abzweigung des Weges

Da die Systeme im Anthropozän immer instabiler werden, stehen wir an einer kritischen Weggabelung in der Geschichte der Menschheit. Es gibt viele Möglichkeiten – die einzige, die nicht mehr in Frage kommt, ist die Umkehr. Während eine kleine kritische Menge den Wandel anführen kann, ist eine doppelte Strategie erforderlich, bei der es darum geht, die richtigen Wege innerhalb fehlerhafter Strukturen zu erkennen. Traditionelle Geschichten haben keinen Bestand mehr, und die üblichen Formen der Selbstwirksamkeit und des linearen Denkens innerhalb eines bestimmten Weges verlieren ihre Wirkung (Abb. 1.5).

Wenn wir eine langfristige Perspektive einnehmen und Parameter wie die Lebenserwartung oder den Wohlstand ganz allgemein betrachten, waren die Menschen jahrhundertelang, wenn nicht jahrtausendelang, in sogenannten Malthusianischen Zyklen gefangen. Jedes Mal, wenn die Bevölkerung und die Geburtenrate stiegen, ging die Gesamtbevölkerung durch einen Engpass in der Nahrungsmittelversorgung, bei Ernteausfällen und Kriegen wieder zurück. Eine wirkliche Entwicklung gab es nicht. Mitte des 18. Jahrhunderts jedoch änderte sich das grundlegend. Was geschah um 1750–1850? Es war nicht die gesteigerte Ressourceneffizienz oder die Kapitalakkumulation, sondern ein grundlegender Wandel in unserer Denkweise. Es war die Zeit der Aufklärung, in der die Menschen begannen, kritisch und rational zu denken, in der neue Formen der Regierung und der Regulierung in Form von liberalen Demokratien und Recht und Ordnung entstanden, in der grundlegende Menschenrechte aufkamen und die moderne Wissenschaft und Technologie sich durchsetzten. All diese Entwicklungen ereigneten sich *vor* der Kapitalakkumulation und der

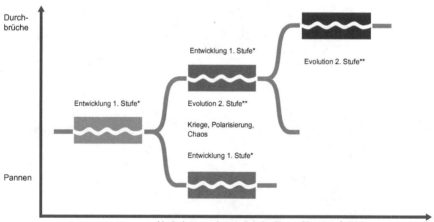

* Veränderungen innerhalb jeder Ebene: Mutation, Selektion, Versuch und Irrtum
** Veränderungen jenseits jeder Ebene: disruptiv, nichtlinear, chaotisch, kritische Masse, Kairos, Doppelstrategie, alles ist möglich

Abb. 1.5 Die Gabelverzweigungen erklären die erforderliche Verschiebung und Veränderung besser als lineare Prozesse

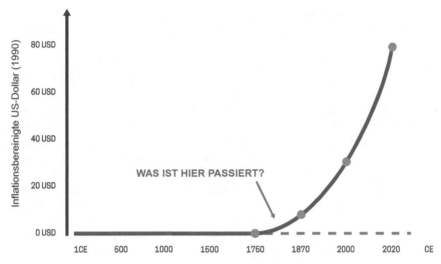

Abb. 1.6 Was ist hier passiert? Es war nicht Kapitalakkumulation oder Ressourceneffizienz, sondern ein Umdenken, das Wohlstand und Wohlfahrt der Menschen auslöste

Ressourcenallokation. Tatsächlich war es dieser Wandel in unserem persönlichen und kollektiven Bewusstsein, der es uns ermöglichte, anders zu denken, zu handeln, wahrzunehmen und uns anders zu verhalten (Abb. 1.6).

1.4 Die Anatomie der westlichen Narrative: Widersprüchliche Geschichten – das Gute und das Hässliche

Was die menschliche Spezies so erfolgreich macht, hat weniger mit individueller Konkurrenzfähigkeit, raffiniertem Werkzeuggebrauch, aufrechtem Gang und Formen abstrakter Intelligenz zu tun als mit der Fähigkeit des Menschen, sich glaubwürdige Geschichten zu erzählen. In den meisten Fällen beziehen sich diese Geschichten nicht auf die objektive natürliche Welt um uns herum, sondern auf eine interaktive, selbst geschaffene Art von zweiter kultureller Realität. Die Geschichten, die wir einander erzählen, erfordern eine Form der Abstraktion, um über die unmittelbaren Fakten, die wir um uns herum wahrnehmen, hinauszugehen. In diesen Erzählungen geht es hauptsächlich um Gott, den Tod, Technik, Naturgesetze, Geld, Macht und Politik. Es ist genau der Glaube an diese fiktiven Geschichten, der den geistigen Rahmen liefert, der es den Menschen ermöglicht, sich zu koordinieren und in großer Zahl zusammenzuarbeiten. Diese koordinierte Form der anonymen Zusammenarbeit hat einen Selektionsvorteil dargestellt. Sie zwingt die Menschen jedoch dazu, sich nicht nur passiv an die Umwelt anzupassen, sondern auch ständig nach einer besseren Welt zu streben. Der Mensch reproduziert sich nicht einfach nur, sondern ist ständig bestrebt, das, was er tut, zu maximieren und zu optimieren. Neugier und Entdeckungen, Wissenschaft und Technologie, die Organisation großer sozialer Gruppen, eine stärkere Spezialisierung der Arbeit in Verbindung mit dem Streben nach Verbesserung unterscheiden uns von Bienen- und Affenpopulationen.[18]

Je kostspieliger und teurer das Narrativ mit der Zeit wird, desto mächtiger ist es. Obwohl dies paradox klingt, rührt es daher, dass wir gezwungen sind, den Opfern und den Verlusten, die durch diese ursprüngliche Erzählung entstanden sind, einen letzten Sinn zu geben, bis eine alternative Geschichte gefunden ist. Ein solches mächtiges Narrativ in der Geldwirtschaft ist „erst endloses Wachstum und dann die Umverteilung des Reichtums". Die meisten Aspekte dieser fiktiven Erzählungen sind entweder falsch oder zumindest unvollständig.[19]

Die Geschichte hat gezeigt, dass es besser ist, eine falsche Geschichte zu haben als gar keine Geschichte. Narrative, selbst wenn sie falsch sind, dienen der Stabilisierung der individuellen und gesellschaftlichen Psyche. Nur die Zeit wird zeigen, ob die fiktive Geschichte über die Zukunft die aktuellen menschlichen Aktivitäten bestätigt, ob sie sich selbst erfüllt oder ob sie selbstzerstörerisch ist.[20]

Solange wir keine alternative Geschichte haben, die wir uns selbst erzählen können, oder keinen anderen mentalen Rahmen, um die Welt um uns herum zu erklären, wird jede Bedrohung unseres Kohärenzgefühls die wissenschaftlichen Fakten außer Kraft setzen. Kurz gesagt: Der mental Frame hat Vorrang vor Fakten. In diesem Sinne geht es in diesem Buch nicht um alternative Fakten, sondern um einen

---

[18] Harari (2014).

[19] Ein Beispiel ist der so genannten *materielle Fußabdruck*: Wieviel Ressourcen verbrauchen wir absolut gesehen weltweit und welchen Anteil haben die einzelnen Regionen daran? Die Frage ist jedoch in vielerlei Hinsicht irreführend und führt zu falschen politischen Anweisungen. Zum einen widersprechen die Berechnungen den empirischen Befunden der Entkopplung. Tatsächlich hat sich die US-Wirtschaft seit 1970 nachhaltig vom BIP des Landes entkoppelt. Darüber hinaus ist sogar der absolute Stromverbrauch seit etwa einem Jahrzehnt vom BIP entkoppelt, und die CO_2 Emissionen sind sogar rückläufig. Das Argument des materiellen Fußabdrucks ist eine Art „Sammelbegriff", der verschiedene Aspekte vermischt und die wahren Herausforderungen verschleiert. Eine Tonne Sand, eine Tonne Aluminium und eine Tonne Kupfer werden gleich hochgerechnet und führen dann zu einem allgemeinen Anstieg des Ressourcenverbrauchs auf 80–90 Gt pro Jahr. Aber jede Tonne eines jeden Rohstoffs hat eine völlig unterschiedliche Energiebilanz. Gleichzeitig wird oft behauptet, dass eine Grenze von 50 Gt pro Jahr weltweit so viel ist, wie der Planet verkraften kann. Für diese Behauptung, die der Leser einfach glauben soll, konnten wir keine ausreichenden empirischen Belege finden. Mit diesem unspezifischen „Omnibus-begriff" lassen sich also keine wirklichen politischen Ratschläge in Bezug auf die biologische Vielfalt, die Entwaldung oder die Luftverschmutzung entwickeln, außer dem Hinweis, dass das Wirtschaftswachstum reduziert werden muss (Degrowth). Aber was sind 80 Gt, sind sie gut oder schlecht, viel oder wenig? Sie entsprechen 0,000001 % der kontinentalen Kruste des Planeten, nicht mehr. Aber auch nicht weniger. Dagegen ist eine differenzierte Messung der einzelnen Ressourcen pro Land sinnvoller. Wenn wir die richtige Politik betreiben, lernen wir, dass wir weniger Ressourcen verbrauchen und dafür mehr bewirken können: wettbewerbsfähige Marktmechanismen, innovative Technologien, öffentliche Strukturanpassungsprogramme, eine CO_2-Steuer und eine Änderung der Geld- und Steuerpolitik. Siehe die aktuelle Debatte um A. McAfee (2019).

[20] Siehe Beckert (2016).

alternativen mentalen Rahmen, der es uns ermöglicht, eine andere Sicht auf wirtschaftliche Fakten und politische Entscheidungen zu gewinnen.[21]

Wie sieht also die Meta-Erzählung für das 21. Jahrhundert aus, die es uns ermöglichen wird, einen Selektionsvorteil wiederzuerlangen? Diese Erzählung muss den menschlichen Zustand mit all seinen Unwägbarkeiten, verschiedenen Zeiträumen und seiner Unwissenheit sowie den vorübergehenden Charakter jeder bestehenden Lösung berücksichtigen. Sie muss auch die Fähigkeit haben, das Potenzial und nicht nur die Probleme hervorzuheben, die wir als Menschen haben – folglich die Chancen und nicht nur die Rückschläge bewerten.[22]

Die Herausforderung besteht darin, wie die beiden nachstehenden Diagramme zeigen, dass gute und schlechte Narrative gleichzeitig auftreten. In den ersten Diagrammen führen exponentielle Trends zu negativen Auswirkungen auf den Planeten und künftige Generationen. Die zweiten Diagramme zeigen eine positive Geschichte, in der die menschliche Spezies kulturelle Fortschritte erzielt hat (Abb. 1.7 und 1.8).

Wie können wir beides miteinander in Einklang bringen? Beide Erzählungen, die Guten und die Hässlichen, sind wahr. Wir haben solide empirische Beweise, die die Agenda beider Narrative unterstützen. Um diese beiden gegensätzlichen Geschichten in Einklang zu bringen, müssen wir eine wesentliche Veränderung unseres Bewusstseins und unserer Wahrnehmung von uns selbst und der Welt um uns herum in Betracht ziehen. Unser durchschnittliches kollektives Bewusstsein hat sich schneller in Richtung höherer Erwartungen und Standards verschoben als der objektive Wandel, der in der realen Welt stattfindet. Wir sind einfach empfindlicher und intoleranter gegenüber Krankheiten, Missständen und Katastrophen geworden. Dies gilt für die objektive Entwicklung der Armuts- und Kriminalitätsrate, der Kinderarbeit und der Bildungsrate von Frauen, der Entwicklung unseres Sozialkapitals, der Lebenserwartung, des Glücks und unseres Gesundheitszustands. Dies gilt auch für den relativen und absoluten Rückgang der Kriminalitätsrate, der Terroranschläge und der Selbstmordrate sowie für die Verbesserung der Wasser- und Luftqualität und der Demokratieindizes im Laufe der Zeit. Nur weil wir in der besten Welt leben, in der die Menschheit je gelebt hat, sind wir heute in der Lage, eine

---

[21] F.D. Roosevelt war einer der wenigen US-Präsidenten, die verstanden, wie wichtig es ist, die richtige Geschichte zu erzählen (Roosevelt, 1938). Die wichtigsten sozioökonomischen Parameter der amerikanischen Gesellschaft blieben während der Großen Depression unverändert: Weder die Ressourcen, die hart arbeitenden Arbeitskräfte, die industrielle Infrastruktur, die politischen Institutionen noch das Marktsystem veränderten sich. Es war Roosevelts Geschichte, die einen Wandel auf einer subjektiven, nicht objektiven Ebene bewirkte und die kollektive Angst und den Verlust der Handlungsfähigkeit überwand. Dieses Beispiel zeigt, dass es das Bewusstsein ist, das den Unterschied ausmacht, nicht die gegebene Technologie, demografische Faktoren oder staatliches Versagen. Oft haben nur wenige Einzelpersonen ausgereicht, um den Lauf der Geschichte zu verändern. In Situationen, in denen wir keinen Ausweg sehen, sollten wir niemals die Macht kleiner Gruppen unterschätzen, die die Welt verändern können (Mead, 1934a, b).

[22] In einem größeren Kontext muss eine solche Erzählung in der Lage sein, die Dichotomie von Veränderungen und Notwendigkeiten, von reinem Zufall und universellen Gesetzen zu überwinden, um solche Dichotomien auf chaotische Weise zu kombinieren und zu versöhnen (siehe Jacobs, 2010).

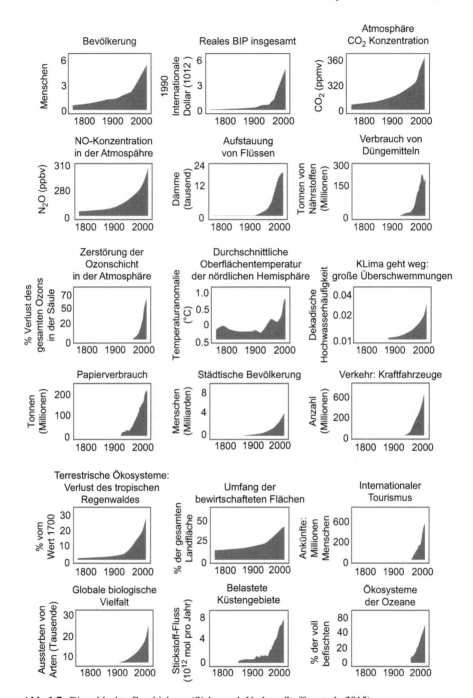

Abb. 1.7 Die schlechte Geschichten. (Siehe auch Update: Steffen et al., 2015)

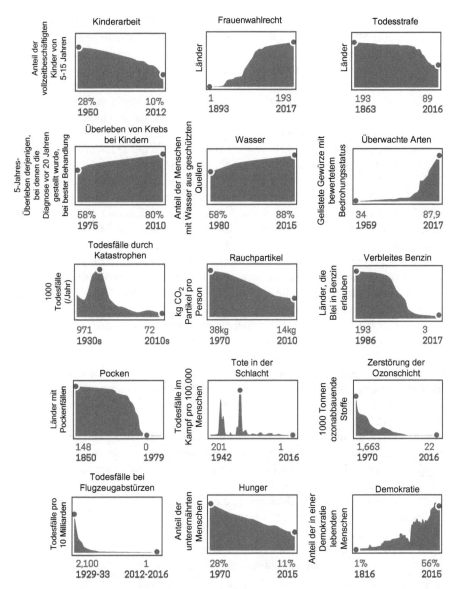

Abb. 1.8 Die gute Geschichte: Verbesserungen und Gewinne. (Siehe auch: Rosling et al. (2018); Gapminder (2020); Die Welt in Daten (2020))

höhere Sensibilität und ein größeres Einfühlungsvermögen zu entwickeln und auf mehr Daten und objektive Informationen zuzugreifen, die uns dazu bringen, eine Hunger- und Armutsrate von 10 % weltweit als inakzeptabel zu betrachten, während wir wissen, dass vor 200 Jahren 90 % der Weltbevölkerung in Armut lebten. Dies gilt auch für den Rückgang der Kriminalitätsrate und der Luftverschmutzung

um über 90 % in einem Jahrhundert oder die Steigerung der Impf- und Einschulungs-
raten um über 80 % in einem halben Jahrhundert.[23] Beide Behauptungen sind nach
wie vor zutreffend, aber wir können den Erfolg sozialer Maßnahmen nur dann bewerten und fortsetzen, wenn wir in der Lage sind, die tatsächlichen Auswirkungen
solcher Maßnahmen in der realen Welt objektiv zu beurteilen. Nur dann sind wir in
der Lage, das Richtige zu tun und mit dem fortzufahren, was in der Vergangenheit
geholfen hat, indem wir einen stärker auf den Menschen ausgerichteten Ansatz verfolgen. Und dies sollte auch für den Finanzsektor gelten.

Wir brauchen also ein neues Narrativ, um diese Kunst der Transformation einzu-
leiten. Transformation ist kein Endzustand oder ein idealtypisches Szenario, sondern vielmehr ein Vorgang, der nicht vollständig transparent ist und der sich nicht
völlig kontrollieren lässt. Vielmehr sollte dieses Narrativ eine Übergangszeit beschreiben, in der die gegebenen Narrative nicht mehr gelten und das vollständige
Bild noch unbekannt ist. Diese Zukunft ist offen, multioptional, nicht determiniert
und beinhaltet viele Mischformen und Ungewissheiten, Misserfolge und Rückschläge und Hybride. Dies mag zunächst die Ängste in uns allen und insbesondere
bei denjenigen, die Führungspositionen in Unternehmen und im öffentlichen Sektor
innehaben, verstärken. Aber diese Übergangsphase ist auch voller Möglichkeiten,
Potenziale und Ermächtigungen. Wenn wir das richtige Narrativ haben, kann diese
Zeit zu einer Art zweiter Aufklärung oder einer zweiten Renaissance werden.[24]

Wenn wir uns einig sind, dass das Narrativ, das der Realität am nächsten kommt,
uns den größten Selektionsvorteil verschafft, müssen wir die Geschichte, die wir
uns selbst erzählen, kritisch betrachten, um in dieser neuen komplexen und un-
sicheren Welt zu leben. Wie können wir das tun? Wir müssen unseren Bezugspunkt
psychologisch in der Vergangenheit verankern, in der wir mit großen Schwierigkeiten und Problemen konfrontiert waren. Denn Menschen neigen in Ermangelung
von Wissen dazu, sich zunächst auf negative aktuelle Ereignisse zu konzentrieren.
Wie bereits erwähnt, lag beispielsweise die Armutsquote zu Beginn des 19. Jahrhunderts weltweit bei 90 %; zu Beginn des 21. Jahrhunderts ist sie auf weniger als
10 % gesunken. Die Lebenserwartung lag vor 125 Jahren bei weniger als 40 Jahren,
heute liegt sie bei 80 Jahren. Die Pocken, die im 20. Jahrhundert über 300 Millionen
Todesopfer forderten, sind heute ausgerottet. Und vor 50 Jahren waren 80 % der
Weltbevölkerung Analphabeten, während die weltweite Analphabetenrate heute bei
20 % liegt.[25] Diese neue Denkweise ignoriert die schlimmen Geschichten nicht,
sondern rückt sie in die richtige historische Perspektive. In diesem Sinne brauchen

<hr />

[23] Dieser Zivilisationsprozess wurde erstmals von Norbert Elias (1997) beschrieben; zur Diskrepanz zwischen der pessimistischen Wahrnehmung unserer Welt und der objektiven daten-
basierten Entwicklung siehe Pinker (2018); Rosling et al. (2018); Schröder (2018) oder die Web-
seiten gapminder.org oder ourworldindata.org.

[24] Siehe Brunnhuber (2016, 2018, 2019).

[25] Siehe Bourguignon and Morrisson (2002); Pinker (2018); Roser und Ortiz-Ospina (2018); Vereinte Nationen (2019).

wir nicht noch mehr empirische Daten, um künftige Schockszenarien zu verhindern; vielmehr müssen die vorhandenen Daten anders interpretiert werden.

Wenn das negative Narrativ unser Bewusstsein und folglich unsere Entscheidungsfindung beherrscht, laufen wir Gefahr, pessimistisch und disruptiv zu werden und vergangene Errungenschaften nicht in dem Maße zu würdigen, wie sie es verdient hätten. Lassen wir dagegen zu, dass das positive Narrativ die Oberhand gewinnt, riskieren wir eine gewisse Naivität gegenüber den Herausforderungen und unvorhergesehenen Ereignissen, die vor uns liegen. Welches der beiden Zukunftsnarrative überwiegt, hängt von der vorhandenen psychosozialen Erzählung ab. Um beide Narrative aufrechterhalten zu können, ist ein erhebliches Maß an Ambiguitätstoleranz erforderlich, wie Psychologen es nennen. Die Ambiguitätstoleranz ermöglicht es uns, eine Kombination aus Push-Faktoren wie Risiken, negativen Ereignissen und bahnbrechenden Technologien und Pull-Faktoren wie positiven Geschichten, Potenzialen und Möglichkeiten gleichzeitig in unseren Köpfen zu behalten.

Obwohl diese Erzählungen ihre positiven und negativen Seiten haben, sind beide in eine westliche Perspektive eingebettet. Menschliche Aktivitäten im Allgemeinen und wirtschaftliche Aktivitäten im Besonderen werden auf der Grundlage von Annahmen entschieden, die aus materialistischen oder naturalistischen Weltbildern stammen. Das westliche Denken ist insofern vorteilhaft, als es die Freiheit der Wissenschaft befürwortet, überprüfbare und reproduzierbare Ergebnisse hervorbringt, nach Verbesserungen strebt, ein Denken begünstigt, das sich von religiösen und/oder politischen Überzeugungen emanzipiert, und sich auf einen analytischen Ansatz stützt, der Daten der Theorie vorzieht. Dies ist jedoch ein nach außen gerichteter Ansatz, der nur eine Art von Rationalität widerspiegelt: eine analytische, lineare, kausale, materialistische und reduktionistische Denkweise. Im Westen sind wir in dem Glauben gefangen, dass mehr vom gleichen Denken uns helfen wird, die Welt besser zu verstehen und bessere Entscheidungen zur Verbesserung der Welt zu treffen.

Im Bereich der Sozialwissenschaften werden beispielsweise Parameter wie die Arbeitslosenzahlen, die Inflation oder das Bruttoinlandsprodukt (BIP) als Stellvertreter für die eher immateriellen Werte des Wohlbefindens oder des Glücks verwendet. Dieser analytische und reduktionistische Ansatz ist zwar richtig, bleibt aber unvollständig. So ist es beispielsweise falsch anzunehmen, dass das BIP der wichtigste Faktor für Lebenserwartung, Wohlstand, Gesundheit und Glück ist. In den meisten Fällen, insbesondere nach der Befriedigung der Grundbedürfnisse, sind Bildung, grundlegende Hygienemaßnahmen und soziale Kontakte die entscheidenden Faktoren.

So wird die psychologische Fähigkeit, widersprüchliche und gegensätzliche Geschichten über uns selbst, die Welt und die Zukunft zu akzeptieren, darüber entscheiden, ob wir in der Lage sind, auf diesem Planeten zusammenzuleben. Die Denkweise des Taoismus bevorzugt, wie wir gleich sehen werden, ausgewogene Erzählungen und sucht geradezu nach Gegensätzen. Aber wie kommen wir dorthin? Das Gleichnis vom Elefanten und den blinden Experten veranschaulicht einige der Voraussetzungen, die erforderlich sind, um unsere Denkweise zu ändern.

1.5   Der Elefant und die blinden Experten

Ein Dutzend weiser, aber blinder Experten und ein Elefant befinden sich in einem Raum. Die Experten versuchen, die folgende Frage zu beantworten: Wie sieht der Elefant aus und wie wirkt er auf jede Person im Raum? Niemand, der einen Überblick über die Situation hat, wie etwa ein König oder ein Herrscher, steht als Ratgeber zur Verfügung.[26] Jeder Experte berührt und beschreibt verschiedene Teile des Elefanten, wie den Schwanz, den Rüssel oder die Ohren. Und entsprechend stimmt jeder Experte grundsätzlich nicht mit den Erkenntnissen der anderen weisen, blinden Experten überein. So repräsentieren nicht nur die Teile nicht das Ganze, sondern die Teilansichten der Experten sind auch nicht in der Lage, die Auswirkungen des Ganzen auf die Teile oder die Wirkung auf die Anwesenden zu erfassen. Dieses leicht abgewandelte Gleichnis aus der Antike erzählt uns eine Geschichte des Silo-Denkens, bei dem das Ganze nie verstanden wird und die vollen Auswirkungen des Elefanten im Raum nicht erfasst werden können.

Es scheint, als lebten wir in einer Welt weiser, blinder Experten, die verschiedene Aspekte des Elefanten im Raum erforschen. Niemand will die Gesamtauswirkungen auf unser Leben, unseren Planeten und unsere Zukunft diskutieren und berücksichtigen. Jeder Experte hat mit seinen individuellen Schlussfolgerungen Recht, aber jede Perspektive ist auf den Bereich beschränkt, den er beherrscht. Das gilt für den Wirtschaftswissenschaftler, der das BIP und den Verbraucherpreisindex (VPI) misst oder die Arbeitslosenquote und die Schuldenlast darstellt; das gilt für den Demografen, der sich mit den Veränderungen der Geburten- und Fruchtbarkeitsraten befasst; das gilt auch für den Statistiker, der die Korrelationen von Big Data

---

[26] Dieses Bild wurde von einem alten Gleichnis abgeleitet. Das indische Gleichnis von den blinden Männern und dem Elefanten erzählt die Geschichte von sechs blinden Männern, die sich auf eine Reise begeben, um das Wesen des Elefanten zu erforschen, und deshalb das Tier an verschiedenen Stellen berühren, z. B. an der Seite, den Stoßzähnen, dem Rüssel, den Knien, den Ohren und dem Schwanz. Jeder von ihnen gewinnt einen anderen Eindruck davon, wie der Elefant aussieht, da keiner von ihnen das ganze Tier berührt hat. Wie John Godfrey Saxe (1936) später in dem dazugehörigen Gedicht erklärte, beruht die Wahrheit auf der Summe aller unterschiedlichen Erkenntnisse und nicht auf einer einzigen Perspektive. In einigen Versionen der Geschichte wird ein König oder ein weiser Mann erwähnt, der die Situation überblickt und schließlich eine moralische Aussage trifft, wenn er den blinden Männern die Situation erklärt (z. B. Ireland, 2018). Die Abwandlung des Gleichnisses in diesem Buch bezieht sich auch auf den allgemein gebräuchlichen Ausdruck des „Elefanten im Wohnzimmer", der metaphorisch „ein offensichtliches Problem, das niemand diskutieren will" beschreibt.

untersucht.[27] Da niemand mit seiner Einschätzung zu 100 % falsch liegt, enthalten alle Ergebnisse eine gewisse Wahrheit, wenn auch nur eine Teilwahrheit.

Die Voraussetzung für einen Mentalitätswandel wäre, dass sich jeder Experte in Demut übt. Demut würde es ihnen ermöglichen, die Grenzen ihrer eigenen Sichtweise zu akzeptieren, die Perspektive oder Argumentation anderer zu berücksichtigen und anzuerkennen, dass der gesamte Elefant und seine Auswirkungen auf die Anwesenden niemals vollständig verstanden werden können. Dies erfordert nicht nur eine grundlegende Veränderung unserer Denkweise, sondern auch eine Veränderung des Bewusstseinsschwerpunktes als Weltgemeinschaft. Dieser Wandel wird unser Denken in die Lage versetzen, integraler statt fragmentiert, ganzheitlicher statt siloartig, und bedeutsamer statt irrelevant zu werden. Das ist der Denkprozess, den wir brauchen, wenn es darum geht, die Auswirkungen des „Elefanten im Wohnzimmer" zu verstehen.[28] Diese neu entdeckte Demut wird es uns ermöglichen, ein neues Narrativ für das Leben im Zeitalter des Anthropozäns zu schaffen.

Eigentlich wissen wir, was nötig ist, um diese komplexe Situation zu lösen: Wir müssen die CO_2-Emissionen bis 2050 um mehr als 50 % reduzieren, um innerhalb der geoökologischen Grenzen des Planeten[29] zu bleiben und gleichzeitig die sozialen Grundbedürfnisse aller Menschen zu befriedigen (Unterkunft, Nahrung, Bil-

---

[27] Um weitere Beispiele zu nennen: Politikwissenschaftler informieren uns über den institutionellen Rahmen, in dem autokratische oder demokratische Entscheidungen getroffen werden, und darüber, wie politische Legitimität zustande kommt. Juristen erforschen den rechtlichen Rahmen, in dem wir uns bewegen müssen. Agrarwissenschaftler informieren uns über die Auswirkungen der Erschöpfung von Ressourcen, seltene Materialien und die verschiedenen Formen der Landwirtschaft. Umweltschützer warnen uns vor dem Rückgang der biologischen Vielfalt, schmelzenden Eiskappen und sterbenden Korallenriffen. Neurowissenschaftler erstellen Bilder des Gehirns, und Psychologen mit einem klinischen und sozialen Schwerpunkt ermitteln individuelle Verhaltensaspekte und gruppendynamische Muster bei jedem von uns. Dann haben wir Ingenieure, die die neuesten technologischen Erkenntnisse in den Bereichen Nanotechnologie, neue Materialien, IOT und Automatisierung entwickeln. Die Experten für Armut und Hunger, Gesundheitsfürsorge und Bildung teilen ihre Erkenntnisse über die neuesten Daten und Entwicklungen mit. Die Militärexperten sagen uns, was im nationalen Interesse liegt und verteidigt werden muss und was nicht. Die Politiker spiegeln die öffentliche Meinung darüber wider, was das Beste ist. Und schließlich beleuchten Philosophen die moralischen Aspekte von all dem. Keiner von ihnen hat Unrecht, aber jeder Disziplin fehlt das finanzielle Konzept und der Helikopterblick, um das alles zusammenzufügen.

[28] Historisch gesehen wurde im Laufe der Jahrhunderte aus allgemeinem Wissen disziplinspezifisches Fachwissen, das sich von weniger als 10 Disziplinen, die im 19. Jahrhundert an den Universitäten gelehrt wurden, auf über 150 im 20. Jahrhundert bis hin zu mehreren Tausend Disziplinen und Unterdisziplinen heute aktuelle entwickelte (Braxton & Hargens, 1996; Bunge, 2003). Diese *Kompartimentierung* hat das Wissen enorm erweitert, führt aber dazu, dass dieses Wissen von der Realität abgekoppelt wird und massenhaft statistisch signifikante, aber zum Teil irrelevante Informationen produziert (z. B.: „Brauchen wir diese Studie wirklich?"), die vom Wissen in anderen Disziplinen abgekoppelt sind (z. B.: „Wissen sie wirklich, was vor sich geht?").

[29] Können wir bis 2050 weltweit einen Anteil von 100 % an erneuerbaren Energien erreichen? Offensichtlich ja, einschließlich Netz, Speicherung und Abregelung. Die Stromkosten würden um 52 Euro/MWh gegenüber 70 Euro/MWh im Jahr 2015 sinken, und dieser Übergang würde Millionen zusätzlicher Arbeitsplätze schaffen. Der Übergang zu erneuerbaren Energien ist jedoch mit hohen Anfangskosten für den Ausstieg aus der fossilen Energiewirtschaft verbunden. Siehe Ram et al. (2017).

dung, Gesundheitsfürsorge, Beschäftigung und ein Leben in Sicherheit).[30] Das bedeutet, dass die globale Erwärmung und die menschlichen Grundbedürfnisse ganz oben auf der Prioritätenliste stehen.[31] Und beide ergänzen sich in gewisser Weise gegenseitig.[32] Diese beiden Imperative stellen jedoch ein nicht triviales Dilemma dar: Ein expansives Wirtschaftswachstum, das es uns ermöglichen würde, die sozialen Grundbedürfnisse zu befriedigen, stößt an die planetarischen Grenzen; und Degrowth-Szenarien, die es uns ermöglichen würden, die Kohlenstoffemissionen zu reduzieren, bergen die Gefahr, politische und wirtschaftliche Systeme zu destabilisieren und uns daran zu hindern, soziale Herausforderungen wie Armut oder Hunger zu lösen.[33]

Was wäre, wenn der Elefant im Wohnzimmer das Geld- und Finanzsystem wäre? Ein System, das hinsichtlich seiner Auswirkungen auf unser Leben, unseren Planeten und unsere Zukunft ständig übersehen wird? Um ein neues Narrativ zu schaffen und die bestehenden Vorurteile in unserem westlichen Denkprozess zu überwinden, werden wir uns nun mit dem Taoismus beschäftigen.

1.6   TAO (道): Ein erster Blick

Der chinesische Begriff 道 oder TAO (ausgesprochen „DOW") ist gut bekannt, wird aber wenig verstanden und noch weniger richtig verwendet. Ursprünglich aus dem Konfuzianismus stammend, bedeutet TAO der „richtige Weg" oder das „Leitprinzip". Es bezieht sich auf das Wissen, was zu tun ist, und auf den richtigen Weg,

---

[30] Siehe Umweltprogramm der Vereinten Nationen (UNEP) (2013).

[31] Trotz der Abwägung zwischen ökologischen und sozialen Herausforderungen sollten wir das Argument nicht überstrapazieren. Die 12 % der Menschen, die täglich Hunger leiden, können mit etwa 8 % unserer globalen Nahrungskette bewältigt werden, und die 9 % der Menschen, denen es an Strom fehlt, würden unser globales CO_2-Budget um 0,2 % zusätzlich belasten (FAO, 2017; Holt-Giménez et al., 2012; IEA, 2017).

[32] Wir neigen dazu, negative Ereignisse kurzfristig zu überschätzen und potenzielle langfristige exponentielle Auswirkungen zu unterschätzen, was zu falschen Überzeugungen und Schlussfolgerungen darüber führt, wie die reale Herausforderung des Klimawandels mit den Herausforderungen der sozialen Bedürfnisse in Einklang gebracht werden kann. Es ist empirisch erwiesen, dass sich negative Ereignisse doppelt so schnell einprägen wie positive. Wenn wir also eine positive Geschichte schaffen wollen, muss sie mindestens doppelt so stark sein wie ihr negatives Gegenstück.

[33] Eine Antwort auf dieses *nicht triviale Dilemma* besteht darin, dass wir Finanzmechanismen finden, die unser globales Gemeingut maximieren und negative externe Effekte reduzieren. Wettbewerbsfähige Märkte konsolidieren und stabilisieren sich durch ständige Expansion und Beschleunigung, vor allem in exponentieller Weise. Anstatt zu deregulieren und Geld umzuverteilen, um das System zu stabilisieren, schlagen wir vor, ein paralleles System zu installieren, das das konventionelle System teilweise verkleinert, aber immer in einem angemessenen Verhältnis zu ihm steht. Ein Parallelwährungssystem kann diesen Mechanismus bereitstellen, indem es den Wachstumszwang, die Pfadabhängigkeit und die Lock-in-Effekte verringert und ein Grundprinzip für die Begrenzung und Aufteilung in einer Welt liefert, in der physische Grenzen und die Vollzeit-Vernetzung den Weg weisen. Wie das funktioniert, wird im Folgenden näher erläutert.

dem man folgen sollte. In diesem Sinne ist TAO eher eine Praxis als eine Theorie, eine Praxis, die stets vollkommen ausgeglichen und harmonisch ist, vollständige Achtsamkeit integriert und Gegensätze ausgleicht. Es schließt nichts aus und nichts wird zurückgelassen; alles wird berücksichtigt und hat seinen Platz. In ihrer reinsten Form gleicht sie einer Praxis ohne Anstrengung und Zwang. Wann immer es ein Ungleichgewicht oder eine Überschreitung gibt, bietet TAO die komplementären Werte, die erforderlich sind, um diese Einseitigkeit zu überwinden: Schwäche, wo Kraft ist, Symmetrie, wo Asymmetrie ist, Zerbrechlichkeit, wo Zwang ist, Kleinheit, wo Größe ist, weiblich, wo männlich ist, Langsamkeit, wo Geschwindigkeit ist. Es offenbart einen Einblick in das kosmische Muster von Stille und Aktivität, Entstehen und Vergehen, Subtilität und Großartigkeit, Erfindung und Entdeckung, Kausalität und Komplementarität, Verstehen und Veränderung. Yin und Yang sind die untrennbaren und widersprüchlichen Komponenten, die eine ultimative Einheit bilden: das TAO. Dies gilt selbst für die subtilsten Formen, in denen sich die Leere manifestiert, wie der leere Raum zwischen den Zeilen, oder wenn die Form den Inhalt bestimmt.

Dementsprechend ist diese östliche Tradition der Weltbetrachtung eine der gegenseitigen Beziehungen und Verflechtungen sowohl auf gesellschaftlicher als auch auf individueller Ebene.[34] Wenn alles mit allem überall und zu jeder Zeit verbunden ist, lernen wir, dass diese Verflechtung nicht zufällig oder chaotisch ist. Sie geschieht nicht einfach so, sondern folgt Komplementaritäten, in denen Chaos und Schöpfung, Regeln und Zufälligkeit, Stille und Klang, Fülle und Leere, Demut und Meisterschaft miteinander verwoben sind. Es bedarf einer neuen Denkweise, um die Kraft und Schönheit der Proportionalität, in der Harmonie und Gleichgewicht vorherrschen, zu erkennen und vollständig zu erfassen. Die grundlegenden Komponenten dieser Denkweise sind Respekt und Demut, Gnade und Entschlossenheit. TAO ist allgegenwärtig und etwas, das wir immer wieder entdecken können – und in der Tat entdecken *müssen*, insbesondere in der westlichen Kultur, Gesellschaft und Wirtschaft. Es verkörpert eine Eigenschaft, die in jeder Epoche, in jeder Gesellschaft und in jeder Generation auf einzigartige Weise kultiviert und neu verwirklicht

---

[34] Der internationale Handel, der illegale Handel, die Finanzströme und die Energieversorgung stellen alle eine Art von globaler Verflechtung dar, bleiben aber in Zahlen recht abstrakt. Im Gegensatz dazu ist die *Verflechtung* auf globaler Ebene für den Einzelnen nur schwer wahrnehmbar. Eine Möglichkeit, dies zu betrachten, ist: Die Menge an Wasser und die Menge an Luft auf diesem Planeten sind im Laufe der Geschichte gleich geblieben (Berner & Berner, 2012). Jedes Mal, wenn wir einatmen – und jeder Mensch tut dies etwa 17.000-mal am Tag, und es gibt 8 Milliarden von uns, die das tun – atmen wir das ein, was frühere Generationen über Generationen eingeatmet haben (Weltbank und Indikatoren, 2018; Yuan et al., 2013). Das Gleiche gilt für jedes Glas Wasser, das wir trinken. Wir waren in der Vergangenheit immer miteinander verbunden, und in Zukunft werden wir noch mehr miteinander verbunden sein. Siehe zum Beispiel Ford (2016) oder Utke (1998). Für eine Anwendung des Konzepts siehe auch Capra (2010).

werden muss.[35] Aus diesem Prozess werden Formen der Selbstregulierung und Selbstheilung, des Gleichgewichts und der Bescheidenheit, des Verzichts und des Unterlassens hervorgehen, die dem westlichen Denken zum Teil unbekannt sind. Es erfordert einen institutionellen Rahmen, der Verhältnismäßigkeit, Schönheit und das Gute gleichzeitig möglich macht. Denn jedes Lebewesen hat immer eine Beziehung zum Ganzen. In seinem Kern transzendiert das TAO den Dualismus, erzeugt Einheit und stellt einen Weg dar, der ausgewogen, proportional und gesund ist. Es spiegelt den Ort wider, an dem die Welt eins wird.[36]

Im Gegensatz dazu neigt die westliche Weltanschauung dazu, eine eigentlich zusammenhängende Realität aufzuteilen. Auf gesellschaftlicher Ebene sehen wir daher Einheiten wie Staaten, Gemeinschaften, Unternehmen und Gesellschaften; auf individueller Ebene sehen wir isolierte Egos mit singulären, nutzenmaximierenden Verhaltensweisen. Aus östlicher Sicht wird diese zerteilte Sichtweise als eine Form von *Avidiya* oder Unwissenheit betrachtet. Immanuel Kant (1784) führte die westliche intellektuelle Bewegung der Aufklärung als die Fähigkeit des Einzelnen ein, kritisch zu denken und den moralischen Imperativ anzunehmen, für die eigene autonome Einstellung und das eigene Verhalten verantwortlich zu sein.[37] Die westliche Aufklärung unterscheidet sich völlig vom östlichen Konzept der Aufklärung. Die östliche Aufklärung betrachtet Bewegung und Wandel als inhärente dynamische Merkmale, die uns helfen, die letzte Realität besser zu verstehen. In der klassischen griechischen Sichtweise gibt es einen Herrscher, der die Welt von außen regiert, ein Alpha und Omega und eine primäre Ursache, die jeder Existenz vorausgeht. Im Taoismus kommen die kontrollierenden Prinzipien aus dem Inneren. In der Tat ist es wie ein Netz, das keinen Weber hat. Der westliche, auf den Menschen ausgerichtete Ansatz hat seine Vorteile: Er erkennt die einzigartige Fähigkeit des Menschen an, seine Ziele, Dogmen und Weltanschauungen zu

---

[35] In der Tat ist die Kultivierung eines Verständnisses des Taoismus ein fortlaufender Prozess, der zu unterschiedlichen Traditionen geführt hat. Nach Kirkland (2004) ist diese Vielfalt das Ergebnis einer ständigen Neuidentifizierung und unterschiedlichen Kultivierung von „Taoisten bestimmter Couleur in bestimmten Epochen". Kirkland geht davon aus, dass verschiedene Generationen ihre eigenen Formen des Taoismus aus unterschiedlichen Elementen konstruieren, was im Laufe der Zeit zu Kontinuitäten und Unterschieden im Verständnis des Taoismus führt.

[36] In der Tat sind die westlichen Proportionen der heiligen Geometrie ähnlich (z. B. die „goldene Regel"), so dass ein enger Zusammenhang zwischen Schönheit, Proportion und Güte besteht. In der griechischen Philosophie finden wir den Ausdruck „kalos kagathos", was „schön und gut" bedeutet. Das bedeutet, dass wir, wenn wir das Richtige tun und die richtigen Entscheidungen treffen wollen, nach der Schönheit der richtigen Proportionen suchen und uns ihnen aussetzen sollten. Das TAO stellt eine solche Proportion dar.

[37] Es gibt in der Tat eine Verbindung zwischen dem Konfuzianismus und dem westlichen Denken, die im Kommunitarismus zum Ausdruck kommt. Im Westen haben wir beispiellose Erfahrungen individueller Freiheit und Selbstverwirklichung gemacht, aber diese Gewinne gehen Hand in Hand mit anhaltenden Verlusten. Einer davon ist die zunehmende Fragmentierung und das Fehlen eines gemeinsamen Narrativs, was die Frage nach dem Verhältnis zwischen dem Einzelnen und der Gesellschaft und der Natur als Ganzes aufwirft. Dies wird von kommunitaristischen Sozialwissenschaftlern wie Michael Sandel, Alasdair McIntyre, Charles Taylor und Robert Bellah aufgegriffen (siehe z. B. Bellah et al., 1985; MacIntyre, 1984; Sandel, 1982; Taylor, 1989).

reflektieren, zu hinterfragen und neu zu definieren, indem er seinen Weg ständig korrigiert und neu ausrichtet.[38] Aber der westliche Universalismus hat seine Überlegenheit verloren, nicht nur in diesem allgemeinen und philosophischen Sinn, sondern auch in einem sehr praktischen, sozialen, moralischen und politischen Sinn. Dies gilt vor allem dann, wenn es darum geht, die Bedeutung und Relevanz öffentlicher Angelegenheiten, gemeinsamer Güter und ökologischer Werte zu demonstrieren.

Doch TAO ist nicht nur eine Art des Wissens, sondern auch eine andere Art des Tuns und des Seins. Das westliche Denken ist positivistisch und empirisch. Wir betonen das Sichtbare und Offensichtliche und übersehen das Fehlende. In diesem Sinne fürchtet das westliche Denken die Leere, denn die Leere gleicht ihrem eigenen Schatten. Doch gerade aus dieser Leere geht alles hervor. Der Taoismus schätzt Komplementaritäten und sieht sowohl den materiellen Fortschritt als auch die Leere. Wann immer wir behaupten, dass in einem Bereich ein Fortschritt oder eine Innovation stattfindet, wird in einem anderen Bereich ein Schatten geworfen oder eine Leere geschaffen. Das westliche Denken zeichnet sich dadurch aus, dass es den Fortschritt und die bahnbrechende Innovation hervorhebt, hat aber große Schwierigkeiten, die aus diesem Fortschritt resultierenden Leerstellen zu erkennen. So hatte beispielsweise die Erfindung des Buchdrucks Auswirkungen auf das mündliche Gedächtnis; das Autofahren hat Auswirkungen auf das Gehen, was wiederum Auswirkungen auf die Gesundheit hat; der Einsatz von Antibiotika hat zu einer Vielzahl resistenter Stämme geführt; die Digitalisierung hat Auswirkungen auf die Arbeitsplätze und so weiter. Kurz gesagt: Immer, wenn wir in einem Bereich Fortschritte machen, machen wir in einem anderen auch „Rückschritte".[39]

Der Westen kann viel vom Taoismus lernen. Eine dieser Lehren ist die Proportion, die eine Art von Gleichgewicht und Harmonie widerspiegelt. Das Erkennen der richtigen Proportionen von Dingen hat das Potenzial, das natürliche Muster zu enthüllen, das wir nutzen, um so gut wie alles in der Natur und in der Gesellschaft zu schaffen und zu verstehen. Aus historischer Sicht ist das Bestreben, die richtigen Proportionen zu erkennen, älter als jede Art von analytischem oder kritischem Denken. Das Erkennen der Proportionalität ermöglicht es uns, von einer rein analytischen, linearen, isolierten, geteilten und dualistischen Weltsicht zu einer Weltanschauung überzugehen, die Ganzheit, Einheit und Einigkeit verkörpert. Der Zweck der Proportionalität besteht darin, die Polarität in eine Art Einheit, Ganzheit oder größeres Sein zu versöhnen oder aufzulösen. Das bekannte Yin-Yang-Symbol stellt

---

[38] Slaus et al. (2013).

[39] Wir könnten noch weiter gehen und sagen, dass, während im Westen externe Technologien und empirische Beweise den Weg zu einem besseren Verständnis weisen, der Taoismus eher ein innerer Weg ist, der versucht, eine Art innere Ordnung zu erkennen und zu erforschen. Seit dem Westfälischen Frieden von 1648 mit seinem System der gegenseitigen Kontrolle und des Gleichgewichts konzentrierte sich die Gesamtdarstellung in Europa und in den meisten Teilen der Welt auf das Äußere, auf Technologie, auf den Ausgleich asymmetrischer Kräfte. China hingegen folgte einem Tributsystem, bei dem der chinesische Kaiser im Mittelpunkt stand und der Rest der Welt um ihn kreise – ein hierarchisches System, das sich auf das Zentrum konzentriert, zentrifugal ist und sein eigenes Gleichgewicht aufrechterhalten kann (Kissinger, 2015).

eine solche Proportion dar. Es ist mit der Zyklizität von Kommen und Gehen, Erscheinen und Verschwinden verbunden. Je mehr wir uns dieser Zyklizität bewusstwerden, desto mehr Gleichgewicht kann erreicht werden. Und jedes Yin – das passive, weibliche Prinzip des Universums, das als erhaltend charakterisiert und mit Erde, Dunkelheit und Kälte assoziiert wird – enthält auch etwas Yang – das aktive männliche Prinzip des Universums, das als schöpferisch charakterisiert und mit Himmel, Wärme und Licht assoziiert wird … und umgekehrt. Wenn wir anfangen, unser Denken in Politik, Wirtschaft und Finanzen neu auszurichten, beginnen wir, ein tieferes Verständnis für die Schatten zu entwickeln, die wir werfen, für die Lücken, die wir ignorieren, und für die Ignoranz, der wir folgen.

Eine weitere Lektion, die wir hier lernen können, ist, wie man Gegensätze in Einklang bringen kann. Die Komponenten, die das TAO ausmachen, sind einander gleichwertig, hängen voneinander ab und halten sich gegenseitig im Gleichgewicht. Sie können nur in Beziehung zueinander existieren. Die richtigen Gegensatzpaare zu finden ist nicht unbedingt ein einfaches intellektuelles Unterfangen. Die Auswahl der falschen Paare kann zu falschen Schlussfolgerungen führen und ruinöse Folgen haben. Während rechts/links, weiblich/männlich, oben/unten leicht zu erfassen sind, gibt es andere Formen von Gegensätzen, bei denen die richtigen Zusammenhänge schwieriger zu ermitteln sind. So sind zum Beispiel Effizienz/Belastbarkeit und Eigenkapital/Schulden auf archetypischer Ebene häufig übersehene, aber mächtige Gegensätze, die für das Finanz- und Geldsystem von besonderer Bedeutung sind, wie wir noch sehen werden. Wenn wir also den Osten und den Westen, den Taoismus und das Finanzwesen zusammen denken wollen, ist es wichtig, die richtigen Paare zu finden. Diese Polaritäten dürfen sich nicht gegenseitig aufheben, sondern müssen bestehen bleiben, wie in einer Batterie, die sowohl positive als auch negative Pole enthält. Wenn wir diese Polaritäten nicht verstehen, sind wir nicht in der Lage, die Kraft oder „Elektrizität" des Lebens zu nutzen (Abb. 1.9).

Der Taoismus behauptet, dass das Universum nicht nur nach physikalischen Gesetzen funktioniert, sondern auch auf moralischen Gesetzen beruht. Die endgültige Bestimmung des Einzelnen erfüllt sich also nicht nur durch Unabhängigkeit und Freiheit, sondern auch durch Verantwortung und Fürsorge. Dieser fürsorgliche Universalismus speist sich aus der Einsicht, dass alles mit allem überall verbunden und somit grundsätzlich voneinander abhängig ist. Dieses Weltbild vermittelt ein anderes Verständnis von Mensch, Moral, Gesellschaft und Natur. Im Taoismus geht es weniger darum, die Welt umzugestalten, wie es die westliche Sichtweise impliziert, sondern vielmehr darum, ihre innere Dynamik zu verstehen: Durch diese Sichtweise werden sich die Menschen der wechselseitigen Beziehung aller Dinge bewusst, anstatt ihr eigenes Schicksal zu erschaffen und zu beherrschen. TAO hat wenig mit Größe oder Geschwindigkeit, mit absoluten oder relativen Zahlen oder Maßstäben zu tun; es kann groß oder klein sein, wenige Menschen oder Milliarden betreffen, eine einzelne Person oder die gesamte Menschheit. Das TAO ist immer da, ob wir nun über Medizin oder Philosophie, Psychologie oder Astrophysik, Makroökonomie oder Nanotechnologie, Big Data oder Molekularbiologie, Politik oder Technik sprechen.

Abb. 1.9 Das bekannte Yin und Yang des TAO der Finanzen und seine gegensätzlichen Werte und Kräfte. (Erweitert aus Lietaer et al., 2019). Es gibt auffällige Ähnlichkeiten zwischen einer matrifokalen und patrilokalen Gesellschaft, den Merkmalen der linken und rechten Gehirnhälfte und dem Finanzsystem, das wir im weiteren Verlauf dieses Textes vorschlagen

Und das TAO der Finanzen, wie wir in diesem Text beschreiben werden, kann ein solcher Weg mit größerer Ausgewogenheit und einem tieferen Verständnis des Wirtschaftsprozesses und der menschlichen Gesellschaft als Ganzes sein. Es kann ein Weg mit Herz sein – mit Emotionen, Wahrnehmungen und Intuitionen jenseits von Sprache und Daten, aber dennoch integrierend, wie wir sehen werden. Und das TAO der Finanzen muss diese gegensätzlichen, voneinander abhängigen Merkmale, die sich nicht reduzieren lassen, sondern sich gegenseitig ergänzen, veranschaulichen und gar beweisen. Mehr noch, das TAO der Finanzen muss zeigen, dass diese Komponenten sich gegenseitig ausgleichen und verschiedene Teile unserer inneren und äußeren Realität abbilden, um eine nachhaltigere Welt zu erreichen. Erst wenn beide Teile im Gleichgewicht sind und jeder den anderen auf seine eigene Art anerkennt, mit seinen eigenen Werten, Befugnissen und Ansprüchen, die für Ganzheitlichkeit und Fülle notwendig sind, werden wir das TAO erreicht haben. Erst dann.

Wenn wir jedoch nur von einem Übergang oder einer Transformation sprechen, bleibt für uns – die Akteure des Wandels – eine Frage unbeantwortet: In welche Richtung sollen wir weiter schreiten oder transformieren? Eine taoistische Neugewichtung des Systems bietet von Anfang an einen objektiveren Weg und eine bessere Orientierung. Dementsprechend müssen wir die Komponenten identifizieren, aus denen dieses Gleichgewicht besteht. Es ist keine Übertreibung zu behaupten, dass wir diesen Ansatz das „TAO der Finanzen" nennen können, wenn – und nur dann, wenn – alle diese Aspekte des TAO erfüllt sind. In den folgenden Kapiteln werden wir zeigen, dass dies tatsächlich möglich ist.

In einem Brief an Kepler wies Galilei (1610) wiederholt und eindringlich darauf hin, dass die örtlichen Behörden den Mond und die Planeten durch sein Fernrohr betrachten sollten, was sie hartnäckig verweigerten. Galileis Argument war, dass man, wenn man Neuland entdecken wolle, durch die neuen Linsen eines neuen Fernrohrs schauen müsse. Das galt für die meisten Entdeckungen und Erfindungen in der Vergangenheit und wird auch für die Zukunft gelten. Es ist eine Sache festzustellen, dass unsere von fossilen Energieträgern angetriebene Wirtschaft, unser expansives Wirtschaftswachstum, die endlosen disruptiven technologischen Substitutionen und Umverteilungsmechanismen Erklärungen für unsere Welt darstellen, aber eine andere, umfassendere Sichtweise betrachtet auch all die Verzerrungen, Spillover-Effekte und negativen externen Effekte, die unsere wirtschaftlichen Aktivitäten gleichzeitig erzeugt haben. Wenn wir andere Fragen stellen, können wir sehen und darüber nachdenken, was uns entgeht, nur weil unsere Annahmen zu eng sind.[40] Wenn Albert Einstein Recht hatte, als er sagte, dass „wir unsere Probleme nicht mit demselben Denken lösen können, mit dem wir sie geschaffen haben", dann müssen wir nach einem anderen Verständnis suchen. Die Einführung taoistischer Prinzipien in unsere vorherrschende Weltanschauung könnte diesen anderen Denkprozess ermöglichen, insbesondere bei der Anwendung auf das Problem der globalen Gemeingüter, das Thema des nächsten Abschnitts ist.

1.7   Globale Gemeingüter und die Ziele für nachhaltige Entwicklung

Im Jahr 2015 kamen die Staats- und Regierungschefs der Welt in New York unter der Leitung der Vereinten Nationen zusammen, um einen Fahrplan für die Zukunft zu entwickeln. Dieser Vorschlag besteht aus 17 Zielen für nachhaltige Entwicklung

---

[40] Siehe Walach (2019).

(Sustainable Development Goals, SDGs) und zielt darauf ab, die Menschheit, den Planeten, den Wohlstand, den Frieden und die Zusammenarbeit zu verbessern.[41] Die SDG-Agenda basiert auf Hunderten von Umfragen, Expertengruppen, Gremien und Anhörungen sowie auf Millionen von Antworten auf bevölkerungs-basierte Fragebögen. Die meisten SDGs konzentrieren sich auf Allgemeingüter wie saubere Luft und sauberes Wasser, den allgemeinen Zugang zur Gesundheits-versorgung, Bildung (einschließlich Vorschulbildung) und den Erhalt der bio-logischen Vielfalt. Abgesehen von den unterschiedlichen politischen Agenden auf der ganzen Welt, die wir in den nächsten Jahrzehnten wahrscheinlich nicht unter einen Hut bringen können (Demokratien gegen Autokratien, gescheiterte Staaten, asymmetrische Kriege) können die SDGs eine Art gemeinsames Meta-Narrativ für alle beteiligten Akteure bieten. Anstatt sich in einem Wettbewerb zwischen verschiedenen politischen Systemen zu verzetteln, bieten uns die SDGs die Möglichkeit, uns auf eine Geschichte einzulassen, die uns alle verbindet (Abb. 1.10).

Keines der in den SDGs erwähnten Allgemeingüter ist exklusiv. Sie sollten für alle Menschen zugänglich sein und von ihnen während ihres Lebens auf diesem Planeten genutzt werden können. Außerdem ist keines dieser Ziele voneinander ge-trennt; sie sind alle miteinander verbunden.[42] Ihre Verwirklichung erfordert einen „nicht-silomäßigen" Ansatz: eine Verbindung zwischen Nord und Süd, lokal und global, privat und öffentlich. Betrachten wir unser Thema aus der Perspektive einer Versicherung, so sehen wir, dass eine Versicherung entweder (1) als Entschädigung für unerwünschte zukünftige Ereignisse oder (2) als Instrument zur Verringerung der Wahrscheinlichkeit unerwünschter Ereignisse konzipiert werden kann. Unter diesem Gesichtspunkt sind Investitionen in die SDGs, auch wenn sie zunächst kost-spielig erscheinen, der zweiten Art von Versicherung zuzuordnen. In der Tat wäre es die größte präventive Versicherungskampagne, die die Menschheit je entworfen hat. Es gibt nur eine Sache, die teurer ist, als in unsere Zukunft zu investieren – nicht in

---

[41] Es war F.E. Schumacher (1973), der vor 50 Jahren die meisten der Entwicklungen voraussah, mit denen wir heute konfrontiert sind. Während jede fossile Wirtschaft auf einer ungleichmäßigen Verteilung von Öl, Gas und Kohle basiert, was zu politischen Reibungen und einer kriegs-anfälligen Wirtschaft führt, stellen erneuerbare Energien eine dezentralere Energiequelle dar, die das Potenzial hat, die Grundlage für eine Friedenswirtschaft zu schaffen. Erneuerbare Energien umfassen weitere Komponenten wie „intermediäre Technologien", die eher der menschlichen Di-mension entsprechen, den intrinsischen Wert der Natur ehren und über menschliche Aktivitäten hinausgehen.

[42] Das Konzept der Vernetzung, das wir jetzt in der Ära des Anthropozäns erleben, ähnelt dem Zu-stand der Ökologie des Geistes, den Gregory Bateson (1972) erstmals ausführlich beschrieben hat. Der Kontext ist das, was Bedeutung verleiht. Wenn es keinen Kontext gibt, kann es auch keine echte Bedeutung geben. Isolation und Abstraktion sind eine universelle Unmöglichkeit, da alles mit allem anderen verbunden ist. Wir könnten alles durch die Linse einer jeden Disziplin unter-suchen und dabei jedesmal eine etwas andere Bedeutung erkennen.

Abb. 1.10   Die 17 Ziele für nachhaltige Entwicklung (SDGs)

sie zu investieren![43] Innerhalb des derzeitigen monetären Rahmens sind die SDGs und ihre entsprechenden Ziele jedoch chronisch unterfinanziert. Ein Grund dafür ist, dass sie nicht in unseren derzeitigen westlich orientierten konzeptionellen Rahmen passen, in dem es eine grundlegende Diskrepanz zwischen unserem Wirtschaftssystem und der Natur von Gemeingütern gibt. Infolgedessen haben wir Gemeingüter vernachlässigt und überstrapaziert, in einigen Fällen bis an ihre planetarischen Grenzen, und das liegt nicht an ihnen. Wir müssen daher ein Geldsystem entwickeln, das sich an der Natur der Gemeingüter orientiert, um ihren Nutzen für den Planeten und die Menschheit zu optimieren, und nicht umgekehrt. Das TAO der Finanzen skizziert einen Weg zu größerer Ausgewogenheit und einem tieferen Verständnis des Wirtschaftsprozesses in Bezug auf die menschliche Gesellschaft und den Planeten als Ganzes. Um diesen Weg einzuschlagen, müssen wir

---

[43] Es gibt eine Verbindung zur Green New Deal (GND)-Initiative: Historisch gesehen hat der GND seine Wurzeln in der New Deal-Initiative von F.D. Roosevelt aus dem Jahr 1933 zur Ankurbelung der US-Wirtschaft, hauptsächlich durch öffentliche Infrastrukturprogramme. Diese Agenda basierte auf F.M. Keynes' Ökonomie der öffentlichen Ausgaben durch staatliche Defizite. Der Green New Deal beschreibt eine politische Agenda, die versucht, den ökologischen und sozialen Herausforderungen des 21. Jahrhunderts mit einem ähnlichen Konzept zu begegnen. Der Vorteil ist, dass der GND einen Rahmen bietet, der über isolierte Probleme hinausgeht und die Notwendigkeit eines Systemwechsels anerkennt. Die Herausforderung besteht darin, dafür zu sorgen, dass dieser Begriff – GND – über „business as usual" und „piecemeal engineering" hinausgeht, indem er das bestehende Betriebssystem wesentlich verbessert, „die Spielregeln ändert" und mit einem „neuen Gesellschaftsvertrag" endet. Dies muss eine Reform der Care-Ökonomie und der sozialen Infrastrukturprogramme sowie Investitionen in die technologische und digitale Infrastruktur umfassen. Abgesehen von der Forderung nach „grünen Investitionsanleihen" (Europäische Investitionsbank) sind Regulierungsbemühungen und systemische Veränderungen des Finanzsystems bisher in keinem nationalen, EU- oder US-Programm enthalten. Wenn diese „Änderungen der Regeln" nicht in Betracht gezogen werden, wird der angekündigte „gerechte Übergang" in eine neue Ära nicht mehr als ein Greenwashing-Prozess bleiben, bei dem wir uns gegenseitig beschwichtigen, aber keine sinnvollen Veränderungen herbeiführen.

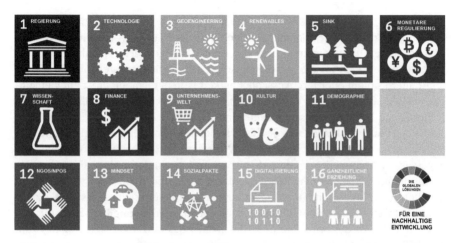

Abb. 1.11 Die Lösungen für nachhaltige Entwicklung. Der graue Bereich spiegelt Lösungen wider, die uns noch nicht bekannt sind. Das Geldsystem (Nummer 6) stellt das fehlende Bindeglied dar

zunächst unsere Denkweise ändern. Die Zukunft des Finanzwesens muss in der Tat radikal anders aussehen als in der Vergangenheit. Wir stehen vor noch nie dagewesenen Herausforderungen, für die Silo- und Einzellösungen nicht mehr angemessen sind. Was wir brauchen, ist ein systemisches Denken, und dieses Umdenken wird zu einer Veränderung der Staatsführung, der Technologie und des Geldsystems führen.

Wie sollen die SDGs nun erreicht werden? In den letzten 40 Jahren wurden weltweit über 900 verschiedene multilaterale Verträge und Vereinbarungen zu Umweltfragen geschlossen.[44] Mehr als ein Dutzend verschiedener Ansätze auf unterschiedlichen Ebenen wurden vorgeschlagen, um die SDGs zu erreichen.[45] Die folgende Grafik fasst die wichtigsten Vorschläge zusammen (Abb. 1.11).

Die für die SDGs vorgeschlagenen Lösungen sind zwar alle wichtig, aber eine wurde systematisch übersehen: die Rolle des Geldsystems. Die Fehlanpassung zwischen unserem derzeitigen Geldsystem und den SDGs und unseren globalen Gemeingütern hat zu deren Erosion und teilweiser Zerstörung geführt. Es hat verhindert, dass ihr volles wirtschaftliches Potenzial zum Wohle der Menschheit

---

[44] Siehe Mitchell (2017).

[45] Hinweis: Im selben Jahr, in dem die UN die SDG-Agenda veröffentlichte, veröffentlichte Papst Franziskus die Enzyklika *Laudato Si'* (2015), die die SDGs der UN teilweise ergänzt. Während sich die UN-Ziele auf das Management und die globale Entwicklung konzentrieren, bei der die Regionen mit dem allgemeinen Prozess der Globalisierung, des Wohlstands und des Wachstums „gleichziehen" müssen, nimmt *Laudato Si'* eine andere Perspektive ein. Hier werden die Gemeingüter als ein Geschenk an die Menschheit betrachtet, das es zu fördern und zu pflegen gilt, anstatt es zu verwalten. Aus dieser Perspektive ist *Laudato Si'* eine Erklärung der gegenseitigen Abhängigkeit, in der alle lebenden Arten auf nicht-hierarchische Weise miteinander verbunden sind und nicht dem Diktat der modernen Technologie und der Finanzen unterworfen werden sollten.

ausgeschöpft werden kann. Unsere Aufgabe ist es, die Wirtschaft so anzupassen, dass sie mit der Natur der Gemeingüter im Sinne der Nachhaltigkeit übereinstimmt.

Wir werden argumentieren, dass die wahre Tragödie der (globalen) Gemeingüter, zu denen auch soziale und ökologische Gemeingüter gehören, nicht das Trittbrettfahrerproblem oder ihre Ausschließbarkeit ist; ein Gemeingut ist ein Gemeingut, so wie frische Luft, Wasser, Zugang zu Unterkunft, Gesundheitsfürsorge, Nahrung und Bildung Menschenrechte sind, die für ein Leben in Würde notwendig sind – und dies unabhängig von der historischen Epoche oder dem vorherrschenden Wirtschaftsparadigma. Wir müssen die Wirtschaft an die Natur der Gemeingüter anpassen, nicht umgekehrt. Die wahre Tragödie besteht darin, dass diese Gemeingüter auf eine wirtschaftliche Realität und insbesondere auf ein Geldsystem treffen, das ihren Wert und ihren Nutzen nicht ausreichend berücksichtigt. Es sind die falschen Anreizstrukturen des Geldsystems und nicht die Gemeingüter selbst, die verhindern, dass wir das wirtschaftliche Potenzial jedes einzelnen Gemeingutes zum Wohle der Menschheit und des Planeten einbinden, fördern und freisetzen können. Wir stecken in einem Narrativ fest, das uns sagt, dass nur *ein* Geldsystem verwendet werden kann, um unsere Existenz auf dem Planeten zu finanzieren. Aber diese Sichtweise ist begrenzt.

Zusammenfassend haben wir gesehen, dass die neue Ära des Anthropozäns neue Anforderungen an uns stellt – nicht nur die Anforderung, das Schicksal unseres Planeten in die Hand zu nehmen, sondern auch die neue Anforderung, mit Unsicherheit umzugehen. Die Narrative, die wir uns gegenseitig erzählt haben und die bisher einen evolutionären Vorteil darstellten, sind für diese neue Ära nicht mehr geeignet. Wenn wir unsere Lebensweise verändern und einen nachhaltigeren Weg einschlagen wollen, müssen wir offen sein für andere Denkweisen wie den Taoismus, der einen anderen Rahmen bietet, durch den wir die Welt sehen können. Diese andere Sichtweise muss insbesondere auf unser bestehendes Finanzsystem angewendet werden, das in vielerlei Hinsicht fehlerhaft ist. Das nächste Kapitel wird die Vorteile und Grenzen dieses Finanzsystems untersuchen.

Literatur

Baldwin, R. (2016). *The great convergence: Information technology and the new globalisation.* Harvard University Press.

Bardi, U. (2017). *The Seneca effect: Why growth is slow but collapse is rapid.* Springer.

Bateson, G. (1972). *Steps to an ecology of mind.* Ballantine Books.

Beckert, J. (2016). *Imagined futures.* Harvard University Press.

Bellah, R. N., Madsen, R., Sullivan, W. M., Swidler, A., & Tipton, S. M. (1985). *Habits of the heart: Individualism and commitment in American life.* University of California Press.

Berner, E. K., & Berner, R. A. (2012). *Global environment: Water, air, and geochemical cycles.* Princeton University Press.

Bourguignon, F., & Morrisson, C. (2002). Inequality among world citizens: 1820–1992. *American Economic Review, 92*(4), 727–744.

Braxton, J. M., & Hargens, L. L. (1996). Variation among academic disciplines: Analytical frameworks and research. In J. C. Smart (Hrsg.), *Higher education: Handbook of theory and research* (Bd. 11, S. 1–46). Agathon Press.

Brunnhuber, S. (2016). *Die Kunst der Transformation*. Herder.

Brunnhuber, S. (2018). *The art of transformation: How we learn to change the world*. Tredition, CCOMP.

Brunnhuber, S. (2019). *Die Offene Gesellschaft: Ein Plädoyer für Freiheit und Ordnung im 21. Jahrhundert*. Oekom.

Bunge, M. (2003). *Emergence and convergence: Qualitative novelty and the unity of knowledge*. University of Toronto Press.

Capra, F. (2010). *The Tao of physics: An exploration of the parallels between modern physics and eastern mysticism*. Shambhala.

Ehrlich, P. R. (1968). *1968: The population bomb*. Ballantine Books.

Elias, N. (1997). *The civilizing process*. Blackwell.

FAO. (2017). *The future of food and agriculture: Trends and challenges*. http://www.fao.org/3/a-i6583e.pdf. Zugegriffen am 12.02.2022.

Ford, J. L. (2016). *The divine quest, east and west: A comparative study of ultimate realities*. SUNY Press.

Gaffney, O., Crona, B., Dauriach, A., & Galaz, V. (2018). *Sleeping financial giants: Opportunities in financial leadership for climate stability*. Global Economic Dynamics and the Biosphere programme, Future Earth, & Stockholm Resilience Centre. https://sleepinggiants.earth/wp-content/uploads/2018/09/Sleeping-financial-giants-report-24-September-2018.pdf. Zugegriffen am 12.02.2022.

Gapminder. (2020). https://www.gapminder.org. Zugegriffen am 30.01.2020.

Gladwell, M. (2000). *The tipping point: Howe little things can make a big difference*. Little Brown & Company.

Harari, Y. N. (2014). *Sapiens: A brief history of humankind*. Random House.

Holt-Giménez, E., Shattuck, A., Altieri, M., Herren, H., & Gliessman, S. (2012). We already grow enough food for 10 billion people … And still can't end hunger. *Journal of Sustainable Agriculture, 36*, 595–598.

IEA. (2017). *Energy access outlook 2017: From poverty to prosperity*. https://www.iea.org/publications/freepublications/publication/WEO2017SpecialReport_EnergyAccessOutlook.pdf. Zugegriffen am 12.02.2022.

Ireland, J. D. (2018). *The Udāna and the Itivuttaka: Inspired utterances of the Buddha and the Buddha's sayings* (S. 78–79). Pariyatti Publishing.

Jacobs, G. (2010). *The book: The spiritual individual in quest of the living organization. Codex for the infinite game*. Amazon Digital Services LLC.

Jasny, B. R. (2018). Tipping points in social convention. *Science, 360*(6393), 1082. https://doi.org/10.1126/science.360.6393.1082-d

Kant, I. (1784). Beantwortung der Frage – Was ist Aufklärung? [An answer to the question: What is enlightenment?]. *Berlinische Monatsschrift, 4*, 481–494.

Kirkland, R. (2004). *Taoism: The enduring tradition*. Routledge.

Kissinger, H. (2015). *World order*. Penguin Books.

Lietaer, B., Preuss, H., Hudon, M., De Spiegeleer, K., Legat, D., & Sherburne, C. (2019). *Towards a sustainable world: 3 paradigm shifts to achieve*. Delta Institute – Dieter Legat E.U.

MacIntyre, A. (1984). *After virtue: A study in moral theory* (2. Aufl.). University of Notre Dame Press.

McAfee, A. (2019). *More from less: The surprising story of how we learned to prosper using fewer resources – And what happens next*. Scribner.

Mead, G. H. (1934a). *Mind, self, and society*. University of Chicago Press.

Mead, M. (1934b). *Continuities in cultural evolution*. Yale University Press.

Meadows, D. H. (2008). *Thinking in systems: A primer*. Chelsea Green Publishing.

Meadows, D. H., Meadows, D. L., Randers, J., & Behrens, W. W. (1972). *The limits to growth: A report for the club of Rome's project on the predicament of mankind*. Universe Books.

Mitchell, R. B. (2017). *International environmental agreements database project* [Version 2017.1]. University of Oregon. https://iea.uoregon.edu/sites/iea1.uoregon.edu/files/MEAs-1857–2016. jpg. Zugegriffen am 12.02.2022.

Otto, I. M., Donges, J. F., Cremades, R., Bhowmik, A., Hewitt, R. J., Lucht, W., et al. (2020, January). *Social tipping dynamics for stabilizing Earth's climate by 2050.* Proceedings of the National Academy of Sciences.

Otto, I. M., Kim, K. M., Dubrovsky, N., & Lucht, W. (2019). Shift the focus from the super-poor to the super-rich. *Nature Climate Change, 9*(2), 82–84.

Perkins, D. (2014). *Future wise: Educating our children for a changing world.* John Wiley & Sons.

Pinker, S. (2018). *Enlightenment now: The case for reason, science, humanism, and progress.* Viking.

Ram, M., Bogdanov, D., Aghahosseini, A., Oyewo, S., Gulagi, A., Child, M., et al. (2017). *Global energy system based on 100% renewable energy-power sector.* Lappeenranta University of Technology and Energy Watch Group.

Rathi, A. (2017, December 2). *The world's astonishing dependence on fossil fuels hasn't changed in 40 years.* Quartz. https://qz.com/1144207/the-worlds-astonishing-dependence-on-fossil-fuels-hasnt-changed-in-40-years/. Zugegriffen am 12.02.2022.

Raworth, K. (2012). A safe and just space for humanity: Can we live within the doughnut? *Oxfam Policy and Practice: Climate Change and Resilience, 8*(1), 1–26.

Roosevelt, F. D. (1938). Inaugural address, March 4, 1933. In S. Rosenman (Hrsg.), *The public papers of Franklin D. Roosevelt, volume two: The year of crisis, 1933* (S. 11–16). Random House.

Roser, M., & Ortiz-Ospina, E. (2018, September 20). *Literacy.* Our World in Data. https://ourworldindata.org/literacy. Zugegriffen am 12.02.2022.

Rosling, H., Rosling Rönnlund, A., & Rosling, O. (2018). *Factfulness: Wie wir lernen, die Welt so zu sehen, wie sie wirklich ist.* Ullstein Buchverlage.

Sandel, M. J. (1982). *Liberalism and the limits of justice.* Cambridge University Press.

Saxe, J. G. (1936). The blind men and the elephant. In H. Felleman (Hrsg.), *The best loved poems of American people* (S. 521–522). Doubleday.

Schelling, T. C. (1971). Dynamic models of segregation. *Journal of Mathematical Sociology, 1*(2), 143–186.

Schröder, M. (2018). *Warum es uns noch nie so gut ging und wir trotzdem ständig von Krisen reden.* Benevento.

Schumacher, E. F. (1973). *Small is beautiful: Economics as if people mattered.* Harper & Row.

Slaus, I., Giarini, O., & Jacobs, G. (2013). Human centered development perspective. *Cadmus, 1*(6), 18–23.

Steffen, W., Broadgate, W., Deutsch, L., Gaffney, O., & Ludwig, C. (2015). The trajectory of the Anthropocene: The great acceleration. *The Anthropocene Review, 2*(1), 81–98.

Steffen, W., Rockström, J., Richardson, K., Lenton, T. M., Folke, C., Liverman, D., et al. (2018). Trajectories of the earth system in the Anthropocene. *Proceedings of the National Academy of Sciences, 115*(33), 8252–8259.

Taleb, N. N. (2007). *The black swan: The impact of the highly improbable.* Random House.

Taylor, C. (1989). *Sources of the self.* Harvard University Press.

Tetlock, P. E., & Gardner, D. (2015). *Superforecasting: The art and science of prediction.* Crown Publishers.

UN. (2019). *World population prospects 2019: Special aggregates.* https://population.un.org/wpp/Download/SpecialAggregates/EconomicTrading/. Zugegriffen am 12.02.2022.

UNEP. (2013). *The emissions gap report 2013.* Nairobi. http://web.unep.org/sites/default/files/EGR2013/EmissionsGapReport_2013_high-res.pdf. Zugegriffen am 12.02.2022.

Utke, A. R. (1998). Introduction: The (re) unification of knowledge: Why? How? Where? When? *Counterpoints, 39*, 1–33.

Von Weizsäcker, E. U., & Wijkman, A. (2017). *Come on!: Capitalism, short-termism, population and the destruction of the planet.* Springer.

Walach, H. (2019). *The Galileo commission report: Beyond a materialistic world view. Towards and Expanded Science*. Scientific and Medical Network. https://www.galileocommission.org/wp-content/uploads/2019/04/Science-Beyond-A-Materialist-World-View_compressed.pdf. Zugegriffen am 12.02.2022.

Weisberg, H. I. (2014). *Willful ignorance*. Wiley.

World Bank, Indicators. (2018). *Population, total*. https://data.worldbank.org/indicator/SP.POP.TOTL. Zugegriffen am 12.02.2022.

Wuebbles, D. J., Fahey, D. W., Hibbard, K. A., Dokken, D. J., Stewart, B. C., & Maycock, T. K. (Hrsg.). (2017). *Climate science special report: Fourth national climate assessment* (S. 470). U.S. Global Change Research Program.

Yuan, G., Drost, N. A., & McIvor, R. A. (2013). Respiratory rate and breathing pattern. *McMaster University Medical Journal, 10*(1), 23–25.

Kapital 2
Jenseits des Mantras der traditionellen Finanzierung: Bedeutung und Grenzen des konventionellen Ansatzes

2.1 Die Relevanz der Finanzmärkte

Das moderne Finanzwesen hat fast alle Aspekte der menschlichen Gesellschaft und jeden Aspekt unseres persönlichen Lebens tiefgreifend beeinflusst. In gewissem Maße ist es zur Grundlage aller wirtschaftlichen Entscheidungen und Investitionsstrategien, sozialer und ökologischer Programme und sogar politischer Entscheidungen geworden. In Verbindung mit den neuen Technologien ist das Finanzwesen sowohl zum vorteilhaftesten als auch zum nachteiligsten Faktor für unseren Planeten und unsere Zukunft geworden. Insbesondere die Krise von 2008 hat unvorhergesehene, aber bedeutende Grenzen unseres Finanzsystems aufgezeigt, die uns daran hindern, das Finanzwesen besser zu verstehen und zum Nutzen der Menschheit und unseres Planeten zu steuern.[1] Am deutlichsten werden diese Grenzen, wenn es um globale Gemeingüter geht. Eine davon ist die Vorstellung vom rationalen Markt und seinen Akteuren, die eine nutzenmaximierende Funktion haben.

Neue empirische Erkenntnisse in verschiedenen Disziplinen – einschließlich der Umweltwissenschaften, der Psychologie, der Systemtheorie und sogar des Finanzwesens selbst – scheinen jedoch alle in dieselbe Richtung zu führen, nämlich in eine Welt, die der Sichtweise der östlichen Mystik, insbesondere des Taoismus, sehr ähnlich ist: eine Welt, in der alles mit allem verbunden ist, alles in ständiger Bewegung ist und alles ausgeglichen sein muss, um eine nachhaltigere Zukunft zu erreichen.

---

[1] Die Krise von 2008 war mit Reparaturkosten von über 10 Billionen USD sehr teuer. Darin enthalten sind 40 % Produktionsverluste, 40 % Verluste an Vermögenswerten und 20 % Abschreibungen bei Banken (Otte, 2019). Traditionell haben wir einen enormen Aufwand und viele Ressourcen darauf verwendet, ein instabiles und anfälliges Geldsystem zu regulieren und zu stabilisieren. Die Realität ist, dass die Realwirtschaft mit zusätzlichen Kosten von bis zu 2 % und der Finanzsektor mit bis zu 20 % für diese Regulierungsbemühungen konfrontiert ist. Und jedes Mal, wenn es eine weitere Krise gibt, fallen humanitäre und ökologische Projekte von der Klippe. Wir sollten stattdessen lernen, mit dem System zu tanzen.

© Der/die Autor(en), exklusiv lizenziert an Springer Nature Switzerland AG 2023
S. Brunnhuber, *Die Finanzierung unserer Zukunft*,
https://doi.org/10.1007/978-3-031-19625-6_2

Nach Thomas Kuhn[2] kommt es zu Paradigmenwechseln, wenn in einem akademischen Bereich, einer wissenschaftlichen Disziplin oder einem gesellschaftlichen Kontext zu viele Anomalien auftreten oder wenn eine zunehmende Zahl von Unregelmäßigkeiten innerhalb eines bestehenden wissenschaftlichen Paradigmas nicht ausreichend erklärt werden können.[3] Dies erfordert eine Änderung der Denkweise und des Modus Operandi, d. h. der Art und Weise, wie wir denken und wie wir praktisch mit den anstehenden Herausforderungen umgehen. Im Hinblick auf unser spezielles Finanzthema sind die drei wichtigsten Herausforderungen, denen wir uns derzeit gegenübersehen, physische Risiken, zu denen extreme Wetterverhältnisse, Temperatur- und Meeresspiegelanstieg sowie die Auswirkungen des Verlusts der biologischen Vielfalt und Pandemien gehören; dann Transformationsrisiken, die die Kosten des Übergangs zu einer regenerativen Wirtschaft, erhöhte Haftungen für Investoren und Versicherer, Produktionsausfälle und Kosten für die Schadensbegrenzung beinhalten; und schließlich politische Risiken, die sich auf potenzielle asymmetrische Kriege und gescheiterte Staaten beziehen. Ziel dieses Kapitels ist es zu zeigen, dass ein wirtschaftlicher Paradigmenwechsel im Sinne Kuhns erforderlich ist, um Gemeingüter zu finanzieren. Und dies setzt eine Änderung sowohl unserer Denkweise als auch unserer Handlungsweise voraus (Abb. 2.1).

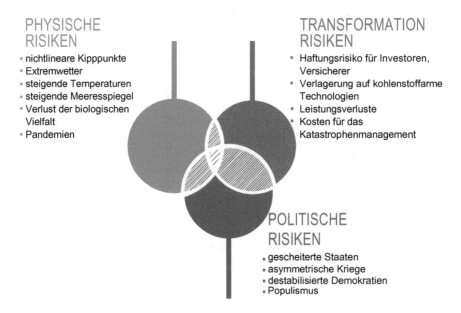

Abb. 2.1 Angesichts der Risiken

---

[2] Siehe Kuhn (1962).

[3] P.A. Hall (1993) griff diesen Gedanken auf und wandte ihn auf wirtschaftliche und politische Verfahren an, wobei er zwischen Veränderungen der ersten, zweiten und dritten Ebene unterschied. In dieser Erklärung spiegelt die erste Stufe normale politische Veränderungen wider, die zweite Stufe moderate Veränderungen und die dritte Stufe einen Paradigmenwechsel.

2.2   Geld und Finanzen als soziales Konstrukt

Geld ist weder eine Sache noch ein Naturgesetz. Es entsteht in keiner Gesellschaft auf natürliche Weise, sondern ist eine menschliche Erfindung, hinter der ein Narrativ steht, das von Milliarden anonymer Menschen geteilt wird, die rund um die Uhr miteinander interagieren, um das Wohlergehen des Einzelnen und der Gesellschaft als Ganzes zu verbessern. Je stabiler, verlässlicher und vertrauenswürdiger dieses soziale Konstrukt ist, desto geeigneter wird es sein, um das jeweilige Ziel zu erreichen, das sich jede Gesellschaft gesetzt hat. Es sind das gegenseitige Vertrauen und die gegenseitige Toleranz, die die Fähigkeit haben, ein größeres menschliches Potenzial zu katalysieren. Aber auch das Gegenteil ist der Fall. Je schwächer, instabiler, spekulativer, unzuverlässiger und ungerechter ein System ist, desto weniger ist es in der Lage, seinen positiven Einfluss auf die Gesellschaft und ihre Mitglieder voll zur Geltung zu bringen. Dies gilt auch für jede soziale Organisation und Erfindungen wie die Sprache, das Internet oder das Rechtssystem, die zum Guten oder zum Schlechten genutzt werden können. Der letztendliche Zweck eines Geldsystems sollte darin bestehen, das Wohlergehen, die Sicherheit und den Wohlstand der Menschen zu fördern, zu erleichtern und zu unterstützen. In diesem Sinne wirkt das Finanzsystem wie ein Katalysator, der vielfältige Interaktionen und unendliche Transaktionen zwischen Menschen über Raum und Zeit hinweg ermöglicht, ohne dabei verändert zu werden. Je komplexer und interaktiver eine Gesellschaft jedoch wird, desto sorgfältiger muss die Gestaltung dieser Erfindung hinterfragt werden.[4]

In diesem Sinne ist das Finanzsystem eines der mächtigsten Instrumente zur Erleichterung gesellschaftlicher Errungenschaften, die der Mensch je erfunden hat.[5] Anstatt das Internet, unsere Sprache, den Markt und staatliche Institutionen abzulehnen, wenn sie weniger edlen oder ethischen Zwecken dienen, versuchen wir, ihre Gestaltung oder Nutzung zu verbessern und ihre negativen externen Effekte zu minimieren. Dies sollte auch für das Finanzsystem gelten. Da das Geldsystem so viele Aspekte des menschlichen Handelns beeinflusst, sollte seine Steuerungskraft jedes Mal, wenn es eingesetzt wird, den Nutzen und die Wirkung der Errungenschaften erhöhen. Geld ermöglicht aber nicht nur kommerzielle Transaktionen. Es ist in der Lage, das menschliche Wohlergehen aus einer viel

---

[4] Eines der bemerkenswerten Merkmale des Geldsystems ist, dass es im Laufe der Zeit immer subtiler und weniger materiell geworden ist und sich in dem Sinne demokratisiert hat, dass immer mehr Menschen davon profitieren: vom regionalen Tauschhandel über Bankkonten, Kreditlinien, globales Fundraising und Crowdfunding bis hin zu Mikrokrediten, elektronischen Zahlungssystemen, regionalen Währungen und Kryptowährungen.

[5] Siehe Jacobs (2016); Jacobs und Slaus (2012).

umfassenderen Perspektive zu erleichtern, indem es individuelle Güter oder Dienstleistungen in fast jedes andere wünschenswerte soziale Gut umwandelt. Es ist der Ort, an dem ein Sack Mais buchstäblich in einen Doktortitel oder eine bessere Gesundheit, in eine Weltreise oder den Bau eines Hauses umgewandelt werden kann. In diesem Sinne wirkt das Finanzsystem nicht nur als Katalysator und Multiplikator, sondern kann auch unsere Gesellschaft verändern, indem es die Liquidität dorthin lenkt, wo sie den meisten Menschen den größten Nutzen bringt.[6] Historisch gesehen ist nicht der innere Wert des Geldes selbst, sondern die zugrundeliegende Realwirtschaft von Waren und Dienstleistungen die treibende Kraft bei der Festlegung bestimmter Finanzanlagen, geld- und steuerpolitischer Instrumente und der erforderlichen Regulierungsmaßnahmen. Daran sollten wir uns orientieren.

> **Geld ist der Weg zur Freiheit oder zur Knechtschaft, je nachdem, wie es gehandhabt wird.**

Das Geldsystem wird noch wichtiger, wenn eine Gesellschaft über unzureichende oder nicht genutzte Ressourcen verfügt. Und davon gibt es reichlich. Im Gegensatz zu früheren Zeiten, als wir nicht über die wissenschaftlichen Erkenntnisse oder die Möglichkeiten verfügten, um Malaria zu behandeln, Kinder richtig auszubilden oder die globale Erwärmung in den Griff zu bekommen, und im Gegensatz zu Zeiten, in denen systemische Arbeitslosigkeit, Armut und Hunger als soziale Gegebenheiten galten, verfügen wir heute über die Mittel, das Wissen, das Know-how und die Technologie, um diese Herausforderungen zu lösen. Konkret: Als menschliche Spezies haben wir auf regionaler Ebene gezeigt, wie man Vollbeschäftigung erreichen und Armut und Hunger beseitigen kann. Wir haben es jedoch versäumt, ein zuverlässiges System zu schaffen, um dies auf globaler Ebene zu erreichen. Dies

---

[6] Historisch gesehen kann man sagen, dass nicht die Industrielle und die Französische Revolution die große Divergenz zwischen Europa und dem Rest der Welt auslösten, sondern Innovationen im Finanzsektor, nämlich das Papiergeld, die Kreditschöpfung und die fraktionierte Geldschöpfung, die in der zweiten Hälfte des 17. Jahrhunderts von der schwedischen *Reiksbank* und der Bank of England eingeführt wurden. Diese Erfindungen ermöglichten eine auf den Menschen ausgerichtete Vermögensbildung, Unternehmertum sowie private und unternehmerische Planung und Investitionen, die zuvor nicht möglich waren.

erklärt, warum weltweit immer noch über 1,5 Milliarden Menschen von unzuverlässiger Beschäftigung betroffen sind, warum zig-million Menschen nicht einmal am Erwerbsleben teilnehmen und warum in einigen Ländern mehr als 75 % der Erwerbsbevölkerung unterbeschäftigt sind. Zusammenfassend lässt sich sagen, dass mehr als ein Drittel des weltweiten Humankapitals nicht richtig genutzt wird, um das Potenzial, das in jedem Einzelnen steckt, freizusetzen.[7] Stellen Sie sich eine soziale Organisation vor, die alle Voraussetzungen erfüllt, um das gesamte Potenzial der Menschheit freizusetzen. Solche Mechanismen warten noch darauf, entwickelt, organisiert, kanalisiert und verteilt zu werden. Einen beschreiben wir hier in diesem Buch.

Unser derzeitiges Geldsystem funktioniert also weit unter dem Niveau, das notwendig ist, um Vollbeschäftigung zu erreichen, Umweltprobleme wie die globale Erwärmung und den Rückgang der Artenvielfalt zu bewältigen und gleichzeitig Grundbedürfnisse wie den Zugang zu Gesundheitsversorgung, Bildung und Nahrungsmitteln für die Weltgemeinschaft zu erfüllen. Doch gerade die Gestaltung dieses Geldsystems kann diese Herausforderungen in Chancen verwandeln, die nur darauf warten, ergriffen zu werden. Wenn wir unsere Perspektive umkehren und das Individuum mit all seinem Potenzial und seinen Möglichkeiten in den Mittelpunkt stellen, können wir unser Geldsystem an das Individuum anpassen, anstatt das Individuum an das Geldsystem anzupassen.

Historisch gesehen wurden die größten Errungenschaften immer dann erzielt, wenn eine gesellschaftliche Organisation die persönliche Freiheit und Kreativität, die individuellen Rechte und Ansprüche in den Mittelpunkt stellte und diesen

---

[7] Die OECD definiert Humankapital als „die Kenntnisse, Fähigkeiten, Kompetenzen und Eigenschaften, die es den Menschen ermöglichen, zu ihrem persönlichen und sozialen Wohlergehen sowie dem ihrer Länder beizutragen" (Keeley, 2007). Unterm Strich spiegelt die Arbeitslosigkeit oder Unterbeschäftigung in einer Gesellschaft die Unfähigkeit dieser Gesellschaft wider, das Potenzial jedes einzelnen Bürgers voll auszuschöpfen. Die Arbeitslosigkeit ist jedoch kein Naturgesetz, sondern ein Artefakt des gewählten Wirtschaftssystems. Jede wirtschaftliche Transaktion führt früher oder später zu irgendeiner Art von menschlicher Aktivität und einem damit verbundenen Arbeitsplatz, sonst wären diese wirtschaftlichen Transaktionen von vornherein sinnlos gewesen. Die Gleichung lautet: Angenommen werden 4–5 Billionen USD zusätzliche Liquidität mit einem Multiplikator von 2 und einer 40-Stunden-Woche, 2 Wochen Krankenstand und 4 Wochen Urlaub bei einer 5-Tage-Woche. Bei einem Stundenlohn von 8,50–14,00 USD können 350–500 Millionen Vollzeitarbeitsplätze geschaffen werden. Wenn wir weiterhin von 170 Millionen Arbeitslosen und 140 Millionen Unterbeschäftigten weltweit ausgehen (ILO, 2019), würde dies dem Volumen entsprechen, das zur Finanzierung der SDGs erforderlich ist. Ganz abgesehen davon, dass es regionale Unterschiede in der Kaufkraft gibt.

Gedanken an eine große Zahl von Menschen weitergab.[8] Dieser auf den Menschen ausgerichtete Ansatz gilt nicht nur für das Zeitalter der Renaissance und der Aufklärung, sondern sollte auch für das Finanzsystem gelten: die Fähigkeit, frei zu handeln, die eigenen Bestrebungen selbstwirksam zu verwirklichen und gleichzeitig die individuellen Rechte anderer zu respektieren und zu unterstützen. Jede monetäre Gestaltung sollte einen solchen menschen- oder personenzentrierten Ansatz beinhalten, um das gesellschaftliche Wohlergehen als Ganzes zu fördern.

Eine menschliche Ressource wird erst dann zu einer Ressource, wenn sie von der gesamten Gesellschaft als solche anerkannt wird. Dies gilt auch für alle globalen Gemeingüter: von frischer Luft bis zum Schutz der biologischen Vielfalt, von der Vermeidung der globalen Erwärmung bis zum Zugang zur Gesundheitsversorgung für alle, von der Verwirklichung der allgemeinen Bildung bis zu Vollbeschäftigung, Obdach und Frieden – all dies kann als globales Gemeingut anerkannt und gewürdigt werden. Die Macht des sozialen Konstrukts des Geldsystems liegt in der Tatsache, dass es den Menschen ermöglicht, Sand in Siliziumchips, organische Stoffe in Benzin oder molekulare Verbindungen in Arzneimittel zu verwandeln. Aber wie kommt das Geld in die Welt?[9]

Wie kommt das Geld in die Welt?
- Geld ist eine gesellschaftliche Erfindung, ein Rechtsakt und eine Konvention, kein Naturgesetz. Dementsprechend können wir es ändern.
- Etwa 97 % der im Umlauf befindlichen Geldmenge wird über das Geschäftsbankensystem durch einen Kreditschöpfungsprozess erzeugt.
- Etwa 3 % werden von den Zentralbanken geschaffen (Basisgeld und/oder Bargeld). Diese 3 % dienen auch als Kredit an das Geschäftsbankensystem.
- In der heutigen Zeit erzeugen die Zentralbanken Basis- oder „heißes" Geld als Kredite und kaufen Staats- oder Unternehmensanleihen als Sicherheiten. So kommt das Geld in die Welt.

---

[8] Die meisten Komponenten für den Wandel waren bereits vorhanden, mit einer Ausnahme: Um 1820 hatten die menschlichen Gesellschaften das Rad und die Druckerpresse erfunden und waren in der Lage, mit Feuer umzugehen. Es gab bereits Nationalstaaten, ein Bankensystem und ein Steuersystem. Mathematik, Astronomie, Religion, Musik und Kunst sowie die Kenntnis der menschlichen Anatomie waren bereits etabliert. Kupfer, Eisen, Weizen, Fleisch, Gemüse und Obst, Brot und Butter waren ebenfalls verfügbar. Die meisten Bestandteile des täglichen Lebens waren vorhanden. Trotzdem hatten sich die Lebensbedingungen der Menschen bis 1820 seit Jahrhunderten, wenn nicht Jahrtausenden, nicht wesentlich verändert. Das menschliche Leben blieb von der Geburt bis zum Tod gleich, und die Gesellschaften als Ganzes entwickelten sich nach dem so genannten Malthus-Zyklus: Das Wirtschaftswachstum wurde ausschließlich durch demografische Faktoren ausgelöst. Doch um 1820, etwa 30 Jahre – nur eine Generation – nach der Französischen und der Amerikanischen Revolution, geschah etwas Erstaunliches, das einen völlig neuen Prozess in Gang setzte, der sich von allen anderen Prozessen in der Menschheitsgeschichte unterschied: die soziale Ermächtigung des Einzelnen, seinen kritischen Verstand, seine Kreativität und neue Formen der sozialen Zusammenarbeit zu nutzen. Dieser auf den Menschen ausgerichtete Ansatz hat im Grunde alles verändert.

[9] De Grauwe (2019).

- Dieses Verfahren verlängert ihre Bilanzen und stabilisiert unsere Wirtschaft und unsere Gesellschaft als Ganzes. Theoretisch ist die Höhe der möglichen Zentralbankkredite nicht begrenzt.

Der Hauptzweck eines jeden Geldsystems besteht darin, Wohlstand für alle in der Gesellschaft zu schaffen. Es hat sowohl einen quantitativen Aspekt, der sich an der Menge des in die Wirtschaft eingespeisten und zirkulierenden Geldes zeigt, als auch einen qualitativen Aspekt, der sich daran bemisst, wohin das Geld fließt und was es bewirkt. Die Anpassung unseres derzeitigen Systems zum Wohle der Menschheit erfordert jedoch intellektuellen Mut, wissenschaftliche Klarheit und standhafte politische Entscheidungen. Das TAO der Finanzen kann den Weg weisen.

Unsere These lautet daher: Hätten wir ein anderes Währungsdesign – unter Beibehaltung des gegebenen Systems, aber mit einer Erweiterung in Richtung eines parallelen, optionalen Währungssystems –, das in erster Linie auf die Förderung globaler Gemeingüter ausgerichtet wäre, könnte das derzeit ungenutzte Potenzial der Menschheit freigesetzt werden, so dass wir in einer nachhaltigeren, friedlicheren und gerechteren Welt leben könnten.

Traditionell haben wir Nachhaltigkeit jedoch nur als Dreiklang aus sozialen, ökologischen und ökonomischen Aspekten betrachtet und versucht, den kleinsten gemeinsamen Nenner zwischen den drei Komponenten zu finden, wobei wir das Geldsystem außen vorgelassen haben. Dies ist irreführend. Nachhaltigkeit sollte vielmehr als ein Trichter oder ein Attraktor betrachtet werden, in dem das Geldsystem eine zentrale Rolle spielt. Und wir werden weiter zeigen, dass es bei der Nachhaltigkeit lebender Systeme eher darum geht, ein Gleichgewicht zwischen ihren lebenswichtigen Komponenten herzustellen, als nach dem kleinsten gemeinsamen Nenner zu suchen. Jede Diskussion über die Zukunft muss die Rolle einbeziehen, die das Geld in dieser Zukunft spielt. Und entgegen der landläufigen Meinung ist Geld weder greifbar noch hat es die Form einer Ware. Es ähnelt eher einem Gesetz (G.F. Knapp, 1924), das wir ändern können. Die folgende Grafik veranschaulicht dies (Abb. 2.2).

Es liegt also nicht an einem Mangel an Alternativen oder an fehlender Intelligenz, dass wir nicht in der Lage sind, ein anderes Geldsystem zu etablieren; es liegt an dem falschen Narrativ, das man uns zu glauben aufgezwungen hat. Obwohl wir immer wieder Zeuge des Missverhältnisses zwischen unserem derzeitigen Geldsystem und der Finanzierung globaler Gemeingüter geworden sind, hat uns unser tief verwurzelter Glaube an das Narrativ, dass es nur eine Form des Geldsystems gibt, davon abgehalten, die Gestaltung des Systems selbst zu hinterfragen.[10] Es ist also nicht die linke oder rechte, keynesianische oder österreichische, marxistische, institutionalistische oder behavioristische Wirtschaftslehre, die darüber entscheidet, ob wir unsere Gemeingüter finanzieren können. Es ist vielmehr die psychologische

---

[10] Dies wird auch die Goodhart-Regel genannt. Für jede eingeführte Regulierung gibt es eine Innovation und Bemühungen, diese zu überwinden, wodurch die ursprüngliche Regulierung nahezu nutzlos wird (Goodhart, 1984, 2008; Freeman & Soete, 2009).

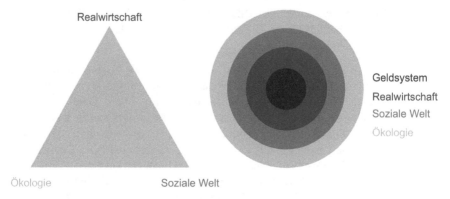

Abb. 2.2 Das fehlende Bindeglied – das Währungssystem

Art und Weise, wie wir denken und die Welt durch lineares oder paralleles Denken wahrnehmen.[11]

Mit anderen Worten: Würden wir die empirischen Erkenntnisse der System-theorie, der Neurobiologie sowie der klinischen und sozialen Psychologie ernsthaft in unseren Denkprozess integrieren, würde sich ein völlig anderes Geldsystem er-geben.[12] Anstatt dem Paradigma des Wirtschaftswachstums an erster Stelle und der teilweisen Umverteilung von Einnahmen durch Steuern, Gebühren oder Philan-thropie zur Finanzierung von Gemeingütern an zweiter Stelle zu folgen, plädieren wir dafür, ein paralleles optionales Geldsystem zu entwerfen, das der Natur der globalen Gemeingüter entspricht.

2.3 Konventionelle Finanzinstrumente in der Ära des Anthropozäns

Im Zeitalter des Anthropozäns,[13] in dem alles mit allem verbunden ist, wissen wir als Spezies nicht, wann, wo und in welchem Ausmaß wir und unsere Kinder von negativen externen Effekten betroffen sein werden. Anders als in der Vergangenheit haben wir keine wirkliche Ausstiegsoption, keinen „Plan B" oder „Reset-Knopf", sondern sind innerhalb der planetarischen Grenzen unserer Welt gefangen.[14] Dies

---

[11] Siehe Kahneman (2011).

[12] Im Rahmen eines Pareto-Optimums ist jede Investition in ein (nicht ausschließbares) Gemeingut, ob durch Gebühren, Steuern oder Philanthropie finanziert, eine Form des guten Willens oder der Wohltätigkeit zur Besänftigung von Schuldgefühlen, die zu einer suboptimalen Allokation und zu Ineffizienzen führt, da unterfinanzierte Gemeingüter zu suboptimalen Erträgen im privaten und staatlichen Sektor führen. Wir werden auf dieses Thema in Kap. 5 näher eingehen, da dieses Argument für ein besseres Verständnis der Bedeutung eines Doppelwährungssystems von Bedeutung ist.

[13] Siehe Crutzen (2002); Crutzen et al. (2011).

[14] Siehe Rockström und Klum (2016).

verändert grundlegend die Art und Weise, wie wir den Wohlstand der Nationen schaffen können.

Die Debatte über die Finanzierung unserer Gemeingüter ist eng mit der aktuellen Wirtschaftsdebatte verbunden. Es gibt mehrere Ansätze, wie die Wirtschaft am besten angekurbelt und Wohlstand geschaffen werden kann, um unsere Gemeingüter zu finanzieren. Die nachstehende Tabelle gibt einen Überblick über die wichtigsten Wissenschaftler und ihre Argumente.[15] Jede Perspektive enthält solide empirische, theoretische und intellektuelle Standpunkte. Wenn die Leser die Zeit und den intellektuellen Mut haben, sich in diese komplexe Debatte zu vertiefen, werden sie entweder frustriert sein, weil sich die gegensätzlichen Positionen nicht miteinander vereinbaren lassen, oder sie werden mit einer halbherzigen Position enden, bei der die erwarteten Ergebnisse suboptimal, teuer, ineffizient und weit entfernt von einer Pareto-optimalen Verteilung sind. Wir glauben nach wie vor an die Geschichten von Trickle-Down-Effekten auf der politischen Rechten oder Umverteilungsmechanismen auf der politischen Linken als Hauptmittel zur Erlangung ausreichender Liquidität und Kaufkraft zur Finanzierung unserer Zukunft. Beides sind Rezepte aus der Vergangenheit, nicht aus der Zukunft. Die Zukunft des Finanzwesens muss sich radikal von der Vergangenheit unterscheiden, und dies erfordert ein Umdenken. Wir stehen vor noch nie dagewesenen Herausforderungen, für die solche isolierten und singulären Lösungen nicht mehr angemessen sind. Systemisches Denken ist gefragt, und dieses Umdenken wird zu einem Wandel in der Governance, in der Technologie und im Geldsystem führen. Nicht andersherum.

Im Kern läuft die intellektuell komplexe Diskussion auf die Kontroverse zwischen Stimulus und Austerität oder Angebots- und Nachfragewirtschaft hinaus. Alle hier genannten Argumente weisen ein dreifaches Vorurteil auf: Erstens berücksichtigt keine der Positionen explizit die SDGs[16]; zweitens stellt keine von ihnen die Struktur des Finanz- und Geldsystems selbst in Frage; und drittens bedienen sich alle Argumente der gleichen Psychologie. Darüber hinaus haben diese drei Vorurteile eine noch übergreifende Voreingenommenheit gemeinsam, nämlich

---

[15] Siehe Eichengreen (2014); Foster und McChesney (2012); Friedman (2016); Galbraith (2014); Gordon (2016); Hansen (1939); Koo (2015); Krugman (2014); Rogoff (2009) und Summers (2015).

[16] Wir müssen zugeben, dass wir in dieser ganzen Debatte bereits 30–40 Jahre verloren haben. Im Jahr 1990 wäre es möglich gewesen, eine andere Zukunft anzusteuern. Nach dem Zusammenbruch der Sowjetunion hätte die Weltgemeinschaft die Chance gehabt, die mit dem Kalten Krieg verbundenen Militärausgaben für mehr Frieden, Fairness und Nachhaltigkeit auf diesem Planeten zu nutzen. Doch statt diese „Friedensdividende" für das Gute zu nutzen, beschloss die Welt, sich dem Washingtoner Konsens (Williamson, 1993) anzuschließen, der auf mehr Liberalisierung, Privatisierung und Deregulierung setzte. Wir sollten nicht denselben Fehler einer weiteren Privatisierung, Deregulierung und Liberalisierung der Welt wiederholen. Das Ergebnis wäre, alle Gewinne zu privatisieren, während die Gesellschaft als Ganzes als Backstop fungiert und alle Verluste im Falle eines Scheiterns öffentlich tragen muss.

dass sie die Linse des linearen, perspektivischen Denkens im Gegensatz zum parallelen Denken verwenden (Tab. 2.1).[17]

Um mehr Wachstum zu erreichen, werden traditionell zwei Instrumente eingesetzt: Regulierungsbemühungen, um den internationalen Handel und die Zahlungssysteme besser zu kontrollieren, und finanzielle Umverteilung, oder genauer gesagt die Art und Weise und das Ausmaß, in dem wir Wohlstand für soziale und ökologische Projekte verteilen. Finanzielle Umverteilungsverfahren, für die der Marshallplan[18] ein bekanntes Beispiel ist, stellen das dar, was wir als „End-of-Pipe"-Finanzierung bezeichnen – die Erzielung von Einnahmen aus der Besteuerung von wirtschaftlichen Gütern und Dienstleistungen und deren teilweise Umverteilung an soziale und ökologische Projekte.[19] Obwohl Regulierungsbemühungen und finanzielle Umverteilungsmechanismen miteinander verbunden sind, erhalten sie eine andere Bedeutung, wenn man sie im Rahmen einer Reihe von Interventionen betrachtet, die hier als „Six-pack" bezeichnet werden. Ihre Bedeutung und die Reihenfolge ihres Einsatzes ändern sich angesichts der begrenzten Zeit, die uns im Zeitalter des Anthropozäns zur Verfügung steht.

Wir können dieses Argument noch einen Schritt weiterführen. Die Forschungsarbeiten zur Ermittlung der Komponenten des Wirtschaftswachstums und der so genannten totalen Faktorproduktivität (TFP) erstrecken sich mittlerweile über 75 Jahre. Sie kommt zu dem Schluss, dass etwa 14 % der TFP auf Bildung und etwa 19 % auf technologische Innovation zurückzuführen sind. Die Faktoren, die den verbleibenden zwei Dritteln des Wirtschaftswachstums zugrunde liegen, sind in der Tat unbekannt. Dies gilt nicht nur für die OECD-Länder, sondern auch für die Entwicklungsländer. So haben „Investitionen am unteren Ende der Pyramide" in eini-

---

[17] Psychologen sprechen hier vom so genannten „Confirmation Bias": Wir bestätigen nur, was wir bereits wissen, finden nur, was wir sehen, und sehen nur, was in der Vergangenheit bereits getan wurde. Einige Wissenschaftler bezeichnen diese Voreingenommenheit als eine der stärksten und irreführendsten Formen des Denkens und Schlussfolgernd (siehe Oswald & Grosjean, 2004; Wason, 1968).

[18] Der *historische Marshallplan* (European Recovery Plan) hatte 1948 ein Volumen von 13 Milliarden USD. Davon wurden 10 % in Deutschland investiert (Hogan, 1989; Sorel & Padoan, 2008). Umgerechnet in heutiges Geld müsste das Volumen mehr als zehnmal so groß sein, mindestens 130 Milliarden USD, und die Transfersumme würde 13 Milliarden USD betragen (Bureau of Labor Statistics, 2019).

[19] Der *globale Marshall-Plan* (Gore, 1992), eine prominente Initiative, wird nur funktionieren, wenn das gesamte Finanzsystem relativ stabil bleibt und alle Akteure sich auf die erwarteten Transaktionen verlassen können. Dies war nach dem Zweiten Weltkrieg für Deutschland der Fall und auch in hohem Maße bei der EU-Osterweiterung (Sorel & Padoan, 2008). Der derzeitige Finanzrahmen bewegt sich jedoch auf hochspekulativem Terrain, mit weltweit operierenden Offshore-Oasen (die laut Alstadsaeter et al. 2018 etwa 10 % des weltweiten BIP ausmachen), wiederkehrenden Währungs- und Bankenkrisen sowie einem immer größer werdenden Dark-Pool- und Schattenbankensektor, Hochfrequenzhandel, Betrug und Korruption. Zusammengenommen machen diese Faktoren die zuverlässige Beschaffung von Mitteln zur Finanzierung unserer globalen Gemeingüter zu einem nahezu unmöglichen Unterfangen.

Tab. 2.1 Die herkömmliche Debatte über Wachstum und Wohlstand

Befürworter	Position	Argument
Larry Summer (2015)	Säkulare Stagnation	Hohe Ersparnisse und geringer Konsum führen zu einer niedrigen Gesamtnachfrage, was wiederum zu niedrigen Wachstumsraten, niedrigen Zinsen, hoher Arbeitslosigkeit und einer starken Tendenz zur Deflation führt.
Alvin Hansen (1939)	Demografische Verzerrungen	Die Überalterung der Bevölkerung (vor allem in Europa, Russland und Japan) führt zu einer geringeren gesamtwirtschaftlichen Nachfrage und damit zu niedrigeren Wachstumsraten.
Robert Gordon (2016)	Angebotsorientierter Ansatz	Das Fehlen echter technologischer Innovationen führt zu geringen Wachstumsimpulsen und verringert die Hebelwirkung für Verteilung und Wohlstand.
Barry Eichengreen (2014)	Theorie des Humankapitals	Geringe öffentliche Investitionen, vor allem in die allgemeine und berufliche Bildung, sind die Ursache für niedrige Wachstumsraten.
Rogoff (2009)	Zyklus der Hyperverschuldung	Nach der Krise von 2008 sind die Staaten überschuldet. Der anhaltende Schuldenabbau und die Kreditbeschränkungen hindern die Behörden daran, in die Zukunft zu investieren.
Richard Koo (2015)	Rezession in der Bilanz	Nach der Krise von 2008 sind die Bilanzen von Unternehmen und Staaten überschuldet, was sie daran hindert, in Zukunftsmärkte zu investieren. Verfrühte Haushaltsbeschränkungen verlängern diesen Prozess noch.
Paul Krugman (2012), G. Friedman (2016), Friedman-Romer-Romer-Debatte	Neo-Keynesianismus	Eine rückläufige gesamtwirtschaftliche Massennachfrage erfordert ein geschicktes Eingreifen in Form einer expansiven Geldpolitik und fiskalischen Expansion. Die Kontroverse ist hier, ob der Stimulus nur kurzfristig ist oder langfristig positive Effekte verursacht.
James Galbraith (2014)	Struktureller Keynesianismus	Die fehlende Massennachfrage erfordert eine Stärkung des institutionellen Rahmens, vor allem durch „Big Governance", einschließlich sozialer Sicherungssysteme, Gewerkschaften und progressiver Besteuerung; die Volatilität der Rohstoffpreise, die Abhängigkeit von fossilen Energieträgern und Technologien, die Arbeitsplätze ersetzen, führen zu einem weiteren Rückgang der Wachstumsraten.
John Foster und Robert McChesney (2012)	Marxismus/ Kommunismus	Die Tendenz zur globalen Monopolisierung und Finanzialisierung ist die Ursache für die Stagnation von Nachfrage, Wachstum und Beschäftigung.

(Fortsetzung)

Tab. 2.1 (Fortsetzung)

Befürworter	Position	Argument
Mitchell, W. et al. (2019)	Moderne Geldtheorie	Die Geldpolitik übersteuert die Fiskalpolitik; Ersparnisse und Steuern sind nicht die einzigen Quellen der öffentlichen Finanzierung; souveräne Staaten können Geld schaffen, um reale gesellschaftliche Herausforderungen zu lösen, solange es keine Inflation gibt; Null-Budget-Ansatz.

gen Ländern funktioniert, in anderen jedoch nicht, ohne dass ein spezifischer Grund dafür ermittelt wurde. Das BIP-Wachstum ist also ein Mittel oder eine Maßnahme, kein Ziel an sich. Die totale Faktorproduktivität wird weiterhin ein Rätsel bleiben, ob wir nun die wirklichen Probleme gelöst haben oder nicht. Aus empirischer Sicht scheint jede wirtschaftliche Wachstumsepisode historisch und geografisch einzigartig zu sein. Die zugrundeliegenden Probleme sind jedoch dieselben: Armut, Hunger, globale Erwärmung, Pandemien und so weiter. Traditionell gehen wir an diese Probleme heran, indem wir zuerst wachsen und dann entscheiden, wie wir das Geld durch Steuern und Gebühren umverteilen, um sie zu lösen. Da wir nach wie vor nicht in der Lage sind, die wichtigsten Komponenten des wirtschaftlichen Wachstumsprozesses zu identifizieren, sollten wir fairerweise unser lineares Denken und Forschen zugunsten eines problemzentrierten Ansatzes aufgeben, der auf sinnvolle Weise die erforderliche Liquidität generiert, um die Herausforderungen der Armut, des Klimawandels und des Verlusts der Artenvielfalt zu lösen und vernünftige Arbeitsplätze zu schaffen. Ob das BIP wächst oder nicht, sollte dann nur eine statistische Frage bleiben.[20]

2.4   Das Six-Pack

Bisher wurde der Entwicklungsbedarf in erster Linie durch Crowding-in-Finanzierung des Privatsektors, konventionelle Mittel des öffentlichen Sektors und philanthropisches Engagement finanziert. Doch der öffentliche Sektor ist überschuldet, Staatsanleihen im Wert von über 15 Billionen USD werfen negative Renditen ab, mehr als 40 % der Unternehmensanleihen werden mit negativen Zinssätzen ausgegeben (bis 2020), private Bareinlagen in Höhe von über 12 Billionen USD bleiben unproduktiv, und institutionelle Anleger sitzen auf einer Kohlenstoffblase von über 40 Billionen USD, die sie zwingt, erhebliche Teile ihres Ver-

---

[20] Banerjee, A. V. und Duflo, E. (2019).

mögens abzuschreiben.[21] In der Tat befinden wir uns in einer paradoxen, deflationären Situation: Auf der einen Seite haben wir Millionen von Arbeitslosen,
soziale Herausforderungen auf globaler Ebene (Zugang zu Gesundheitsversorgung
und Vorschulbildung, Ungleichheit zwischen den Geschlechtern, Hunger und
Armut) und noch nie dagewesene universelle Herausforderungen (globale Erwärmung, Verlust der biologischen Vielfalt, Luftverschmutzung).[22] Auf der anderen Seite ist viel Liquidität vorhanden, die jedoch entweder unproduktiv, ungeeignet oder nicht verfügbar ist, um unsere Zukunft zu finanzieren. Das
herkömmliche Financial-Engineering scheint in Bezug auf Umfang, Geschwindigkeit und Reichweite unzureichend zu sein, um diesen dringenden Finanzbedarf zu
decken. Stattdessen ist die Weltgemeinschaft zu sehr damit beschäftigt, das bestehende System zu reparieren, zu stabilisieren und zu refinanzieren, statt das Problem direkt anzugehen. Die Finanzierungslücke ist so groß geworden, dass wir
über grundlegend neue Wege der Finanzierung diskutieren und grundlegend neue
Kanäle zur Unterstützung dieser Agenda finden müssen. Auf der Suche nach privaten und institutionellen Anlegern, die neue Zukunftsmärkte finden, gibt es viele
Möglichkeiten. Einige dieser Märkte werden klein, andere groß sein und dies so-

---

[21] Es spricht viel dafür, dass die Konzentration auf das 2-Grad-Ziel und die Frage, ob die globale
Erwärmung vom Menschen oder von der Natur verursacht wird, teilweise irreführend ist. Es gibt
mindestens vier weitere Gründe, warum wir das fossile Zeitalter hinter uns lassen müssen, abgesehen von den Auswirkungen auf die Erwärmung der Atmosphäre: Erstens wird eine de-
karbonisierte Welt, die stärker von erneuerbaren Energien abhängt, für uns alle gesünder sein; zweitens ist die Umstellung auf eine nicht-fossile Wirtschaft billiger, vor allem, wenn wir den Preis für
alle damit verbundenen negativen externen Effekte mit einbeziehen; drittens ist diese neue Energiequelle unbegrenzt verfügbar (Sonne, Wasser, Wind und Erdwärme) und es wird keinen „Peak-
energy" für die Menschen geben; und viertens sind erneuerbare Energien dezentralisiert und für jeden
verfügbar. Dies reduziert den potenziellen Handel mit und militärische Konflikte um Energiequellen
und stellt eine Art „Friedensdividende" für die Welt dar. Zusammenfassend lässt sich sagen, dass es,
selbst wenn man der globalen Erwärmung und ihrem menschengemachten Charakter skeptisch
gegenübersteht, mehr als genug andere Argumente gibt, die den Übergang zu einem nicht-fossilen
Zeitalter unterstützen. Zur aktuellen Diskussion siehe insbesondere Randers et al. (2018); mein
Dank gilt Philipp Schöller für persönliche Kommentare und Anmerkungen zu diesem Thema.

[22] Dies kann als *Vulkaneffekt* bezeichnet werden: Stellen Sie sich einen Vulkanausbruch vor, der
800 Millionen Menschen auf der Erde betrifft. Innerhalb kurzer Zeit würde diese Bevölkerung
unterhalb der Armutsgrenze leben, ohne Unterkunft, Wasser, Abwasser, Strom, mit eingeschränkter
Gesundheitsversorgung und einem geschätzten Schaden in Höhe von 2,3 Billionen USD. Wie soll
eine Regierung in einer solchen Situation die notwendigen Mittel aufbringen? Die bestehende
Wirtschaft zu besteuern, um das Geld an die 800 Millionen Menschen umzuverteilen, ist keine
Option. Vielmehr müssen die 2,3 Billionen USD neu geschaffen werden, um Notmaßnahmen
und den Wiederaufbau der Infrastruktur zu finanzieren. Würde diese Maßnahme zu einer Inflation
führen? Nicht unbedingt, sie würde einfach die Weltwirtschaft ankurbeln. Und sie würde das
Leben von 800 Millionen Menschen wieder so aufbauen, wie es am Tag vor dem Vulkanausbruch
war und besser. Bei einem Tsunami oder einem Asteroideneinschlag würden wir sicherlich dasselbe tun. Aber was, wenn es keine weltweite Katastrophe gäbe, die 800 Millionen Menschen betrifft? Dies beschreibt die Situation der „unteren Milliarde", und die Antwort ist, dass wir genau
dasselbe tun sollten. Wenn wir die 2,3 Billionen USD auf die richtige Art und Weise schaffen,
würde dies die Weltwirtschaft mit grüner Technologie ankurbeln.

wohl für kleine als auch für große Summen. Die folgende Liste veranschaulicht einige dieser neuen zukünftigen Möglichkeiten:

Neue grüne Moonshot-Zukunftsmärkte für kleine und große Geldgeber
- Pflege/Bildung (Krankenpflege, Kindergärten, Sozialarbeit, Unterricht)
- Erfüllung der Grundbedürfnisse (Nahrung, Unterkunft, Sicherheit, sanitäre Einrichtungen)
- Investitionen für regionale Kleinbauern in der Landwirtschaft (Bewässerungssysteme, Versicherung gegen extreme Wetterbedingungen, Bereitstellung von Saatgut)
- Öffentliche Infrastruktur (Kanalisation, öffentliche Verkehrsmittel, Grundbuchamt, Finanz- und Steuerbehörden)
- Investitionen in erneuerbare Energien einschließlich dezentraler Speicherung und Stromnetz
- Programme zur Säuberung der Ozeane
- Wiederaufforstung der Sahara (einschließlich Humusbildung, Schutz der lokalen Artenvielfalt)

Bei all diesen neuen grünen Moonshot-Projekten der Zukunft handelt es sich jedoch um Hybride, die nicht mehr in das herkömmliche Finanzbetriebssystem passen. Um sie zu erreichen, sind neue Investitionsinstrumente und Finanztechniken erforderlich. Doch bevor wir solche neuen Instrumente beschreiben können, werden wir zunächst mit der Kohlenstoffblase konfrontiert.

2.4.1 Die Monetarisierung der Kohlenstoffblase

Die Kohlenstoffblase ist Teil eines größeren Bildes, das in den UN-SDGs (2015) zum Ausdruck kommt. Fossile Brennstoffe erzeugen CO_2-Emissionen, die zur globalen Erwärmung führen, und die globale Erwärmung gilt heute als die größte Bedrohung für die Menschheit. Über 80 % unserer Primärenergieversorgung stammen aus CO_2-produzierenden fossilen Brennstoffen und Biokraftstoffen, die tief in unsere Weltwirtschaft verwoben sind; dieser Prozentsatz hat sich seit 1971 nicht verändert.[23] Das bedeutet, dass ein Anstieg des verfügbaren Einkommens um 1 % immer noch mit einem Anstieg des Energiebedarfs um fast 1 % auf globaler Ebene verbunden ist, trotz lokaler und regionaler Unterschiede und Bemühungen zur Verringerung der Kohlenstoffbelastung. Allerdings hat sich der gesamte Primärenergieverbrauch seit den 70er-Jahren in absoluten Zahlen verdreifacht. Es ist wissenschaftlich erwiesen, dass die Überschreitung des 2-Grad-Szenarios zu massiven Beeinträchtigungen unseres Planeten in Form von extremen Wetterlagen und dem Verlust der biologischen Vielfalt und natürlicher Lebensräume führen wird. Er wird das Leben der Menschen durch erzwungene Migration, die Zunahme unbewohn-

---

[23] Weltbank-Indikatoren (2015).

Abb. 2.3 Das
verbleibende Budget zur
Erfüllung des 2-Grad-
Szenarios

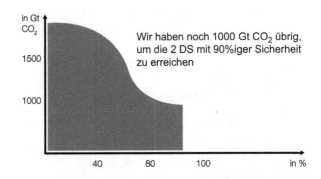

barer Regionen und Ernährungsunsicherheit aufgrund von Ernteverlusten erheblich beeinträchtigen, um nur einige Faktoren zu nennen. Während wir bei der Betrachtung künftiger Trends traditionell eine lineare Perspektive einnehmen, werden wir zunehmend mit nichtlinearen Kipppunkten konfrontiert, an denen eine Rückkehr zum früheren Status quo nicht mehr möglich ist.

Wenn wir das 2-Grad-Szenario als politischen Maßstab nehmen, dann stellt die so genannte Kohlenstoffblase das finanzielle Korrelat zu diesem Szenario dar. Sie wird in den nächsten zwei Jahrzehnten etwa 23–100 Billionen USD an Vermögenswerten betreffen. Diese große Spanne bei den Schätzungen hängt damit zusammen, inwieweit die Wertschöpfungskette der fossilen Brennstoffe berücksichtigt wird. Das nachstehende Schaubild veranschaulicht Folgendes: Es besteht eine 60 %-ige Chance, das 2-Grad-Szenario einzuhalten, wenn wir 1500 Gt verbrennen. Von den noch verfügbaren und bereits erschlossenen 2000 Milliarden Tonnen fossiler Reserven auf diesem Planeten können nur 1000 Gt verbraucht werden, bevor die Wahrscheinlichkeit, das 2-Grad-Szenario einzuhalten, auf unter 90 % sinkt, selbst wenn man die künftige Nahrungsmittelproduktion und die Abholzung der Wälder einrechnet. Der Rest der fossilen Brennstoffreserven besteht aus gestrandeten, nicht verbrennbaren Ressourcen, die im Boden verbleiben müssen.[24] Wären wir bereit, in ein Flugzeug zu steigen, das mit einer Wahrscheinlichkeit von 60 % abstürzen wird? (Abb. 2.3)

Dies bedeutet, dass die meisten börsennotierten Unternehmen ihre Bilanzen um bis zu einem Drittel oder mehr abwerten müssen. Institutionelle Anleger, die in Anlagen investiert haben, die von fossilen Brennstoffen abhängig sind, werden

---

[24]Citigroup (2015); Lewis (2014); McKibben (2012). Wenn wir weiter bedenken, dass die indirekten (sozialen) Kosten der fossilen Wirtschaft etwa zehnmal höher sind (4,9 Billionen USD), dann wird deutlich, wie schwierig es sein wird, die komplizierten Beziehungen zwischen fossiler Energie und direkten und indirekten Subventionen zu lösen. Nach dieser Berechnung subventioniert die Weltgemeinschaft als Ganzes jede Tonne CO_2 mit etwa 150 USD. Die genauen sozialen Kosten der CO_2 Emissionen hängen von der Abzinsungsrate ab, die auf diese zukünftigen Kosten angewandt wird. Je höher dieser Satz ist, desto mehr wird die Zukunft abgezinst oder abgewertet. Unter der Obama-Regierung lag der Satz bei 3 %, unter Präsident Trump wurde er auf 7 % erhöht. Siehe die informativen Beiträge von Ottmar Edenhofer (2015); Carney (2015) und McGlade und Ekins (2015).

Tab. 2.2 Top 10 der Top 100 CO_2-Absenkungen bis 2050 mit dem Potenzial, die CO_2-Belastung um bis zu fast 600 Gigatonnen zu reduzieren. (Projekt Absenkungen, 2019)

		Gesamte atmosphärische CO_2 EQ Reduktion in Gigatonnen bis 2050
1	Kältemittel-Management	89
2	Onshore-Windkraftanlagen	84
3	Verringerung der Lebensmittelverschwendung	70
4	Pflanzenreiche Ernährung	66
5	Tropische Wälder	61
6	Bildung für Mädchen	59
7	Familienplanung	59
8	Solarparks	36
9	Waldweidewirtschaft	31
10	Solarzellen auf dem Dach	24
	Insgesamt	580

gezwunden sein, erhebliche Teile ihrer Investitionen abzuschreiben.[25] Investitionen in kohlenstoffreduzierende Maßnahmen sind erforderlich. Tab. 2.2 zeigt die zehn wichtigsten der 100 größten CO_2-Abschreibungsmöglichkeiten.

Der Zusammenbruch der Kohlenstoffblase wird relativ schnell zu einer Abwertung von Pensionsfonds und privat finanzierten Sozialversicherungssystemen führen, insbesondere derjenigen der Babyboomer. Solange aber kein Alternativszenario zur Verfügung steht, werden rationale Investoren so lange wie möglich an ihren Vermögenswerten festhalten und sich Veränderungen widersetzen – selbst wenn das Pferd, das wir reiten, bereits tot ist. Im Zeitraum bis 2017 wurden nur 2,5 Billionen der geschätzten 23–100 Billionen USD der Kohlenstoffblase veräußert.[26]

Es wurde viel über die SDGs der Vereinten Nationen geschrieben, aber nur wenig darüber, wie sie finanziert werden sollen. Derzeit folgen wir dem Protokoll des sogenannten *Reverse Engineering*: Die finanziellen Kapazitäten unserer öffentlichen Haushalte, die ausstehenden Forderungen und die Unternehmensphilosophie

---

[25] Genauer gesagt: Ein geschätztes Drittel der Öl-, 50 % der Gas- und mehr als 80 % der Kohlereserven müssen ungenutzt bleiben, um das Pariser Abkommen zu erfüllen. Siehe McGlade und Ekins (2015).

[26] Modellierungen (z. B. DICE, IAM, UN, Kompas, Stern, IPCC, SSPs) zeigen eine große Bandbreite an Kosten, die von 2 % des BIP bis 2100 bis zu 40 % im selben Zeitraum reichen. Dies ist unter anderem auf den angewandten Abzinsungssatz zurückzuführen (von 1,5 % bis über 5 %). Je höher der Satz, desto höher sind die Kosten, die wir heute zu tragen haben. Es scheint fast unmöglich zu sein, einen Konsens für politische Entscheidungen zu finden. Wir möchten auf Folgendes hinweisen: Wir kennen die Kosten nicht (genau), da es nicht-lineare Kipppunkte gibt. Aber wir wissen, dass eine CO_2- arme Wirtschaft, unabhängig davon, ob sie nur 2 % des BIP ausmacht oder weit mehr, mehr Arbeitsplätze schaffen kann, gesünder für den Planeten ist, erneuerbare Energien billiger sein werden und, da erneuerbare Energien dezentraler sind als fossile Energie, eine „Friedensdividende" für uns alle bringen wird. Siehe für die Debatte: Kompas (2020); Stern (2016) oder Nordhaus (2019).

der jeweiligen Institutionen und Firmen stehen an erster Stelle, und die SDGs werden entsprechend angepasst. Das gilt für fast alle beteiligten Institutionen – Weltbank, IWF, UNCTAD, WTO, UN DESA, IATF. Die Ziele stehen an letzter Stelle. Da die Geber ausschließlich Nationalstaaten sind, lautet die wichtigste Frage aller NRO und IGOs: Welches SDG können wir unserem Kunden oder Klienten am besten verkaufen? Die Präferenzen der Geberländer ändern sich und sind von Natur aus heterogen. So haben beispielsweise die Beseitigung der Armut (Ziel 1), die Verringerung der Ungleichheit (Ziel 10) und die Stärkung des Friedens auf der Erde (Ziel 16) wenig Erfolg bei der Suche nach den richtigen Geberstaaten gehabt. Dies führt zu einem teilweise widersprüchlichen, asynchronen Prozess, bei dem die unterschiedlichen Prioritäten der Mitgliedsstaaten in unterschiedlichen Formen des Engagements zum Ausdruck kommen und sich entsprechend auswirken. Dies führt schließlich zu einseitigen Verzerrungen, bei denen die armen Regionen auf der Strecke bleiben. Wir werden im Folgenden einen sozialen Finanzmechanismus beschreiben, die in der Lage ist, diese Verzerrungen zu überwinden.

Wie wir später noch ausführlicher erörtern werden, zeigen Berechnungen, dass die Weltgemeinschaft jedes Jahr zusätzlich 4–5 Billionen USD benötigt, um unsere Zukunft zu finanzieren. Etwa ein Drittel der SDGs eignet sich für private Investitionen, während sich zwei Drittel auf globale Gemeingüter beziehen. Hätten wir unendlich viel Zeit, wären unsere Möglichkeiten unbegrenzt. Wir tun immer wieder so, als ob wir uns in einer solchen Situation befänden – aber da liegen wir natürlich falsch.[27] Wir haben höchstens 10–15 Jahre Zeit, um den Lauf der Dinge auf diesem Planeten zum Guten oder zum Schlechten zu verändern. Wir haben nicht unbegrenzt Zeit für akademische Diskussionen, weitere Feldstudien, randomisierte kontrollierte Experimente, politische Propaganda oder Manöver, auch nicht für endlose Expertenrunden, manipulierte Fake-News-Kampagnen. Da unsere Zeit begrenzt ist, werden auch unsere Möglichkeiten begrenzt. Wir müssen sorgfältig die Instrumente und Maßnahmen auswählen, die am ehesten geeignet sind, den Lauf dieses Planeten zum Besseren zu verändern. Und vielleicht müssen wir mutige Entscheidungen treffen und einen mehrstufigen Ansatz wählen, um der

---

[27] Wir können das Thema aus einer zeitlichen Perspektive betrachten. Wie hoch schätzen wir unsere Zukunft? Aus psychologischer Sicht wiegt ein gegenwärtiger Vorteil mehr als ein zukünftiger. Wenn wir jetzt auf etwas verzichten müssen, um in der Zukunft etwas zu gewinnen, neigen wir instinktiv dazu, die Zukunft zu entwerten und sofortige Befriedigung zu suchen. Repräsentative Studien aus 76 Ländern, die 90 % der Weltbevölkerung abdecken, zeigen, dass wir die Zukunft stark abwerten. Wenn man die Studienteilnehmer bat, einen gegenwärtigen Nutzen um ein Jahr zu verschieben, verlangten sie eine um bis zu 50 % höhere Gegenleistung. In Zahlen ausgedrückt: Wie viel sollten wir in 10 Jahren zurückerstattet bekommen, um heute auf 1000 USD zu verzichten? Empirisch gesehen sind es im globalen Durchschnitt 329.000 USD; bei einem Aufschub der Leistung um 20 Jahre steigt diese Summe auf 3 Millionen USD. Die Bereitschaft, einen gegenwärtigen Wunsch für einen zukünftigen aufzuschieben, ist verschwindend gering. Jede Politik, die auf Verzicht, Sanktionen oder Bestrafung in der Gegenwart aufbaut, um in der Zukunft mehr Nutzen, Gewinn oder Profit zu erzielen, wird scheitern. Die Menschen sind einfach nicht bereit, diesen Preis zu zahlen. Dementsprechend sollten wir unsere Strategie für eine gemeinsame, nachhaltigere Zukunft auf anderen monetären Anreizen aufbauen als denen, mit denen wir derzeit arbeiten. Und genau diese anderen Anreize bietet das TAO der Finanzen (Falk et al., 2018).

Weltgemeinschaft den Übergang zu einer nachhaltigeren Zukunft zu ermöglichen. Je länger wir warten, desto begrenzter werden die Möglichkeiten und das Zeitfenster für Chancen.

Im Folgenden werden wir den so genannten „finanziellen Six-Pack" vorstellen. Er liefert eine Begründung für das Handeln innerhalb der gegebenen Grenzen und wird es uns ermöglichen, unsere Gesellschaft auf ein nachhaltiges Modell umzustellen und das Überleben unserer Enkel und Urenkel zu sichern:

Der finanzielle Six-Pack
- Regulierung, Harmonisierung, Transparenz
- Steuern, Gebühren und Subventionen
- Impact-Investments
- Ex-Swap-Strategien
- Öffentlich-private Partnerschaften
- Parallele Währungen

Zur Bewältigung der Herausforderung, unsere Zukunft zu finanzieren, ist ein Mix aus politischen Instrumenten erforderlich. Die sechs wichtigsten finanztechnischen Instrumente, um dies zu tun und gleichzeitig eine nachhaltigere gemeinsame Zukunft zu schaffen, sind wie eine Treppe aufgebaut (siehe Grafik unten). Dieser stufenförmige Ansatz berücksichtigt die Zeit und die Fähigkeit zu kollektivem Handeln und sorgt für ein Gleichgewicht zwischen den heutigen und den künftigen Generationen.[28] Er baut auf dem Wissen und den Erfahrungen auf, die wir in der Vergangenheit im Bereich der traditionellen Finanzierung gesammelt haben (Regulierungsbemühungen, Besteuerung, Impact Funding), und überträgt dieses Wissen und diese Erfahrungen auf die Zukunft, indem er die betreffenden Instrumente entsprechend den künftigen Herausforderungen anpasst und bereichert. Generell gilt: Je mehr Zeit zur Verfügung steht und je stärker und dichter die multilateralen Vereinbarungen sind, auf denen globale Transaktionen beruhen, desto wahrscheinlicher ist es, dass die niedrigeren, traditionelleren Schritte bevorzugt werden. Umgekehrt gilt: Je weniger Zeit wir haben und je multipolarer unsere Welt wird, desto kühner und unkonventioneller müssen die geld- und finanzpolitischen Entscheidungen sein, die in den höheren Stufen zum Ausdruck kommen.

Während die Literatur und die empirischen Belege für die unteren Stufen sich mehren, ist das Bewusstsein für die oberen Stufen unserer Treppe weniger ausgeprägt. Tatsächlich wurde der Begriff „Tragödie des Horizonts" (M. Carney, 2015, 2016) verwendet, um dieses Problem zu beschreiben. Zwischen den ersten Kohlenstoffemissionen und der globalen Erwärmung, den daraus resultierenden Klimafolgen und der Abschätzung künftiger Auswirkungen liegen 25 bis 30 Jahre. Wenn dies nicht berücksichtigt wird, ist die Zukunft vorbei, bevor sie überhaupt begonnen

---

[28] Sachs (2015); Orlov et al. (2018); Claringbould et al. (2019) und Heine et al. (2019).

hat.[29] Da weder das Pariser Abkommen noch die UN-SDGs politisch verbindliche Kriterien enthalten, ist ein solcher mehrstufiger Ansatz erforderlich.

2.4.2 Regulierung, Harmonisierung, Transparenz

Insbesondere seit 2008 haben die Bemühungen zur Regulierung des internationalen Zahlungs- und Handelssystems an Dynamik gewonnen. Die meiste, wenn nicht sogar die gesamte akademische und politische Aufmerksamkeit hat sich auf Regulierungsbemühungen konzentriert, die darauf abzielen, zukünftige Krisen zu verhindern und zu bewältigen. Es besteht allgemeines Einvernehmen darüber, dass Finanzkrisen, insbesondere idiosynkratische Krisen, nicht vorhergesagt werden können und dass systemische Krisen zusätzliche Regulierungsanstrengungen erfordern, um die Realwirtschaft vor diesen eher immanenten Gefahren zu schützen. Es gibt eine Fülle von Vorschlägen, von denen sich die meisten auf einzelne Verhaltenskodizes und Regeln konzentrieren und von denen einige vorschlagen, das gesamte System durch eine Alternative zu ersetzen – Beispiele aus der Vergangenheit sind der Chicago-Plan in den 1930er-Jahren, die Einführung des Goldstandards und seine Abschaffung in den 1970er-Jahren.

Diskutiert werden Aspekte wie größere Transparenz und Rechenschaftspflicht, solidere Regulierung, internationale Zusammenarbeit und gestärkte Institutionen, Basel IV,[30] die Rekapitalisierung des Internationalen Währungsfonds (IWF) und der Weltbank (WB), eine Verlagerung zu mehr makroprudenziellen Politikinstrumenten und mehr Überwachungsstrategien wie Frühwarnsysteme, Stress-tests, gegenseitige

---

[29] Die Sonderausgabe der New York Times „*Losing Earth*" zeigte kürzlich, dass wir Jahrzehnte konstruktiver Klimapolitik verloren haben (Rich, 2018). William Nordhaus (2018a) berechnete im DICE-Modell, dass ein 2DS nicht durchführbar ist, da es „extreme, praktisch universelle globale politische Maßnahmen" erfordern würde.

[30] Siehe Knight (1933). Die Harmonisierung der EU-Verordnungen ist kein Ziel an sich, sondern ein Mittel, um etwas anderes zu erreichen. Je mehr wir die Regulierung auf EU-Ebene angleichen, desto mehr rationalisieren wir die Wirtschaft und die sozialen Sicherungssysteme. Dies erfordert einen enormen Regulierungsaufwand, der das System effizienter, aber gleichzeitig weniger widerstandsfähig macht. Jedes Mal, wenn es irgendwo einen asymmetrischen Schock gibt, wirkt er sich ungewollt auf andere Länder aus. Eine Kapitalmarktunion erfordert beispielsweise eine Harmonisierung des nationalen Insolvenzrechts, das in jedem EU-Land anders ist (die Insolvenzfrist in Deutschland beträgt drei bis sechs Jahre, während sie in anderen Ländern nur ein Jahr beträgt, und sie folgt einer anderen Haftungsrangfolge). Das Gleiche gilt für jede EU-Arbeitslosenversicherung. Derzeit finanziert jedes Land diesen Vermögenswert auf unterschiedliche Weise, was einen enormen politischen Regulierungsaufwand erfordert. Nehmen wir die SBBS (Sovereign Bond-Backed Securities), das sind Anleihen, die inländische Risiken und Verbindlichkeiten solidarisieren und normalerweise ausgegeben werden, um Sicherheit für die Gesellschaft als Ganzes zu schaffen. Kurzum: Die Harmonisierung der Regulierungsbemühungen ist nicht unmöglich, bleibt aber teilweise unrentabel oder undurchführbar und setzt der Systemdynamik zusätzliche Grenzen (ESRB, 2018; Esser et al., 2013; McCormack et al., 2017; Véron & Wolff, 2016).

Bewertungsprogramme und Peer Reviews. Diese Debatte bezieht sich auch auf eine Vielzahl von Beiträgen zu verschiedenen Risikobewertungen, wie z. B. Market-to-Model versus Mark-to-Market, das so genannte „Too big to fail"-Argument, Bonusprogramme für Top-Manager, die Auswirkungen von „Bail-in"-Strategien entlang einer Haftungskaskade und Ansteckungseffekte (von Aktienbesitzern über Kreditnehmer und Kunden bis hin zum Steuerzahler),[31] die Frage, ob Rating-Agenturen als öffentliches Gut dienen sollten und so weiter. Diese Aufzählung ist weder vollständig noch ganz aktuell, denn allein die Regulierungsbemühungen seit 2008 würden einen Band von rund 35.000 Seiten füllen. Und dieser Prozess ist noch nicht zu Ende. Die Diskussion über die Regulierungsbemühungen muss allgemeiner und grundsätzlicher geführt werden: Ist die Regulierung des derzeitigen Geldsystems der beste Weg, um ein Maximum an Leistung im Hinblick auf Widerstandsfähigkeit, Effizienz und Nachhaltigkeit zu erreichen? Regulierungsbemühungen neigen dazu, der Entwicklung hinterherzuhinken, obwohl sie in der Lage sind, sich an historische Ereignisse anzupassen. Was, wenn all diese Regulierungsbemühungen ein falsches Gefühl der Kontrolle über die manifeste Realität erzeugen? Was ist, wenn all diese präventiven Regulierungsbemühungen scheitern? Was, wenn die Regulierung des gegebenen Systems ein suboptimaler oder sogar falscher Ansatz ist, so als würde man versuchen, die Zahnpasta wieder in die Tube zu drücken, wodurch das Gesamtsystem noch weniger widerstandsfähig gegen zukünftige negative Schocks wird? Wenn wir idiosynkratische und zufällige Krisen und Ereignisse wie schwarze Schwäne nicht vorhersagen können, aber verhindern wollen, dass sie zu systemischen Risiken werden, dann kann die Regulierung des Systems nur begrenzte Ergebnisse bringen. Das ist in etwa so, als würde man bei einem „Iron Man"-Wettbewerb einen der Athleten am Herzen operieren, während er gerade läuft. Die Regulierung hat jedoch einen moralischen und wirtschaftlichen Aspekt: Ein völlig unregulierter Markt bedeutet fehlenden Schutz für Kinder oder Schwächere und ist daher so, als würde man sein sechsjähriges Kind dazu zwingen, auf der Straße zu arbeiten und Schuhe zu putzen, statt zur Schule zu gehen und Arzt, Lehrer, Ingenieur oder Physiker zu werden.

---

[31] Insbesondere die Bail-in-Regelungen seit 2016 haben eine Haftungskaskade ausgelöst, die für das Bankensystem neu ist. Traditionell und historisch gesehen wurden Banken von den Regierungen gerettet, wenn sie in Schwierigkeiten gerieten. Nach der Krise von 2008 haben die Regierungen aufgrund der gestiegenen Staatsverschuldung wenig bis gar keine Möglichkeiten dazu. Die neuen Bail-in-Strategien betreffen Milliardäre und gewöhnliche Menschen mit geringem Vermögen in ähnlicher Weise. Sie sitzen beide im selben Boot und werden bei der nächsten Krise möglicherweise ihr Vermögen verlieren. Neue Technologien jenseits der bestehenden Bankintermediäre (vor allem Distributed-Ledger-Technologien), alternative Anlagestrategien (Sachwerte) und neue Finanztechniken (hybride Swaps, Parallelwährungen, Impact Funding) sind eine rationale und erwartete Folge dieser Bail-in-Verordnungen. Siehe Europäische Kommission (2016).

> **Wenn wir ein System ständig regulieren, zeigt das, dass wir nicht in der Lage sind, uns auf seine selbstregulierenden oder autopoietischen Kräfte zu verlassen, und wir geben damit implizit zu, dass etwas mit dem Design des Systems nicht stimmt. Die Regulierung ist folglich nur der erste Schritt auf der Treppe.**

2.4.3 Die Ästhetik von Steuern, Abgaben und Subventionen

Im Allgemeinen spiegeln Steuern und Subventionen die explizite Beziehung jedes Bürgers zum Staat und die impliziten Beziehungen zwischen den einzelnen Bürgern wider. Beide zeigen, wie wir unseren Reichtum und unsere wirtschaftlichen Aktivitäten unter uns umverteilen.[32] Es gibt Dutzende sehr kluger und durchdachter Steuerschemata, wie soziale und ökologische Güter refinanziert und in Gemeingüter investiert werden können, und die Debatte der letzten 50 Jahre hat die intellektuelle Kraft dieser Schemata gezeigt. In Zeiten hoher Wachstumsraten nach dem Zweiten Weltkrieg haben Umverteilungsmechanismen mit Gebühren und Steuern erfolgreich zusätzliche Einnahmequellen und Einkommen zur Finanzierung sozialer und ökologischer Projekte und der öffentlichen Infrastruktur geschaffen. Ohne hohe Wachstumsraten ist die Umverteilung über Steuern und Abgaben im globalen Kontext jedoch problematischer geworden.[33] Wenn beispielsweise die ärmsten 20 % der skandinavischen Bürger reicher sind als die reichsten 20 % in den Entwicklungsländern und wenn ein Privatvermögen von 4200 USD den Besitzer bereits zu den oberen 50 % der Weltbevölkerung macht, dann mag der bewährte und herkömmliche Weg der Umverteilung durch Steuern, Gebühren und Subventionen zwar ein politisches Instrument unter anderen sein, ist aber nicht in der Lage, unsere Zukunft zu finanzieren.

Um das Argument weiter zu verdeutlichen: Die meisten Finanzexperten und Wissenschaftler sind sich einig, dass eine CO_2-Steuer die beste Umverteilungs-

---

[32] Björklund Larsen (2018).

[33] Es gibt Dutzende von Vorschlägen zu verschiedenen Steuerschemata: progressive Einkommensbesteuerung, Vermögensbesteuerung und Erbschaftsbesteuerung sind die bekanntesten (siehe z. B. McCaffery, 1994; Schenk, 1999). Sie alle haben ihre Berechtigung, sind aber in einem demokratischen politischen System chronisch schwer zu verwirklichen. Wenn wir uns beispielsweise für eine progressive Einkommensteuer entscheiden, riskieren wir, dass diejenigen mit hohem Einkommen das Land verlassen (Piketty & Saez, 2013). Wenn wir Vermögen besteuern, sind wir mit einer endlosen Liste von Unternehmensanteilen konfrontiert, die von dieser Steuer betroffen sind. Dies kann leicht zu einem höheren Preis für den Verbraucher, zu mehr Arbeitslosigkeit und vielleicht zu einer geringeren Steuereffizienz führen. Dies alles sind Formen der Regulierung, Besteuerung und Umverteilung von Geld innerhalb des gegebenen Systems. Hätten wir gleichzeitig ein zweites, paralleles System, würde sich unsere Hebelwirkung zur Finanzierung unserer Zukunft schnell und deutlich erhöhen. Zur Debatte siehe auch Saez und Zucman (2019).

maßnahme ist.[34] Theoretisch wäre sie der Mechanismus, um Unternehmen, Verbraucher und Staaten weg vom fossilen Zeitalter hin zu einer kohlenstoffarmen Wirtschaft zu bringen.[35] Doch das Argument hat mehrere Schwachstellen. Erstens würde die Einführung einer CO_2-Steuer ein hohes Maß an globalem Konsens erfordern, da Staaten und Unternehmen sonst einen Anreiz hätten, die Steuer zu umgehen. Zweitens würde eine CO_2-Steuer massive Auswirkungen auf die gesamte Wertschöpfungskette haben.[36] Derzeit liegt der CO_2-Preis unter 10 USD pro emittierter Tonne Kohlendioxid. Um im Rahmen des 2-Grad-Ziels zu bleiben, müsste ein Barrel CO_2 zwischen 75 und 100 USD kosten.[37] Und dieser Anstieg müsste

---

[34] Die bekanntesten sind die CO_2-Steuer von W. J. Nordhaus und das DICE-Modell: Der aktuelle Preis für eine Tonne CO_2 liegt bei cirka 30-50 USD. Die sozialen Kosten für jede zusätzliche Tonne CO_2, um unter den 2-Grad-Ziel zu bleiben, liegen bei über 230 USD. Nordhaus schlägt einen Climate Club vor und stuft die CO_2-Belastung als Clubgut ein. EU-, NATO- oder multilaterale Abkommen würden solche „Clubs" schaffen, in denen Mitglieder Beiträge zahlen und ausgeschlossen werden können und Nicht-Mitglieder durch Zölle auf ihre Exporte in den ‚Club' bestraft werden. Clubmitglieder haben zusätzlich Größenvorteile oder eben ein öffentliches Gut. Siehe zum Beispiel die Nobelpreisvorlesung von Nordhaus (2018b).

Es gibt einen weiteren Vorschlag. Nehmen wir die zahlreichen Berechnungen, die zeigen, dass wir durch eine Besteuerung internationaler Währungstransaktionen (Tobin, 1978) oder durch eine Reduzierung der öffentlichen Militärausgaben (Klein, 2015) oder durch eine Besteuerung der oberen 0,0001 % der sehr vermögenden Privatpersonen (UHNWI) eine gewisse Menge an Liquidität gewinnen würden, die dann für globale Gemeinschaftsgüter wie die Beseitigung von Armut, Hunger usw. umverteilt werden könnte. Keiner dieser Ansätze ist falsch, sie haben alle ihre Berechtigung und sind gut berechnet. Aber es sind mehrere Vorurteile im Spiel: Es gibt keine globale Governance, die einen Ertrag aus einer globalen Wirtschaftstätigkeit umsetzen könnte, und die Steuerbeschaffung bleibt national. Die meisten Steuern erfordern, wenn sie einmal eingeführt sind, einen enormen Regulierungsaufwand, um ihre negativen sozialen Auswirkungen zu kompensieren. Der derzeitige CO_2-Preis pro Tonne ist ein Beispiel dafür. Wir bräuchten einen Anstieg des Preises auf über 200 USD weltweit, um eine Veränderung in der Größenordnung zu erreichen, die erforderlich ist, um das Pariser Abkommen einzuhalten. Ein solches Preisschild würde enorme Transferzahlungen an Personen mit geringem Einkommen erfordern, die sich die Steuer nicht leisten könnten. Eine Besteuerung ist zwar nicht unmöglich, lässt aber die Dynamik der derzeitigen Produktions- und Verbrauchslieferketten unangetastet. Die Einführung eines Konzepts mit zwei Währungen ändert die Spielregel und das Spielfeld: Diejenigen mit einem hohen Einkommen sind selbst für ihre Investitionen verantwortlich und die globalen Gemeingüter werden über verschiedene Geldkanäle finanziert, von denen einige in diesem Text erläutert werden. Siehe auch Lietaer et al. (2012).

[35] Bereits diskutiert in Stern (2006); siehe auch Heal und Schlenker (2019); Europäische Kommission (2018) Aktionsplan.

[36] Die Idee geht auf Pigou (1920) zurück, der erstmals Umweltsteuern als Möglichkeit zur Internalisierung der durch negative externe Effekte verursachten sozialen Kosten einführte. Darüber hinaus erwähnte William Nordhaus (2018b), der den Sveriges Riksbank Prize in Economic Sciences in Memory of Alfred Nobel 2018 für seine makroökonomischen Untersuchungen unter Berücksichtigung des Klimawandels erhielt, in seiner Nobelvorlesung die Auswirkungen der Kohlenstoffbesteuerung.

[37] Siehe Carbon Market Watch (2017). Im Zeitraum bis 2017 wurden jedoch nur 5 Billionen der geschätzten 28–100 Billionen USD aus der Kohlenstoffblase für Desinvestitionen verwendet (Arabella Advisors, 2016; Citigroup, 2015; Lewis, 2014). Berücksichtigt man die Tatsache, dass wir derzeit rund 8 Billionen USD in bar, 17 Billionen USD in Schulden mit negativem Zinssatz und

innerhalb der nächsten 10–15 Jahre erfolgen und erfordert enorme Alternativ-investitionen. Dies bedeutet, dass die meisten Produkte entlang der Wertschöpfungs-kette einem massiven Preis- und Kostendruck ausgesetzt wären, mit enormen sozia-len Verwerfungen, die kaum absehbar sind. Schließlich ist die Steuerpolitik wachstumsabhängig: Wenn es kein Wirtschaftswachstum gibt, gibt es auch nichts zu besteuern.[38] Der Internationale Währungsfonds (IWF) schätzt die Lücke zwi-schen der derzeitigen Besteuerung und der erforderlichen Besteuerung auf bis zu 5 Billionen USD jährlich.[39]

Wir befinden uns also in folgendem Dilemma: Wir müssen die CO_2-Steuer er-höhen und die direkten und indirekten Subventionen für alle fossilen Energieträger abbauen, wodurch die CO_2-Emissionen in die Atmosphäre auf globaler Ebene ge-senkt werden können. Gleichzeitig müssen wir auch die Steuerlast senken und die Subventionen für erneuerbare Energien auf lokaler und globaler Ebene erhöhen. Beide Strategien sind mit sozialen und ökologischen Zielkonflikten auf lokaler und globaler Ebene verbunden, wie z. B. der Überwindung von Armut und Hunger und dem Schutz der biologischen Vielfalt. In einer solch komplexen, gemischten und un-vorhersehbaren Situation sind Technologie, Besteuerung, Subventionen und Regu-lierung Teil der Lösung, aber nicht die Hauptlösung.[40] Die ausschließliche Konzent-ration auf Besteuerung und Regulierung übersieht und trivialisiert teilweise die Geschwindigkeit, den Umfang und die Größenordnung, die erforderlich sind, um den notwendigen Wandel zu gewährleisten. Stattdessen führt dieser Fokus zu end-losen so genannten „sozial-ökologischen Paradoxien" und zwingt uns zu mehr-stufigen Re-Regulierungsbemühungen, um unerwünschte soziale Auswirkungen zu kompensieren. Solche Paradoxien entstehen, wenn wir Gutes tun und Schaden ver-

---

über 25 Billionen USD in Anlagen mit einer Verzinsung von weniger als 1 % haben, ist viel priva-tes Geld im Umlauf (Aigner, 2019; Desjardins, 2017; Van der Knaap & De Vries, 2018).

[38] Wenn wir uns auf die Lenkungswirkung eines CO_2-Besteuerungssystems in Richtung einer kohlenstoffarmen Wirtschaft verlassen wollen, müssen wir uns bewusst sein, dass die CO_2-Steuer eine Allzweckwaffe ist. Anders als bei der Besteuerung von Alkohol oder Zigaretten oder bei einem Strafzettel oder einer Geldstrafe für die falsche Entsorgung von Abfällen ist fossile Energie in fast jedem Produkt oder Gut entlang der Wertschöpfungskette enthalten. Dies bedeutet, dass die Vermeidung von CO_2 eine alternative Strategie erfordert. Bei dem derzeitigen Energiemix in den OECD-Ländern hätte eine CO_2-Steuer so gut wie keine Lenkungswirkung. Die Oberschicht würde einfach die Rechnung bezahlen und ihr Verbrauchsmuster beibehalten, während die Unterschicht zwar durch Transferzahlungen entschädigt würde, aber kaum Einfluss auf eine Änderung ihres Verbrauchsmusters hätte. Die Mittelschicht wird von der CO_2-Steuer am stärksten betroffen sein, aber ein Teil ihres anfänglichen Ausgleichs wird einfach durch mehrere Rebound-Effekte kompen-siert. Unterm Strich würde dieses Steuerprogramm einen riesigen und kostspieligen Verwaltungs-apparat schaffen, der nur wenig Nettoeffekt auf das Klima hätte.

[39] Parry et al. (2014).

[40] Korzeniewicz und Moran (2009). Für genaue Zahlen zur globalen Vermögensverteilung siehe Shorrocks et al. (2018) oder Credit Suisse Research Institute (2018). Hinweis: Subventionen und Steuern – zwei wichtige Formen der Regulierung – können das gegebene Preisgleichgewicht in einer freien Marktwirtschaft verzerren, hauptsächlich aufgrund von Verdrängungseffekten, Pauschalsteuern und Mitnahmeeffekten (Freedman et al., 2010).

meiden wollen, aber am Ende genau das Gegenteil bewirken. Wenn beispielsweise eine Nation, auf die 3–4 % der weltweiten CO_2-Belastung der Atmosphäre entfallen, beschließt, aus dem fossilen Zeitalter auszusteigen, würde der entsprechende Nachfragerückgang bei fossilen Brennstoffen zu einem Preisrückgang führen, was in der Folge sehr wahrscheinlich den Verbrauch in anderen Teilen der Welt erhöhen würde. Dieses so genannte „grüne Paradoxon" (H.-W. Sinn) beschreibt das Dilemma der Verlagerung von CO_2-Emissionen in einem globalen Markt. Jede Maßnahme zur Verringerung der Abhängigkeit von fossiler Energie ist nur so lange gültig, wie das CO_2 im Boden verbleibt. Solange es nicht genügend gleichwertige Alternativinvestitionen gibt, ist eine einseitige Reduzierung des fossilen Verbrauchs logischerweise kontraproduktiv. Darüber hinaus besteht für jeden rationalen Erzeuger fossiler Energie ein Anreiz, seine Ressourcen kurzfristig stärker zu fördern, um sein Portfolio zu maximieren und die Einnahmen anderweitig zu reinvestieren.[41] Und jeder Eingriff in die Realwirtschaft verändert das vielfältige Gleichgewicht von Preisen und Mengenverhältnissen, und damit die Nachfrage und das Angebot auf den Märkten in mehrfacher Hinsicht. In diesem Sinne können sich Steuern, Gebühren und Subventionen gegenseitig aufheben oder ihre ursprüngliche Absicht neutralisieren, so dass der Nettoeffekt gegen Null tendiert. Es ist vergleichbar mit der Verschreibung eines Medikaments. Wenn ein Arzt mehr als drei oder vier Medikamente gleichzeitig verschreibt, lassen sich Wechselwirkungen und Nebenwirkungen nicht völlig ausschließen. Das Ergebnis wird bis zu einem gewissen Grad unklar und unscharf bleiben. Die gegebenen Formen der Besteuerung (Kohlendioxid, Erbe, Vermögen) sind End-of-Pipe-Strategien, bei denen wir in erster Linie tun, was wir immer tun, indem wir die Ergebnisse besteuern und dann versuchen, in zweiter Linie Gutes zu tun. Anstatt das Besteuerungsschema als Instrument der Bestrafung zu verwenden, sollten wir es als positive Verstärkungsmaßnahme gestalten. Jedes Mal, wenn wir zusätz-

---

[41] Empirisch gesehen hat die CO_2-Belastung der Atmosphäre in absoluten Zahlen seit 50 Jahren zugenommen und die relativen Preise für fossile Energie sind seit 1970 (!) relativ stabil geblieben. Tatsächlich kann ein regionaler Rückzug aus der fossilen Energieversorgung ein sogenanntes „grünes Paradoxon" verursachen, wie oben im Haupttext erwähnt. Dieses beschreibt den unerwünschten Effekt, dass wir mit einer Politik, die nur das Einsparen von Energie umfasst, nicht in der Lage sind, das globale Angebot an fossiler Energie auszugleichen. Eine regionale Reduzierung der Nachfrage durch Energiesparen senkt also die Weltmarktpreise. Dies könnte die Situation noch verschlimmern. In Zahlen: Deutschland verursacht 2,3 % des globalen Kohlenstoff-Fußabdrucks. China und Indien erzeugen 60 % ihres Stroms durch Kohle, Polen 80 % und Südafrika 88 %. Wenn Deutschland aus der Kohle aussteigen würde, hätten diese Länder einen Wettbewerbsvorteil, was zu einem noch höheren Kohleverbrauch und einem insgesamt größeren Kohlenstoff-Fußabdruck führen würde. Ressourcenbesitzer werden ihre Ressourcen präventiv noch schneller abbauen, um den größten Teil ihres Geschäfts heute zu erhalten, da ihr zukünftiges Geschäftsmodell bedroht ist. Innerhalb des derzeitigen umweltfreundlichen politischen Rahmens verlangsamen wir den Klimawandel nicht, sondern beschleunigen die Krise. Das „grüne Paradoxon" kann überwunden werden, aber es erfordert die Kombination einer „Ausstiegs"-Strategie mit hybriden Swaps, Parallelwährungen, intelligentem Impact Funding und einer Vielzahl von öffentlich-privaten Partnerschaftsverträgen. Siehe ausführlicher Sinn (2012); für ein Beispiel der Treibhausgasbilanzierung siehe Kander et al. (2015).

liche Liquidität, Renditen oder Einnahmen generieren und diese besteuern, verstärken wir den ursprünglichen Prozess hin zu mehr Nachhaltigkeit.

2.4.4 Die Auswirkungen von Impact Funding

Ratings sind ein heikles Problem. Einerseits ist es wichtig, dass wir lernen, zwischen „grünen" und so genannten „braunen" oder „schwarzen" Investitionen zu unterscheiden. Die Untersuchung der Unternehmensrealität zeigt jedoch, dass im Durchschnitt nur etwa 20 % aller materiellen und immateriellen Vermögenswerte sowie der kurz- und langfristigen Spillover-Effekte innerhalb des Unternehmens verwaltet und gemildert werden können.[42] Alles, was darüber hinausgeht, würde zum Zusammenbruch des Unternehmens führen. Wir können zwischen drei Ebenen unterscheiden (Tab. 2.3).

Die folgende Grafik veranschaulicht das Verhältnis und die Dynamik zwischen den drei Elementen (Abb. 2.4).

Tab. 2.3 Soziale Unternehmensverantwortung (SCR)-Sektor-System: ein dreistufiger Ansatz

1	SCR- und ESG-Kriterien auf Unternehmensebene.
2	Sektorebene, die Wertschöpfungsketten, Kunden und Klienten sowie stellvertretend das soziale und ökologische Umfeld einbezieht.
3	Systemische Ebene, die eine Verschiebung der Anreize erfordert, um dies zu erreichen.

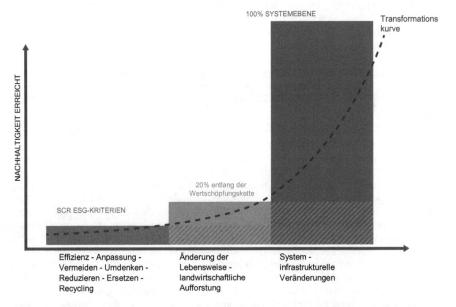

Abb. 2.4 Von der sozialen Unternehmensverantwortung (SCR) über sektorale Wertschöpfungsketten bis zur Systemebene

---

[42] Siehe Dixon (2003, 2006, 2019).

Die Unternehmensgewinne sind rekordverdächtig, aber sie werden auf der Grundlage riesiger, nicht bewerteter negativer externer Effekte erzielt. Diese negativen externen Effekte werden auf die Steuerzahler und Regierungen übertragen. Wir haben oben gesehen, dass SCR-Maßnahmen höchstens 20 % der Spillover-Effekte auffangen können, was bedeutet, dass 80 % auf Systemebene gelöst werden müssen. Störende und unfreiwillige systemische Veränderungen können zu beispiellosem Leid und Kosten führen.[43] Jede geplante Veränderung ist freilich besser als eine Katastrophe. Es ist wichtig, die Anzeichen und Symptome von den allgemeinen Ursachen zu trennen. Während sich das Rating auf die Symptome in Form von mehr Transparenz, Information und Dokumentation bezieht, liegen die Ursachen im Geldsystem selbst. Eine solche systemische Veränderung bedeutet nicht, dass wir alles auf einmal und gleichzeitig tun müssen, aber wir müssen (fast) alles berücksichtigen, um diese ganzheitliche Veränderung zu gewährleisten.[44]

---

[43] Drei der eher versteckten Formen negativer externer Effekte sind *Land Grabbing, virtuelles Wasser* und *der Import von CO$_2$*: In Europa liegt die derzeitige Jahrespacht für einen Hektar Ackerland zwischen 20 EUR (Lettland) und 320 EUR (Niederlande), während in Afrika Ackerland für weniger als 0,5 EUR pro Hektar und Jahr über eine Laufzeit von 99 Jahren gepachtet werden kann (Bloomberg, 2019; Eurostat, 2018). Weltweit sind etwa 40 bis 200 Millionen Hektar von Land Grabbing betroffen, und mehr als die Hälfte davon befindet sich in Afrika südlich der Sahara (Batterbury & Ndi, 2018; Hall, 2011; Oxfam, 2011; Rulli et al., 2013). Bis zu einem Drittel des Ackerlandes in Afrika ist bereits betroffen. Weltweit werden über 4 Millionen Hektar Land für die Produktion von Waren genutzt, die dann exportiert werden. Es gibt genügend handfeste Beweise dafür, dass die Produktion von Nahrungsmitteln sehr wasserabhängig ist. So werden beispielsweise für einen Apfel 80 l, für eine Tasse Kaffee 140 l, für einen Hamburger 2400 l, für eine Portion Chips 185 l und so weiter benötigt (Hoekstra & Chapagain, 2006). Werden solche Produkte in wasserarmen Ländern, vor allem in der südlichen Hemisphäre, hergestellt, fehlt diese Wassermenge den lokalen Gemeinschaften. Das Gleiche gilt für die CO$_2$-Belastung. Zwar konnten die OECD-Länder ihre CO$_2$-Belastung auf nationaler Ebene verringern, doch geschah dies vor allem durch den Export der Produktion von Waren und Energie. Die Produkte, die in die Supermärkte der OECD-Länder importiert werden, sollten die versteckten Kosten der Landnahme, des Wasserverbrauchs und eines erhöhten Kohlenstoff-Fußabdrucks tragen. Siehe auch Hoekstra und Hung (2005); Liu et al. (2017).

[44] Taxonomie sind ein wichtiger Schlüssel zur Sicherstellung der Finanzierung der Wirkung von privatem Beteiligungskapital. Es gibt Initiativen von verschiedenen Akteuren (NRO, Politik, Unternehmen, Wissenschaft) mit unterschiedlichen Interessen und Zielen, die alle miteinander in Einklang gebracht werden müssen. Im Wesentlichen benötigen wir eine Matrix, die es uns ermöglicht, den gesamten Aufwand menschlicher wirtschaftlicher Aktivitäten zu bewerten, zu messen und zu vergleichen. Dazu gehören eine *Gesamtkostenanalyse* (TCA=Total Cost Analysis) entlang der Wertschöpfungskette, eine *integrale Rechnungslegung*, eine *bessere Vergleichbarkeit* bei Fusionen und Übernahmen, die *Messung und Bewertung* der Auswirkungen nicht nur auf den Gewinn, sondern auf den menschlichen Wohlstand im Allgemeinen. Darüber hinaus brauchen wir ein *relatives Benchmarking* für verschiedene Sektoren (z. B. Aluminium, Zement, Landwirtschaft) und zwischen verschiedenen Sektoren, um die Vergleichbarkeit zu erleichtern und Unternehmensentscheidungen (De-Risking) und das öffentliche Bewusstsein auf verschiedenen Ebenen (OECD, EU, G7, G20) zu verbessern. Schließlich brauchen wir ein *günstiges Umfeld* für eine harmonisierte Regulierung und Besteuerung, die ein neues globales Rechnungslegungssystem für alle beteiligten Akteure schaffen würde. Initiativen wie diese, die darauf abzielen, Natur-, Sozial- und Humankapital besser einzubeziehen, gibt es seit mindestens 30 Jahren. Die meisten von ihnen scheitern jedoch bereits in dem Stadium, in dem die verschiedenen Interessengruppen völlig unterschiedliche Auffassungen zu diesem Thema vertreten. So haben beispielsweise

Im Allgemeinen ist eine Investition ein Engagement für die Zukunft. Sogenannte Impact Investments verkörpern das Engagement für die Zukunft, weil sie nicht nur die Rendite in Form von Geld, sondern auch die sozialen und ökologischen „Auswirkungen" dieser Investitionen berücksichtigen.[45] Je höher die Wirkung, desto besser. In den letzten Jahren wurde Kapital im Wert von 250 Milliarden USD aus dem Sektor der fossilen Brennstoffe abgezogen und in den grünen Sektor investiert. Die Taxonomie der Impact-Fonds (braun oder schwarz versus grün) unterscheidet zwischen guten und schlechten Investitionen in Bezug auf ihre Auswirkungen auf das soziale und ökologische Wohlergehen (eine „gute" Investition würde keinen Tabak, keine Waffen, keine Kohle, keinen Alkohol, keine Kinderarbeit usw. beinhalten). In dieser Hinsicht ist diese Impact-finanzierung die richtige Wahl. Mehrere Aspekte zeigen jedoch, dass die Matrix, die den Impact Funds zugrunde liegt, fehlerhaft ist. Erstens ist der Umfang der Finanzierung viel zu gering und das Tempo zu langsam, um eine signifikante Veränderung zu gewährleisten. Zweitens ist der Ansatz zu isoliert und zu kleinteilig und maximiert Lobbyinteressen, ohne das Gesamtbild auf Makroebene zu sehen. So gelingt es nicht, die vielen verschiedenen investierten Interessen auszugleichen und miteinander in Einklang zu bringen. Drittens ist die Strategie der Impact-finanzierung auf Teile der Welt mit höheren SCR (Social Corporate Responsibility)-Standards ausgerichtet. Dies geht auf Kosten der schwächeren Regionen der Welt, in denen Liquidität am dringendsten benötigt wird. Viertens wird die Verlagerung hin zu grünen Anleihen eine Risikoprämie auf die alten braunen und schwarzen Anleihen mit sich bringen, was konventionelle Anleger davon abhalten wird, ihr Portfolio zu verändern, oder sie dazu ermutigen wird, ihre Anlagen einfach „grün zu waschen". Alles in allem wird dies zu weiteren regulatorischen und bilanztechnischen Anforderungen führen, aber wenig bis gar nichts an den negativen Auswirkungen auf die Umwelt ändern.[46] Impact-Fonds bleiben eine komplexe, nahezu ungelöste Geschichte des Ausschlusses oder Verbots von Branchen. Im Jahr 2019 belief sich der Wert solcher Impact-Fonds, bei denen Kapital

---

internationale Wirtschaftsprüfungsgesellschaften bereits unterschiedliche Ansichten darüber, wie die vorgelagerten Auswirkungen von Kinderarbeit oder Wasserverschmutzung auf die Unternehmensbilanz zu bewerten und zu messen sind. Am Ende könnten wir zu drei Ergebnissen kommen: relatives Verbot, relatives Benchmarking und einzelfallbezogene Ansätze.

[45] Die Zahl der Börsengänge (IPO) ist in den letzten 15 Jahren kontinuierlich zurückgegangen, von 7000 im Jahr 2004 auf rund 300 im Jahr 2019. Außerdem sind die Unternehmen mehr am Rückkauf ihrer eigenen Aktien als an Investitionen in langfristige Projekte interessiert, da die Dividenden höher sind als die potenziellen einbehaltenen Gewinne. Beide Aspekte führen dazu, dass konventionelle Investoren weniger Möglichkeiten haben, sich zu engagieren. Da das meiste Geld von institutionellen Anlegern gehalten wird, deren Kunden die Generation der Babyboomer ist, ist die Wahrscheinlichkeit einer Reinvestition in riskante alternative Anlagen gering. Das ist ein Grund, warum wir eine Strategie brauchen, die De-Risking mit neuen Anlagestrategien kombiniert.

[46] Siehe für weitere Beispiele und Berechnungen Randers et al. (2018), die die Beschleunigung der erneuerbaren Energien und die Produktivität der Nahrungsmittelkette, die Verringerung der Ungleichheit und die Investitionen in Bildung, Familienplanung und Gesundheit erörtern; oder den neuen Klima-Notfallplan des Club of Rome (Club of Rome, 2019), der u. a. die Bepreisung von Kohlenstoff und Ausstiegsstrategien, die Frauenbildung, exponentielle technologische Innovation, Kreislaufwirtschaft, regenerative Landnutzung und höhere Materialeffizienz anführt.

hauptsächlich aus dem fossilen Sektor abgezogen und in den grünen Sektor um-
geschichtet wird, auf 502 Milliarden USD.[47] Es gibt sogar ein starkes Argument
dafür, in kritischen Branchen investiert zu bleiben, um die Kontrolle über die Ge-
schäftsleitung zu behalten und sie in Richtung einer größeren SCR und höherer
ESG-Standards (Ökologie-Soziales-Government) zu lenken. Während die Unterscheidung zwischen einer „grünen", einer „braunen" (fossilen) und/oder einer
„schwarzen" (Waffen, Drogen, Alkohol, Kinderarbeit) Investition in der Theorie
leicht zu treffen ist, muss eine solche Taxonomie in der Praxis all die verschiedenen
Geschäftsmodelle und Unternehmensanteile sowie die miteinander verknüpften
Unternehmensbeteiligungen berücksichtigen. Kurz gesagt: Ist Volkswagen oder
Apple grün oder braun? Ist SAP oder die Deutsche Bank grün, braun oder schwarz?
Diejenigen Unternehmen, die das „grüne" Label nicht erreichen, werden ihre Mit-
arbeit zurückziehen, weil sie befürchten, eine höhere Risikoprämie für ihre Anlagen
zu zahlen. Schließlich besteht die Gefahr, dass die Strategie der Impact-finanzierung praktisch keine Auswirkungen auf das 2-Grad-Ziel, wie wir weiter unten sehen
werden.[48]

Private vs. öffentliche Finanzierung von Gemeingütern: Aus der Sicht eines In-
vestors vertreten Händler, die in Staatsanleihen, Pensionsfonds und/oder Private Equity
investieren und sich an Impact Funds beteiligen, selektive Kundeninteressen. Diese Interessen stehen in einem grundlegenden Missverhältnis zu denen der globalen Gemeingüter.[49] Die Finanzierung der SDGs erfordert einen Makler oder Mitunterzeichner, dessen Vorsorge- und Ertragsinteressen die globalen Gemeingüter selbst vertreten. Die
Vereinten Nationen, die Weltgesundheitsorganisation und die Weltbank sind drei Beispiele für solche Akteure. Außerdem müssen wir umso mehr in Gemeingüter investieren, je vernetzter wir sind. Eine echte Alternative würde der Tatsache Rechnung
tragen, dass Gemeingüter an erster Stelle stehen und private Investitionen an zweiter
Stelle; sie würde der Tatsache Rechnung tragen, dass Steuern, Gebühren, Spenden und
andere Formen der Umverteilungsfinanzierung zu langsam und zu geringfügig sind, um
den erforderlichen Wandel zu gewährleisten. Die Finanzierung der Gemeingüter sollte
keine vorübergehende Maßnahme sein, die in Zeiten der Wirtschaftskrise ergriffen

---

[47] Mudaliar und Dithrich (2019).

[48] Bozesan (2020); für aktualisierte und genauere Zahlen siehe den umfassenden Bericht von Henderson et al. (2019).

[49] Private-Equity-Fonds haben in der Vergangenheit eine hohe Rendite von 19–25 % (Kaplan & Schoar,
2005) pro Jahr erzielt. In einer Welt, in der das BIP um 2 bis 3 % wächst (Vorisek & Yu, 2020), private
Investoren aber das Zehnfache verlangen, müssen diese Einnahmen irgendwo herkommen. Das meiste
davon kommt direkt oder indirekt aus der mangelnden Finanzierung öffentlicher Güter. Das bedeutet,
dass das Geld statt in die Finanzierung öffentlicher Vorschulbildung und kollektiver Gesundheitsfürsorge, den Schutz vor Umweltverschmutzung, die Beseitigung von Armut und Hunger und die Verhinderung des Zusammenbruchs der biologischen Vielfalt in den privaten Sektor fließt, wo HNWI
(High Net Worth Individuals) zusätzliche Renditen erzielen. Eine Rendite von 19–25 % für privates
Beteiligungskapital ist selbst unter Standardbedingungen ein unrealistisches Szenario in einer Welt, in
der das Wohlstandsgefälle zunimmt und die öffentlichen Gemeinschaftsgüter unterfinanziert sind. Private Equity ist ein kleiner Teil der Lösung, aber es ist nicht *die* Lösung.

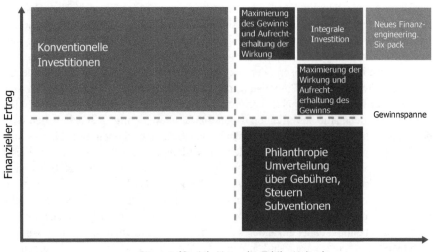

Abb. 2.5 Integrale Betrachtung verschiedener Investitionsstrategien (angepasst von Boze-san, 2020)

wird, sondern eine ständige monetäre Intervention, die einen kontinuierlichen gesellschaftlichen Wandel hin zu einer nachhaltigen Zukunft gewährleistet (Abb. 2.5).[50]

2.4.5 Von Derivaten zu hybriden Ex-Swaps

In den letzten zwei Jahrzehnten waren Derivate die neuen Lieblingskinder. In einem instabilen wirtschaftlichen Umfeld war es für Anleger rational, Derivate der ersten, zweiten oder dritten Kategorie zu kaufen, um das Risiko eines Ausfalls zu verringern. Die „heiße Kartoffel" konnte jemand anderem überlassen werden, und am Ende des Tages zahlte immer jemand die Rechnung – in der Regel der Steuerzahler. Diese Zeiten sind vorbei. Je größer die globale Verflechtung und je „systemischer" das Risiko ist, desto weniger kann ein Derivat zur Hebelung oder Absicherung der Investition beitragen. Andersherum ausgedrückt: Solange ein Risiko lokal oder sektoral bleibt, ist

---

[50]Wenn Marktlösungen als wichtigste Antwort auf soziale Probleme präsentiert werden, könnte es zu dem kommen, was Anand Giridharadas (2018) den „Winner takes all"-Effekt nennt: Die „giving back"- oder „pledge"-Kampagnen der Eliten sind gut gemeint, bleiben aber eingeschränkt erfolgreich. Hier müssen wir zwei Aspekte berücksichtigen: erstens die sozialen und ökologischen Schäden, die die Eliten beim Aufbau ihres Vermögens verursacht haben. Zweitens, die bestehenden Mechanismen, die die Ursachen der Probleme nicht angehen. Philanthropie und Wohltätigkeit sind nichts Schlechtes, aber wir sollten uns darüber im Klaren sein, dass sie die Symptome behandeln, nicht die Ursachen, und außerdem dazu dienen, das System so zu erhalten, wie es ist, anstatt es zu verändern. Das globale Nettoergebnis dieser Kampagnen könnte immer noch negativ sein. Sie werden dazu beitragen, das Gewissen der Eliten zu beruhigen, aber das Leben der Menschen in der Zukunft nicht verbessern.

ein Derivat ein rationales Instrument zur Absicherung mikroökonomischer Risiken. Dies ist darauf zurückzuführen, dass der Kauf eines Derivats unterschiedliche Erwartungen in Bezug auf ein Risiko ausgleichen kann. Die zunehmende globale Verflechtung führt jedoch dazu, dass Risiken auf einer systemischen Ebene geteilt werden, wo sie nicht mehr geografisch oder sektoral isoliert werden können. Zukünftige Erwartungen, wie z. B. die Einpreisung der Auswirkungen der globalen Erwärmung, werden eher konvergieren als divergieren. Dies erklärt die Zunahme asymmetrischer Schocks, bei denen die betreffenden Akteure zwar alles „richtig" gemacht haben, aber dennoch von den unerwarteten Folgen negativer Rückkopplungsschleifen und Fat-Tail-Ereignissen mit weitreichenden Auswirkungen getroffen wurden. In dieser Situation ist der Einsatz von Derivaten jeglicher Art als allgemeines globales Heilmittel eine irrationale Finanzentscheidung, denn statt das Risiko zu verringern, erzeugen sie weitere systemische Risiken und führen zu zusätzlichen Kosten. Ein rationaler Anleger im Zeitalter des Anthropozäns ist sich dieser Risikoeinschätzung voll bewusst und benötigt daher ein anderes finanzielles Umfeld, um investieren zu können.

NIMBY („not in my backyard"): Wenn der Vatikan zum Beispiel von braunen auf grüne Investitionen umsteigt, entlastet er seine eigene Bilanz. Die Situation in der realen Welt hat sich jedoch überhaupt nicht geändert, denn die braunen oder schwarzen Investitionen, von denen sich der Vatikan trennt – zum Beispiel ein Kohlebergwerk, die Minenproduktion oder Produkte mit Kinderarbeit –, werden weiterhin die Luft verschmutzen und Menschen töten, und auch die Arbeitsbedingungen der Kinder werden sich durch den Verkauf nicht ändern, da sie nun unter einem anderen Management arbeiten, das möglicherweise weniger kompetent ist als das vorherige. Diese heiße Kartoffel wird also immer wieder weitergereicht, aber ihre ökologischen und sozialen Auswirkungen bleiben unverändert.[51] In einem instabilen, nicht-linearen, komplexen Szenario ist nur eine so genannte Ex-Swap-Anlage sinnvoll: ‚Tauschen Sie die fossile Anlage in eine grüne Anlage und schließen Sie die vorherige so schnell wie möglich, um asymmetrische Schocks, nicht-lineare Rückkopplungsschleifen und steigende Kosten für die Schadensbegrenzung zu vermeiden'.[52] Um genau zu sein: Da etwa 100 Unternehmen für 71 % des globalen Kohlenstoff-Fußabdrucks verantwortlich sind, könnten die Vorstandsvorsitzenden dieser Unternehmen, die mit fossilen Brennstoffen zu tun haben, einen Anreiz erhalten, um sie zu ermutigen, ihren Betrieb so schnell wie möglich einzustellen. Entsprechende Laufzeiten würden in Betracht gezogen. Eine solche Ausstiegsstrategie ist Teil der Gesamtlösung, da die Vermögenswerte sonst einfach den Besitzer wechseln, ohne dass sich dies auf die sozialen oder ökologischen Belastungen auswirkt.[53]

---

[51] 200 Fondsmanager weltweit verwalten ein Vermögen von über 47 Billionen USD, was mehr als 50 % des globalen BIP entspricht (Investment und Pensions Europe, 2019). Wenn wir also den Wandel hin zu einer kohlenstoffarmen Wirtschaft vorantreiben wollen, müssen wir diese 200 Fondsmanager in einen Raum bringen und ihnen sagen, was zu tun ist.

[52] Diese Ex-Swap-Wechselanlage könnte ein spezielles Bonusprogramm für die Vorstände der Unternehmen beinhalten, die mit der Liquidation ihres eigenen Unternehmens betraut sind, und stattdessen eine alternative Anlage für den Aktionär darstellen.

[53] Siehe Griffin (2017).

Wenn eine solche globale Wechselanleihe oder ein globaler Swap geschaffen
würde, bei dem braune Investitionen in fossile Brennstoffe gegen groß angelegte
grüne Investitionen getauscht werden könnten, wären Unternehmen und Investoren
nicht vom Aussterben bedroht, sondern würden vielmehr einen sehr steilen Übergang
zu anderen Arten von Investitionen und Geschäften erleben. Zu diesen groß angelegten Projekten könnten Dinge wie die Wiederaufforstung der Sahara, die Elektri-
fizierung Afrikas und viele andere von verschiedenen Organisationen vorgeschlagene
Projekte gehören. Zur Überwindung der Shareholder-Value-Maximierung erfordern
die meisten Ex-Swap-Anlagen einen Vertrag mit dem öffentlichen Sektor, der als Mitunterzeichner mit einer langfristigen Perspektive auftritt. Unter diesem Gesichtspunkt
könnte die Entschädigung und Incentivierung der Eigentümer von Öl, Kohle und Gas
in der ganzen Welt billiger sein als all die negativen Auswirkungen, die vom Steuerzahler oder künftigen Generationen bezahlt werden.

2.4.6   Hybride privat-öffentliche Partnerschaften (hy-PPP)

Das Standardargument lautet, dass es auf dem Markt reichlich Liquidität gibt und dass
wir einfach ein Umfeld schaffen müssen, das es privaten Anlegern ermöglicht, grüne
Investitionen zu tätigen. In der Tat gibt es Finanzanlagen im Wert von fast 300 Billionen USD, von denen 150 Billionen USD von institutionellen Anlegern verwaltete
Vermögenswerte sind. Doch weniger als 2 % dieser Vermögenswerte sind in Infrastrukturen investiert und mehr als 5 % weisen negative Renditen auf.[54] Wenn wir diesen Vorschlag zu Ende denken, leben wir in einer privatisierten Welt: Das Interesse der
Investoren besteht darin, so viel Kaufkraft wie möglich bereitzustellen, um das
Konsumniveau der Babyboomer-Generation der westlichen Welt anzukurbeln und zu
erhalten. Wie bereits erwähnt, ist dies in der Tat ein realisierbares Szenario für etwa
ein Drittel der SDGs, aber nicht für die anderen zwei Drittel. Diese anderen zwei
Drittel sind (globale) Gemeingüter und erfordern einen völlig anderen finanziellen
Ansatz, um unsere gemeinsame Zukunft zu sichern. Eine Möglichkeit, die Finanzierung der Gemeingüter zu gewährleisten, ist ein Mitunterzeichnerprinzip, bei dem ein
öffentlicher Akteur mitspielt, der eine andere Agenda verfolgt als die Privatisierung
der Welt. Der föderale öffentliche Sektor und die internationalen multilateralen Entwicklungsbanken (Europäische Investitionsbank, Weltbank, Asiatische oder Afrikani-
sche Entwicklungsbanken) sind solche Kandidaten.

In einer vollständig vernetzten Welt gibt es kein Privates ohne Öffentliches, und
Mischformen und Hybride sind immer häufiger anzutreffen. Diese Situation erfordert einen genaueren Blick auf die beteiligten Akteure und Protagonisten. In
einem Land mit niedrigem Einkommen, niedriger Steuerbasis, geringer Steuer-
erhebung und hoher Schuldenlast gibt es für den privaten und den öffentlichen Sektor eine Vielzahl von Möglichkeiten, zusätzliche Liquidität zur Finanzierung öf-

---

[54] Aigner (2019); Ro (2015).

fentlicher Güter zu generieren.[55] Jede Möglichkeit folgt einem anderen Protokoll, einer anderen Risikobewertung, einer anderen Haftung und einer anderen Art von Politik. Wenn sie richtig umgesetzt werden, können sie die Kurzfristigkeit durch eine langfristige Sichtweise aufkündigen, die Fälligkeit durch eine langfristige Rendite ersetzen und die Bedeutung von öffentlichen Gütern und Infrastrukturen für eine gemeinsame nachhaltige Zukunft fördern.

Nehmen wir das allgemein anerkannte UN-Menschenrecht auf Zugang zu frischem Trinkwasser für jeden Menschen. Sollen wir dieses Recht privatisieren, so dass alle Süßwasserquellen zu einem privaten Kapital werden und diese Aktien dann mit einer privaten Rendite verkauft werden, die den Reichtum der Eigentümer dieser Quellen erhöht? Da im Jahr 2015 über 800 Millionen Menschen keinen Zugang zu Trinkwasser hatten,[56] müssten die Eigentümer dieser Quellen besteuert werden, um genügend Einnahmen zu generieren, damit diese 800 Millionen ihr Recht auf Trinkwasser wahrnehmen können. Anstelle dieses linearen Prozesses der Privatisierung von Gemeingütern und der Besteuerung der privaten Erträge könnten wir eine hybride öffentlich-private Partnerschaft (hy-PPP) ins Leben rufen, bei der z. B. 5 % des Vermögens privat und 95 % öffentlich sind. Die öffentlichen Gelder stammen aus einer Geldquelle in Form von paralleler grüner Zusatzliquidität (zweckgebunden für dieses spezifische Recht, siehe Details unten). Diese Kombination kann privates unternehmerisches Fachwissen und Risikobewertung mit einem öffentlichen Mitunterzeichner (z. B. einer staatlichen Stelle oder einer internationalen Entwicklungsbank) zusammenbringen; Erträge, Laufzeit, Haftung und Risiken werden entsprechend aufgeteilt, und beide Akteure (privat und öffentlich) haben ein langfristiges Interesse, wodurch eine Win-Win-Situation mit einem konstanten Fluss privater Einnahmen und gesünderen Menschen entsteht, die gleichzeitig den öffentlichen Interessen entspricht: Es gibt dann weniger negative soziale Auswirkungen, wie z. B. Gesundheitskosten für die Behandlung von Durchfallerkrankungen. Eine gesündere Bevölkerung kann zur Schule gehen, Geschäfte machen, Steuern zahlen, länger leben und gleichzeitig ihren eigenen Wohlstand und den der Nationen mehren. Dies gilt für alle globalen Gemeingüter: frische Luft,

---

[55] Öffentlich-private Auftragsvergabe ermöglicht eine langfristige Perspektive, insbesondere bei kritischen Infrastrukturen wie Energie, Gesundheit, Bildung und Telekommunikation. Im Jahr 2017 wurden weltweit Verträge in Höhe von 90 Mrd. USD abgeschlossen, ein Rückgang gegenüber dem Höchststand von 140 Mrd. USD im Jahr 2012. Die Beratung der Weltbank bietet Entwürfe und Leitlinien für die Vergabe von Aufträgen an den privaten und öffentlichen Sektor. Der Teufel steckt jedoch im Detail. Dabei müssen beide Seiten klären, wer das Risiko im Falle höherer Gewalt, wie Naturkatastrophen, Terrorismus oder Staatsversagen, übernimmt. Wer ist der Versicherer der letzten Instanz? Wie werden die Zahlungen festgelegt und wer wird voll und wer teilweise entschädigt? Welcher Art sind die Finanzanlagen (Anleihe, Bankfinanzierung oder Unternehmensfinanzierung)? Das mit der Weltbank verbundene Internationale Zentrum zur Beilegung von Investitionsstreitigkeiten (ICSID) scheint nur eine institutionelle Alternative unter anderen zu sein. Um das Projekt für den privaten Sektor risikoärmer und für den öffentlichen Sektor bankfähig zu machen, müssen beide Seiten nachgeben: Der private Sektor muss seine hohen Renditeerwartungen und seine Kurzfristigkeit aufgeben, und der öffentliche Sektor muss gegen Korruption und schlechte öffentliche Verwaltung vorgehen. Derzeit gibt es eine Tendenz zur Parteilichkeit und zum Eintreten für privatwirtschaftliche Gelder anstelle von öffentlichen Aufträgen. Siehe Eurodad (2018); Weltbank (2017).

[56] Weltgesundheitsorganisation (WHO), Unicef (2017).

Zugang zu medizinischer Grundversorgung, Schulbildung, Schutz der biologischen Vielfalt und Umkehrung der globalen Erwärmung und vieles mehr.

Ein Gemeingut oder eine Allmende ist ein Gemeingut und bleibt ein Gemeingut, wenn wir als Weltgemeinschaft es zu einem Gemeingut erklären. Privates Kapital ist privates Kapital, wenn wir als Weltgemeinschaft es als privates Kapital deklarieren und definieren. Die Instrumente, die für die Finanzierung der beiden benötigt werden, sind jedoch unterschiedlich. Die Finanzierung von Gemeingütern als Gemeingüter erfordert einen völlig anderen Ansatz als die Umwandlung von Gemeingütern in privates Beteiligungskapital. Wollen wir in einer vollständig privatisierten Welt leben? Nein, das wollen wir eher nicht. Statt die Natur der Gemeingüter zu verletzen, sollten wir die Finanzarchitektur an die Natur der Gemeingüter anpassen und nicht andersherum. Dies erfordert ein Umdenken und eine Veränderung der Architektur unseres Geldsystems.

End-of-Pipe-Finanzierung und Umverteilungsmaßnahmen: Die am häufigsten befürwortete Form der Finanzierung unserer Gemeingüter ist die so genannte Ko-Finanzierung, die das Kernargument der meisten, wenn nicht aller ökonomischen Vorschläge zur Finanzierung sozialer und ökologischer Gemeingüter darstellt.[57] Bisher ist unsere Six-pack-Treppe dieser Argumentation gefolgt. Die Ko-Finanzierung beruht auf folgendem Grundgedanken: Auf dem Markt werden frei gehandelte Güter und Dienstleistungen besteuert, und diese Einnahmen werden zur Hauptfinanzierungsquelle für Gemeingüter. Bei dieser weithin akzeptierten Praxis ist die Finanzierung der Gemeingüter zweitrangig und den Aktivitäten des freien Marktes untergeordnet. Nur wenn der Markt genügend Liquidität erzeugt und der politische Wille vorhanden ist, können Gemeingüter finanziert werden. Bei dieser Ko-Finanzierungsstrategie handelt es sich um eine Form der End-of-Pipe-Technologie, die in den Ingenieurwissenschaften wohlbekannt ist: Eine Technologie, ein Lebensstil oder eine Wirtschaftstätigkeit, die unserer Umwelt schadet (z. B. Luftverschmutzung), wird eingeführt, und am Ende des Prozesses (d. h. am Ende des „Rohrs"=Pipe) wird nachträglich ein Filter eingebaut, um allzu große Schäden zu vermeiden. Diese Ko-Finanzierungsstrategie folgt immer der gleichen Logik. Innerhalb eines bestimmten wirtschaftlichen Wertschöpfungsprozesses bleibt der Menschheit ein begrenztes End-of-Pipe-Verfahren, bei dem schließlich 0,6–2 % des BIP für SDGs oder Gemeingüter aufgewendet und verteilt werden.[58]

---

[57] Der Begriff der Ko-Finanzierung wird vor allem im Zusammenhang mit internationalen Entwicklungsprojekten, z. B. in Entwicklungsländern, verwendet (Asian Development Bank, 2019). Nach Law (2014) sind ko-finanzierte Darlehen durch eine Partnerschaft zwischen „kommerziellen Kreditgebern, insbesondere Banken, [und] einer Regierung oder einer staatlich geförderten Organisation" gekennzeichnet.

[58] Dieses Verhältnis geht auf Tinbergen (1962) zurück. Um in den Entwicklungsländern ein Wirtschaftswachstum von 5 % zu erreichen, sind 0,3 % privater Kapitalfluss und 0,7 % öffentliche Entwicklungshilfe (ODA) erforderlich. Die Harrod-Domar-Gleichung spezifiziert dies weiter (basierend auf Domar, 1946; Harrod, 1939). Betrachtet man die konkreten und tatsächlichen Ausgaben für die öffentliche Entwicklungshilfe genauer, so stellt man fest, dass es oft doppelte Verwendungen und Doppelzählung gibt, einschließlich der Bevorzugung der einheimischen Industrie. Etwa ein Viertel der 0,3 %, also nur 50 % der bewilligten 0,7 %, fließt in die reale ODA (OECD, 2017). Hinzu kommt ein ständiger negativer Nettogeldfluss aus dem globalen Süden in den Norden. Während der globale Norden zwischen 1980 und 2012 umgerechnet etwa 1,3 Billionen USD in den Süden transferierte, verloren die Entwicklungsländer in der Gegenrichtung umgerechnet

Hier müssen wir zunächst wirtschaftlich produktiv sein und können dann die „Überbleibsel" für soziale und ökologische Projekte umverteilen. Aber was wäre, wenn wir anfangen würden, auf eine parallele Weise zu denken?

> **Es ist einfacher, neues Denken zu ermöglichen, als überholte Praktiken abzuschaffen. Ein solches neues Denken entsteht, wenn wir das Bekannte hinter uns lassen und uns auf neue Praktiken einlassen.**

2.5   Die Lücke füllen: Parallelwährungen

Bislang haben wir uns auf der Leiter des Six-packs nach oben gearbeitet und neue Finanztechniken im Anthropozän definiert. Ein Schritt – wahrscheinlich der größte – fehlt noch: ein paralleles Währungssystem. Wir können ein paralleles oder komplementäres Währungssystem definieren, bei dem etwas anderes als das gegebene konventionelle Währungssystem als Tausch- und Zahlungsmittel zugelassen wird, um unbefriedigte Bedürfnisse mit nicht ausgelasteten Ressourcen in Einklang zu bringen. Dies ist notwendig, weil die ersten fünf Stufen der Six-pack-Treppe nicht in der Lage waren, das erforderliche Liquiditätsvolumen, die Geschwindigkeit, die wir brauchen, um eine ausreichende Kaufkraft zu erzeugen, und die genaue Ausrichtung auf die SDGs zu gewährleisten, die für die Finanzierung unserer Zukunft erforderlich sind.[59]

Wir werden sehen, dass ein solches Parallelwährungssystem, das auch als „monetäres Ökosystem" bezeichnet wird, zusätzliche, optionale, gezielte Liquidität oder Kaufkraft bietet, parallel zum bestehenden System läuft, teilweise anders gestaltet ist als das etablierte Geldsystem, neue Technologie (hauptsächlich Distributiv-Ledger-Technologie) mit einem sogenannten digitale contract nutzt, in erster Linie

---

etwa 3 Billionen USD durch Zinszahlungen, Kapitalflucht, Korruption, Fehlbewertungen von Handel und Einkommen sowie Korruption (Kar & Schjelderup, 2015; persönliche Kommunikation mit Prof. Dr. Jan Kregel, September 2019, New York).

[59] Ein kurzer Rückblick auf die ersten 1000 Jahre der Doppel- oder Parallelwährungen zeigt, dass während des größten Teils dieses Jahrtausends Doppelwährungssysteme der Standard monetäre Monokultur dagegen die Ausnahme waren. Eine der beiden Währungen war für den Fernhandel bestimmt (hauptsächlich in Form eines Metalls, das die zusätzliche Funktion der Wertaufbewahrung hatte), während die zweite hauptsächlich für den lokalen und regionalen Austausch bestimmt war. Dies sorgte für Flexibilität, schuf aber auch soziale Asymmetrien im Tausch, die häufig die Transaktionskosten erhöhten und wirtschaftliche Gewinne generierten. Jedes Mal, wenn diese Währungssysteme aufgrund von unregulierter Geldschöpfung und/oder unregulierter Konvertierbarkeit zusammenbrachen, begannen die Gesellschaften wieder mit einem dualen System und nicht mit einer Monokultur. Erst in den letzten 100 Jahren wurde ausschließlich eine monetäre Monokultur bevorzugt. Unter Berücksichtigung des Standarddesigns (fehlende Regulierung) können wir es zu Beginn des 21. Jahrhunderts nun besser machen. Angesichts neuer Distributive-Ledger-Technologien (in Verbindung mit Blockchain), eines tieferen Verständnisses der Systemdynamik dualer Systeme (Widerstandsfähigkeit, antizyklische Steuerung, Kosteneinsparungen durch die Stimulierung regionaler Wirtschaftsaktivitäten) und weiterer empirischer Belege für die Rolle der monetären Regulierung (Preisstabilität, Konvertierbarkeit und Auswirkungen der Regulierungsbemühungen) erscheint die Wiedereinführung einer dualen Währung für den Wohlstand der Nationen nur natürlich. Siehe z. B. Rössner (2012, 2018).

zur Finanzierung unserer globalen Gemeingüter bestimmt ist und schließlich über komplementäre Geldkanäle abgewickelt wird. Die Einführung dieses zusätzlichen monetären Mechanismus würde es ermöglichen, die wirtschaftliche Entscheidungsfindung zu steuern, die Gesamtwirtschaft zu stabilisieren und unsere gesamte Gesellschaft koordiniert auf eine nachhaltige Zukunft auszurichten.

Ein paralleles Währungssystem könnte mit Hilfe der neuen Blockchain-Technologie der dritten oder vierten Generation ausschließlich in digitaler Form eingeführt werden und mit Bankeinlagen und herkömmlichem Bargeld als Tauschmittel, Wertaufbewahrungsmittel und internationale Rechnungseinheit konkurrieren. Es würde parallel zu den bestehenden Währungen funktionieren und für die Zahlung von Steuern und Löhnen zugelassen sein. In den folgenden Kapiteln werden wir sehen, dass erste empirische Erkenntnisse im Bereich der Zentralbanken, der Regionalwährungen und der digitalen Kryptowährungsszene bereits dafürsprechen, eine solche Parallelwährung in Erwägung zu ziehen oder gar einzuführen.

Die Einführung eines solchen Systems kann durch gezielte und zweckgebundene Ausgaben einen erheblichen Wohlfahrtseffekt erzielen.[60] Dies kann über mehrere alternative monetäre Kanäle geschehen: zum Beispiel als „Bürgerdividende", bei der das zusätzliche Geld entweder direkt oder über Steuersenkungen an die privaten Haushalte fließt und den Konsum anregt.[61] Oder das Geld wird dem öffentlichen Sektor zur Verfügung gestellt, um die öffentliche Infrastruktur (Bildung, Sicherheit, Gesundheit) zu fördern.[62] Neben diesem „öffentlichen Kanal" gibt es noch andere Kanäle. Hier werden die Gelder an Nichtregierungsorganisationen (NGO), kleine und mittlere Unternehmen (KMU) oder lokalen Gemeinden vergeben. In der traditionellen Sichtweise erzeugen wir in einer ersten Stufe ein unspezifisches, expansives Wachstum und kämpfen dann mit Regulierungsanstrengungen und Transferzahlungssystemen (Gebühren und Steuern), um in einer zweiten Stufe genügend Geld zur Finanzierung ökologischer und sozialer Projekte zu generieren. Bei diesem neuen Ansatz wird das Geld zuerst zugeteilt. Dieser Prä-distributive Mechanismus anstelle eines ex-post-Umverteilungsmechanismus (End-of-Pipe-Finanzierung) hat das Potenzial, unsere ge-

---

[60] Das UN-Welternährungsprogramm ist ein *erster Beweis für das Konzept*. Eine Smartphone-Schnittstelle mit einem biometrischen Identifikationssystem verhindert Missbrauch und Betrug. Dies schafft mehr Sicherheit und Privatsphäre für die registrierten Kunden, da sensible Daten nicht an private Dritte wie Social-Media-Unternehmen oder Banken weitergegeben werden (World Food Programme, 2017).

[61] Die Idee einer „Bürgerdividende" steht für die Forderung nach einem „Sozialkreditsystem", bei dem die Gemeingüter gleichmäßig unter allen Bürgern verteilt werden (Douglas, 1924). Ein beispielhafter Vorschlag für den „öffentlichen Kanal" wurde von Jeremy Corbyn im Vereinigten Königreich unterbreitet. Sein Vorschlag der „quantitativen Lockerung" zielte darauf ab, neu geschaffenes Geld direkt für öffentliche Infrastrukturprojekte auszugeben (Berry & Guinan, 2019).

[62] Andere Vorschläge beziehen sich auf die Übertragung von Staatsanleihen auf die Zentralbanken, unbegrenzte Kredite ohne Laufzeit, Kredite ohne Zinsen oder Kreditlinien, die ihre Bedingungen und Fazilitäten ändern, während sie von den Zentralbanken auf die Staaten übertragen werden und umgekehrt (Turner, 2015). So überzeugend all diese Argumente auch sind, keines von ihnen befasst sich mit der Widerstandsfähigkeit eines Doppelwährungssystems und bleibt daher innerhalb des gegebenen Paradigmas.

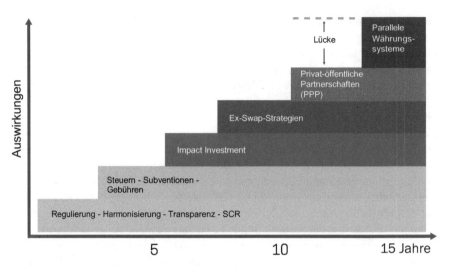

Abb. 2.6 Der mehrstufige Ansatz für eine nachhaltige Zukunft: der Six-Pack

samte Gesellschaft zu verändern und in die richtige Richtung zu lenken: Er wird den kollektiven Wohlfahrtseffekt in Form von Millionen von grünen Arbeitsplätzen, weniger illegalen Transaktionen, zusätzlichem grünem Wachstum, einer erweiterten grünen Steuerbemessungsgrundlage und geringeren Kosten für negative Spillovers und Katastrophenmanagement und viele Mehr. erhöhen. Ein solcher fakultativer Parallelwährungsmechanismus würde gezielte, programmierbare, identifizierbare und nachvollziehbare Finanztransaktionen sowie zweckgebundene und gekennzeichnete Mittel bereitstellen und so Betrug und Korruption verhindern. Dies würde einen neuen parallelen Marktplatz für die 75 % der Weltbevölkerung schaffen, die nicht von dem bestehenden Betriebsmodell profitieren. Und dieser neue Mechanismus würde schließlich mit dem traditionellen Sektor verflochten werden und den Zentralbankern ein zusätzliches geldpolitisches Instrument an die Hand geben, um gleichzeitig Preisstabilität, Beschäftigung und das globale Gemeinwohl zu erreichen. Wir werden diesen Parallelwährungsansatz in den nächsten Kapiteln ausführlicher erläutern. Die folgende Grafik veranschaulicht zunächst den stufenweisen Ansatz (Abb. 2.6).

Wir können diese Erkenntnisse weiter differenzieren und eine Vielzahl zusätzlicher Finanzinstrumente entwickeln, um unsere Zukunft zu finanzieren. Einige Beispiele, bei denen konventionelle Finanzinstrumente mit Hilfe des Parallelmechanismus weiterentwickelt werden können, um unsere Gesellschaft zu stabilisieren und in eine nachhaltigere Zukunft zu lenken, sind in der folgenden Tabelle zusammengefasst (Tab. 2.4).

Das Argument lässt sich noch einen Schritt weiterführen. Katastrophenanleihen (CAT-Bonds), Pandemie-Notfallfazilitäten (PEF), Zwangsmigrationsfazilitäten (FMF) und Ernteausfallanleihen (HAD) funktionieren alle nach einem ähnlichen Prinzip: Eine Region meldet eine Gefahr und bittet die Weltbank um finanzielle Unterstützung. Die Weltbank oder der IWF emittieren dann Anleihen mit einem Zinssatz und einem komplexen Vertragsprogramm an den privaten Sektor, der die

Tab. 2.4 Weitere konkrete Beispiele dafür, wie ein paralleles, optionales, digitales Geldsystem uns helfen kann, unsere Zukunft zu finanzieren und mit asymmetrischen Schocks umzugehen

Grüne Anleihen	Katastrophenanleihen (CAT Bonds) Anleihen für Pandemie-Notfälle (PEF) Anleihen zur Finanzierung von für erzwungener Migration (FMF) Anleihen gegen Ernteausfälle (HAD)
Grüne Krediterleichterung	**Green TLTRO (Gezielte langfristige Refinanzierungsgeschäfte):** Konditionierte Darlehen für KMU, private Haushalte und öffentliche Einrichtungen zur Finanzierung von umweltfreundlichen Investitionen und Konsum.
	Grüne Rückkaufsvereinbarungen (Repos) Grüne Aktiva sind zur Aufnahme von Liquidität bei den Zentralbanken berechtigt. Sie dienen den Finanzinstituten als Sicherheit für kurzfristige Refinanzierungen und als Kriterium im Falle eines „Haircuts".
Grüne quantitative Lockerung	Zusätzliches ‚Base-money' für Entwicklungsbanken/EIB, die als Finanzintermediäre für konditionierte grüne Kredite fungieren.
Grüne privat-öffentliche Partnerschaften (PPP)	Verträge zwischen dem privaten und dem öffentlichen Sektor, wobei die öffentliche Infrastruktur in öffentlichem Besitz bleibt und die Verwaltung durch private Unternehmen erfolgt.

Anleihen aufkauft. Der Vertrag legt fest, wann und wie sich der Privatsektor verpflichten muss, für die Risiken aufkommt oder eine Rückzahlung erhält, wenn die Gefahr nicht eingetreten ist. Bei näherer Betrachtung der Ernteausfallbürgschaften zeigt sich, dass zwei Drittel der weltweiten Landwirtschaft kleine Betriebe sind, die sich selbst versorgen. Sobald eine Dürre auftritt, kommen HADs ins Spiel. Es ist jedoch unnötig, Geld aus dem privaten Sektor zu leihen und mit einer Risikoprämie zurückzuzahlen. Eine ergänzende digitale Währung, wie in diesem Text erläutert, die über einen gemeinnützigen genossenschaftlichen Bankensektor betrieben und von der UNO überwacht wird, könnte diese Aufgabe mit weniger Risiko und höheren Erträgen für die Gemeinschaft übernehmen. In jedem Fall erhöhen sich in erster Linie die Bilanzen der Weltbank. Im Falle eines Ernteausfalls muss die Weltbank das Ereignis teilweise abschreiben und ihre Bilanzen korrigieren, aber Millionen von Landwirten werden vor der Insolvenz bewahrt und können ihr Geschäft weiterführen. Oder nehmen wir die TLTRO-Programme (Targeted Long-Term Refinancing Operation), die in Europa gut bekannt sind und bereits von mehreren Zentralbanken durchgeführt werden. In seiner traditionellen Form ist ein TLTRO eine Form der konditionierten Kreditvergabe an KMU, private Haushalte oder öffentliche Einrichtungen. Grüne TLTRO würden zusätzliche Kreditvergabeerleichterungen in grüne Investitionen lenken.

Tatsächlich sind nahezu unbegrenzte Kombinationen möglich, da jede der Finanzfazilitäten von Entwicklungsbanken (wie der EIB oder der Weltbank) unterstützt, von Zentralbanken finanziert, von den Vereinten Nationen überwacht und von nationalen und internationalen Einrichtungen ermöglicht wird. Wenn wir bereit sind, unsere Denkweise und das zugrunde liegende Narrativ über Geld zu ändern, sind unbegrenzte Optionen möglich Wie das konkret aussieht werden wir in den nächsten Kapitel besprechen.[63]

---

[63] Dag Hammarskjöld Foundation (2019); Breitenfellner et al. (2019) und NGFS (2019).

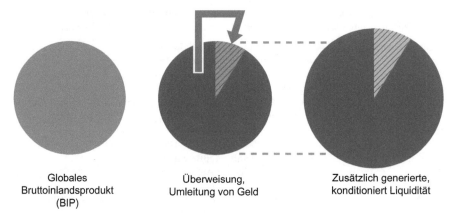

Globales	Überweisung,	Zusätzlich generierte,
Bruttoinlandsprodukt	Umleitung von Geld	konditioniert Liquidität
(BIP)		

Abb. 2.7 Zusätzlich Liquidität, die für unser Gemeinwohl bestimmt ist

Zur Erinnerung: Ganz allgemein geht es darum, die auf dem Markt verfügbare Liquidität zu erhöhen, statt nur Geld aus dem vorhandenen BIP zu transferieren, um unsere gemeinsame Zukunft zu finanzieren. Dies kommt in den nachstehenden Diagrammen zum Ausdruck. Bei diesem Ansatz gilt: Je höher der globale Konsens zur Erreichung der unteren Stufen ist, desto geringer ist der erforderliche Aufwand zur Erreichung aller weiteren Stufen. Wenn wir beispielsweise ein globales Abkommen über die Regulierung von Steueroasen, gemeinsame Rechnungslegungsstandards, harmonisierte ESG-Kriterien (ökologisch-sozial-staatlich) und eine globale CO_2-Steuer erreichen können, ist der Bedarf an Ex-Swap-Anlagestrategien, öffentlichen Aufträgen und einem parallelen Währungssystem geringer. Doch je geringer der globale Konsens über die unteren Stufen ist, desto mutiger müssen die Entscheidungen für die höheren Stufen ausfallen. Angenommen, es gibt so gut wie keinen globalen Konsens, aber wir wollen trotzdem unsere Zukunft finanzieren, dann müssen wir uns bemühen, zusätzliche parallele Liquidität zu installieren, um den Übergang von einer fossilen zu einer grünen Gesellschaft zu gewährleisten (Abb. 2.7).

2.6   Schlussfolgerung

Um unsere Zukunft im Zeitalter des Anthropozäns zu finanzieren, muss eine Strategie entwickelt werden, die einen raschen Ausstieg aus kohlenstoffintensiven Emissionen ermöglicht und gleichzeitig sozial wichtige Projekte finanziert. Dies wird nicht nur das Ende unserer fossilen Wirtschaft garantieren, sondern auch einen Plan für den Übergang zu einer grünen Wirtschaft aufstellen und dabei bestehende Sicherheiten wie Renten, private Versicherungen usw. konsolidieren. Dieses Verfahren erfordert einen neuen Finanzierungsmechanismus, der sich von den bisherigen Ansätzen wie Hedging, Hebelwirkung und Derivaten unterscheidet.

Das Ausmaß, die Geschwindigkeit und der Umfang müssen mit der Komplexität der Herausforderung einhergehen. Es werden noch nie dagewesene Maßnahmen ergriffen werden müssen, oder wir werden noch nie dagewesene Konsequenzen zu tragen haben. Das Undenkbare zu denken wird unsere vorteilhafteste und rationalste Strategie sein. Eine erfolgreiche Risikoanalyse setzt voraus, dass wir die Kurzsichtigkeit der Führungskräfte und das lineare Denken überwinden, das derzeit in der Unternehmensführung und im öffentlichen Dienst vorherrscht, und zwar jenseits der Szenarien des „geringsten Dramas" und des „kleinsten gemeinsamen Nenners". Diese „Business as usual"-Szenarien sind einfach viel zu teuer geworden. Stattdessen ist ein notfallmäßiger Übergang in ein postfossiles Zeitalter erforderlich. Der Schlüssel dazu ist, den schnellsten und am wenigsten störenden Weg zu finden, denn die Zeit ist nicht auf unserer Seite. Die beschriebenen neuen Finanzmechanismen werden die Welt widerstandsfähiger, vorhersehbarer und sicherer machen. Bisher haben wir große Anstrengungen unternommen, um das gegebene System durch besteuerte Wirtschaftstätigkeiten und verstärkte Wohltätigkeit, Philanthropie und private Spenden zu regulieren und dieses Geld für soziale und ökologische Projekte umzuverteilen – mit vernünftigen, aber immer noch unzureichenden Ergebnissen.

Daher umfasst der in diesem Kapitel vorgestellte mehrstufige Ansatz: Regulierungsanstrengungen (bestehend aus Stresstests, vereinbarten Bilanzierungskriterien und Gesamtkostenansätzen); eine umsichtige Besteuerung und gezielte Subventionen, ein Private Impact Funding mit relativem Benchmarking, eine negative Verbotsliste und ein Fall-zu-Fall-Management; neue Ex-Swaps, die den Ausstieg aus dem fossilen Zeitalter garantieren, und schließlich hybride-PPPs. Schließlich wird das ganze mehrstufige Vorgehen komplettiert durch die Bereitstellung von zusätzlicher Liquidität und Kaufkraft durch ein paralleles Währungssystem, welches die Voraussetzungen schaffen, um unsere gemeinsame Zukunft hinreichend zu managen, abzusichern (hedging) und zu finanzieren. Zusammengenommen liefern diese Schritte die Begründung für einen echten Multi-Stakeholder-Ansatz.

In Anbetracht der 15 Jahre, die für die Verwirklichung der SDGs verbleiben, des Umfangs und des zusätzlichen Liquiditätsbedarfs (4–5 Billionen USD pro Jahr) und der Tatsache, dass die Hälfte der Weltbevölkerung entweder in autokratischen Regimen oder in gescheiterten Staaten lebt, scheint die Erreichung eines globalen demokratischen Mandats unrealistisch. Es bedarf eines kühnen und unorthodoxen Ansatzes, wie wir unsere Zukunft finanzieren können. Als Weltgesellschaft könnten wir diese sechs Schritte angesichts der begrenzten Hebelwirkung auf Unternehmens- und Sektorebene nur durch einen systemischen Wandel erreichen. Und wenn dieser Wandel auf intelligente Weise vollzogen wird, würde eine Situation jenseits des klassischen Trade-offs zwischen sozialen und ökologischen Herausforderungen entstehen. Am Ende stünden Millionen von Arbeitsplätzen, eine sauberere Umwelt und

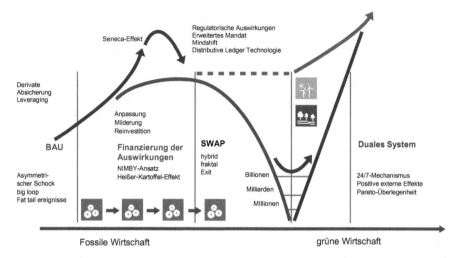

Abb. 2.8 Neue Finanzinstrumente für den Übergang von einer kohlenstoffarmen fossilen zu einer grünen Wirtschaft

eine bessere Welt, in der wir leben können. Der hier vorgestellte Mechanismus (oder ein sehr ähnlicher Mechanismus) wird der schnellste und am wenigsten störende Weg sein, um diesen Wandel zu gewährleisten. Bevor wir beginnen, die Merkmale eines solchen parallelen, komplemenären Geldsystems zu erläutern, werfen wir zunächst einen Blick auf die Erkenntnisse, die das traditionelle westliche Denken zur Unterstützung unserer Argumentation liefert. Das Diagramm fasst zunächst noch einige wichtige neue Finanzinstrumente für den Übergang von einer fossilen zu einer grünen Wirtschaft entlang einer Zeitachse zusammen (Abb. 2.8).

Literatur

ADB. (2019). *What is co-financing?* https://www.adb.org/site/cofinancing/what-is-cofinancing. Zugegriffen am 21.01.2022.

Aigner, J. (2019, August 30). *The unstoppable surge in negative yields reaches $17 trillion.* Bloomberg. https://www.bloomberg.com/graphics/negative-yield-bonds/. Zugegriffen am 21.01.2022.

Alstadsæter, A., Johannesen, N., & Zucman, G. (2018). Who owns the wealth in tax havens? Macro evidence and implications for global inequality. *Journal of Public Economics, 162,* 89–100.

Arabella Advisors. (2016). *Measuring the growth of the global fossil fuel divestment and clean energy investment movement.* https://www.arabellaadvisors.com/wp-content/uploads/2016/12/Global_Divestment_Report_2016.pdf. Zugegriffen am 21.01.2022.

Banerjee, A. V., & Duflo, E. (2019). *Good economics for hard times: Better answers to our biggest problems.* Penguin.

Batterbury, S. P., & Ndi, F. (2018). Land grabbing in Africa. In J. A. Binns, K. Lynch & E. Nel (Hrsg.), *The Routledge handbook of African development* (S. 573–582). Routledge.

Berry, C., & Guinan, J. (2019). *People get ready! Preparing for a Corbyn government*. OR Books.

Bloomberg. (2019, April 2). *One of Africa's most fertile lands is struggling to feed its own people*. https://www.bloomberg.com/features/2019-sudan-nile-land-farming/. Zugegriffen am 21.01.2022.

Bozesan, M. (2020). *Integral investing. From profit to prosperity*. Springer.

Breitenfellner, A., Pointner, W., & Schuberth, H. (2019). The potential contribution of central banks to green finance. *Vierteljahrshefte zur Wirtschaftsforschung/Quarterly Journal of Economic Research, 88*(2), 55–71.

Bureau of Labor Statistics. (2019). *CPI inflation calculator*. https://www.bls.gov/data/inflation_calculator.htm. Zugegriffen am 21.01.2022.

Carbon Market Watch. (2017). *Pricing carbon to achieve the Paris goals* [Policy briefing]. https://carbonmarketwatch.org/wp/wp-content/uploads/2017/09/CMW-PRICING-CARBON-TO-ACHIEVE-THE-PARIS-GOALS_Web_spread_FINAL.pdf. Zugegriffen am 21.01.2022.

Carney, M. (2015). *Breaking the tragedy of the horizon: Climate change and financial stability*. Bank of England.

Carney, M. (2016, September 22). *Resolving the climate paradox* [Arthur Burns Memorial Lecture].

Citigroup. (2015). *Energy Darwinism II. Citi GPS: Global perspectives & solutions*. Citigroup.

Claringbould, D., Koch, M., & Owen, P. (2019). Sustainable finance: The European Union's approach to increasing sustainable investments and growth – Opportunities and challenges. *Vierteljahrshefte zur Wirtschaftsforschung, 88*(2), 11–27.

Club of Rome. (2019). *Climate emergency plan: A collaborative call for climate action*. https://www.clubofrome.org/wp-content/uploads/2018/12/COR_Climate-Emergency-Plan-.pdf. Zugegriffen am 21.01.2022.

Credit Suisse Research Institute. (2018). *Global wealth databook 2018*. Credit Suisse.

Crutzen, J. (2002). Geology of mankind. *Nature, 415*, 23.

Crutzen, P. J., Davis, M., Mastrandrea, M. D., Schneider, S. H., & Sloterdijk, P. (2011). *Das Raumschiff Erde hat keinen Notausgang*. Suhrkamp.

Dag Hammarskjöld Foundation. (2019, September). *Financing the UN development system time for hard choices*. https://www.daghammarskjold.se/wp-content/uploads/2019/08/financial-instr-report-2019-interactive-1.pdf. Zugegriffen am 21.01.2022.

De Grauwe, P. (2019). Green money without inflation. *Vierteljahrshefte zur Wirtschaftsforschung/Quarterly Journal of Economic Research, 88*(2), 51–54.

Desjardins, J. (2017, October 26). *All of the world's money and markets in one visualization*. Money Project. http://money.visualcapitalist.com/worlds-money-markets-one-visualization-2017/. Zugegriffen am 21.01.2022.

Dixon, F. (2003, December). Total corporate responsibility: Achieving sustainability and real prosperity. *Ethical Corporation Magazine*. http://globalsystemchange.com/total-corporate-responsibility-achieving-sustainability-and-real-prosperity/. Zugegriffen am 21.01.2022.

Dixon, F. (2006, April 18). *Sustainability and system change: Wal-Mart's pioneering strategy*. CSRwire.com. http://globalsystemchange.com/sustainability-and-system-change-wal-marts-pioneering-strategy/. Zugegriffen am 21.01.2022.

Dixon, F. (2019). System change investing and the sustainable development goals. *Cadmus, 3*(6), 98–117.

Domar, E. (1946). Capital expansion, rate of growth and employment. *Econometrica, 14*, 137–147.

Douglas, C. H. (1924). *Social credit*. Cecile Palmer.

Edenhofer, O. (2015). King Coal and the queen of subsidies. *Science, 349*(6254), 1286–1287. https://doi.org/10.1126/science.aad0674

Eichengreen, B. (2014). Secular stagnation: A review of the issues. In C. Teulings & R. Baldwin (Hrsg.), *Secular stagnation: Facts, causes, and cures* (S. 41–46). CEPR Press.

ESRB. (2018, January). *Sovereign bond-backed securities: A feasibility study* (Bd. 1). Frankfurt am Main. https://www.esrb.europa.eu/pub/task_force_safe_assets/shared/pdf/esrb.report290118_sbbs_volume_I_mainfindings.en.pdf. Zugegriffen am 21.01.2022.

Esser, I., Ferrarini, T., Nelson, K., Palme, J., & Sjöberg, O. (2013). *Unemployment benefits in EU member states*. European Commission. http://www.diva-portal.org/smash/get/diva2:682677/FULLTEXT01.pdf. Zugegriffen am 21.01.2022.

Eurodad. (2018). *History rePPPeated: How public private partnerships are failing*. https://www.cenfa.org/wp-content/uploads/2018/10/Eurodad-Report-Oct-2018.pdf. Zugegriffen am 21.01.2022.

European Commission. (2016). Commission delegated regulation (EU) 2016/1450 of 23 May 2016 supplementing directive 2014/59/EU of the European Parliament and of the Council with regard to regulatory technical standards specifying the criteria relating to the methodology for setting the minimum requirement for own funds and eligible liabilities. *Official Journal of the European Union, 237*(1) https://eur-lex.europa.eu/legal-content/EN/TXT/?uri=CELEX:32016R1450. Zugegriffen am 21.01.2022.

European Commission. (2018). *Action plan: Financing sustainable growth* [COM/2018/097]. European Commission. https://eur-lex.europa.eu/legal-content/EN/TXT/?uri=CELEX:52018DC0097. Zugegriffen am 21.01.2022.

Eurostat. (2018). *Agricultural land prices and rents*. [Newsrelease 48/2018]. https://ec.europa.eu/eurostat/documents/2995521/8756523/5–21032018-AP-EN.pdf/b1d0ffd3-f75b-40cc-b53f-f22f68d541df. Zugegriffen am 21.01.2022.

Falk, A., Becker, A., Dohmen, T., Enke, B., Huffman, D., & Sunde, U. (2018). Global evidence on economic preferences. *The Quarterly Journal of Economics, 133*(4), 1645–1692.

Foster, J. B., & McChesney, R. W. (2012). *The endless crisis: How monopoly-finance capital produces stagnation and upheaval from the USA to China*. Monthly Review Press.

Freedman, C., Kumhof, M., Laxton, D., Muir, D., & Mursula, S. (2010). Global effects of fiscal stimulus during the crisis. *Journal of Monetary Economics, 57*(5), 506–526.

Freeman, C., & Soete, L. (2009). Developing science, technology and innovation indicators: What we can learn from the past. *Research Policy, 38*(4), 583–589.

Friedman, G. (2016, February 27). *Response to the romers*. http://dollarsandsense.org/Friedman-Response-to-the-Romers.pdf. Zugegriffen am 21.01.2022.

Galbraith, J. K. (2014). *The end of normal: The great crisis and the future of growth*. Simon and Schuster.

Giridharadas, A. (2018). *Winners take all: The elite charade of changing the world*. Knopf Doubleday.

Goodhart, C. A. (1984). Problems of monetary management: The UK experience. In *Monetary theory and practice* (S. 91–121). Macmillan.

Goodhart, C. A. (2008). The boundary problem in financial regulation. *National Institute Economic Review, 206*(1), 48–55.

Gordon, R. (2016). *The rise and fall of American growth: The U.S. standard of living since the civil war*. Princeton University Press.

Gore, A. (1992). *Earth in the balance: Ecology and the human spirit*. Houghton Mifflin Company.

Griffin, P. (2017). *The carbon majors database* [CDP carbon majors report 2017]. CDP, Climate Accountability Institute. https://b8f65cb373b1b7b15feb-c70d8ead6ced550b4d987d7c03fcdd1d.ssl.cf3.rackcdn.com/cms/reports/documents/000/002/327/original/Carbon-Majors-Report-2017.pdf?1499691240. Zugegriffen am 21.01.2022.

Hall, P. A. (1993). Policy paradigms, social learning, and the state: The case of economic policy-making in Britain. *Comparative Politics, 25*(3), 275–296.

Hall, R. (2011). Land grabbing in southern Africa: The many faces of the investor rush. *Review of African Political Economy, 38*(128), 193–214.

Hansen, A. (1939). Economic progress and declining population growth. *American Economic Review, 29*(1), 1–15.

Harrod, R. F. (1939). An essay in dynamic theory. *The Economic Journal, 49*(193), 14–33.

Heal, G., & Schlenker, W. (2019). *Coase, hotelling and Pigou: The incidence of a carbon tax and CO_2 emissions* (No. w26086). National Bureau of Economic Research.

Heine, D., Semmler, W., Mazzucato, M., Braga, J. P., Flaherty, M., Gevorkyan, A., Radpour, S., et al. (2019). *Financing low-carbon transitions through carbon pricing and green bonds*. The World Bank.

Henderson, H., Long, L., & Nash, T. J. (2019). *Transitioning to science-based investing* (Green transition scoreboard report). Ethical Markets Media.

Hoekstra, A. Y., & Chapagain, A. K. (2006). Water footprints of nations: Water use by people as a function of their consumption pattern. In *Integrated assessment of water resources and global change* (S. 35–48). Springer.

Hoekstra, A. Y., & Hung, P. Q. (2005). Globalisation of water resources: International virtual water flows in relation to crop trade. *Global Environmental Change, 15*(1), 45–56.

Hogan, M. J. (1989). *The Marshall plan: America, Britain and the reconstruction of western Europe, 1947–1952*. Cambridge University Press.

ILO. (2019). *World employment social outlook: Trends 2019* [Executive summary]. Geneva. http://www.ilo.org/wcmsp5/groups/public/%2D%2D-dgreports/%2D%2D-dcomm/%2D%2D-publ/documents/publication/wcms_670554.pdf. Zugegriffen am 21.01.2022.

Investment & Pensions Europe. (2019). *The top 400 asset managers*. https://www.ipe.com/Uploads/j/e/b/Top-400-Asset-Managers-2019.pdf. Zugegriffen am 21.01.2022.

Jacobs, G. (2016). Foundations of economic theory: Markets, money, social power and human welfare. *Cadmus, 2*(6), 20.

Jacobs, G., & Slaus, I. (2012). The power of money. *Cadmus, 1*(5), 68–73.

Kahneman, D. (2011). *Thinking, fast and slow*. Farrar Straus and Giroux.

Kander, A., Jiborn, M., Moran, D. D., & Wiedmann, T. O. (2015). National greenhouse-gas accounting for effective climate policy on international trade. *Nature Climate Change, 5*, 431–435.

Kaplan, S. N., & Schoar, A. (2005). Private equity performance: Returns, persistence, and capital flows. *The Journal of Finance, 60*(4), 1791–1823.

Kar, D., & Schjelderup, G. (2015). *Financial flows and tax havens. Combining to limit the lives of billions of people*. Global Financial Integrity. https://secureservercdn.net/45.40.149.159/34n.8bd.myftpupload.com/wp-content/uploads/2016/12/Financial_Flows-final.pdf. Zugegriffen am 21.01.2022.

Keeley, B. (2007). *Human capital: How what you know shapes your life*. OECD Publishing.

Klein, N. (2015). *This changes everything: Capitalism vs. the climate*. Simon and Schuster.

Knapp, G. F. (1924). *The state theory of money*. Macmillan.

Knight, F. (1933). *Memorandum on banking reform* (President's personal file 431). Franklin D. Roosevelt Presidential Library.

Kompas, T. (2020, February 14). *What are the full economic costs to Australia from climate change?* Melbourne Sustainable Society Institute. https://sustainable.unimelb.edu.au/news/what-are-the-full-economic-costs-to-australia-from-climate-change. Zugegriffen am 21.01.2022.

Koo, R. C. (2015). *The escape from balance sheet recession and the QE trap*. Wiley & Sons.

Korzeniewicz, R. P., & Moran, T. P. (2009). *Unveiling inequality: A world-historical perspective*. Russell Sage Foundation.

Krugman, P. (2012). *End this depression now!* Norton.

Krugman, P. (2014). Four observations on secular stagnation. In C. Teulings & R. Baldwin (Hrsg.), *Secular stagnation: Facts, causes, and cures* (S. 61–68). CEPR Press.

Kuhn, T. S. (1962). *The structure of scientific revolutions*. University of Chicago Press.

Larsen, L. B. (2018). *A fair share of tax: A fiscal anthropology of contemporary Sweden*. Springer.

Law, J. (Hrsg.). (2014). *A dictionary of finance and banking*. Oxford University Press.

Lewis, M. C. (2014, April 24). *Stranded assets, fossilised revenues* [ESG sustainability research report]. Kepler Cheuvreux.

Lietaer, B., Arnsberger, C., Goerner, S., & Brunnhuber, S. (2012). *Money and sustainability: The missing link. A report from the Club of Rome-EU chapter*. Triarchy Press.

Liu, X., Klemeš, J. J., Varbanov, P. S., Čuček, L., & Qian, Y. (2017). Virtual carbon and water flows embodied in international trade: A review on consumption-based analysis. *Journal of Cleaner Production, 146*, 20–28.

McCaffery, E. J. (1994). The uneasy case for wealth transfer taxation. *The Yale Law Journal, 104*(2), 283–365.

McCormack, G., Keay, A., & Brown, S. (2017). *European insolvency law: Reform and harmonization.* Edward Elgar Publishing.

McGlade, C., & Ekins, P. (2015). The geographical distribution of fossil fuels unused when limiting global warming to 2 °C. *Nature, 517*, 187–190. https://doi.org/10.1038/nature14016. Zugegriffen am 21.01.2022.

McKibben, B. (2012). Global warming's terrifying new math. *Rolling Stone, 19*(7).

Mitchell, W., Randall Wray, L., & Watts, M. (2019). *Macroeconomics.* Macmillan.

Mudaliar, A., & Dithrich, H. (2019). *Sizing the impact investing market.* Global Impact Investing Network. https://thegiin.org/assets/Sizing%20the%20Impact%20Investing%20Market_webfile.pdf. Zugegriffen am 21.01.2022.

Network for Greening the Financial System [NGFS]. (2019). *A call for action: Climate change as a source of financial risk* (First comprehensive report). Banque de France. https://www.banque-france.fr/sites/default/files/media/2019/04/17/ngfs_first_comprehensive_report_-_17042019_0.pdf. Zugegriffen am 21.01.2022.

Nordhaus, W. (2018a). Projections and uncertainties about climate change in an era of minimal climate policies. *American Economic Journal: Economic Policy, 10*(3), 333–360.

Nordhaus, W. (2018b). *Climate change: The ultimate challenge for economics* [Nobel lecture in economic sciences]. https://www.nobelprize.org/uploads/2018/10/nordhaus-slides.pdf. Zugegriffen am 21.01.2022.

Nordhaus, W. (2019). Climate change: The ultimate challenge for economics. *American Economic Review, 109*(6), 1991–2014.

OECD. (2017). *Net ODA* [Total, % of gross national income, 2000–2017]. https://data.oecd.org/oda/net-oda.htm. Zugegriffen am 21.01.2022.

Orlov, S., Rovenskaya, E., Puaschunder, J., & Semmler, W. (2018). *Green bonds, transition to a low-carbon economy, and intergenerational fairness: Evidence from an extended DICE model.* IIASA Working Paper.

Oswald, M. E., & Grosjean, S. (2004). Confirmation bias. In R. F. Pohl (Hrsg.), *Cognitive illusions: A handbook on fallacies and biases in thinking, judgement and memory* (S. 79–96). Psychology Press. ISBN 978-1-84169-351-4, OCLC 55124398.

Otte, M. (2019). *Weltsystemcrash: Krisen, Unruhen und die Geburt einer neuen Weltordnung.* Finanzbuch Verlag.

Oxfam. (2011, September 22). *Land and power: The growing scandal surrounding the new wave of investments in land.* https://www.oxfam.de/system/files/20110922_land-power-rights-acquisitions.pdf. Zugegriffen am 21.01.2022.

Parry, I. W., Heine, M. D., Lis, E., & Li, S. (2014). *Getting energy prices right: From principle to practice.* International Monetary Fund.

Pigou, A. C. (1920). *The economics of welfare.* Macmillan.

Piketty, T., & Saez, E. (2013). Optimal labor income taxation. In A. J. Auerbach, R. Chetty, M. Feldstein & E. Saez (Hrsg.), *Handbook of public economics* (Bd. 5). Elsevier.

Project Drawdown. (2019, June 20). *Summary of solutions by overall rank.* https://www.drawdown.org/solutions-summary-by-rank. Zugegriffen am 21.01.2022.

Randers, J., Rockström, J., Stoknes, P. E., Golüke, U., Collste, D., & Cornell, S. (2018). *Transformation is feasible: How to achieve the sustainable development goals within planetary boundaries* [A report to the Club of Rome]. https://www.stockholmresilience.org/download/18.51d83659166367a9a16353/1539675518425/Report_Achieving%20the%20Sustainable%20Development%20Goals_WEB.pdf. Zugegriffen am 21.01.2022.

Rich, N. (2018, August 1). Losing earth: The decade we almost stopped climate change. *New York Times Magazine*. https://www.nytimes.com/interactive/2018/08/01/magazine/climate-change-losing-earth.html. Zugegriffen am 21.01.2022.

Ro, S. (2015, February 12). Here's what the $294 trillion market of global financial assets looks like. *Business Insider*. https://www.businessinsider.com/global-financial-assets-2015-2?r=US&IR=T. Zugegriffen am 21.01.2022.

Rockström, J., & Klum, M. (2016). *Big world. Small planet. Wie wir die Zukunft unseres Planeten gestalten*. Ullstein.

Rogoff, K. S. (2009). *This Time Is Different: Eight Centuries of Financial Folly*. Princeton University Press.

Rössner, P. R. (2012). *Deflation, devaluation, rebellion: Geld im Zeitalter der Reformation*. Franz Steiner.

Rössner, P. R. (2018). Monetary theory and cameralist economic management, c. 1500–1900 AD. *Journal of the History of Economic Thought, 40*(1), 99–134.

Rulli, M. C., Saviori, A., & D'Odorico, P. (2013). Global land and water grabbing. *Proceedings of the National Academy of Sciences, 110*(3), 892–897.

Sachs, J. (2015). Climate change and intergenerational well-being. In L. Bernard & W. Semmler (Hrsg.), *The Oxford handbook of the macroeconomics of global warming*. Oxford University Press.

Saez, E., & Zucman, G. (2019). *The triumph of injustice: How the rich dodge taxes and how to make them pay*. Norton.

Schenk, D. H. (1999). Saving the income tax with a wealth tax. *Tax Law Review, 53*, 423.

Shorrocks, A., Davies, J., & Lluberas, R. (2018). *Global wealth report 2018*. Credit Suisse Research Institute, Credit Suisse.

Sinn, H. W. (2012). *The green paradox: A supply-side approach to global warming*. MIT press.

Sorel, E., & Padoan, P. C. (2008). *The Marshall plan: Lessons learned for the 21st century*. OECD.

Stern, N. (2006). *The economics of climate change*. Cambridge University Press.

Stern, N. (2016). Economics: Current climate models are grossly misleading. *Nature, 530*(7591), 407–409.

Summers, L. H. (2015). Demand-side secular stagnation. *American Economic Review: Papers and Proceedings, 105*(5), 60–65.

Tinbergen, J. (1962). *Shaping the world economy*. Twentieth Century Fund.

Tobin, J. (1978). A proposal for international monetary reform. *Eastern Economic Journal, 4*(3/4), 153–159.

Turner, A. (2015). *The case for monetary finance: An essentially political issue* (Paper presented at the 16th Jacques Polak Annual Research Conference). IMF. https://www.imf.org/external/np/res/seminars/2015/arc/pdf/adair.pdf

Van der Knaap, P., & De Vries, T. (2018). *World cash report 2018*. G4S Global Cash Solutions. Retrieved from. https://cashessentials.org/app/uploads/2018/07/2018-world-cash-report.pdf. Zugegriffen am 21.01.2022.

Véron, N., & Wolff, G. B. (2016). Capital markets union: A vision for the long term. *Journal of Financial Regulation, 2*(1), 130–153.

Wason, P. C. (1968). Reasoning about a rule. *Quarterly Journal of Experimental Psychology, 20*(3), 273–281. https://doi.org/10.1080/14640746808400161. ISSN 1747–0226.

WHO, & Unicef. (2017). *Progress on drinking water, sanitation and hygiene: 2017 update and SDG baselines*. Geneva, Switzerland. https://apps.who.int/iris/bitstream/handle/10665/258617/9789241512893-eng.pdf;jsessionid=832C087A189FFA4D249EBD26F172DBF1?sequence=1. Zugegriffen am 21.01.2022.

Williamson, J. (1993). Democracy and the 'Washington consensus'. *World Development, 21*(8), 1329–1336.

World Bank. (2017). *Guidance on PPP contractual provisions: 2017 edition.* Washington, DC. https://ppp.worldbank.org/public-private-partnership/sites/ppp.worldbank.org/files/documents/Guidance_%20PPP_Contractual_Provisions_EN_2017.pdf. Zugegriffen am 21.01.2022.
Vorisek, D., & Yu, S. (2020). Understanding the Cost of Achieving the Sustainable Development Goals. World Bank Group, Policy Research Working Paper 9146. https://documents1.worldbank.org/curated/en/744701582827333101/pdf/Understanding-the-Cost-of-Achieving-the-Sustainable-Development-Goals.pdf.
World Food Programme. (2017, March 7). *What is 'blockchain' and how is it connected to fighting hunger?* https://insight.wfp.org/what-is-blockchain-and-how-is-it-connected-to-fighting-hunger-7f1b42da9fe. Zugegriffen am 21.01.2022.

Kapital 3
Westliches Denken in seiner Bestform: Systemtheorie und Psychologie

Unser Finanzsystem ist schon durch viele Linsen analysiert, seziert und untersucht worden. Zwei wichtige Beiträge des westlichen Denkens – die Systemtheorie und die Psychologie – sind bei diesen Analysen jedoch nicht in den Vordergrund gerückt. In diesem Kapitel werden wir zunächst versuchen, die folgenden Fragen zu beantworten: Erstens, welche Komponenten sind erforderlich, um ein System nachhaltiger zu machen? Und zweitens: Wie können wir besser mit dem Unbekannten, mit Unsicherheit und Komplexität umgehen? Die Natur dient uns als Beispiel: Lebende Systeme haben die erstaunliche Fähigkeit, sich über außerordentlich lange Zeiträume innerhalb eines Fensters der (Über-) Lebensfähigkeit zu halten. In diesem Kapitel wird gezeigt, dass die Systemtheorie über die verschiedenen Schulen der Wirtschafts- und Finanzwissenschaft hinaus einen umfassenderen Ansatz bieten kann. Neben der Systemtheorie stützen auch Erkenntnisse aus der Psychologie und den Neurowissenschaften die Idee, dass der Mensch die Fähigkeit besitzt, auf zwei Systeme gleichzeitig zuzugreifen und zu nutzen. Der Grund dafür ist, dass wir zwei Gehirnhälften und zwei Formen des Denkens und der Wahrnehmung besitzen, die zwei verschiedene Arten der Interaktion mit unserer Umwelt ermöglichen. Diese doppelte Fähigkeit des Gehirns und des Geistes gleichermaßen erinnert an das Yin und Yang des Taoismus.[1] Abschließend werden wir auf sechs Komponenten verweisen, die uns helfen können, unser Verhalten auf persönlicher Ebene zu verändern.

---

[1] Empirische Erkenntnisse in der westlichen Weisheitspsychologie bestätigen im Wesentlichen wichtige alte Erkenntnisse der östlichen Mystik. Was macht einen Menschen weise? Es ist die Fähigkeit, Ungewissheit zu tolerieren, die Relativität von Werten und Normen zu akzeptieren, eine längerfristige Perspektive einzunehmen, komplexe und widersprüchliche emotionale Zustände zuzulassen, die Fähigkeit sich zu entwickeln, sich vom eigenen Ich-Zustand zu distanzieren und geistig ausgeglichener gegenüber den alltäglichen Erfahrungen zu werden, während man neugierig auf die Wunder blickt, die die Welt zu bieten hat. Wir sollten diese Parallelen berücksichtigen, wenn wir über die Neugestaltung des Finanzsystems sprechen; siehe zum Beispiel Sternberg und Jordan (2005).

S. Brunnhuber, *Die Finanzierung unserer Zukunft*,
https://doi.org/10.1007/978-3-031-19625-6_3

3.1   Vom Tanz mit dem System: Umgang mit Ungewissheit

Ein Tanz ist weder ein Algorithmus oder eine starre Regel, die man befolgen muss, noch eine Handlung, die man auf Autopilot absolvieren kann. Ein Tanz erfordert die richtige Musik und den richtigen Rhythmus, die richtigen Partner und das richtige Zusammenspiel. Tanzen ist eine komplexe Fähigkeit, die wir trainieren müssen. Wenn wir den Finanzsektor als ein System betrachten und lernen wollen, wie man mit diesem System tanzt, müssen wir diese Faktoren berücksichtigen. Einer der schädlichsten Glaubenssätze, an denen wir festhalten, ist der, dass wir in der Lage sind, das komplexe Finanzsystem, das wir entwickelt haben, zu kontrollieren, vorherzusagen oder vollständig zu regulieren. In Wirklichkeit ist das System objektiv unsicher, „offen" und voller unerwarteter Überraschungen. Finanznetzwerke sind keine geschlossenen Systeme. Sie stehen in ständiger Wechselwirkung mit ihrer Umgebung und organisieren sich selbst auf nicht-lineare und chaotische Weise, wobei einzelne Ursache-Wirkungs-Zusammenhänge die Ausnahme und nicht die Regel sind. Dadurch entstehen fortlaufende Rückkopplungsschleifen, die den ursprünglichen Eingriff verzögern, verstärken oder konterkarieren, so dass die Ergebnisse teilweise unvorhersehbar sind. Dieser Prozess wird immer unvollständig und störanfällig bleiben, insbesondere wenn Krisen, Zahlungsausfälle oder Schocks auftreten, die die Integrität des Systems selbst in Frage stellen. Anstatt also vergeblich zu versuchen, die Effizienz und Transparenz des Systems ständig zu maximieren, wäre es nicht besser, auf das System zu hören und zu lernen, mit ihm zu unserem eigenen Vorteil zu tanzen und seine Komplexität zu respektieren? Dies erfordert andere Werkzeuge und eine andere Denkweise, und diese kann die Systemtheorie liefern. So können wir lernen, die Dynamik des Systems und seine Vernetzung besser zu verstehen und zu begreifen, wie jeder Teil vom Ganzen abhängt und wie sich das Ganze auf jeden Teil auswirkt.[2]

> **Komplexität bedeutet, dass es unmöglich ist, ein System von seinem Kontext, ein Objekt von seinem Messinstrument und einen Gedanken von seiner Handlung zu trennen.**

3.2   Effizienz, Widerstandsfähigkeit und Robustheit

Die Herausforderungen, vor denen wir stehen, lassen sich mit den Unterschieden zwischen dem Kapitän und dem Konstrukteur eines Schiffes vergleichen. Ein schlechter Kapitän kann selbst ein perfekt konstruiertes Schiff beschädigen. Ein schlechtes Design kann jedoch jedes Schiff so unsicher machen, dass selbst ein hervorragender Kapitän Schwierigkeiten hat, es sicher zu manövrieren. Statistisch gesehen hängt die Performance eines Schiffes zu 80 % von seiner Kon-

---

[2] Siehe D. Meadows (2002).

struktion und zu 20 % von der Erfahrung des Kapitäns ab. Kurz gesagt, das Design eines Systems hat Vorrang vor dem Bediener des Systems.

Überträgt man dieses Bild auf unser Finanzsystem, so zeigt sich, dass konventionelle geldpolitische Maßnahmen, angemessene Regulierungsbemühungen und -vorschriften, erhöhte Transparenz, Stresstests zur Verhinderung weiterer Schäden im Krisenfall und das Management schlechter Bankkredite zwar unbestreitbar wichtig sind, das Design unseres Geldsystems jedoch grundlegende Mängel aufweist. Das erklärt, warum es trotz geeigneter Interventionen immer wieder versagt.

Ganz allgemein gefragt: Was erhält die Integrität eines Systems aufrecht, oder was bewirkt die Nachhaltigkeit eines lebenden Systems? Die Theorie komplexer, offener Netzwerksysteme, in denen wechselseitige Kausalitäten vorherrschen,[3] kann einige Antworten liefern. Überträgt man diese Erkenntnisse auf den Finanzsektor, stellt sich die Frage: Welche Variablen sorgen dafür, dass ein Geldsystem stabil, nachhaltig, verlässlich, langfristig lebensfähig und gleichzeitig erschütterungssicher ist? Wie muss es gestaltet sein, auch wenn die Geldregulierer manchmal weniger weise oder unerfahrene „Kapitäne" sind?

Aus einer systemischen Perspektive müssen wir deshalb eine neue Sichtweise auf die Dynamik des Geldsystems einführen. Wir werden damit beginnen, die Effizienz und Widerstandsfähigkeit eines Systemzustands zu betrachten und sie von seiner Robustheit zu unterscheiden. Es handelt sich bei den Faktoren Effizienz, Robustheit und Resilienz um komplementäre Aspekte, das heißt, sie korrespondieren miteinander und lassen sich nicht aufeinander reduzieren, ohne einen erheblichen Erkenntnisverlust in Kauf zu nehmen. Die Effizienz eines Systems lässt sich am besten als die Fähigkeit beschreiben, einen optimalen Durchsatz pro Einheit zu erzielen. Sie passt die Komponenten einander an und erhöht den Durchsatz und das potenzielle Ergebnis auf kurze Sicht. Die Robustheit eines Systemzustands hingegen beschreibt seine Widerstandsfähigkeit gegenüber Schocks und unvorhergesehenen Ereignissen. Ein solcher Zustand bedeutet, dass das System in der Lage ist, sich nach einem Schock zu erholen und seinen vorherigen „normalen" Zustand wieder einzunehmen. Regulierungsbemühungen wie Basel IV und das Financial Stability Board sowie Versuche, durch Data Mining zusätzliche Informationen zu gewinnen, zielen alle darauf ab, die Robustheit und Widerstandsfähigkeit des Finanzsystems zu erhöhen.

Diese Variablen sind jedoch miteinander verflochten: Die Widerstandsfähigkeit eines Systems wird durch eine größere Vielfalt und eine größere Anzahl von Wegen (oder eine größere Konnektivität) erhöht, da es zahlreiche Interaktionskanäle gibt, auf die in Zeiten von Schwierigkeiten oder Veränderungen zurückgegriffen werden kann. Diversität und Konnektivität spielen auch eine wichtige Rolle bei der Durchsatzleistung. Hier haben sie jedoch den gegenteiligen Effekt: Die Effizienz nimmt zu, wenn Vielfalt und Konnektivität abnehmen. Wird zu viel Wert auf Effizienz gelegt, gehen Belastbarkeit und Vielfalt wiederum verloren. Dies führt automatisch zu

---

[3] Eine gute Zusammenfassung der verflochtenen Kausalität findet sich bei E. Laszlo (1996). Für eine Definition und Diskussion der Auswirkungen der gegenseitigen Kausalität siehe J. Macy (1991).

einem systemischen Zusammenbruch oder einer Krise. Aber auch das Gegenteil ist der Fall: Wird auf Kosten der Effizienz zu viel Wert auf Resilienz gelegt, ist das System auch nicht lebensfähig und stagniert. Diese Erkenntnisse haben bereits eine Vielzahl von Bereichen revolutioniert, darunter Geophysik, Ingenieurwesen, Demografie, Ethologie, Biologie, Medizin, Akustik und Elektronik. Weitere Beispiele sind das Stromnetz, Sicherheitsmaßnahmen im Flugverkehr, Kernkraftwerke und landwirtschaftliche Monokulturen gegenüber Biotopen. In diesem Sinne müssen Vorschläge zur Neugestaltung des Finanzsystems das richtige Gleichgewicht zwischen Effizienz und Resilienz finden und innerhalb einer sogenannten optimalen „anti-fragilen Zone" bleiben, in der das System aus Fehlern weiter lernen und folglich seine Gesamtintegrität und seinen Beitrag zur Gesellschaft als Ganzes verbessern kann. Alles, was außerhalb dieses Bereichs liegt, ist entweder zu anfällig (zu effizient) oder zu stagnierend (zu resilient).[4] Im Gegensatz dazu gibt uns jede Intervention, die das Verbleiben in der anti-fragilen Zone unterstützt, die Mittel an die Hand, um aus Fehlern zu lernen und die Dynamik und Integrität des Systems zu verbessern. Indem wir in erster Linie den Weg der Effizienz einschlagen, agieren wir derzeit außerhalb dieser anti-fragilen Finanzzone.

3.3   Die antifragile Zone

Der optimale Zustand, in dem Effizienz und Resilienz in Einklang gebracht werden, ist der, in dem der Finanzsektor am meisten von beiden profitiert. Wir können dies die „anti-fragile Zone" nennen. In diesem Zustand erreicht das System ein Optimum, in dem alle Informationen, Zukunftsprognosen, Ungewissheiten, Risiken, Verbindlichkeiten, potenziellen Kosten und Erträge, privaten und öffentlichen, kurz- und langfristigen Strategien mit den beiden Variablen Effizienz und Resilienz verschmelzen.[5] Anti-Fragilität bezieht sich auf die Fähigkeit eines Systems, aus

---

[4]Offene Netzwerksysteme arbeiten in der Tat mit viel mehr Variablen: Sie erzeugen Fraktale, d. h. skalenunabhängige isomorphe Zustände. Solche Systeme lassen sich am besten zunächst mit Hilfe der Fuzzy-Logik aus mit Hilfe diskreter und eindeutiger Zahlen verstehen: Nicht Schwarz und Weiß, nicht 0 und 1, sondern alles dazwischen zählt. Die meisten offenen Netzwerksysteme zeichnen sich darüber hinaus durch nicht-lineare, nicht-reduktionistische und komplexe Merkmale aus. Solche Systeme entwickeln hauptsächlich skalenübergreifende Modalitäten, was bedeutet, dass sie von einer Skala zur nächsten neue emergente Qualitäten erzeugen. Und schließlich sind solche Open-Flow-Netzwerksysteme in der Lage, aus Fehlern, Katastrophen, Verlusten und Krisen zu lernen. Dies wird als „Anti-Fragilität" bezeichnet. Diese Systeme haben die Tendenz, mehr innere Ordnung zu schaffen und negentropisch zu handeln (z. B. wie eine Zelle im Vergleich zu subzellulären Komponenten). Trotz aller Parallelen, die die meisten, wenn nicht alle Systeme gemeinsam haben, gibt es jedoch mindestens eine Komponente, die biologische Systeme von sozialen Systemen unterscheidet: Soziale Systeme sind in der Lage, über sich selbst nachzudenken. Wenn wir bei unseren Versuchen, das komplexe Finanzsystem besser zu verstehen, nicht alle diese Komponenten berücksichtigen, laufen wir Gefahr, grundlegende Wirtschaftsdaten falsch zu interpretieren und daraus die falschen Schlüsse zu ziehen. Siehe Meadows (2008), Soros (2015) und Taleb (2012).
[5]Goerner et al. (2009).

Schocks zu lernen und seine Fähigkeit, auf zukünftige Schocks oder unvorhergesehene Ereignisse zu reagieren, kontinuierlich zu verbessern. Anti-Fragilität ist mehr
als Robustheit. Ein anti-fragiles System, das Schocks ausgesetzt ist, widersteht ihnen nicht nur, sondern verbessert sich sogar, wenn es Volatilität, Zufälligkeit und
Stress ausgesetzt ist. Sobald sich ein System in einer „antifragilen Zone" befindet,
passt es sich nicht nur passiv an die Umwelt an, sondern perfektioniert eine systemische Reaktion auf Unordnung, aversive Ereignisse, Volatilität, Schocks und Versagen, Schaden und Stressoren. Dies bedeutet, dass die Leistung eines Systems
durch anti-fragile Merkmale verbessert wird.[6] Um das richtige Gleichgewicht zwischen diesen Komponenten zu finden, müssen wir dieses Argument noch einen
Schritt weiterführen.

Konkreter gesagt: Es ist die Anti-Fragilität, die uns das richtige Verständnis
dafür vermittelt, wie das Finanzwesen organisiert werden sollte. Um in einer komplexen Welt, die wir nicht vollständig verstehen, Entscheidungen treffen zu können und um aus Fehlern zu lernen, ohne dass das System zusammenbricht, muss
das Finanzwesen anti-fragil werden. Anstatt zu versuchen, eine Zukunft vorherzusagen, die immer unvorhersehbar bleiben wird, muss man versuchen, anti-fragil
zu werden und aus Zufälligkeiten, Stressfaktoren, Volatilität und dem „unbekannten Unbekannten" zu lernen. Anti-Fragilität in einem Finanzsystem wird durch
Diversifizierung der Kapitalstruktur sowie monetäre Kanäle oder Möglichkeiten
erreicht, die weniger fehleranfällig sind. Um die Integrität des Systems aufrecht-
zuerhalten, muss ein Gleichgewicht zwischen diesen Komponenten hergestellt
werden (Abb. 3.1).

Die folgende Graphik veranschaulicht dies und bietet eine Perspektive jenseits der bestehenden Kontroverse zwischen den ökonomischen Schulen. Zu beachten ist, dass das Optimum der antifragilen Zone leicht in Richtung Resilienz
verschoben ist. Diese asymmetrische Gewichtung zeigt, dass die Resilienz für
die Aufrechterhaltung der Integrität des Systems wichtiger ist als die kurzfristige Effizienzsteigerung. Die folgende Abbildung erläutert die Wechselbezie-

---

[6] Siehe Laeven und Valencia (2013). Anti-Fragilität ist mehr als Resilienz, da ein System, das
Schocks ausgesetzt ist, nicht nur widersteht, sondern sich durch die Exposition gegenüber Volatilität, Zufälligkeiten und Stressfaktoren verbessert. In diesem Sinne ist ein Parallelwährungssystem
ein antifragiles Merkmal. In der Finanzwelt ist dies als Barbell-Strategie bekannt: „Eine duale Strategie, eine Kombination aus zwei Extremen, einem sicheren und einem spekulativen, die als robuster gilt als eine ‚monomodale' Strategie ist oft eine notwendige Bedingung für Anti-Fragilität"
(S. 428) Die Heterogenität der Kapitalstruktur und zusätzliche Optionalität erhöhen diese Form der
Anti-Fragilität. Mehr Optionen (Optionalität) bedeuten, dass Fehler weniger Schaden anrichten.
Wir beginnen, von der Unsicherheit zu profitieren. Je komplexer ein Finanzsystem ist, desto größer
ist seine Ungewissheit, desto mehr wird die Optionalität der Vorhersagbarkeit, dem teleologischen
Denken oder der Schaffung zusätzlicher Informationen vorgezogen. All dies wird in einem paralle-
len Währungsansatz zur Schaffung einer nachhaltigeren Zukunft ausgedrückt und begünstigt die
Schaffung positiver Rückkopplungsschleifen durch Zugewinn und Lernerfolg aus Unordnung.

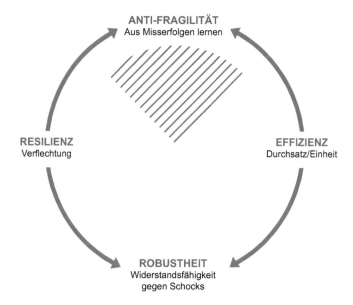

Abb. 3.1 Gegensätzliche, sich ergänzende Paare: Robustheit-Antifragilität-Effizienz-Resilienz

hung zwischen Effizienz, Resilienz, Robustheit und Anti-Fragilität als komplementäre Gegensatzpaare (Abb. 3.2).

Mit zunehmender Effizienz und der allmählichen Verschlankung der Prozesse entwickelt ein komplexes Fließsystem eine Art Dynamik der Selbstorganisation, die die Vielfalt beseitigt. Im Allgemeinen neigen zunehmend effiziente Systeme dazu, mit der Zeit gerichteter, weniger vielfältig und folglich anfälliger zu werden. Dies ist ein entscheidender Punkt mit weitreichenden Auswirkungen auf alle komplexen Flusssysteme, einschließlich unserer globalen Wirtschaft. Die Zunahme von Monopolen in der Weltwirtschaft spiegelt eine solche Entwicklung wider. Da Resilienz und Effizienz in gleicher Weise notwendig sind, aber in entgegengesetzte Richtungen ziehen, neigt die Natur dazu, jene Systeme auszuwählen, die ein optimales Gleichgewicht zwischen beiden aufweisen.[7] Diese Komplementarität zwischen Effizienz und Resilienz ist keine Metapher oder Analogie, sondern ein Naturgesetz. Diese Komplementarität ist unabhängig davon, was durch das System fließt. Komplexe Systeme reagieren selbst mit diesen beiden Variablen – Effizienz und Resilienz –, um langfristige Lebensfähigkeit oder Nachhaltigkeit zu erreichen. Das richtige Gleichgewicht zwischen Zusammenbruch und Stagnation zu finden ist das, was uns eben ein Fenster der Lebensfähigkeit in der Anti-Fragilitätszone verschafft. Ein solcher Ansatz führt in

---

[7]Das genaue Gleichgewicht variiert je nach dem untersuchten System. Daher schlagen wir eine Arbeitsdefinition von Nachhaltigkeit als optimales Gleichgewicht zwischen Effizienz und Resilienz vor.

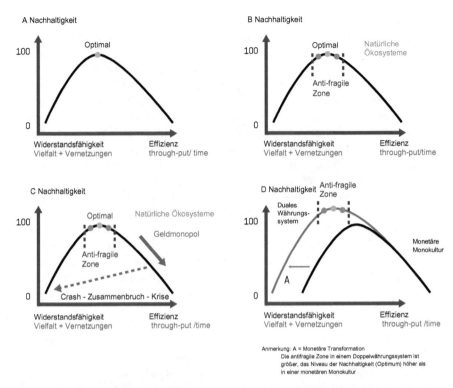

Abb. 3.2 Gesetze der Nachhaltigkeit: eine systemtheoretische Perspektive

A: Nachhaltigkeitskurve zwischen den beiden Polen Effizienz und Resilienz. In der Natur wird der Resilienz mehr Bedeutung beigemessen als der Effizienz, und die Kurve ist auf dieser Seite des Diagramms steiler. Dies erklärt die Asymmetrie der Kurve; **B**: In der realen Welt bewegen sich alle Netze, die natürlichen Ökosystemen entsprechen, um den optimalen Punkt innerhalb eines bestimmten Bereichs, der als „anti-fragile Zone" bezeichnet wird. Einzelne Parallelwährungen spiegeln Zustände entlang der Kurve wider, wie wir weiter unten zeigen werden; **C**: Regulierungsbemühungen innerhalb eines Geldmonopols werden jedoch dazu neigen, die „anti-fragile Zone" in Richtung zu mehr Effizienz zu überschreiten, was früher oder später regelmässig zu einem Crash, Zusammenbruch oder einer Katastrophe führen wird; **D**: Ein vollständig etabliertes paralleles, optionales, komplementäres Geldsystem wird das internationale Handels- und Zahlungssystem in Richtung einer „antifragilen Zone" neu ausrichten. Hinweis: Die Einführung eines parallelen Währungssystems wird die gesamte Kurve in Richtung eines höheren Nachhaltigkeitsniveaus, einer breiteren „anti-fragilen Zone" und einer größeren Widerstandsfähigkeit verschieben, wobei dabei ein Teil der Effizienz des Systems geopfert wird

erster Linie zu weniger Effizienz, aber langfristig zu mehr Stabilität und Belastbarkeit. Wir lernen, dass es in komplexen Systemen keinen einzelnen Ursache-Wirkungs-Zusammenhang gibt. Ein Hindernis an einer Stelle kann an einer anderen Stelle Treiber, Katalysator oder Zugmaschine sein oder wieder an einer anderen Stelle zu einem weiteren Hindernis, Ziel oder einer Herausforderung werden. Es kommt auf die Fragen an, die wir stellen. Was sind nun die praktischen Auswirkungen dieser Konzepte auf die Finanzierung unserer Zukunft?

Kasten 3.1 Effizienz und Resilienz bei Ernährung und Landnutzung
Nehmen wir unsere Lebensmittelkette und den Lebensmittelkonsum als prominentes Beispiel: Derzeit versuchen wir, die Effizienz durch industrielle Landwirtschaft, BIG-Farming und genetisch veränderte Organismen (GVO) zu steigern, um die Welt zu ernähren, aber wir verschwenden immer noch mehr als ein Drittel der Lebensmittel entlang der Wertschöpfungskette weltweit. Und dieser Weg wird von den Regierungen mit 600 Milliarden USD jährlich subventioniert. Dieses Vorgehen mag für jeden einzelnen Akteur in der Lebensmittel- und Landwirtschaftsindustrie effizient sein, aber er wird extrem teuer, wenn wir alle zusätzlichen versteckten Kosten in Betracht ziehen. Der Marktwert des gesamten globalen Lebensmittelsystems beläuft sich auf etwa 10 Billionen USD jährlich. Wenn wir die versteckten Gesundheitskosten (Unterernährung und Übergewicht, Umweltverschmutzung und Antibiotikaresistenz) in Höhe von 6,6 Billionen USD, die Umweltkosten (Treibhausgase, biologische Vielfalt, Artensterben) in Höhe von 3,1 Billionen USD und die sozioökonomischen Kosten (Lebensmittelverluste, Verschwendung) in Höhe von 2,1 Billionen USD abziehen, ist der Nettonutzen unserer derzeitigen Lebensmittel- und Landnutzung für die Weltgemeinschaft mit einem Betrag von 1,9 Billionen USD negativ. Allein die Auswirkungen von Abfällen und Verlusten entlang der Wertschöpfungskette belaufen sich auf 3,3 Gt CO_2, was nach China und den USA der drittgrößte Verursacher von Umweltverschmutzung ist. Die Landwirtschaft benötigt etwa ein Viertel unseres Wasserverbrauchs, was 250 km entspricht[3], dem Vierfachen des jährlichen Wasserverbrauchs der USA. Schließlich entspricht der Abfall etwa einem Drittel unserer landwirtschaftlichen Nutzfläche weltweit. Allein die Umkehrung dieser ungesunden Leckage-Trends, die über 240 Milliarden USD kosten, würde zusätzliche Investitionen in Höhe von 10 Milliarden USD erfordern, was selbst wiederum bis 2030 enorme wirtschaftliche Möglichkeiten von bis zu 240 Milliarden USD schaffen würde. Um den Hunger zu beenden und 9 Milliarden Menschen bis 2050 zu ernähren, ist nicht unbedingt eine zusätzliche Agrar-Produktion erforderlich, sondern eine Umstellung unserer landwirtschaftlichen Wertschöpfungskette von mehr Effizienz auf mehr Resilienz, bei der andere Kanäle und logistische Wege im Vordergrund stehen. Die in diesem Text beschriebenen finanziellen Anreize bieten einen Mechanismus, der dies ermöglicht.[8]

3.4   Finanzielle Instabilität

Betrachtet man nun den monetären Bereich aus einer systemtheoretischen Perspektive, so stellt man fest, dass wir derzeit eine weltweite monetäre Monokultur haben, in der in jedem Land dieselbe Art von Tauschmittel im Umlauf ist: eine einzige na-

---

[8] Für Daten siehe Koalition für Ernährung und Landnutzung (2019).

tionale Währung, die durch Bankschulden geschaffen wurde, hocheffizient ist und es Unternehmen, Staaten und privaten Haushalten ermöglicht, zu investieren und Handel zu treiben, ungeachtet des potenziellen Schadens, der durch diese Investitions- oder Konsummuster entsteht.[9] Diese Monokultur führt zu einem anfälligen und nicht-nachhaltigen System. In diesem Sinne bietet die Ausrichtung auf Effizienzstandards eine kurzfristige Perspektive und begünstigt schnelle Lösungen und private Einnahmen. Resiliente Merkmale hingegen begünstigen eine langfristige Perspektive und bieten eine Reserve- oder Rückzugsposition, bei der öffentliche und gemeinsame Güter im Vordergrund stehen.

Die Hunderten von systemischen Zusammenbrüchen in den letzten 40 Jahren zeigen, dass unser System von Natur aus instabil ist.[10] Während kleine Krisen eine wichtige Rolle bei der Selbstkorrektur des Marktes spielen, haben größere Finanzkrisen zerstörerische Auswirkungen auf die Gesellschaft als Ganzes. Das optimale Gleichgewicht zwischen Effizienz und Resilienz ist deutlich überschritten worden. Seit 1970 hat es weltweit 186 Schuldenkrisen, 66 Staatsschuldenkrisen, über 147 Bankenkrisen und 218 Währungskrisen gegeben. Betrachtet man darüber hinaus die Folgeverluste, die direkten und indirekten Kosten, die zusätzliche Schuldenlast und die fiskalischen Kosten, die verheerenden Auswirkungen auf das Rentensystem und die Ausfälle bei ökologischen Projekten, so zeigt sich, dass ein Überdenken der Geldordnung unsere Welt effizienter und gleichzeitig resilienter machen könnte und auf jeden Fall billiger wäre.[11] In der gegenwärtigen Situation sind die Devisen- und Derivatemärkte nach wie vor hochspekulativ, Offshore- und Off-Sheet-Transaktionen[12] sind zum Normalfall geworden, und es kommt immer wieder zu Banken-, Staats- und Währungskrisen – ganz zu schweigen von unregulierten Dark Pools, Hochfrequenzhandel und Schattenbanken. In dieser Situation stoßen die traditionellen Ko-Finanzierungs- und Transferzahlungen immer wieder auf ein instabiles System und falsche Preissignale (Abb. 3.3).[13]

---

[9] Siehe auch die Arbeit von Beinhocker (2006), in der der Autor den Irrtum aufzeigt, dass die moderne Wirtschaft fälschlicherweise als geschlossenes System eingestuft wird.

[10] Instabilität ist wie ein Kartenhaus. Aus der Sicht eines Spekulanten könnte es interessant sein, gegen die nächste Finanzkrise zu wetten. Aus einer systemischen Perspektive, in der die meisten Parameter auf komplexe, nicht-lineare Weise miteinander verknüpft sind, könnte der nächste Zusammenbruch dieses Kartenhauses durch alles Mögliche verursacht werden. Niemand weiß im Voraus, was es sein wird, auch wenn es im Nachhinein alle immer besser wissen werden.

[11] Dies ist extrem teuer und erfordert 3–5 % an direkten und indirekten Kosten (über drei bis fünf Jahre), um das System teilweise wiederherzustellen, umzugestalten und zu stabilisieren, damit es seine Funktion im Dienste der Realwirtschaft (Risikoallokation, Intermediäre, Fristentransformation) erfüllen kann. Diese Kosten werden ausschließlich von den gegenwärtigen oder zukünftigen Steuerzahlern getragen. Dieses Geld steht dann nicht für soziale und ökologische Projekte zur Verfügung. Siehe Laeven und Valencia (2013), Lietaer et al. (2012).

[12] Bis zu 10 % des globalen BIP, d. h. etwa 7–10 Billionen USD, werden offshore gehalten; siehe Alstadsæter et al. (2018), Saez und Zucman (2019).

[13] Zur Erinnerung: Auf dem Erdgipfel 1992 in Rio de Janeiro beschloss die Weltgemeinschaft, 0,7 % des weltweiten BIP in die Entwicklungshilfe zu investieren. Abgesehen von einigen skandinavischen Ländern hat in den letzten 35 Jahren kein Land diese Quote je erreicht (Grubb et al., 2019).

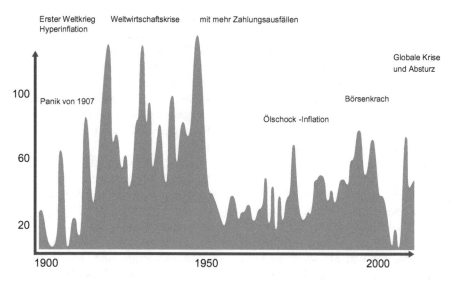

Abb. 3.3 Finanzielle Instabilität – eine unendliche Geschichte in einer Welt der monetären Mono-kultur (siehe: Reinhart und Rogoff 2009)

Zwar wird anerkannt, dass das Phänomen des „too big to fail" vor 2008 niemals hätte auftreten dürfen, doch kontrollieren die zehn größten Banken in den USA heute über 40 % des Marktes, während es vor der Krise 2008 weniger als 30 % waren. In Anbetracht dieser Tatsache können wir mit fast absoluter Sicherheit vorhersagen, dass es in Zukunft zu weiteren systemischen Zusammenbrüchen kommen wird. Diese mangelnde Widerstandsfähigkeit in Bezug auf die Vernetzung oder das Fehlen eines Backup-Systems wird die Weltwirtschaft, künftige Generationen, die Natur, die Ent-wicklungsländer, die Steuerzahler und die Bürger – einschließlich der „Gewinner" in unserem Geldsystem (falls es überhaupt welche gibt) – mit höherer Effizienz, aber auch mit einer viel höheren Rechnung zurücklassen. Wenn W. McDonough Recht hat, dass „die Notwendigkeit einer Regulierung immer ein Zeichen für ein fehlerhaftes Design ist", dann ist es dieses fehlerhafte Design, das das negative Ergebnis bestimmt und nicht seine Nutzer oder Akteure.[14] Die strukturelle Lösung, die erforderlich ist, um der Nachhaltigkeit eine Chance zu geben, besteht – wenn auch völlig unortho-dox – darin, ein höheres Maß an Widerstandsfähigkeit zu bieten, indem das vorhan-dene Design diversifiziert und ein monetäres Ökosystem geschaffen wird, in dem mindestens eine oder mehrere Währungen parallel zu dem gegebenen System betrie-ben werden. Tatsächlich gibt es weltweit bereits Tausende so genannter Gemein-

---

[14]Regulierungsbemühungen verstärken in der Regel die Homogenität, die Ansteckungseffekte und die kolineare Verstärkung des Marktverhaltens (z. B. Mark-to-Market-Effekte). Außerdem regulie-ren wir ein komplexes System, das wir nicht vollständig unter Kontrolle haben. Diese Tatsache muss berücksichtigt werden, um unsere Erwartungen hinsichtlich des Ausmaßes, in dem unser Geldsystem reguliert werden kann, anzupassen. Die Regulierung bleibt begrenzt, und es könnte vorteilhafter sein, sich von der Illusion der Kontrolle zu lösen und einfach zu lernen, wie man mit Unsicherheit umgeht. Siehe McDonough und Braungart (2002).

schaftswährungsprojekte, die seit Jahrzehnten in Betrieb sind und in denen Tausende von Bürgern, kleinen Unternehmen und Gemeinschaften die Relevanz eines solchen Parallelsystems getestet haben;.[15] Darüber hinaus erleben wir weltweit Tausende von Kryptowährungen, die den Bedarf an einer anderen Technologie und einem anderen Prozess der Geldausgabe demonstrieren; und wir sehen, dass Zentralbanken und Regulierungsbehörden mit verschiedenen Währungen oder so genannten CBDCs (Central Bank Digital Currencies) experimentieren. Diese Bewegungen, auch wenn sie alle unvollständig sind, beweisen einfach, dass das Design des bestehenden Geldsystems in Frage gestellt wird und dass wir etwas anderes als die bestehende Finanzinfrastruktur brauchen. Dies gilt auch für die vorgeschlagenen Mechanismen, die in diesem Text beschrieben werden. Wir werden auf diese Proofs of Concepts (PoC) und ihre Implikationen im nächsten Kapitel zurückkommen.[16]

Der Grundgedanke hinter dem von uns vorgeschlagenen monetären Ökosystem folgt jedoch einer anderen Logik. Wir definieren eine Parallelwährung als die Vereinbarung einer bestimmten Gesellschaft, etwas anderes als die herkömmliche Währung als Zahlungsmittel zu akzeptieren. Sie sollte so gestaltet sein, dass die Gesellschaft in der Lage ist, unzureichend genutzte Ressourcen und unbefriedigte Bedürfnisse auszugleichen und ihre Mitglieder anzuhalten, dies ebenfalls zu tun. Und da solche Parallelwährungen nicht als Ersatz oder Alternative, sondern als Ergänzung des bestehenden Finanzsystems betrachtet werden, wird es darum gehen, das bestehende System zu vervollständigen und seine negativen Nebeneffekte, Schwächen, Spillover-Effekte und Zwänge auf die eine oder andere Weise auszugleichen. In diesem Sinne sollten wir uns auf ihre Fähigkeit konzentrieren, eine längerfristige Perspektive zu schaffen, das Sozialkapital und das Vertrauen zu erhöhen, antizyklisch zu arbeiten, öffentliche, gemeinsame Güter und Grundbedürfnisse zu finanzieren und positive externe Effekte anstelle von negativen Rebound-Effekten zu erzeugen.[17] Ein solches monetäres Ökosystem würde auch als notwendiges Sicherungssystem dienen, das im Bereich der Informationstechnologie zwar weit verbreitet ist, im Finanzbereich aber noch nicht existiert.

Mit anderen Worten: Wir können von der Natur lernen, dass wir jedes Mal, wenn wir ein lebendes System in die eine oder andere Richtung drängen – sei es mehr in

---

[15] Derzeit sind weltweit über 4000 komplementäre, parallele Währungsprojekte in Betrieb (Lietaer & Dunne, 2013). Keines von ihnen hat eine makroökonomische Bedeutung, aber sie alle zeigen, dass solche dualen Systeme funktionieren: Von B2B, Lets und lokalem Tauschhandel bis hin zu regionalem Geld, B2C, C2C usw. haben sie alle ein immanentes soziales, sektorales oder ökologisches Ziel und können konkrete, lokale Probleme lösen. Das Bristol Pound zum Beispiel ist eine regionale Währung mit einem Wechselkurs von eins zu eins zum britischen Pfund. Der Bürgermeister von Bristol wird vollständig in dieser Währung bezahlt, was zumindest zwei Aspekte verdeutlichen soll: Die Nutzer können mit dem Bristol Pound lokale Steuern bezahlen, und der in der Region geschaffene Wohlstand bleibt in der Region. Die Zahlung von Steuern und Löhnen ist für *jedes* Geldsystem von entscheidender Bedeutung, da sie den Kreislauf zwischen Staat, Haushalten und Unternehmen schließt.

[16] Lietaer et al. (2012), Lietaer und Dunne (2013).

[17] Siehe Haldane und May (2011), wo die Autoren feststellen, dass „Homogenität zu Fragilität führt" und ein finanzielles Ökosystem „systemweite Merkmale des Netzwerks" erfordert (S. 351–355).

Richtung Effizienz oder mehr in Richtung Resilienz – die anti-fragile Zone verlassen, mehrere unerwünschte, sich gegenseitig verstärkende Rückkopplungsschleifen erzeugen, welche die Integrität des Gesamtsystems gefährden. Das gilt auch für jede Monokultur in der Landwirtschaft, wo wir uns mit Chemikalien wehren müssen. Es gilt ebenso für jedes Wirtschaftsmonopol, das zu höheren Preisen, geringerer Qualität und Machtmissbrauch führt, was wiederum Kartellgesetze und demokratische Regeln erfordert. Und das gilt auch für das Finanzsystem. Hier sehen wir uns mit einer monetären Monokultur konfrontiert, in der die erhöhte Effizienz zu zusätzlichen Regulierungsanstrengungen, Spillover-Effekten, Instabilitäten und Zusammenbrüchen führt. Um die Fähigkeit des Finanzsystems zu verbessern, sich besser selbst zu organisieren und die Instabilität zu verringern, brauchen wir Bedingungen, die es dem System ermöglichen, aus Fehlern zu lernen und sich gleichzeitig weiterzuentwickeln.[18] Ein System mit zwei Währungen kann die Voraussetzungen dafür schaffen.

Zusammenfassend lässt sich sagen, dass ein nachhaltigeres Finanzsystem weder zu effizient noch zu resilient sein darf. Die meisten vom Menschen gestalteten Systeme, und ganz sicher der monetäre Bereich, sind auf die Maximierung der Effizienz auf Kosten der Widerstandsfähigkeit ausgerichtet. Banken- und Währungskrisen, Staatsversagen, verstärkte Marktkonzentration (Monopole), deflationäre Tendenzen, chronische Arbeitslosigkeit und erhöhte Kosten für das Katastrophenmanagement sind einige der Symptome eines fehlerhaften Designs.[19] Wenn wir einen nachhaltigen Finanzsektor wollen, müssen wir uns von unserer derzeitigen monetären Monokultur verabschieden und zu einem monetären Ökosystem übergehen. Obwohl es weniger effizient ist, wird es uns erlauben, in der anti-fragilen Zone zu bleiben, und uns helfen, mit der Unsicherheit des Anthropozäns umzugehen.

---

[18] Wenn wir die Verflechtung ernst nehmen und sie auf den Finanzsektor anwenden, müssen wir bei einer systemischen Betrachtung ehrlich zugeben, dass wir aufhören müssen, die Unternehmen und die Politik zu verunglimpfen. Unternehmen und Investoren verwalten zum Beispiel das Geld von Millionen von Arbeitnehmern, die für ihre künftige Rente auf Teile ihres Gehalts verzichten, das in Unternehmen und staatliche Fonds investiert wird. Und in den westlichen Demokratien vertreten die Politiker den durchschnittlichen Willen ihrer Bürger. Kurzum: *Wir selbst* sind die Politiker und die Investoren, die wir kritisieren. Eine systemische Sichtweise erfordert einen systemischen Wandel, der uns alle einschließt.

[19] Eine andere Art, dieses Phänomen zu betrachten, ist der so genannte „Opportunitätskosten-Ansatz": Dies sind die Kosten für nicht realisierte Alternativen. Das Geld hätte für etwas anderes ausgegeben werden können, wo es sinnvoller investiert gewesen wäre, als den Schaden zu reparieren. Wenn ein Dach kaputt ist, müssen wir es reparieren. Das Gleiche gilt für die Kosten der Schadensbehebung. Wir sehen nur, wofür wir das Geld ausgegeben haben, aber nicht, wofür wir das Geld stattdessen hätten ausgeben können. Da die Schadensbegrenzung enorm teuer geworden ist und in Zukunft noch teurer werden wird, müssen wir vielleicht nach einem Mechanismus suchen, der verhindert, dass wir weiteren Schaden anrichten. Ausführliche theoretische Erläuterungen zum Konzept der Opportunitätskosten finden sich etwa bei Buchanan (2008). So belaufen sich beispielsweise die Kosten für die Beseitigung der Armut in 20 Jahren auf 175 Milliarden USD pro Jahr (Sachs, 2006). Die Opportunitätskosten des nicht genutzten menschlichen Potenzials sind mindestens 10–15-mal höher. Das allgemeine Gegenargument lautet „besser als nichts", d. h. es ist besser, 0,5 % des BIP zu transferieren, als gar nichts. So richtig dieses Argument auch ist, so irrational ist es in wirtschaftlicher Hinsicht, weil die Kosten für die Nichtfinanzierung der Gemeingüter langfristig höher sind. Siehe Brunnhuber (2015).

3.5 Zwei Arten des Denkens: Duale Verarbeitung

Während sich der vorherige Abschnitt auf eine systemische Sichtweise konzentrierte und einen Top-Down-Ansatz verfolgte, wird in diesem Unterkapitel eine Bottom-Up-Perspektive eingenommen, um die Auswirkungen des menschlichen Verhaltens und der individuellen Reaktionen innerhalb von Gruppen besser zu verstehen. Damit wird das Thema auf individueller Ebene angegangen, wobei die persönliche Sichtweise mit all ihren Möglichkeiten und Grenzen im Vordergrund steht. Wir werden uns auf das Phänomen der doppelten mentalen Verarbeitung konzentrieren. Die duale mentale Verarbeitung zeigt sich sowohl im Gehirn durch die spezifischen Kapazitäten der rechten und linken Hemisphäre als auch im Geist, der die Fähigkeit hat, sowohl parallel als auch linear zu denken. Dieses duale Denken hat Auswirkungen auf die Art und Weise, wie unser Finanzsystem organisiert ist.

Traditionell haben wir geglaubt, dass unsere Art des Denkens eine Selbstverständlichkeit ist. Das ist sie aber nicht.[20] Zwar machen wir alle täglich Erfahrungen damit, aber es ist erwiesen, dass Menschen nicht auf rationale Weise handeln, reagieren oder sich verhalten. Vielmehr ist das Gegenteil der Fall. Wir sind zum Beispiel intellektuell in der Lage zu begreifen, dass eine langfristige Perspektive vorzuziehen ist, aber wir neigen immer noch dazu, mit Blick auf das Kurzfristige zu handeln. Wir wissen, dass es richtig ist, weniger Fleisch zu essen, Fahrrad zu fahren und öffentliche Verkehrsmittel zu benutzen. In vielen Fällen entscheiden wir uns jedoch für das Gegenteil. Diese gut dokumentierten Erkenntnisse über Irrationalität zeigen, dass wir uns, wenn es um die Zukunft der Menschheit geht, nicht allein auf individuelle Entscheidungen verlassen können, um den von uns gewünschten Wandel herbeizuführen. Vielmehr müssen wir Mechanismen und Strukturen schaffen, die sicherstellen, dass jeder Einzelne auf nachhaltige Weise handelt.

Aus individueller Sicht bieten die alltäglichen Erfahrungen Entscheidungsfreiheit. Wenn es um die Organisation komplexer gemeinsamer Güter geht, ist sich der Einzelne nicht aller Konsequenzen und Rückkopplungsschleifen bewusst, die mit seinem täglichen Handeln verbunden sind – ähnlich wie bei dem Elefanten und den blinden Experten im Raum. Aus diesem Grund müssen wir als Menschen unsere Unvollkommenheit anerkennen und an sozialen Mechanismen arbeiten, die einen Weg in eine gemeinsame Zukunft gewährleisten. Sich auf unregulierte, individuelle Entscheidungen zu verlassen, die oft irrational sind, wird uns nicht ans Ziel bringen.

Die meisten Menschen wollen für sich selbst die richtigen Entscheidungen treffen, ohne dem Planeten und anderen zu schaden. Der Einzelne und seine Entscheidungen

---

[20] Aus evolutionärer Sicht ist dies das Ergebnis eines Entwicklungsprozesses, bei dem analytisches, logisches, kritisches, perspektivisches, ego- oder egozentrisches Denken das Produkt eines ontogenetischen und phylogenetischen Prozesses ist. Kurz gesagt: Der Geist entwickelt sich, und dieser Prozess ist nicht zufällig, sondern folgt vorhersehbaren Schritten und Phasen. Dass dies für alle Eigenschaften des Geistes gilt (motivationale, kognitive, affektive, lernende, sensomotorische, kinästhetische, spirituelle, soziale usw.), ist durch eine Fülle empirischer Belege belegt. Eine der wichtigsten Erkenntnisse ist, dass egoistisches oder egozentrisches Denken nicht der letzte Evolutionsschritt ist. Es wird noch mehr kommen. Psychologen nennen diese Bewusstseinszustände manchmal integral, holistisch, transpersonal, postkonventionell oder transrational. Siehe Wilber (2000) oder Brunnhuber (2016, 2018).

sind jedoch eine zu schwache Grundlage, um eine allgemeine Geld- und Steuerpolitik zu formulieren. Von der Unkenntnis zur Bewusstheit, zum Nachdenken, zur Planung, zur Einleitung, zum fortgesetzten Handeln und zur langfristigen Beibehaltung einer Handlungssequenz – in jeder Phase können individuelle Verhaltensänderungen das Ziel verfehlen.[21] Das liegt daran, dass wir dazu neigen, die Reaktion des einzelnen Menschen auf moralische Gebote, Anstöße, freiwilliges Engagement, soziale Verantwortung der Unternehmen und gute Vorsätze zu überschätzen. Ebenso überschätzen wir unsere Fähigkeit, unser Verhalten wirksam und dauerhaft zu ändern. In Wirklichkeit wird unser Verstand auch von irrationalen Denkmustern wie Selbstüberschätzung und inkonsequenten Schlussfolgerungen beeinflusst, ebenso wie von Bequemlichkeit, gedankenlosem Automatismus, regressivem und süchtigem Verhalten und ständiger Ablenkung.[22] Da wir in einer komplexen, chaotischen und vernetzten (3-C: complex -chaotic – connected) Welt leben, benötigen wir auch einen komplexen, chaotischen und vernetzten 3-C-Verstand. Allerdings ist nur ein kleiner Teil der Menschen, vielleicht 3–5 %, in der Lage zu einer ausreichenden inneren Komplexität, zu nicht-linearem Denken und Verbundenheit, um eine persönliche Verhaltensänderung auf einer konstanten Ebene zu gewährleisten. Für die Mehrheit scheitern persönliche Bewusstseinsveränderungen an endlosen Paradoxien, mentalen Grenzen und sogenannten double-binds, die uns daran hindern, rationale Entscheidungen zu treffen. Bei den meisten Schlussfolgerungen, die wir ziehen, sind wir uns der möglichen Konsequenzen nicht bewusst.[23] Die große Mehrheit der Menschen benötigt ein extrinsisches, externes institutionelles Unterstützungssystem, um eine dauerhafte Verhaltensänderung zu erreichen. Bei der Gestaltung eines solchen Systems müssen Erkenntnisse aus den Neurowissenschaften, der klinischen und Umweltpsychologie, der Verhaltensökonomie und der Systemtheorie berücksichtigt werden. Dabei wird es darum gehen eher parallele als lineare Verarbeitung, eher nicht-lineares als kausales Denken, eher ganzheitliche und integrale Perspektiven als isolierte Sichtweisen zu fördern.[24] Wir

---

[21] Siehe Hertwig und Grüene-Yanoff (2017), oder Cane et al. (2012).

[22] Daniel Kahneman (2011), Kahneman und Tversky (1982) bezeichnete diese Denkweise als „reference class forecasting" oder „external view bias": Als Menschen neigen wir dazu, die Zukunft zu optimistisch zu betrachten und Risiken und Wahrscheinlichkeiten falsch einzuordnen. Potenzielle Risiken werden systematisch unterbewertet, während potenzielle Gewinne überbewertet werden. Wir folgen hauptsächlich einem „Confirmation Bias", indem wir dazu neigen, uns an das zu halten, was wir wissen, um diese Informationen linear zu erweitern.

[23] Siehe Darwin (1859).

[24] Darüber hinaus beschreibt die Verhaltenswissenschaft mindestens sechs Faktoren, die die Wahrscheinlichkeit einer nachhaltigen Verhaltensänderung erhöhen. Wenn wir Verhaltensänderungen aus einer persönlichen Perspektive betrachten, sollten wir das berücksichtigen, was man die „big six" nennt: Vergnügen, Zweck, positive intermittierende Verstärkung, prosoziales Engagement, Gewinn und unerwartete Nebeneffekt: Zuerst beginnen wir damit, einen „Zweck" in dem, was wir tun, zu erkennen, wir ziehen „Vergnügen" und Befriedigung daraus, arbeiten in einem Umfeld, das „positive" intermittierende Verstärkung anstelle von Sanktionen ermöglicht, und bieten eine Belohnung für „prosoziales" Engagement, das über eine egozentrische Sichtweise hinausgeht; Schließlich erfordert der Wandel einen Mechanismus, bei dem nicht abstrakte Theorien, Daten oder metaphysische Überzeugungen, sondern ein schrittweiser Ansatz den Wandel garantiert. Jedes zukünftige Financial-Engineering muss dies berücksichtigen.

müssen eben selbst der Wandel sein, den wir in der Zukunft sehen wollen, unabhängig davon, ob dieser Wandel Mainstream oder heterodox, bequem oder unangenehm ist. Transformation ist hier kein Endpunkt, sondern ein Weg, keine Utopie, sondern eine Realität, und kein Singular, sondern ein Plural – manche nennen es „Pluriversum".[25]

Ein persönlicher, mikroskopischer und individueller Ansatz ist jedoch kein systemischer, makroskopischer und kollektiver Ansatz. Um diese beiden Ebenen miteinander in Einklang zu bringen, brauchen wir einen Vermittler zwischen der Mikro- und der Makrowelt. Das bedeutet, dass externe Unterstützung, Regeln und institutionelle Anreize erforderlich sind, um die kontinuierliche Verhaltensänderungen für 8 Milliarden Menschen rund um die Uhr sicherzustellen und zu garantieren. Das Geldsystem ist in der Lage, als ein solcher Vermittler zu fungieren.

Auf dem Gebiet der Neurowissenschaften und der klinischen Psychologie ist Denken nicht unbedingt gleich Denken. Der Mensch hat mindestens zwei Arten zu denken, die beide notwendig sind.[26] Dies gilt sowohl für das „Gehirn" als auch für den „Geist".

> **In erster Linie stecken wir nicht in einer Krise der globalen Erwärmung, des Verlusts der biologischen Vielfalt, der Armut oder von Pandemien, sondern in einer Krise unseres Mindsets, unseres kritischen Denkens und unseres Bewusstseins. Der Blick nach innen wird uns helfen, unsere Verbundenheit, unsere Grenzen und unsere Zerbrechlichkeit zu erkennen, wo Profit, Menschen, Zweck, Leidenschaft und der Planet zusammenkommen, indem wir Paradoxien, Unsicherheiten und Gegensätze akzeptieren und uns auf eine größere Ganzheitlichkeit zubewegen.**

3.5.1   Lineares vs. paralleles Denken und das geteilte Gehirn

Auf den ersten Blick sind die beiden Arten, die Welt wahrzunehmen, Probleme zu bewältigen, Herausforderungen zu bewerten, aufmerksam zu sein und vieles mehr, in den Eigenschaften unserer beiden unterschiedlichen Gehirnhälften begründet. Warum hat die Evolution uns nicht mit einem einzigen monomorphen Gehirn ausgestattet, sondern mit zwei teils getrennten, teils verbundenen, teils asymmetrischen Gehirnen, die über den Corpus callosum miteinander verbunden sind? Einer der Hauptgründe dafür, dass die Evolution diese Form der Asymmetrie oder Lateralisierung begünstigt hat, ist, dass beide Hemisphären unterschiedlich funktionieren und die innere und äußere Welt unterschiedlich wahrnehmen – und der menschlichen Spezies somit zwei potenzielle Denkweisen zur Verfügung stehen. Die Größe des Corpus callosum im Verhältnis zu den Hemisphären hat im Laufe

---

[25] Siehe zum Beispiel Escobar (2011, 2015).
[26] Siehe Byers (2014) oder Dewey (1910).

der Zeit zugenommen, was zeigt, dass Interkonnektivität wichtiger ist als Größe oder Volumen. Man sagt, dass es im menschlichen Gehirn mehr potenzielle Vernetzungen gibt als Elemente im Universum! Die Hemisphären arbeiten zum Teil parallel, zum Teil hemmen sie sich gegenseitig und zum Teil sind sie miteinander verbunden. Jede bietet eine andere Sicht auf die Welt, auf sich selbst und auf andere, und die beiden Hemisphären unterscheiden sich weniger darin, was sie tun, als vielmehr darin, *wie* sie es tun und wie sie die Welt verarbeiten.[27]

In ähnlicher Weise zeigt eine umfangreiche klinische Forschung, die von Daniel Kahneman initiiert wurde, dass der „Verstand" ebenfalls mit zwei Systemen arbeitet – System 1 und System 2.[28] Diese duale mentale Verarbeitung bietet den inhärenten Selektionsvorteil, dass der Mensch Zugang zu zwei völlig unterschiedlichen Perspektiven auf die Welt hat, um Probleme zu lösen und über sich selbst nachzudenken. Beide Perspektiven haben ihre Vor- und Nachteile, und beide Systeme sind miteinander verknüpft, was bedeutet, dass jedes System flexibel eingesetzt werden muss, um optimal zu funktionieren.

3.5.1.1 Die linke Gehirnhälfte und System 2

Die linke Gehirnhälfte sorgt für konzentrierte Aufmerksamkeit sowie logisches und analytisches Denken. Sie ermöglicht es uns, Komplexität zu reduzieren und eher in Fakten und formalen und abstrakten Vorgängen zu denken als in Kontexten oder Personen. Die linke Hemisphäre misst, wägt ab, zählt und berechnet die Welt, die linear, kausal verknüpft, sektoral und fragmentiert erscheint. Details überwiegen und eindeutig abgrenzbare und definierbare, eher statische Objekte werden untersucht.

In ähnlicher Weise ermöglicht der System-2-Modus unseres Verstandes fokussiertes, lineares, analytisches Denken, das zu langsameren, diskursiven Schlussfolgerungen führt. Da dieser Denkprozess erhebliche Anstrengungen erfordert, ist die Kapazität des Arbeitsgedächtnisses reduziert und die Ergebnisse sind pfadabhängig. Aus evolutionärer Sicht ist das System 2 das jüngere System. Der Vorteil ist, dass wir am Ende genaue, präzise Ergebnisse erhalten. System 2 ist auch das bevorzugte System, wenn es um zwischenmenschliche Kommunikation mittels Sprache geht.

Derartiges sequentielles Denken und Verarbeiten der Welt ist selbstbegrenzend und selbstbezüglich. Es schafft die Voraussetzungen für Experimente, Ursache-Wirkungs-Verfahren und Lösungen, die oft kurzfristig, fragmentiert und detailorientiert sind. Wenn die Aufgaben erledigt sind, wird eine Antwort gegeben und der Prozess ist abgeschlossen. Jeder Schritt muss abgeschlossen sein, bevor der nächste begonnen wird. Diese linearen und sequentiellen Abläufe ermöglichen uns eine spezialisierte Sichtweise, bei der wir zwar gut ins Detail gehen können, aber den Überblick verlieren. Diese Art des Denkens ist ein bisschen wie bei einem Menschen mit einem autistischen Syndrom oder einem Hochleistungssport-

---

[27] McGilchrist (2009).
[28] Siehe Kahneman (2011).

ler. Beide verfügen über hochspezialisierte Kenntnisse oder Fähigkeiten, haben aber nicht den Überblick über das gesamte Spektrum der verfügbaren Möglichkeiten. Die Entdeckung der Vitamine, des Periodensystems, der DNA und der Raumfahrt wäre ohne diesen analytischen, linearen, links-hemisphärischen Betrachtungsweisen unmöglich gewesen. Dieser Ansatz liefert gewissermaßen eine Karte der Welt, aber er ist nicht die Welt selbst. Er bleibt reduktionistisch, manipulativ und letztlich interventionell – wie die meisten Technologien und wissenschaftlichen Experimente.

Der Denkprozess der linken Gehirnhälfte ist folglich ein geschlossenes System oder ein hermeneutischer Zirkel mit einer Tendenz zur Selbstverstärkung und Selbstbespiegelung: Wir tun nur das, was wir sehen, und wir sehen nur das, wonach wir suchen. Wir suchen nur, was wir wissen, und wir wissen nur, was wir gedacht haben.

In der Welt der linken Gehirnhälfte herrschen Worte und Daten vor, und alles andere wird in die Nichtexistenz verbannt. Die Rolle der linken Gehirnhälfte besteht gerade darin, Daten zu entkontextualisieren, sie zu manipulieren und dann einzugreifen. Technologie, Bürokratie, Regulierung, Verwaltung und analytische, experimentelle Wissenschaft sind Paradebeispiele für die Arbeit der linken Gehirnhälfte.[29] Eine solche Welt ist mehr digital als analog, mehr abstrakt als konkret und mehr virtuell als real. Aber das repräsentiert nur die Hälfte des Gehirns, des Geistes und der Welt als Ganzes.

3.5.1.2 Die rechte Gehirnhälfte und System 1

Im Gegensatz dazu ist die rechte Hemisphäre auf eine integrale, holistische und fraktale Verarbeitung ausgerichtet. Hier überwiegt die parallele Verarbeitung, und die Wahrnehmung wird von der äußeren realen Welt geleitet. Diese Wahrnehmung ist sowohl metaphorisch als auch kontextabhängig. Die rechte Hemisphäre hat die Aufgabe, Ungewissheit einzudämmen und Widersprüche zu akzeptieren. Im Gegensatz zur linken Hemisphäre, die präzise und langsam ist, ist die rechte Gehirnhälfte unscharf und schnell. Sie kann größere Mengen an Informationen verarbeiten und ist eher implizit, nonverbal und intuitiv. Aus evolutionärer Sicht ist die rechte Hemisphäre älter und bestimmt daher die Funktionen der linken Gehirnhälfte. In ähnlicher Weise arbeiten wir intuitiv und automatisch, wenn wir uns im

---

[29] Besonders ausgeprägt ist dies im linken präfrontalen Kortex. Der präfrontale Kortex verleiht dem Menschen die Fähigkeit, sich von der Welt zu distanzieren, anstatt durch bloße Reflexe zu handeln. Dadurch wird die Kontrolle über evolutionär ältere neuroanatomische Systeme durch geistiges Erforschen, logisches Denken, den Gebrauch von Werkzeugen und Sprache erzeugt. Dies ermöglicht es uns, uns selbst und die Welt zu erforschen, ohne nur ein automatischer und unmittelbarer Reflex nach einem gegebenen Stimulus zu sein. So haben wir die Möglichkeit, Dinge zu vermeiden, abzulehnen und zu verneinen. Neben diesen kognitiven Eigenschaften haben wir auch die Fähigkeit entwickelt, Empathie zu empfinden, und damit ein soziales Gehirn geschaffen, das es uns ermöglicht, den anderen besser zu verstehen. Siehe LeDoux (1996, 2000).

Tab. 3.1 Das geteilte Gehirn: Merkmale der beiden Hemisphären

Linke Hemisphäre	Rechte Hemisphäre
Fokussierte Aufmerksamkeit, reduktionistisch	Breitere Aufmerksamkeit, integral, favorisiert den Blick auf das Ganze, erkennt Fraktale
Explizit, verbal und wörtlich, gegenständlich	Implizit, non-verbal, nuanciert, metaphorisch
Denkt eher innerhalb geschlossener Systeme, vernachlässigt Komplexität, abstrakt	toleriert und anerkennt Mehrdeutigkeit sowie diffuse und widersprüchliche Informationen
Logisch und analytisch, denkt in Dichotomien	Kontextualisierte ‚embodied cognition'
Sequentiell, dogmatisch, Regeln befolgend, eher linear	Parallele Verarbeitung, schneller
Besser in der Verarbeitung vorhersehbarer, isolierter Ereignisse	Besser in der Verarbeitung neuer und einzigartiger komplexer Ereignisse
Manipulativ, intervenierend, praktischer Nutzen, Reparatur von Dingen, Überwachung, Regulierung	Beobachtung und Beschreibung der Realität und des Lebendigen als Ganzem
Selbstreferenziell, eigenständig, losgelöst von der Realität	Verbunden mit der realen Außenwelt
Bevorzugt Typen, Kategorien, Fakten, das Allgemeine und sucht nach Systematiken	Erkennt einzigartige individuelle Bedeutungen und Besonderheiten, vielfältige Perspektiven
Festhalten an falschen Schlussfolgerungen, Pfadabhängigkeit, Bestätigungsfehlern, eher starr und umstellungserschwert	Flexiblere und schnellere Anpassung an neue Erfahrungen und Veränderungen
Neigt dazu, auf positive Feedbacks durch Verstärkung zu reagieren	Neigt dazu, auf Feedback ausgleichend und korrigierend zu reagieren
Funktioniert im Gleichgewicht mit der rechten Hemisphäre	Beherrschende und befehlende Funktion im Gleichgewicht mit der linken Hemisphäre

System-1-Modus befinden. Entscheidungen werden schnell, assoziativ und kontext-spezifisch getroffen. Hier können viele Informationen verarbeitet werden, aber die Ergebnisse sind weniger genau und gleichzeitig unschärfer. Die meisten Informationen im Gehirn und im Verstand werden parallel verarbeitet. Kreativität, Humor, Brainstorming von Angesicht zu Angesicht, Kochen, Angeln, ein Instrument spielen, Klettern, Gestaltwahrnehmung und das Erkennen komplexer Probleme sind Beispiele für den System-1-Modus.[30] Nur zur Erinnerung: Bei einem Verhältnis von 1:1 Million oder mehr ist die parallele Verarbeitung de facto *der* Denkprozess und überwiegt gegenüber dem linearen Denken. Die Natur hat diese beiden komplementären Formen der Wahrnehmung ausdifferenziert, und wir brauchen beide. Durch die beiden Hemisphären wird der Mensch ständig synchronisiert, was seine Anpassungsfähigkeit und damit seine Überlebenschancen erhöht. Die folgende Tabelle fasst die beiden Eigenschaften des sogenannten „geteilten Gehirns" zusammen (Tab. 3.1):

Wenn jedoch eine Hemisphäre überwiegt, setzen selbstzerstörerische Tendenzen ein. In unserer westlichen Gesellschaft dominiert derzeit die linke Hemisphäre, die ein siloartiges und lineares Denken bevorzugt, das sich immer wieder selbst

---

[30] Siehe De Giacomo und Fiorini (2017).

verstärkt und nicht in der Lage ist, sich zu korrigieren. Dies hinterlässt bei uns die Illusion der Kontrolle, die Welt manipulieren zu können, Großtechnologien, endloses Wachstum und administrative Lösungen sind die vorrangigen Problemlöser. Am Ende sehen wir nur das, was wir gesucht haben, und finden nur das, worüber wir überhaupt erst nachgedacht haben. Wenn wir unser Denken und Verarbeiten auf einen linearen und sequenziellen Modus beschränken, bleiben auch die Problemlösungen, die wir generieren, ausschließlich linear und sequenziell. Die Welt ist jedoch nur teilweise linear und sequentiell aufgebaut, und solche Ursache-Wirkungs-Zusammenhänge sind eher die Ausnahme als die Regel.

Zusammenfassend lässt sich sagen, dass der Mensch in komplexen, lebensbedrohlichen Situationen die mentale Fähigkeit benötigt, sich intensiv auf eine bestimmte Situation zu konzentrieren und gleichzeitig die umfassendere Gesamtsituation im Hinblick auf Nebeneffekte, Rückkopplungen und externe Effekte in Echtzeit zu beachten. Beim Menschen ist die Kapazität der beiden Systeme hauptsächlich im präfrontalen Kortex angesiedelt und wird von diesem stark gefördert.[31] Wenn wir beginnen, die volle Kapazität beider Gehirnhälften zu nutzen und in einer systemischen, integralen, ganzheitlichen Weise zu denken, wird sich unsere Wahrnehmung verändern, und darüber hinaus wird sich unsere persönlicher Bewusstseinsschwerpunkt in Richtung einer integraleren Perspektive verschieben.[32]

In der Tat erfordern alle psychologischen Eigenschaften (Denken, Fühlen, Wahrnehmen, Entscheiden, Motivieren, Verhalten) immer beide Systeme und sind in beiden Hemisphären angesiedelt. Es ist der relative Unterschied zwischen den beiden, der bestimmt, wie wir die Welt und uns selbst verstehen und handeln. Die Art und Weise, wie die Welt verarbeitet wird, ist jedoch in jedem System unterschiedlich. Um die Welt zu erforschen und zu überleben, brauchen wir sowohl Prozesse, die detailliert und linear sind, als auch Prozesse, die unscharf und holistisch sind. Diese Asymmetrie oder Lateralisierung ist offenbar mit einem Selektionsvorteil für unsere Spezies einhergegangen, denn sonst hätte die Menschheit mit einer so komplexen anatomischen Ausstattung nicht über Jahrtausende hinweg überleben können.[33]

Um ein konkretes Beispiel zu geben: Stellen Sie sich eine Vogelmutter vor, die versucht, Futter für ihren Nachwuchs zu besorgen. Wenn sie sich bei der Verarbeitung nur auf ihre linke Hemisphäre oder System 2 verlassen würde, könnte sie einen Wurm anvisieren, ihn fangen und auf lineare Weise zurückfliegen. In Abwesenheit ihrer rechten Hemisphäre wäre sie jedoch nicht in der Lage,

---

[31] Siehe Miller und Cohen (2001).

[32] Freilich sind das System 1 und System 2 nicht mit der rechten und linken Hemisphäre identisch. Sie zeigen jedoch eine allgemeine Erkenntnis, die sich sinnvoll auf das Finanzwesen übertragen lässt: Eine duale Verarbeitung bzw. ein asymmetrisches, lateralisiertes Vorgehen mit zwei optionalen Subsystemen, die miteinander interagieren und jeweils unterschiedliche Merkmale für die Problemlösung anbieten, welches offenbar einer Monokultur, einem Ein-Gehirn- oder Ein-Verstand-System überlegen ist. Siehe Kahneman (2011); McGilchrist (2009) und Taleb (2012).

[33] Das Thema ist offenbar noch viel allgemeiner zu fassen: Die meisten wissenschaftlichen Erkenntnisse entstehen dort, wo es möglich geworden ist, unverbundene, ambivalente Komponenten miteinander zu verbinden, wie z. B. Objekte und das Gesetz der Schwerkraft (I. Newton), Elektrizität und Magnetismus (J.C. Maxwell) oder Beschleunigung und Gravitation (A. Einstein).

die potenziellen Gefahren um sie herum zu filtern (System 1 – rechte Hemisphäre) und würde daher möglicherweise von einem Raubtier gefressen werden,
während sie sich ganz auf den Wurm konzentriert (System 2 – linke Hemisphäre).
In diesem Fall ist das Überleben der Vogelmutter und ihre Fähigkeit, die nächste
Generation zu ernähren, nur möglich, weil sie mit zwei getrennten und miteinander verflochtenen und interagierenden Systemen arbeitet. Dieses duale, parallele
Verarbeitungssystem bietet offenbar seit Millionen von Jahren einen evolutionären Selektionsvorteil, und so müssen wir als Menschen diesem uns mitgegebenen Werkzeugkasten Aufmerksamkeit schenken, wenn wir im Anthropozän
überleben wollen.[34]

System 1 und System 2 spiegeln somit ein Grundprinzip wieder, das sich auf die
Wirtschaftswissenschaft übertragen lässt: Wir müssen auf beide Modi zugreifen,
um die Kapazitäten unseres Gehirns und unseres Geistes und uns selbst und unsere
Welt ins Gleichgewicht zu bringen.[35] Beide Systeme können sich gegenseitig hemmen, dysfunktional dominieren oder je nach Bedarf ausbalancieren.

Wenn wir alles vorwiegend über die linke Hemisphäre und System 2 verarbeiten, bleibt uns das volle Potenzial, das der Mensch zur Lösung von Problemen
einsetzen kann, verborgen. Das bedeutet, dass wir, solange wir nur die Hälfte
unseres Gehirns und unseres Verstandes nutzen, nicht erwarten können, dass wir
so komplexe Probleme wie die globale Erwärmung, die Armut oder auch nur die
Bereitstellung von genügend Arbeitsplätzen, öffentlicher Infrastruktur, Bildung
und Gesundheit für die Mehrheit der Menschen auf diesem Planeten lösen kön

---

[34] Dieses Design ist wie ein Meister und sein Abgesandter (siehe McGilchrist, 2009): Das Betriebssystem liefert einen Impuls, eine Idee, einen Befehl oder einen Antrieb. Es ist ein Meister, der nie
in die Welt eingreift, nie manipuliert, sondern die Hubschrauberperspektive einnimmt. Der Meister
braucht einen Abgesandten, der die Botschaft weitergibt oder die Arbeit erledigt. Und es ist das
lineare, sequenzielle System, das dies tut. Wir können annehmen, dass es bei einer solchen Dualität eine Art drittes System geben muss, das System 1 und 2 oder die linke und die rechte Hemisphäre integriert. Bei diesem System 3 geht es sozusagen nicht um schnell oder langsam, rational
oder intuitiv, parallel oder sequentiell, sondern um einen integralen Modus, der eine multidirektionale, multiperspektivische, komplementäre und nicht-duale Art und Weise des Wahrnehmens,
Denkens, Handelns, Entscheidens und Lebens bietet, die jeder Unterscheidung in zwei Systeme
vorausgeht. Seit Tausenden von Jahren liefern die mystischen Traditionen der Welt empirische
Beweise für ein solches drittes System.

[35] Das meiste Denken findet innerhalb eines bestimmten konzeptionellen Rahmens statt, und die
meisten (wenn nicht alle) wissenschaftlichen Entdeckungen entstehen, wenn dieses regelbasierte
konzeptionelle Denken in Frage gestellt und überwunden wird. Unregelmäßigkeiten, Mehrdeutigkeiten, Anomalien und Paradoxien werden aufgelöst und neue Zusammenhänge und Erkenntnisse
werden sichtbar. W. Byers nennt diesen Zustand „deep thinking" (2014): Gegensätze und Unregelmäßigkeiten können integriert werden, und es entstehen Komplementaritäten, fraktale Zusammenhänge, Kreativität und neues Lernen. Wenn wir veraltete Technologien ersetzen, aber unser Denken das gleiche bleibt, und wenn wir unsere Regierung ändern, aber unser Denken das gleiche
bleibt, werden diese neuen Technologien und diese neue Regierung genauso sein wie die alten. Ein
Bewusstseinswandel hin zu mehr Achtsamkeit, Gnade, Mut und Demut ermöglicht es uns, uns neu
zu formieren und einige dieser Unklarheiten aufzulösen und ein neues Paradigma, ein neues Denken und eine neue Art des Umgangs mit Problemen zu entwickeln.

Tab. 3.2 Aspekte parallelen (System1) und linearen Denkens (System 2)[a]

System 1	System 2
Unbewusstes Denken	Bewusstes Argumentieren
Implizit	Ausdrücklich
Automatisch	Kontrolliert
Geringer Aufwand	Hoher Aufwand
Große Kapazität	Begrenzte Kapazität
Schnell	Langsam
Assoziativ	Regelbasiert
Kontextualisiert	Abstrakt
Bereichsspezifisch	Allgemein
Älter in evolutionärer Hinsicht	Jünger in evolutionärer Hinsicht
Nonverbal	Mit der Sprache verbunden
Umfasst Erkennung, Wahrnehmung, Orientierung	Beinhaltet das Befolgen von Regeln, Vergleichen, Abwägen von Optionen
Modulare Kognition	Fließende Intelligenz
Unabhängig vom Arbeitsgedächtnis	Begrenzt durch die Kapazität des Arbeitsgedächtnisses
Emotional und assoziativ	Logische Argumentation
Parallel	Seriell

[a]Persönlicher Dank an Daniel Kahneman für sein persönliches Feedback zu diesem Thema.

nen. Mit anderen Worten: Die Welt, wie sie durch die Linse der linken Hemisphäre oder durch lineares Denken gesehen wird, weist eine erhebliche Verzerrung auf. Was wir sehen, ist eine unvollständige und einseitige Darstellung, die nur suboptimale Lösungen bietet.[36] Die folgende Tabelle fasst die Hauptmerkmale von System 1 und System 2 zusammen, die zusammen zwei unterschiedliche, aber komplementäre Wege aufzeigen, wie wir die Welt wahrnehmen, mit ihr umgehen und sie verändern (Tab. 3.2).[37]

---

[36]Wir sind uns bewusst, dass die beiden mentalen Modi (S1 und S2) und die beiden Hemisphären (rechts und links) nicht identisch sind, sondern sich weitgehend überschneiden. Allerdings erfordert jede psychologische Eigenschaft – wie Denken, Fühlen, Wahrnehmen, Entscheiden oder Motivation – immer beide getrennten Hemisphären und letztlich beide mentalen Modi, um erfolgreich zu sein.

[37]Es sei darauf hingewiesen, dass das folgende Argument für ein paralleles Währungssystem den grundlegenden Erkenntnissen der Psychologie entspricht, die zeigen, dass positive Verstärkung zu besseren Ergebnissen zu führen scheint als ständige Bestrafung oder aversive Anreize. Es ist schlichtweg einfacher, das Verhalten durch positive Verstärkung zu steuern, als durch negative Verstärkung. Bei negativer Verstärkung muss der Akteur jedes Mal, wenn etwas korrigiert werden muss, seinen Kurs ändern. Im Gegensatz dazu ist der Belohnungsmodus attraktiver und motivierender, was bedeutet, dass wir uns mehr anstrengen, um ein bestimmtes Ziel zu erreichen. Jedes Mal, wenn ein grüner Dollar oder Euro investiert wird, kann jeder Akteur sicher sein, dass er oder sie direkt zu einer besseren Zukunft beiträgt. Positive Verstärkung erhöht die Wahrscheinlichkeit eines bestimmten gewünschten Verhaltens, Ereignisses oder Ergebnisses. Historisch gesehen, siehe Pavlov (1927) und Skinner (1990). Für eine neuere Arbeit siehe Schultz (2015). Das Zuckerbrot ist wirksamer als die Peitsche – in der Zwischenzeit könnten wir jedoch beides brauchen.

Wir werden sehen, dass die von Ökonomen geforderten sogenannten Pareto-optimalen Lösungen, bei denen die Verteilung von Gütern und Dienstleistungen ein Maximum erreicht hat, weder ein anderes Marktsystem, eine bessere Governance und staatliche Eingriffe noch größere Regulierungsanstrengungen oder andere Formen disruptiver Technologien erfordern. Vielmehr erfordern sie eine neue Denkweise.[38] Fehlinformationen, Angst, Zeitdruck und Stress verringern unsere Fähigkeit, beide Systeme zu integrieren und zu nutzen, was dann zu falschen Schlussfolgerungen und suboptimalen Lösungen führen kann.

Die Systemtheorie und die Psychologie konvergieren insofern, als sie beide auf einer dualen und verbundenen Struktur beruhen: Die Systemtheorie verwendet Bipolarität oder Effizienz und Belastbarkeit, die sich in der anti-fragilen Zone die Waage halten; das Gehirn hat zwei asymmetrische, miteinander verbundene Hemisphären, die makroanatomisch komplementär sind und einen Selektionsvorteil darstellen; die klinische und Verhaltenspsychologie hat das duale System von System 1 und System 2. Diese Dualitäten sind auch das, wofür der Taoismus steht. Warum sollte unser Finanzsystem nicht auch mit dieser Dualität aufgebaut sein?

Anstatt ein System zu maximieren, sollten wir versuchen, ein Gleichgewicht zwischen zwei Systemen zu erreichen. Es ist diese Fähigkeit, dass der Mensch in der Lage ist, auf zwei getrennte und nicht reduzierbare Welten parallel und gleichzeitig zuzugreifen –, die einen Vorteil für das Überleben in einer komplexen Umwelt bietet. Das Leben im Zeitalter des Anthropozäns in einer vollständig vernetzten und zunehmend unvorhersehbaren Welt erfordert weniger Kontrolle und weniger singuläre Effizienz, sondern mehr Anpassungsfähigkeit, Flexibilität, Widerstandsfähigkeit und Vielfalt. Die Verbindung zwischen diesen beiden unterschiedlichen Denkprozessen und unserem Finanzsystem bildet die Grundlage für die Einführung eines parallelen Währungssystems zur Finanzierung der Allmende oder unserer öffentlichen Güter. Ausgestattet mit einigen grundlegenden Kenntnissen über unser Gehirn und unseren Verstand wird im nächsten Unterkapitel untersucht, wie Aspekte, die in unser derzeitiges Geldsystem eingebaut sind, individuelle und kollektive Verhaltensweisen prägen (Abb. 3.4).

---

[38] Je komplexer eine Herausforderung ist – und das Leben im Anthropozän ist eine solche Herausforderung –, desto mehr müssen die Menschen auf beide Systeme zugreifen. In einer Ära des Paradigmenwechsels ist es am effizientesten, die beiden Systeme (bzw. die beiden Hemisphären) einzusetzen, indem man zunächst System 1 anwendet, das schnell, unscharf, nichtlinear, kontextbezogen und ganzheitlich ist, um die wichtigsten Strategien, Risiken und Herausforderungen zu bewerten. Sobald diese identifiziert sind, ist System 2 besser geeignet, um die nächsten sequentiellen und linearen Schritte neu zu bewerten, zu analysieren, zu fokussieren und zu zerlegen.

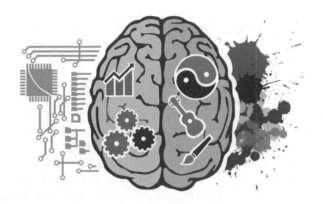

Abb. 3.4 Das resiliente Gehirn – Zwei Arten des Denkens, Wahrnehmens und Handelns in einer komplexen Welt ermöglichen das Überleben

3.5.2   *Unser Finanzsystem ist kein neutraler Schleier*

Hätten wir eher eine Hubschrauberperspektive (oder das, was Psychologen eine metakognitive Sichtweise nennen), würden wir erkennen, dass unser derzeitiges Finanzsystem uns in vielerlei Hinsicht konditioniert und unsere Entscheidungen vorherbestimmt. Es liegt auf der Hand, dass Geld- oder Finanzkrisen äußerst zerstörerisch sein können und nicht unbedingt mit dem Konzept der Nachhaltigkeit vereinbar sind. Schwieriger zu erkennen ist jedoch, wie einige Aspekte unseres Geldsystems unser individuelles und kollektives Verhalten von Anfang an prägen. Zu den positiven Auswirkungen unseres modernen Geldsystems gehört, dass es eine Explosion von beispiellosem Unternehmertum, expansivem Wirtschaftswachstum und wissenschaftlicher Innovation ausgelöst hat. Allerdings ist das herkömmliche Geld keineswegs ein verhaltensneutrales und passives Tauschmittel, wie allgemein angenommen wird, sondern prägt eine Reihe von Verhaltensmustern, von denen mindestens sechs mit Nachhaltigkeit nicht vereinbar sind.[39]

---

[39] Wir stellen fest, dass wir „die Globalisierung überbewertet haben" (Stiglitz, 2017a). Der Prozess der weiteren globalen Integration erhöht die Produktivität und Effizienz der Ressourcen, schafft aber nicht unbedingt neue Arbeitsplätze. Im Standardmodell führt jeder Freihandel zu billigeren Importen (mit Verlusten an inländischen Arbeitsplätzen) und schafft potenziell neue Arbeitsplätze im Exportsektor. Empirisch gesehen führt die Globalisierung jedoch zu mindestens vier Unvollkommenheiten: 1. unvollkommenes Risikomanagement (z. B. Verlust der Energieversorgung oder Verlust von Arbeitsplätzen), 2. ein unvollkommener Wettbewerbsvorteil, der zu Spillover-Effekten und externen Effekten führt, die nicht eingepreist sind (z. B. Autos, Solarpaneele); 3. unvollkommener Wettbewerb, bei dem Marktmacht und Monopole die Preise und das regionale Angebot verzerren; 4. unvollkommene Verteilung von Einkommen und Wohlstand, bei der die Gewinner alles bekommen. Alle vier Unzulänglichkeiten gehen Hand in Hand mit dem Verlust von Arbeitsplätzen, Wohlstand und Lebensstandard im Inland. Dies alles begann mit einer Änderung der Marktregeln, die mindestens ein Jahrzehnt (1970er-Jahre) vor den disruptiven Auswirkungen der digitalen Technologien stattfand. Eine globale Pauschalsteuer für Unternehmen, Gewerkschaften, Mindesteinkommen und Kartellgesetze sind herkömmliche Maßnahmen, um die Kontrolle über den Globalisierungsprozess zurückzugewinnen. Eine ausführlichere Analyse der hier angesprochenen Themen findet sich in Stiglitz (2017b).

Kasten 3.2 Sechs Verhaltensmuster, die durch das derzeitige Geldsystem hervorgerufen werden und die uns daran hindern, einen nachhaltigeren Weg einzuschlagen

1. Verstärkung von Boom- und Bust-Zyklen: Die Banken stellen unterschiedlichen Sektoren oder Ländern zur gleichen Zeit Finanzmittel zur Verfügung oder halten sie zurück und verstärken so den Konjunkturzyklus in Richtung Boom oder Bust. Diese Verstärkung ist für alle nachteilig, auch für den Bankensektor selbst. Im schlimmsten Fall hören die Banken auf, sich gegenseitig zu vertrauen.
2. Kurzfristiges Denken: Der „diskontierte Cashflow" ist eine gängige Praxis bei jeder Investitionsbewertung. Da Bankschulden verzinst werden, führt die Abzinsung aller künftigen Kosten oder Einnahmen zwangsläufig zu kurzfristigem Denken.
3. Obligatorisches Wachstum: Der Prozess des Zinseszinses oder des Zinses auf den Zins zwingt der Wirtschaft ein exponentielles Wachstumsmuster auf. In einer endlichen Welt ist exponentielles Wachstum jedoch per definitionem nicht möglich.
4. Konzentration des Reichtums: Die Einkommens- und Vermögensunterschiede nehmen weiter zu, wobei der größte Teil des Reichtums nach oben fließt und die Armut am unteren Rand zunimmt. Solche Ungleichheiten führen zu einem breiten Spektrum sozialer Probleme und sind einem nachhaltigen Wirtschaftswachstum abträglich. Neben den wirtschaftlichen Aspekten steht möglicherweise auch das Überleben der Demokratie auf dem Spiel.[40]
5. Abwertung des Sozialkapitals: Soziales Kapital wie gegenseitiges Vertrauen und gemeinschaftliches Handeln ist historisch gesehen schwer zu messen. Dennoch zeigen die bisherigen Untersuchungen eine Tendenz zur Erosion des Sozialkapitals, insbesondere in den Industrieländern. Neuere Studien zeigen, dass Geld egoistisches und nicht-kollaboratives Verhalten fördern kann – ein Verhalten, das mit langfristiger Nachhaltigkeit unvereinbar ist.
6. Rebound-Effekte: Ein Rebound-Effekt beschreibt die verringerte Wirkung oder den verringerten Nutzen der technologiebedingten Ressourceneffizienz aufgrund von Verhaltensänderungen. Empirisch gesehen können solche Rebound-Effekte bis zu 80 % betragen, was bedeutet, dass ein erheblicher Teil der Effizienzgewinne verloren geht. Jede Effizienzsteigerung führt entweder zu einer Senkung des Güterpreises und damit zu einem höheren Verbrauch desselben Gutes (Preiseffekt) oder sie führt zu zusätzlichem Einkommen, das dann für ein anderes Gut mit ähnlich negativen Auswirkungen ausgegeben

---

[40] Neben anderen Effekten, die zu dieser Form der Ungleichheit führen (Unterschiede in der Besteuerung von Kapital und Arbeit), verwenden Unternehmen bis zu 50 % ihrer Einnahmen, um ihre eigenen Aktien zu kaufen. Weitere 40 % sind Dividenden für die Aktionäre (Lazonick, 2014). Zusammengenommen bedeutet dies, dass 90 % der Gewinne an ihre Eigentümer gehen. Da die meisten Aktionäre zu den oberen 10 % der Gesellschaft gehören (Wolff, 2017), vergrößert dieser Mechanismus das Wohlstandsgefälle eher, als dass er es schließt, und hilft uns nicht, die anstehenden Probleme zu lösen.

wird (Einkommenseffekt). So wurde beispielsweise die Effizienz von Verbrennungsmotoren in den letzten Jahrzehnten gesteigert, aber diese Gewinne wurden dann entweder genutzt, um mehr Auto zu fahren, oder um das zusätzliche Einkommen für mehr Flugreisen zu verwenden. In jedem Fall sind die ursprünglichen Vorteile der Ressourceneffizienz verloren gegangen.[41]

Diese sechs Verhaltensmuster, die durch die Architektur unseres Geldsystems hervorgerufen werden, beeinflussen somit die Zukunft der Menschheit. Weil wir eine monetäre Monokultur haben, wurden wir dazu gebracht zu glauben, dass das Geldsystem ein Naturgesetz ist. Wir verhalten uns wie Fische, die im Wasser schwimmen und ihre Situation nie in Frage stellen. Als Menschen sind wir jedoch in der Lage, aus dem Wasser auszusteigen, die Eigenschaften des Wassers zu bewerten und uns zu entscheiden, etwas zu ändern, wenn wir es wollen. Doch angesichts der Vorherrschaft unseres derzeitigen Geldsystems, das als Währungsmonopol konzipiert und hergestellt wird, von den Zentralbanken nach dem Kriterium der Knappheit ausgegeben wird und nur einen einzigen Durchgangskanal nutzt – von den Zentralbanken über das Geschäftsbankensystem in die Realwirtschaft –, ziehen wir nicht in Betracht, es in Frage zu stellen. Dieser oft übersehene, aber ungeheuer wichtige Aspekt unseres Geldsystems hat erhebliche Auswirkungen auf das menschliche Verhalten und die Entscheidungsfindung.[42] Fügt man nämlich der inhärenten Instabilität den alles andere als neutralen Aspekten des menschlichen Verhaltens hinzu, ergeben sich verschiedene Komplementaritäten. Wir müssen sie berücksichtigen, um das bestehende Finanz- und Währungssystem zu verbessern, umzugestalten oder einfach auszugleichen. In Tab. 3.3 werden einige der wichtigsten Komplementaritäten zum derzeitigen System beschrieben, die jedes künftige Finanzsystem erforderlich macht.

Unser Geldsystem ist also kein neutraler Schleier zwischen den beteiligten Wirtschaftsakteuren, sondern bestimmt durch seine Gestaltung von Anfang an die Art unserer Investitionen, Konsummuster, Sparstrategien und Risikobewertungen. Es ist wie das Wasser für einen Fisch. Für Fische ist Wasser eine Selbstverständlichkeit. Aber wir Menschen sind eben in der Lage, aus dem Wasser herauszutreten und eine ganzheitlichere Sichtweise zu gewinnen. Wenn wir zum Mars fliegen oder die 6-G-Technik erfinden wollen, sollten wir die Vorteile des konventionellen und traditionellen Systems bevorzugen. Wenn wir jedoch unsere Allgemeingüter finanzieren wollen – frische Luft, eine stabile CO_2-Konzentration in der Atmosphäre

---

[41] Dieses Jevons-Paradoxon (Jevons, 1866) ist empirisch überprüft und weiter spezifiziert worden. Es wurden mehr als ein Dutzend verschiedene Formen von Rebound-Effekten gefunden. So unterscheidet Santarius (2015) finanzielle, motivationale, industrielle, wirtschaftliche und strukturelle Formen von Rebound-Effekten, die sich zum Teil selbst verstärken. Siehe auch Sorrell und Dimitropoulos (2008).

[42] Vier Tabus beherrschen unsere moderne Gesellschaft: Sex, Macht, Tod und Geld. Ein Tabu ist etwas, über das nicht gesprochen wird, das aber indirekt immer präsent bleibt. Die Überwindung eines Tabus erfordert einen kritischen Geist, ein erweitertes Bewusstsein und eine entsprechende gesellschaftliche Agenda. In diesem Text versuchen wir, nur das Tabu des Geldsystems zu überwinden.

Tab. 3.3 Verhaltensbedingte Ergänzungen zum bestehenden Geldsystem

Instabil	Stabiler
Pro-zyklisch	Antizyklisch
Kurzfristigkeit	Langfristigkeit
Erzwungenes Wachstum	Qualitatives Wachstum
Einkommensdisparität	Gleichheit und Fairness
Verringerung des Sozialkapitals	Erhöhtes Sozialkapital
Negative Rebound-Effekte	Positive externe Effekte
Global und universell	Regional und sektoral

oder die Überwindung der Armut –, müssen wir anfangen, anders zu denken. Ein komplementäres Geldsystem sollte so konzipiert sein, dass es mehr Stabilität, Gleichheit und Fairness fördert, eine langfristige Sichtweise unterstützt, qualitatives statt quantitatives Wachstum begünstigt, Sozialkapital fördert und regionalen oder sektoralen Wertschöpfungsketten den Vorzug gibt. Diese Eigenschaften beschreiben auch, welche gemeinsamen globalen Güter es geben muss. Welche spezifischen Aspekte müssen also in die Gestaltung eines neuen komplementären Währungssystems einfließen? Nachdem wir uns eingehender mit der Kunst der Verhaltensänderung beschäftigt haben, werden wir diese Aspekte in den folgenden Kapiteln vorstellen.

> **Es geht nicht darum, die Protagonisten im Spiel zu ersetzen oder die bestehenden Regeln zu optimieren. Es geht darum, das Narrativ für die Protagonisten zu verändern, und das wird es ihnen ermöglichen, die Spielregeln zu ändern.**

3.6 Die Kunst der Veränderung oder warum wir Dinge anders machen müssen

Wir haben die Fähigkeit verloren, unserer eigenen Einschätzung und Wahrnehmung zu vertrauen, mit unvorhersehbaren Herausforderungen umzugehen und eine Zukunft zu gestalten, in der wir gern leben möchten. Wenn wir die Frage, was wir im Hinblick auf die kommenden Gefahren tun sollen, der demographischen Entwicklung selbst überlassen oder uns ausschließlich auf technologische Lösungen zur Bewältigung unserer globalen Herausforderungen konzentrieren, werden wir mit einem Szenario enden, das mit einer friedlichen, nachhaltigen Zukunft unvereinbar ist. Wenn wir uns mit den Instrumenten für einen grundlegenden sozialen Wandel ausstatten, müssen wir die Menschen in die Lage versetzen, ihr Selbstvertrauen, ihre Selbstwirksamkeit und ihr Vertrauen in ihre eigene Einschätzung der Welt wiederzuerlangen. Dieser Wandel erfordert ein tieferes Verständnis der menschlichen

Antriebe, Motive und Aufgaben einerseits und der Maßnahmen und Belohnungen, die diese fördern, andererseits.[43] Traditionell haben wir bekanntlich zwischen intrinsischer und extrinsischer Motivation unterschieden. Extrinsische Motivation bedeutet, dass ein Verhalten betrieben wird, um eine Bestrafung zu vermeiden oder um eine Belohnung zu erhalten. Intrinsische Motivation hingegen bedeutet, dass eine Tätigkeit um ihrer selbst willen ausgeführt wird. Sowohl extrinsische als auch intrinsische Motivation sind wertvoll und können Menschen dazu bewegen, ihr Verhalten zu ändern. Welche der beiden – oder welches Gleichgewicht zwischen ihnen – am effektivsten ist, hängt von den anstehenden Herausforderungen ab.

Aus der Verhaltensperspektive gibt es drei Hauptarten von Maßnahmen, die Menschen dazu bringen, ihr Verhalten zu ändern. Die erste Art sind Sanktionen, negative Verstärkung oder Bestrafung, wie z. B. Steuern oder Gebühren. Diese können eine Veränderung bewirken, geben dem Kandidaten oder der Gruppe aber keine Antwort auf die Frage, was er stattdessen tun soll. Außerdem führt eine negative Verstärkung ohne weitere Anweisungen und Belohnungen zu zahlreichen Rebound-Effekten. Die zweite Art der Intervention ist die positive Verstärkung. Positive Verstärkung oder positive Anreize, wie z. B. Subventionen, erzeugen positive Vorhersagbarkeit und Erwartungen. Der Nachteil ist, dass sie Anpassungs- und Akkomodationseffekte auslösen. Die dritte Art der Intervention ist die positive intermittierende Verstärkung. Solche Interventionen treten unerwartet auf und können Verhaltensänderungen bewirken, die über die bekannten Rebound-Effekte und Anpassungen hinausgehen. Positive intermittierende Verstärkung kann langanhaltende Veränderungen im menschlichen Verhalten bewirken.

Bei regelbasierten Abläufen und Aufgaben wie Wäsche waschen (ja oder nein), Müll sortieren oder der Notwendigkeit von eher linearen und algorithmischen Routinen kann extrinsische Motivation erfolgreich sein. Dazu gehört der bekannte Zuckerbrot-und-Peitsche-Ansatz, bei dem externe Sanktionen und positive Verstärkung menschliches Verhalten auf ein bestimmtes Ziel hin lenken können. Subventionen, Gebühren und Steuern sind bewährte fiskalische Interventionen, die uns helfen, in der gewünschten Weise zu reagieren. Empirisch gesehen funktionieren solche extrinsischen Motivationen am besten, wenn sie als intermittierende positive Anreize gegeben werden, so dass die Person oder Institution ein unerwartetes positives Feedback erhält, nachdem sie sich auf ein bestimmtes Verhalten eingelassen hat. Extrinsische Motivation – ob mit oder ohne intermittierende Verstärkung – beruht jedoch auf Verpflichtungen und kann schnell angepasst werden. Daher sind Interventionen, die auf extrinsischer Motivation beruhen, kurzfristig

---

[43] Während der „grünen Revolution" in Indien beispielsweise konnte der Ertrag von Reis und Weizen in den 1970er-Jahren durch Hybridsaatgut stark gesteigert werden, was Indien in die Lage versetzte, seine hungrig wachsende Bevölkerung zu ernähren. Ähnliche Versuche, eine grüne Revolution in Afrika einzuführen, waren aufgrund mangelnder Infrastruktur, Korruption und anderer Mängel des bestehenden Systems weniger erfolgreich (Oladele et al., 2010). Schließlich erfordert der Erfolg einer grünen Revolution zur Beseitigung von Armut und Hunger nicht nur technologische Innovationen, sondern auch ein angemessenes politisches und soziales Umfeld sowie eine geeignete Infrastruktur (Griffin, 1979; Paarlberg, 2009; Rosset et al., 2000).

und instabil. Sie können immer wieder unerwünschte Rebound-Effekte auslösen und die Notwendigkeit eines verstärkten Einsatzes nach sich ziehen.

Die Situation für den Menschen ändert sich erheblich, wenn die geforderte Aufgabe komplexer wird und kreative Lösungen und Problemlösungsstrategien vorherrschen. Einen Garten in der Stadt anzulegen, den Lebensstil zu verändern, Sport zu treiben und ein Instrument zu beherrschen sind alles Beispiele für komplexere Aufgaben. In diesen Fällen sind externe Interventionen weniger erfolgreich. Selbstwirksamkeit, die das Anstreben eines Ziels und ständige Verbesserungen und Optimierungen der Anpassung erfordern, sind die geeigneteren psychologischen Instrumente, um Verhaltensänderungen zu erreichen. Diese Form der intrinsischen Motivation, die auf komplexe Problemlösungen angewandt wird, bietet längerfristige Perspektiven. Sie erfordert Disziplin und Leidenschaft und ist durch Selbstverbesserung motiviert. Es handelt sich um das, was Psychologen als „autotelischen Fluss" bezeichnen: Die Verfolgung der Aufgabe ist ein Selbstzweck und erfordert keine äußeren Anreize. In diesen Fällen ist es kontraproduktiv, mit Zuckerbrot und Peitsche auf äußere Motivation zu setzen, weil dabei die intrinsische Motivation außer Acht gelassen wird. Diese Unterscheidung ist wichtig, da unterschiedliche Aufgaben und Motivationen verschiedene Formen von Anreizen erfordern. Unser Geldsystem ist ein sozialer Mechanismus, der Anreize für bestimmte menschliche Verhaltensweisen schafft oder diese verhindern kann. Extrinsische Motivation, die verschiedene Formen der Konditionierung begünstigt, um mechanistischere Abläufe zu erreichen, behandelt Menschen wie Schachfiguren, die nach vordefinierten Regeln handeln und sich bewegen. Intrinsische Motivation hingegen begünstigt die Selbstwirksamkeit, um heuristischere Aufgaben und Herausforderungen zu bewältigen. In diesen Fällen ähnelt der Mensch eher einem Basketballspieler, der die bestehenden Regeln kreativ anwendet und flexibel auf die Erfordernisse des jeweiligen Augenblicks reagiert, motiviert durch seine Liebe zum Spiel selbst. Um die SDGs mit ihrer inhärenten Komplexität zu erreichen, sind Anreize erforderlich, die zu einer intrinsischen Motivation führen, wie sie auch den Basketballspieler motivieren. In den folgenden Kapiteln werden wir sehen, dass das vorgeschlagene monetäre Ökosystem weniger auf den für das herkömmliche System typischen Gebühren, Steuern und Subventionen beruht, sondern vielmehr darauf, die Kreativität und Selbstwirksamkeit in jedem von uns freizusetzen, unterstützt durch positive intermittierende Verstärkung. Um den gegenwärtigen Verzerrungen in unserem derzeitigen Geldsystem sowie den inhärenten Verzerrungen auf individueller Ebene entgegenzuwirken, sollten sechs Elemente in das Design jedes neuen finanztechnischen Instruments eingebaut werden:

Der persönliche Ansatz zur Veränderung des menschlichen Verhaltens

1. Kontextgebundene Informationen statt bloßer Fakten
2. Zusammenhänge erkennen
3. Suche nach Komplementaritäten statt nach Kausalität
4. Zusammenarbeit gegenüber Wettbewerb bevorzugen
5. Intermittierende positive Verstärkungen
6. Synchronisierung von Peer-Gruppen

1. Kontextgebundene, relationale Informationen werden anstelle von isolierten, eindeutigen Fakten bevorzugt. Durch die Verwendung kontextgebundener Informationen wird die dem System und unserem Denken innewohnende Unsicherheit zwar nicht verringert oder überwunden, aber es hilft uns, besser damit umzugehen. Diese Informationen können zusätzliche Paradoxien und Unsicherheiten erzeugen, bei denen die Dinge nicht sauber aneinandergereiht sind, sondern mehrdeutig, unscharf und widersprüchlich sind. Der Wandel beginnt mit dem Interesse, die Fähigkeit des Systems zu verstehen, sich selbst zu organisieren, sich selbst zu verwirklichen und sich seiner selbst bewusst zu werden.[44]

2. Zusammenhänge erkennen. Die Welt wird auf eine parallele, nicht ausschließende Weise verarbeitet und wir beginnen die Makro-, Meso- und Mikroebene miteinander zu verknüpft. Dies erfordert einen veränderten Umgang mit Ungewissheit, die dann nicht mehr Flucht- oder Kampfreaktionen, Totstellreflexe oder unproduktive Vermeidungsstrategien auslöst, sondern achtsames (sinngebendes) Nachdenken und eine Auszeit für kritische Überlegungen fördert. Wir verlassen den mechanistischen Determinismus der täglichen Routine mit seiner Illusion von Kontrolle und der Vermeidung von Zufälligkeiten und betreten eine Sphäre der „Toleranz für Mehrdeutigkeit". Wir werden uns der Synchronizitäten bewusster, die gleichzeitig rund um die Welt geschehen. Anstelle von Selbstgerechtigkeit, Egoismus oder der Suche nach einfachen und reduktionistischen Lösungen lernen wir, einander zuzuhören und unsere Gegenüber und Gegensätze anzunehmen. In einem solchen Kontext ist das Gegenteil von Komplexität nicht Einfachheit, sondern Reduktionismus.[45]

3. Nach Komplementaritäten und nicht nach Kausalität suchen. Wir gehen oft davon aus, dass kausale Zusammenhänge im finanziellen oder gesellschaftlichen Bereich erklärt werden können, diskutieren dann aber endlos darüber, wer Recht oder Unrecht hat. So wird beispielsweise ein direkter kausaler Zusammenhang zwischen Inflation und Geldmenge oder zwischen Geldmenge und Zinssätzen

---

[44] Ereignisse, für die wir keine Worte haben, sind folglich nicht vollständig geistig verfügbar und semantisch repräsentiert. In der Verhaltenswissenschaft werden solche Zustände als „hypokognitive Zustände" bezeichnet. Dass wir kein passendes Wort für ein Ereignis haben, bedeutet jedoch nicht, dass es nicht existiert. Es wirkt sich auch dann auf uns aus, wenn es in unserem Bewusstsein unterrepräsentiert ist. Marktversagen oder Politikversagen sind Beispiele für solche Auswirkungen. Siehe Lakoff (2004), Wu und Dunning (2018).

[45] Komplex ist nicht kompliziert und kompliziert ist nicht kontingent: *Komplex* bedeutet einfach, dass ein System so viele Variablen hat, dass wir es nicht vollständig erfassen können. *Kompliziert* bedeutet, dass ein Verfahren überschaubar ist, aber viel Training erfordert – zum Beispiel ein neurochirurgischer Eingriff oder eine anspruchsvolle mathematische Gleichung. Beide sind jedoch intellektuell und praktisch vollständig zugänglich. *Kontingent* bedeutet dagegen, dass ein Ereignis zufällig eintritt und innerhalb eines bestimmten Szenarios nicht vorhersehbar war. Jede Situation – komplex/kompliziert/kontingent – erfordert eine völlig unterschiedliche Denkweise. In einer komplexen Situation brauchen wir mehr Toleranz für Ungewissheit, in einer komplizierten Situation brauchen wir Ausdauer, Training, Talent und Disziplin. Und in einem kontingenten Zustand brauchen wir vielleicht Glück und Gelassenheit, denn: Shit happens!

angenommen. Empirisch gesehen gibt es jedoch keinen solchen kausalen Zusammenhang.[46] Kausale Zusammenhänge in einem nicht-linearen komplexen System sind sehr selten, wenn sie überhaupt vorkommen. Anstatt nach dem Unsichtbaren zu suchen, müssen wir komplementäre Beziehungen identifizieren.[47] Dieser Unterschied ist von entscheidender Bedeutung und stellt einen grundlegenden Wandel in der Denkweise dar, der eine Verlagerung von der Linearität zur Komplementarität widerspiegelt. Diese Komplementarität ist die beste Lösung für unsere Suche nach einem neuen Gleichgewicht im Finanzwesen und für die Zukunft.

4. Bevorzugung der Zusammenarbeit gegenüber dem Wettbewerb. Zahlreiche Erkenntnisse aus der Spieltheorie zeigen, dass der Mensch im Grunde kooperatives Verhalten und faire Ergebnisse bevorzugt. Erst wenn die Bedingungen für eine Zusammenarbeit nicht mehr gegeben sind, wird die zweitbeste Verhaltensinteraktion der „Wie du mir, so ich dir-Strategie" angenommen. Erst dann, wenn diese Strategien versagen, beginnen die Menschen zu konkurrieren und werden schließlich aggressiv gegenüber ihrer eigenen Art. Unsere Denkweise wird anfangen, kollektive, kooperative Lösungen zu bevorzugen statt singuläre, individualistische, wettbewerbsorientierte Verhaltensweisen. Tatsächlich vermehren sich kooperative Verhaltensweisen und Solidarität auf die gleiche Weise wie wettbewerbsorientierte und egoistische Verhaltensweisen. Die Erfahrung zeigt, dass sich kooperatives Verhalten von Mensch zu Mensch ausbreitet, selbst wenn die Menschen nicht von Anfang an dabei waren. Dieses Verhalten ist ansteckend und verursacht zufällige, bislang unbekannte Akte der Solidarität und Großzügigkeit mit einer Kaskade von bis zu drei Folgeeffekten.[48]

5. Intermittierende positive Belohnungen als Katalysator für Verhaltensänderungen nutzen. Der Mensch ist die Spezies mit der größten Fähigkeit, sich schnell an neue, störende, unerwartete und sich ständig verändernde Umstände anzupassen. Das gilt für Einzelpersonen, Gruppen und auch für große Kohorten. Die gute Nachricht ist, dass wir in der Lage sind, uns anzupassen. Die schlechte Nachricht ist, dass wir uns auch leicht an ungünstige und selbstzerstörerische Verhaltensweisen anpassen können, bei denen die Flexibilität für Verhaltensänderungen verloren geht oder paradoxe Reaktionen hervorruft. Die Verwendung positiver, intermittierender, unerwarteter Verstärkungen als Mechanismus zur Herbeiführung individueller und gruppenspezifischer Verhaltensänderungen ist am besten bei suchtoffenem

---

[46] Bermejo Carbonell und Werner (2018).

[47] Komplementarität definiert eine Beziehung zwischen zwei Komponenten, die unvereinbar, aber dennoch notwendig sind, um ein und dieselbe Sache zu beschreiben. Die Gegensätze heben sich nicht gegenseitig auf, sondern sind beide erforderlich, um ein Ereignis, eine Sache oder einen Gegenstand zu beschreiben. Beispiele hierfür sind Lokation und Momentum, Energie und Zeit, Welle und Teilchen, Determinismus und Zufall, Körperliches und Mentales, Struktur und Funktion, Substanz und Prozess, Autonomie und Verbundenheit. In diesem Sinne sind die beiden in diesem Text beschriebenen Währungssysteme miteinander verflochten; sie führen zu mehrfachen positiven Rückkopplungsschleifen und funktionieren auf diese Weise komplementär. Siehe Bohr (1966), Meyer-Abich (1965), Walach (2010).

[48] Siehe Fowler und Christakis (2010); die Kraft der Zusammenarbeit gilt nicht nur für Menschen, sondern auch für Blumen und Tiere, siehe mit weiteren Beispielen Hare und Woods (2020).

Verhalten wie dem Glücksspiel untersucht.[49] Dieser Mechanismus funktioniert viel besser und schneller als jede Bestrafung. Intermittierende positive Verstärkungen sind notwendig, denn wenn Menschen nur bestraft werden, wissen sie zwar, was sie vermeiden sollten, müssen dann aber selbst herausfinden, was sie tun sollen. Der positive Anreiz muss intermittierend und unerwartet sein, da sich das menschliche Gehirn schnell an positive Erwartungen gewöhnt, was die Motivation für weitere Veränderungen verringert.[50]

> **Persönliche und individuelle Änderungen des Lebensstils sind von zentraler Bedeutung, werden aber singuläre, unvollständige Siloeffekte bleiben, solange sie nicht in einen anerkannten sozialen Mechanismus eingebettet sind, der es 8 Milliarden Menschen ermöglicht, rund um die Uhr positiv zu handeln.**

6. Die Nutzung von sozialen Peer-Gruppen, um weitreichende Veränderungen zu bewirken. Neben der positiven intermittierenden Verstärkung gibt es noch einen weiteren Parameter, um Veränderungen zum Besseren zu bewirken. Menschen sind eher bereit, ihr Verhalten zu ändern, wenn sie dies innerhalb einer Gruppe von Gleichgesinnten tun und synchron handeln können. Wenn Menschen beispielsweise die Möglichkeit haben, gemeinsam zu tanzen, zu singen oder zu laufen und ihr Verhalten entsprechend zu synchronisieren, erhöht dies prosoziale Werte wie Vertrauen und Solidarität, Unterstützung und eine kooperative Einstellung. Die Zugehörigkeit zu einer Gruppe und ein intentionales und synchronisiertes Verhalten verringern zudem den so genannten Trittbrettfahrereffekt. Offensichtlich haben solche kulturellen Praktiken die innere Eigenschaft, als selektiver Wettbewerbsvorteil zu wirken. Das Geldsystem ist eines der mächtigsten Instrumente, die je erfunden wurden, um menschliches Verhalten in großen Gruppen absichtlich zu synchronisieren. Und dies kann in beide Richtungen gehen: Zum Guten und zum Schlechten.[51]

Ein besseres Verständnis der Bedingungen für Verhaltensänderungen ist offenbar entscheidend. Auch wenn eine Veränderung unseres persönlichen Bewusstseins, unserer Denkweise und unseres Verhaltens notwendig ist, reicht dies allein nicht aus, um

---

[49] Wir können das Thema noch einen Schritt weiterführen. Damit eine Person ihr Verhalten ändern kann, benötigt sie widersprüchliche Informationen, die ihre Toleranz für Unklarheiten erhöhen. Dies ist in der klinischen Psychologie wohlbekannt, vor allem, wenn es um Änderungen des Lebensstils geht. Studien haben gezeigt, dass Menschen nicht nur die Motivation zur Veränderung haben, sondern auch Informationen benötigen, um den Unterschied zwischen Veränderung und Nichtveränderung zu bewerten: Dies wird als *mentale Bereitschaft zur Veränderung* bezeichnet (Miller & Rollnick, 2012).

[50] Siehe Scott und Cogburn (2017).

[51] Anzumerken ist, dass koordiniertes Gruppenverhalten in der gesamten Menschheitsgeschichte universell ist, im Widerspruch zur aktuellen neoliberalen Wirtschaftswissenschaft, die vorgibt, dass wettbewerbsorientiertes, egoistisches Verhalten den Wohlstand steigert. Siehe Anshel und Kipper (1988), Cross et al. (2016), Rennung und Göritz (2016), Vicary et al. (2017).

unsere gemeinsame Zukunft zu sichern. Ein solcher persönlicher und individueller Ansatz zur Veränderung ist einfach zu instabil und unzuverlässig, um den erforderlichen konsequenten Wandel zu gewährleisten. Die Befürwortung persönlicher Veränderungen als Lösung für unsere Probleme trivialisiert die Notwendigkeit eines systemischen Wandels und legt die gesamte Verantwortung auf die Schultern des Einzelnen. Dies kann leicht zu paradoxen, unproduktiven oder beschwichtigenden Verhaltensweisen führen. Ein Beispiel: Angesichts der globalen Erwärmung könnten die Menschen zu dem Schluss kommen, dass es besser ist, ihren derzeitigen Lebensstil so lange wie möglich zu genießen oder sich angesichts der Größe der bevorstehenden Herausforderung von allen Verpflichtungen zurückzuziehen. Eine Änderung unserer Denkweise muss daher als Grundvoraussetzung in die Gestaltung eines neuen Financial-Engineerings eingebaut werden. Dieses Konzept muss all dies berücksichtigen, was wir im englischen als die „sechs P" bezeichnen können: Es sollte eine *positive* intermittierende Verstärkung honorieren, allen Beteiligten *purpose*, also einen Zweck und einen *Profit* bieten, eine Art von *pleasure* = Vergnügen und *pro-sozialer* Aktivität erzeugen, die Menschen befähigen und *proxy* = bevollmächtigend genug sein, um sicherzustellen, dass wir uns alle, rund um die Uhr, für eine bessere Zukunft einsetzen können. Doch bevor wir die „sechs P" im monetären Bereich und auf systemischer Ebene identifizieren, müssen wir zunächst das Wesen der globalen Allgemeingüter näher beschreiben und entdecken, wie wir ihr volles Potenzial freisetzen können.

Zusammengefasst: Anpassungsfähigkeit ist in der Tat eine der wichtigsten Eigenschaften des Menschen. Der Mensch ist die anpassungsfähigste Spezies auf diesem Planeten. Im Laufe der Menschheitsgeschichte waren wir in der Lage, immer wieder kreative Lösungen zu finden. Anpassungsfähigkeit geht einher mit einer gesteigerten Fähigkeit zu Wissen, Lernen und zu mehr Weisheit, was in der Folge die Spielregeln ändert und schließlich unser Bewusstsein und unsere Denkweise modifiziert. Kurz gesagt: Anpassungsfähigkeit bietet einen Selektionsvorteil durch fehlerfreundliche Strategien zur Problemlösung.

Es gibt einige bemerkenswerte empirische Erkenntnisse, die verdeutlichen, dass der Mensch in der Lage ist, widrige Ereignisse zu überwinden. Im Jahr 1920 starben etwa 500.000 Menschen durch Naturkatastrophen wie Waldbrände, Überschwemmungen, Wirbelstürme und so weiter. Im Jahr 2020 ist die absolute Zahl der Menschen, die durch solche Naturkatastrophen starben, auf etwa 20.000 pro Jahr gesunken. Dies entspricht einem Rückgang von über 95 %, der auf die verbesserte Kapazität der Frühwarnsysteme und das Wirtschaftswachstum zurückzuführen ist, das wiederum zum Bau von Dämmen und zu einem höheren Bildungsniveau geführt hat. Angesichts des Anwachsens der Weltbevölkerung im letzten Jahrhundert ist dies eine wirklich dramatische Verbesserung. Nehmen wir den steigenden Meeresspiegel: Wenn wir uns nicht an den Anstieg des Meeresspiegels anpassen, werden in den nächsten 50 Jahren etwa 180 Millionen Menschen direkt davon betroffen sein. Wenn wir uns jedoch anpassen, sinkt diese Zahl auf weniger als 300.000. Diese Zahl ist geringer als die Zahl der Menschen, die jedes Jahr aus Kalifornien auswandern wollen. Ein weiteres Beispiel: Nach den neuesten IPCC-Modellierungen wird der Klimawandel in den nächsten 50 Jahren etwa 0,2–2 % unseres BIP kosten. Das ist eine Herausforderung, aber nicht das Ende der Welt. Würden die reichen

Länder (OECD) ihre Wirtschaftstätigkeit sofort einstellen und in den nächsten Jahrzehnten eine Rezession ertragen, so würde sich das Klima bis zum Jahr 2100 nur um weitere 0,3 Grad Celsius erwärmen, was mit enormen sozialen Kosten für die Weltgesellschaft verbunden wäre.[52] Statt Horrorszenarien, kollektiver Angst und Panikmache, die kluge Reaktionen auf solche asymmetrischen Schocks verhindern, falsche Denkmuster auslösen und uns zu falschen politischen Entscheidungen und Prioritäten veranlassen, sollten wir unsere Denkweise ändern. Menschen werden in der Lage sein, kreative Lösungen zu finden, um mit all den Herausforderungen fertig zu werden, vor denen wir stehen. Die zunehmenden asymmetrischen Schocks erfordern solche neuen Formen der Anpassungsfähigkeit. Wir müssen lernen, Prioritäten zu setzen und Kompromisse zwischen verschiedenen Zielen zu schließen. Und einer der wichtigsten Mechanismen, die uns zur Verfügung stehen und die wir jahrzehntelang ignoriert haben, ist das Finanz- und Währungssystem. Wir können sogar noch weiter gehen: Wenn die Resilienz wichtiger wird, dann werden die Maximierung des Shareholder Value, die Ressourcenallokation und die Kapitalakkumulation in einer Welt, in der asymmetrische Schocks vorherrschen, weniger relevant. Das liegt daran, dass Individuen, Unternehmen, Gemeinschaften oder Gesellschaften, die darauf abzielen, mehr Effizienz zu erreichen, um gleichzeitig einen höheren Wettbewerbsvorteil zu erlangen, angesichts des nächsten Schocks anfälliger und brüchiger werden. Es sind die Anpassungsfähigkeit und das Lernen aus Misserfolgen, die über das Überleben eines Einzelnen, eines Unternehmens, einer Gemeinschaft oder einer Gesellschaft als Ganzes entscheiden. Die Aufforderung, Bluthochdruck, Depressionen oder Infektionskrankheiten zu vermeiden oder ihnen vorzubeugen, bedeutet nicht, dass wir auf blutdrucksenkende Medikamente verzichten würden, um unseren Blutdruck anzupassen, auf ein Antidepressivum, um unseren Serotoninspiegel zu regulieren, oder auf eine antivirale Impfung, um mit Covid-19 fertig zu werden. Wir würden immer beides fordern: Vorbeugung und Vermeidung auf der einen Seite und Bewältigung der Nebenwirkungen und Symptome auf der anderen. Dies hat erhebliche Konsequenzen für jede Nachhaltigkeitsstrategie und die Neugestaltung unseres Geldsystems.[53]

---

[52] Selbst wenn es sich bei dieser Zahl um eine „fatale Berechnung" handelt, bei der wir Gefahr laufen, die Kosten der Klimaschäden zu unterschätzen, bleibt das Argument bestehen: Wir wissen nicht, ob wir das tun werden, aber wir *könnten* uns an diese neue Realität anpassen, und eine Möglichkeit dazu ist die Änderung unserer Denkweise und unseres Geldsystems. Siehe: Spratt et al. (2020).

[53] Zu den Daten siehe Referenzen und weitere empirische Erkenntnisse in Lomborg (2020), der die UN-MOSAICC-Modellierung, Nordhaus' DICE-Modelle, EMF (Stanford's Energy Modeling Form), IAM (Integrated Assessment Models) und SSPs (Shared Socioeconomic Pathways) sowie die jüngsten IPCC-Empfehlungen berücksichtigt. In der Tat besteht ein subtiler, aber signifikanter Kompromiss zwischen den Kosten des Temperaturanstiegs (die real sind) und den Kosten unserer Klimapolitik. Beide sind relevant. Die Herausforderung besteht darin, das richtige Gleichgewicht zwischen T (Temperaturanstieg) und BIP (wirtschaftliche Aktivitäten), zwischen der Vermeidung des Temperaturanstiegs und der Anpassung an den Temperaturanstieg zu finden. Qualifiziertes Wirtschaftswachstum – vor allem die SDGs –, Investitionen in Forschung und Entwicklung, eine kluge CO_2-Steuer, Änderungen des Lebensstils, Investitionen in die Infrastruktur, neue Formen sozialer Sicherungssysteme (kollektive Krankenversicherung, Grundeinkommen) und eine Anpassung unseres Geldsystems, die neue Anreize schafft, sind solche kreativen Komponenten.

Mit anderen Worten: Es ist wie die Demontage eines Omnibusses. Betrachten wir die globale Erwärmung wie einen Omnibus, der mehrere Herausforderungen enthält und auf uns zurollt. Nicht alle Komponenten sind direkt miteinander verbunden, aber sie wirken sich alle auf unser Leben aus. Es gibt Dutzende dieser negativen Auswirkungen, die mit dem Klimawandel in Verbindung gebracht werden, aber nur zum Teil in einem kausalen Zusammenhang mit dem Klimawandel stehen. Doch sie sind so etwas wie Passagiere in diesem Bus. Wenn wir anfangen, diesen Omnibus der globalen Erwärmung in kleinere Teile zu zerlegen, wird er weniger beängstigend und überschaubarer. Auch wenn wir immer noch mit den Auswirkungen des Klimawandels jenseits der 2-Grad-Marke konfrontiert sind, werden wir dann klügere Formen der Anpassung an Teile des Problems finden, anstatt mit dem gesamten Omnibus konfrontiert zu sein, der auf uns zurollt und uns unbesiegbar erscheint. Die Neugestaltung und Differenzierung unseres Geldsystems wird uns dabei helfen, diesen Prozess zu entmystifizieren.[54] Die folgenden Schaubilder (a–c) zeigen einige Komponenten des „Omnibusses" und wie das Hindernis überwunden werden kann (Abb. 3.5).

All diese Herausforderungen werden mit großer Wahrscheinlichkeit eintreten, wenn wir uns nicht klug anpassen. Und wir wissen nicht, ob wir uns anpassen werden, aber wir wissen mit Sicherheit, dass wir uns anpassen *können*. Wenn wir anfangen, das Ausmaß der Herausforderung zu erkennen, die Selbstwirksamkeit und die Kreativität im Umgang mit Komplexität wiederzuerlangen, lernen Prioritäten zu setzen und über den Tellerrand zu schauen, haben wir gute Chancen, die Herausforderungen zu meistern. Und wieder wird die Gestaltung des Geldsystems zum Schlüssel.

---

[54] Ein Beispiel: *Armut und Ungleichheit* werden durch die globale Erwärmung verstärkt, aber der kausale Zusammenhang ist schwach, es gibt andere, wichtigere Faktoren, die Armut und Einkommensungleichheit verursachen. Beispiel *Waldbrände oder Pandemien:* Beide stehen in Zusammenhang mit der globalen Erwärmung, aber bis zu vier Fünftel der Waldbrände sind vom Menschen direkt verursacht, und der Verlust von ursprünglichem Lebensraum, der zu Pandemien führt, steht in ursächlichem Zusammenhang mit der Ausweitung der wirtschaftlichen Aktivitäten. Beide sind nur indirekt mit der globalen Erwärmung verbunden. Expansive wirtschaftliche Aktivitäten, die auf erneuerbaren Energien aufbauen, würden den gleichen Verlust an Lebensraum verursachen. Der *Verlust der biologischen Vielfalt* ist eine ernste Herausforderung für die Menschheit, aber nur 15 % stehen in ursächlichem Zusammenhang mit der globalen Erwärmung, der Rest ist wiederum auf expansiven Landraub zurückzuführen. Die gleiche schwache Verbindung gilt für die *Luftverschmutzung in den Städten*. Oder nehmen Sie den *Anstieg des Meeresspiegels*: Die Niederlande haben im letzten Jahrhundert gezeigt, wie man mit einem hohen Meeresspiegel umgehen kann. Der Flughafen Schiphol liegt 3,4 Meter unter dem Meeresspiegel, und das Pro-Kopf-Einkommen in den Niederlanden ist eines der höchsten der Welt. Ein weiteres Problem ist der *Wasserstress*, der für Millionen von Menschen eine lebensbedrohliche Herausforderung darstellt. Die Israelis leben in der Wüste und können dank innovativer Bewässerungssysteme Wasser exportieren. Der Punkt ist: Die globale Erwärmung ist wahrscheinlich die bedrohlichste Herausforderung für die Menschheit, aber wir können das Steuer wieder in die Hand nehmen. Neben Technologie, Änderungen des Lebensstils, Forschung und Entwicklung, Steuersystemen müssen wir uns kluge, differenzierte Anpassungsstrategien für all diese damit verbundenen Probleme einfallen lassen. Die Neugestaltung der monetären Anreize ist eine davon.

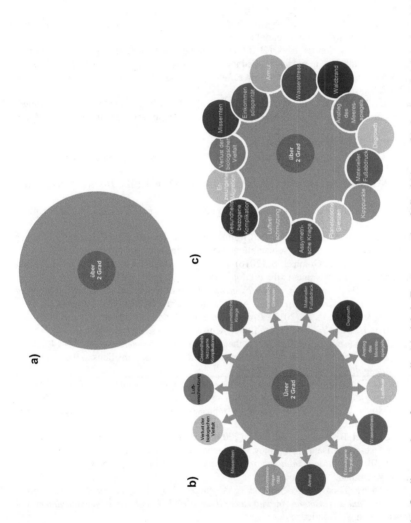

Abb. 3.5 Demontage des Omnibusses, der auf uns zurollt: (**a**) globale Erwärmung über 2 Grad hinaus; (**b**) damit verbundene Auswirkungen des 2-Grad-Szenarios; (**c**) Aufteilung der Herausforderungen: die globale Erwärmung verschwindet nicht, wird aber vom unüberwindbaren Mysterium zu einem eher überschaubaren Problem

Literatur

Alstadsæter, A., Johannesen, N., & Zucman, G. (2018). Who owns the wealth in tax havens? Macro evidence and implications for global inequality. *Journal of Public Economics, 162*, 89–100.

Anshel, A., & Kipper, D. A. (1988). The influence of group singing on trust and cooperation. *Journal of Music Therapy, 25*(3), 145–155.

Beinhocker, E. D. (2006). *The origin of wealth: Evolution, complexity, and the radical remaking of economics.* Harvard Business School Press.

Bermejo Carbonell, J., & Werner, R. A. (2018). Does foreign direct investment generate economic growth? A new empirical approach applied to Spain. *Economic Geography, 94*(4), 425–456.

Bohr, N. (1966). *Atomphysik und menschliche Erkenntnis II. Aufsätze und Vorträge aus den Jahren 1958–1962.* Vieweg.

Brunnhuber, S. (2015). How to finance our sustainable development goals (SDGs): Socioecological quantitative easing (QE) as a parallel currency to make the world a better place. *Cadmus, 2*(5), 112–118.

Brunnhuber, S. (2016). *Die Kunst der Transformation.* Herder.

Brunnhuber, S. (2018). *The art of transformation: How we learn to change the world.* Tredition, CCOMP.

Buchanan, J. M. (2008). Opportunity cost. In Palgrave Macmillan (Hrsg.), *The new Palgrave dictionary of economics.* Palgrave Macmillan.

Byers, W. (2014). *Deep thinking: What mathematics can teach us about the mind.* World Scientific Publishing.

Cane, J., O'Connor, D., & Michie, S. (2012). Validation of the theoretical domains framework for use in behaviour change and implementation research. *Implementation Science, 7*(1), 37.

Cross, L., Wilson, A. D., & Golonka, S. (2016). How moving together brings us together: When coordinated rhythmic movement affects cooperation. *Frontiers in Psychology, 7*, 1983.

Darwin, C. (1859). *On the origin of species by means of natural selection: Or the preservation of favoured races in the struggle for life* (1. Aufl.). John Murray. ISBN 1–4353–9386–4.

De Giacomo, P., & Fiorini, R. A. (2017). *Creativity mind.* Amazon Digital Services LLC.

Dewey, J. (1910). *How we think.* Southern Illinois University Press.

Escobar, A. (2011). Sustainability: Design for the pluriverse. *Development, 54*(2), 137–140.

Escobar, A. (2015). Transiciones: A space for research and design for transitions to the pluriverse. *Design Philosophy Papers, 13*(1), 13–23.

Fowler, J. H., & Christakis, N. A. (2010). Cooperative behavior cascades in human social networks. *Proceedings of the National Academy of Sciences, 107*(12), 5334–5338. https://doi.org/10.1073/pnas.0913149107 and https://www.pnas.org/content/107/12/5334.long. Zugegriffen am 12.02.2022.

Goerner, S. J., Lietaer, B., & Ulanowicz, R. E. (2009). Quantifying economic sustainability: Implications for free-enterprise theory, policy and practice. *Ecological Economics, 69*(1), 76–81.

Griffin, K. (1979). *The political economy of agrarian change: An essay on the Green Revolution* (2. Aufl.). Macmillan.

Grubb, M., Koch, M., Thomson, K., Sullivan, F., & Munson, A. (2019). *The 'earth summit' agreements: A guide and assessment. An analysis of the Rio'92 UN conference on environment and development* (Bd. 9). Routledge.

Haldane, A. G., & May, R. M. (2011). Systemic risk in banking ecosystems. *Nature, 469*, 351–355.

Hare, B., & Woods, V. (2020). *Survival of the friendliest: Understanding our origins and rediscovering our common humanity.* Random House.

Hertwig, R., & Grüne-Yanoff, T. (2017). Nudging and boosting: Steering or empowering good decisions. *Perspectives on Psychological Science, 12*(6), 973–986.

Jevons, W. S. (1866). *The coal question: An inquiry concerning the progress of the nation, and the probable exhaustion of our coal-mines.* Macmillan.

Kahneman, D. (2011). *Thinking, fast and slow.* Farrar Straus and Giroux.

Kahneman, D., & Tversky, A. (1982). Intuitive prediction: Biases and corrective procedures. In D. Kahneman, P. Slovic & A. Tversky (Hrsg.), *Judgment under uncertainty: Heuristics and biases*. Cambridge University Press.

Laeven, L., & Valencia, F. (2013). Systemic banking crises database. *IMF Economic Review, 61*(2), 225–270.

Lakoff, G. (2004). *Don't think of an elephant! Know your values and frame the debate: The essential guide for progressives*. Chelsea Green Publishing.

Laszlo, E. (1996). *The systems view of the world: A holistic vision for our time*. Braziller.

Lazonick, W. (2014, September). Profits without prosperity: Stock buybacks manipulate the market and leave most Americans worse off. *Harvard Business Review*. http://gesd.free.fr/lazonick14.pdf. Zugegriffen am 12.02.2022.

LeDoux, J. E. (1996). *The emotional brain: The mysterious underpinnings of emotional life*. Simon and Schuster.

LeDoux, J. E. (2000). Emotion circuits in the brain. *Annual Review of Neuroscience, 23*(1), 155–184.

Lietaer, B., Arnsberger, C., Goerner, S., & Brunnhuber, S. (2012). *Money and sustainability: The missing link. A report from the Club of Rome-EU chapter*. Triarchy Press.

Lietaer, B. A., & Dunne, J. (2013). *Rethinking money: How new currencies turn scarcity into prosperity*. Berrett-Koehler Publishers.

Lomborg, B. (2020). *False alarm – How climate change panic costs us trillions, hurts the poor, and fails to fix the planet*. Basic books.

Macy, J. (1991). *Mutual causality in Buddhism and general systems theory: The dharma of natural systems*. Suny Press.

McDonough, W., & Braungart, M. (2002). *Cradle to cradle: Remaking the way we make things*. North Point Press.

McGilchrist, I. (2009). *The master and his emissary: The divided brain and the making of the Western world*. Yale University Press.

Meadows, D. H. (2002). Dancing with systems. *Systems Thinker, 13*, 2–6.

Meadows, D. H. (2008). *Thinking in systems: A primer*. Chelsea Green Publishing.

Meyer-Abich, K. M. (1965). *Korrespondenz, Individualität und Komplementarität*. Steiner.

Miller, E. K., & Cohen, J. D. (2001). An integrative theory of prefrontal cortex function. *Annual Review of Neuroscience, 24*(1), 167–202.

Miller, W. R., & Rollnick, S. (2012). *Motivational interviewing: Helping people change*. Guilford Press.

Oladele, O. I., Bam, R. K., Buri, M. M., & Wakatsuki, T. (2010). Missing prerequisites for green revolution in Africa: Lessons and the challenges of Sawah rice eco-technology development and dissemination in Nigeria and Ghana. *Journal of Food, Agriculture & Environment, 8*(2), 1014–1018.

Paarlberg, R. (2009). *Starved for science: How biotechnology is being kept out of Africa*. Harvard University Press.

Pavlov, I. P. (1927). *Conditioned reflexes*. Oxford University Press.

Reinhart, C. M., & Rogoff, K. S. (2009). *This time is different: Eight centuries of financial folly*. Princeton University Press.

Rennung, M., & Göritz, A. S. (2016). Prosocial consequences of interpersonal synchrony: A meta-analysis. *Zeitschrift für Psychologie, 224*, 168–189.

Rosset, P., Collins, J., & Lappé, F. M. (2000). Lessons from the green revolution. *Third World Resurgence*, 11–14.

Sachs, J. D. (2006). *The end of poverty: Economic possibilities for our time*. Penguin.

Saez, E., & Zucman, G. (2019). Progressive wealth taxation. *Brookings Papers on Economic Activity, 2019*(2), 437–533.

Santarius, T. (2015). *Der Rebound-Effekt. Ökonomische, psychische und soziale Herausforderungen für die Entkopplung von Wirtschaftswachstum und Energieverbrauch*. Metropolis.

Schultz, W. (2015). Neuronal reward and decision signals: From theories to data. *Physiological Reviews, 95*(3), 853–951. https://doi.org/10.1152/physrev.00023.2014

Scott, H. K., & Cogburn, M. (2017). *Behavior modification.* StatPearls Publishing.

Skinner, B. F. (1990). *The behavior of organisms: An experimental analysis.* BF Skinner Foundation.

Soros, G. (2015). *The alchemy of finance.* John Wiley & Sons.

Sorrell, S., & Dimitropoulos, J. (2008). The rebound effect: Microeconomic definitions, limitations and extensions. *Ecological Economics, 65*(3), 636–649.

Spratt, D., Armistead, A., & Dunlop, I. (2020). *Fatal calculations: How economics has underestimated climate damage and encouraged inaction.* National Centre for Climate Restoration Melbourne. https://climateactionaustralia.wordpress.com/2020/04/16/how-economics-has-underestimated-climate-damage-and-encouraged-inaction-climateemergency-fatal-calculations/. Zugegriffen am 12.02.2022.

Sternberg, R., & Jordan, J. (Hrsg.). (2005). *A handbook of wisdom: Psychological perspectives.* Cambridge University Press.

Stiglitz, J. E. (2017a, March 6). *The overselling of globalization [Paul Volcker prize lecture].* National Association of Business Economists.

Stiglitz, J. E. (2017b). *Globalization and its discontinents revisited.* W.W. Norton.

Taleb, N. N. (2012). *Anti-fragile: Things that gain from disorder* (Bd. 3). Random House.

Vicary, S., Sperling, M., Von Zimmermann, J., Richardson, D. C., & Orgs, G. (2017). Joint action aesthetics. *Public Library of Science One, 12*(7), e0180101.

Walach, H. (2010). Complementary? Alternative? Integrative? *Forschende Komplementärmedizin, 17*(4), 215–216.

Wilber, K. (2000). *Integral psychology: Consciousness, spirit, psychology, therapy.* Shambhala.

Wolff, E. N. (2017). *Household wealth trends in the United States, 1962 to 2016: Has middle class wealth recovered?* (Working paper number 24085). National Bureau of Economic Research.

Wu, K., & Dunning, D. (2018). Unknown unknowns: The problem of hypocognition. *Scientific American Mind, 29*(6), 42–45.

Kapital 4
Wie man den schlafenden Riesen weckt: Neues Land und der Tanz des TAO

In Kap. 2 haben wir die herkömmliche Art der Finanzierung sozialer und ökologischer Herausforderungen untersucht und den Begriff des „Six-packs" von unterschiedlichen Finanzinstrumenten eingeführt. Dazu gehören Regulierungsbemühungen (Transparenz, Besteuerung, Taxonomie), Impact Funding, hybride Ex-Swap-Strategien und öffentlich-private Partnerschaftsinitiativen zur Bewältigung eines instabilen Finanzsystems. Wir haben auch begründet, warum und wie Geld umverteilt werden sollte. In Kap. 3 haben wir gesehen, dass die Systemtheorie eine andere Perspektive anbietet, bei der das Optimum jedes nachhaltigen Weges zwischen Effizienz und Widerstandsfähigkeit in der „anti-fragilen Zone" eines gegebenen Systems liegt. Darüber hinaus haben wir die geistigen Kapazitäten um Möglichkeiten des menschlichen Gehirns und Verstandes erörtert und dabei zwischen linearem und parallelem Denken unterschieden. In der Tat ist unser Geist und unser Bewusstsein eine unerschöpfliche Ressource in der Lösung von Problemen. Unter Verwendung dieser doppelten Perspektive werden im vorliegenden Kapitel die Aspekte unseres derzeitigen Finanzsystems analysiert, die uns daran hindern, die Liquidität zur Finanzierung unserer Zukunft zu schaffen. Unter Verwendung der SDGs als Orientierungsrahmen schätzen wir im folgenden die erforderliche Menge an zusätzlicher Liquidität, die zur Finanzierung dieser Ziele benötigt wird. Schließlich beschreiben wir den alternativen und ergänzenden Mechanismus der Parallelwährungen, um diese Einschränkungen zu umgehen. Die Entdeckung dieses neuen Weges muss jedoch mit einem besseren Verständnis der globalen Gemeingüter beginnen.

Aus empirischer Sicht kann die Aussicht auf hohe zukünftige Erträge und Einnahmen die Zusammenarbeit in der Gesellschaft fördern. Aus verhaltensorientierter Sicht führen hohe Erträge jedoch auch zu den Herausforderungen des Trittbrettfahrereffekts, des moral hazards und der sogenannten „Tragödie der Gemeingüter". Um diese Diskrepanz zu überwinden, ist ein rechtsverbindlicher und zuverlässiger Mechanismus erforderlich. Dieser Mechanismus muss in der Lage sein, zwei große Herausforderungen zu harmonisieren und miteinander in Einklang zu bringen. Die erste Herausforderung ist das „soziale Paradoxon" der Spieltheorie, das die Spannung zwischen persönlichen bzw. individuellen Interessen einerseits und kollektiven bzw. öffentlichen Interessen andererseits beschreibt. In unserem Szenario einer grünen Parallelwährung, in der die SDGs die kollektive Perspektive darstellen, sollte jede individuelle Aktivität von Anfang an im Einklang mit diesen öffentlichen Gütern, und zwar für alle Beteiligten sieben Tage die Woche und 24 Stunden am Tag.[1] Die zweite Herausforderung betrifft das „moralische Dilemma", das zwischen der Maximierung der individuellen Interessen und der Einhaltung höherer moralischer und ethischer Standards besteht. Hier stellen die SDGs eine Art moralische Landkarte mit Zielen dar, auf deren Umsetzung wir uns als globale menschliche Gesellschaft geeinigt haben. Individuelle Interessen können in diesem Bereich vertreten werden, ohne ethische Standards zu verletzen, da sie nun ein und dasselbe sind. Der Mechanismus, den wir hier beschreiben, erfüllt diese Kriterien.

4.1 Die Tragödie der globalen Gemeingüter

1968 veröffentlichte Garret Hardin eine bahnbrechende Arbeit über die Tragödie der Gemeingüter.[2] Er kam zu dem Schluss, dass jedes Gut, das nicht in ausreichendem Maße von der privaten Nutzung ausgeschlossen werden kann, ein Gemeingut ist und irgendwann entweder übernutzt oder vernachlässigt wird. Dies löste eine jahrzehntelange Debatte aus, die in der Verleihung des Nobelpreises für Wirtschaftswissenschaften an E. Ostrom gipfelte.[3] Diese Diskussion ist heute noch lange nicht abgeschlossen: Die SDGs haben die Frage erneut aufgeworfen, da die meisten, wenn nicht alle dieser Ziele die Merkmale eines Gemeinguts erfüllen. Auch hier stellt sich die Frage: Wie kann dann ein solider und sicherer finanzieller Anreiz zur Änderung dieses Verhaltens gewährleistet werden, wenn ein Gut, ein Anrecht oder eine Dienstleistung, die einen Trittbrettfahrereffekt verursacht, entweder übermäßig genutzt oder vernachlässigt wird?

---

[1] Ein Hinweis für Experten der Systemtheorie: Wenn man die Evolution als einen thermodynamischen Prozess betrachtet, können Wissenschaftler die Frage beantworten, warum und wie sich Organismen zur Kooperation entwickelt haben. Ein Wandel von einem egoistischen Verhalten hin zu einem eher kooperativen Verhalten findet immer statt, wenn der einzelne Organismus beginnt, das Verhalten des benachbarten einzelnen Organismus zu imitieren oder zu übernehmen. Die Forscher nutzten das sogenannte Ising-Spin-Modell, das in der Physik gut bekannt ist. In einer solchen Gefangenendilemma-Situation kann sich jedes Individuum gegenüber seinen stellvertretenden Nachbarn „fehlerhaft oder defektös" oder alternativ auch „kooperativ" verhalten, wobei eine Belohnung für die Kooperation angeboten wird, während es nichts bekommt, wenn es nicht kooperiert. Während sich „defekte" Verhaltensweisen im Laufe der Zeit gegenseitig ausgleichen, breitet sich kooperatives Verhalten unter bestimmten Umständen wie ein Lauffeuer in der gesamten Bevölkerung aus. Dies wird durch die Einführung einer Art von Strafe oder Kosten für diejenigen, die nicht kooperieren, gefördert. Der Mechanismus, den wir hier als das TAO der Finanzen beschreiben, erfüllt die meisten dieser Kriterien und kann auf Gemeingüter angewendet werden. Siehe Adami und Hintze (2018).

[2] Siehe Hardin (1968).

[3] Siehe Ostrom (1990); Ostrom wurde 2009 mit dem Nobelpreis für Wirtschaftswissenschaften ausgezeichnet.

Das Konzept des Gemeinguts ist ein fester Bestandteil sowohl der wirtschafts-wissenschaftlichen Literatur als auch der aktuellen gesellschaftlichen Debatte. Gemeingüter in diesem Sinne lassen sich in zwei große Gruppen einteilen: Einmal ökologische Gemeingüter wie Luft, Wasser, Land und biologische Vielfalt und dann so genannte soziale Güter wie das Recht auf Bildung, Zugang zur Gesundheitsversorgung und Information. Solche sozialen Gemeingüter nehmen dann den Charakter von Menschenrechten an.[4] Die von uns gewählte Taxonomie wird somit zu einer politischen Frage. Sobald eine Gemeinschaft ein Gemeingut als solches definiert, ist es ein Gemeingut.

In beiden Fällen sollten die Menschen Zugang zu diesen Gütern und Dienstleistungen haben und jeder Einzelne sollte gleichen Zugang zu ihnen haben; daher sollten sie im Großen und Ganzen durch die Gemeinschaft finanziert werden. Während über die Definition und die sozialen Auswirkungen von Gemeingütern ein allgemeiner Konsens besteht, gehen die Meinungen darüber, wie sie finanziert werden sollen, weit auseinander.

Es gibt mehrere Gründe, warum wir Gemeingüter im Allgemeinen positiv einschätzen. Sie können eine größere gesellschaftliche Stabilität gewährleisten (wie die Demokratie, oder der Dritte Sektor), sie helfen, private Risiken besser zu bündeln (wie etwa die Gesundheitsversorgung), und sie können die allgemeine Allokationsleistung einer Gesellschaft erhöhen (wie die nationale Sicherheit, das Abwassersystem, Autobahnen oder die Gesundheit). Frische Luft, der Zugang zu medizinischer Grundversorgung und der Schutz der biologischen Vielfalt bleiben letztlich immer gleich, unabhängig davon, welche Art von Wirtschaft wir haben. Nur die Ökonomie und die Finanzierung der Gemeingüter ändert sich.

In der wirtschafts-wissenschaftlichen Diskussion über den besten Umgang mit unseren Gemeingütern dominieren traditionell drei Optionen. Die erste besteht darin, alle Gemeingüter zu privatisieren und damit alle mit ihnen verbundenen Verbindlichkeiten zu beseitigen, indem sie in private Güter umgewandelt werden. Die zweite besteht darin, Gemeingüter zu verwalten, indem der Zugang zu ihnen auf bestimmte Gemeinschaften beschränkt wird. Auf diese Weise werden sie zu Club- oder Genossenschaftsgütern. Diese Form der begrenzten Mitgliedschaft beseitigt eine der Gefahren, denen Gemeingüter ausgesetzt sind, nämlich die Übernutzung. Die dritte Möglichkeit besteht darin, die Nutzung von Gemeingütern durch öffentliche oder staatliche Behörden über Gesetze und Berechtigungen zu regeln. In diesem Fall werden die Gemeingüter durch Steuern, Gebühren, Wohltätigkeit oder Philanthropie mitfinanziert.[5] Im Folgenden wird eine vierte Option beschrieben, bei der neue und andere Geldkanäle zur Finan-

---

[4] Was bei dieser Aufzählung von Gemeingütern oft fehlt, ist die Tatsache, dass das internationale Handels- und Zahlungssystem ebenfalls als Gemeingut betrachtet werden kann. Zentralbanken und Regulierungsbehörden haben die Aufgabe, Instrumente zur Verfügung zu stellen, die für mehr Stabilität, Sicherheit und solide Regulierung sorgen, Liquidität bereitstellen und als Kreditgeber der letzten Instanz fungieren. Dies sind alles Funktionen, die das System des freien Marktes nicht bieten kann; siehe auch McIntosh (2015).

[5] Siehe Heckman (2012)

zierung von Gemeingütern genutzt werden. Genauer gesagt: Die meisten SDGs sind in der Tat Gemeingüter wie saubere Luft und sauberes Wasser, allgemeiner Zugang zur Gesundheitsversorgung, Bildung (einschließlich Vorschulbildung) und Erhaltung der biologischen Vielfalt. Keines der in den SDGs erwähnten Gemeingüter ist exklusiv. Sie sollten für jeden zugänglich sein und von jedem während seines Lebens auf diesem Planeten genutzt werden können. Darüber hinaus ist keines dieser Ziele voneinander getrennt, sondern alle sind miteinander verbunden. Um Gemeingüter zu finanzieren, müssen wir die Fehlentwicklungen des Finanzsystems korrigieren, die uns daran hindern, das Potenzial der Gemeingüter zu nutzen, anstatt sie zu privatisieren. Stellen Sie sich eine Welt vor, in der Luft Privateigentum ist: Jedem Menschen werden 15 Atemzüge pro Minute zugeteilt, wobei die Luft aus einem Tank auf seinem Rücken kommt. Sobald er diese 15 Atemzüge überschreitet, muss er mehr frische Luft kaufen, was bedeutet, dass die Kaufkraft des Einzelnen die Anzahl der Atemzüge bestimmt. Könnte es sein, dass wir den falschen Mechanismus für die richtigen und realen Probleme nutzen? Könnte es sein, dass die Mechanismen der Geldverteilung in einem stabilen Umfeld mit einer hohen Wachstumsrate, geringen externen Effekten und geringer globaler Verflechtung gut funktionieren, dass wir aber jetzt in einer anderen Zeit leben, die andere Maßnahmen erfordert? Ein erster Schritt zu einem besseren Verständnis unserer Gemeingüter ist die Erstellung einer so genannten Gesamtkostenanalyse (GKA).

Kasten 4.1 Die Gesamtkostenanalyse (GKA)
Anstatt nach einer schnellen Lösung zu suchen, können wir beginnen, unseren Horizont zu erweitern und denselben wirtschaftlichen Prozess aus der Perspektive einer Gesamtkostenanalyse (GKA) zu betrachten. Eine solche GKA ist eine parallele Form der Risikobewertung, bei der der gesamte Kontext berücksichtigt wird und nicht nur lineare Benchmarks vor und nach dem Ereignis in Rechnung gestellt werden. In einer vollständig vernetzten Welt ist die traditionelle Form des Herdenverhaltens oder des Lemmingeffekts kostspielig und ineffizient, auch wenn die sozialen und ökologischen Kosten klar identifiziert sind. Eine GKA ändert sowohl die Benchmarks als auch Investitionsstrategien, und wir beginnen, die Wertschöpfungskette so weit wie möglich vor- und nachgelagert zu betrachten. Zum Beispiel kostet Benzin an der Tankstelle etwa 2,00 USD pro liter. Bis zu zwei Drittel dieses Preises entfallen auf die Steuer. Aus Sicht der GKA ist dieser Preis jedoch nicht zutreffend, denn die private, von fossilen Brennstoffen angetriebene Mobilität führt zu Spillover-Kosten in Form von Unfällen, zusätzlicher Krankheitslast und Kli-

mawandel. Diese Kosten werden von der Allgemeinheit getragen, unabhängig davon, ob man ein Auto fährt oder nicht, und sind bis zu 150 % höher als der ursprüngliche Preis, den man an der Tankstelle zahlt, nämlich über 3,50 USD.[6] Das Gleiche gilt für die Landwirtschaft, das Rauchen, den Alkoholkonsum, die Verwendung von Plastik, die Schwerindustrie (Stahl, Aluminium) und andere Industriezweige wie etwa der Agrarsektor. Wenn wir beginnen, die gesamte Wertschöpfungskette aus einer breiteren Perspektive zu betrachten, werden wir am Ende mehr sehen, mehr bewerten und mehr berücksichtigen können.[7]

Wir sollten dieses Argument noch einen Schritt weiterführen und anfangen, zwischen drei verschiedenen Ebenen von Risiken zu unterscheiden: individuelle Lebensrisiken (Gesundheit, Arbeitslosigkeit, Armut, Sicherheit), unternehmerische Risiken (Produkt- und Projekthaftung) und systemische Risiken (Verlust der biologischen Vielfalt, Pandemien, globale Erwärmung oder Luftverschmutzung). Die Gesellschaften entscheiden selbst, in welche Kategorie die einzelnen Risikoereignisse fallen. Ist diese Entscheidung einmal getroffen, erfordert das Risikoprofil jedes Mal einen anderen finanziellen Ansatz. Die billigste Art, individuelle Lebensrisiken zu organisieren, besteht darin, sie durch kollektive Gebühren oder Steuern abzudecken (z. B. kollektive Krankenversicherungen). Systemische Risiken erfordern nationale und internationale Institutionen (z. B. WHO, Weltbank), während unternehmerische Risiken innerhalb einer

---

[6] Zwischen 1900 und 2010 steigerten 20 % der Weltbevölkerung ihren Wohlstand, was mit einem Anstieg des globalen BIP um den Faktor 26 und einem Anstieg des Energie-, Material- und Ressourcenverbrauchs um den Faktor 10–12 verbunden war. Doch das ist Geschichte. Die Schwellenländer stellen heute 60 % der Weltbevölkerung. Bei einem Materialverbrauch von 70 Milliarden Tonnen im Jahr 2010 müssen wir bis 2030 einen Anstieg auf 125 Milliarden Tonnen und bis 2050 auf 180 Milliarden Tonnen an Materialverbrauch erwarten. Wenn wir über eine sozial-ökologische Transformation sprechen, sollten wir solche Daten berücksichtigen. In Anbetracht der Tatsache, dass wir innerhalb der planetarischen Grenzen operieren müssen, kann die GKA zwei Aspekte aufzeigen: Erstens wird sie uns helfen, die globale Wirtschaft zu entkoppeln, da regionale Wertschöpfungsketten billiger sein könnten. Zweitens wird es Regionen auf diesem Planeten geben, in denen weniger Materialdurchsatz erforderlich ist, vor allem in den OECD-Ländern.

[7] Die Kuznets-Kurve, eine umgekehrte U-Kurve, die das Verhältnis zwischen dem Einkommen/ Wohlstand einer Gesellschaft und ihren negativen Auswirkungen (Umweltbelastung) beschreibt, ist nur gültig, solange wir die internationalen Handelsströme nicht berücksichtigen. Sobald wir die Einfuhr von Gütern mit hohem Ressourcenverbrauch (fossile Brennstoffe) berücksichtigen, haben Länder mit hohem Einkommen eine hohe Umweltbelastung. Aus globaler Sicht dürften die OECD-Länder nur ein Einkommens-/Vermögensniveau von Ländern wie Jamaika oder Marokko haben, weil ihr ökologischer Fußabdruck globalisiert werden muß. Wir müssen zwischen eher territorialen (produktionsbezogenen) Emissionen und verbrauchsbezogenen (handelsbereinigten) Emissionen unterscheiden. Es gibt Belege für eine Entkopplung der produktionsbedingten CO_2-Emissionen und des Wachstums, aber noch keine für eine Entkopplung der verbrauchsbedingten CO_2-Emissionen, die mit dem Pro-Kopf-BIP zunehmen, wenn man die Kaya-Summenregel anwendet. Siehe Kaya und Yokobori (1997); Obama (2017); Storm und Schroeder (2018) und Kuznets (1955).

Abb. 4.1 Die getrennte Welt: die private Welt und der unterversorgte Rest (Tuca Vieira (C))

privaten Haftung verbleiben sollten. Der Markt für Credit Default Swaps (CDS) beispielsweise, ein äußerst volatiler und liquider Markt mit einem jährlichen Volumen von 25–65 Billionen USD, kann dabei eine entscheidende Rolle beim privaten De-Risking spielen. Verkaufsoptionen, Termingeschäfte, Arbitragegeschäfte und Leerverkäufe bieten eine Vielzahl von Finanzinstrumenten und Erfahrungen, um die Widerstandsfähigkeit gegenüber schwarzen Schwänen, Unsicherheiten und zunehmenden asymmetrischen Schocks zu erhöhen und den Übergang zu einer grüneren Zukunft zu ermöglichen. Regierungen sind größer als die meisten Unternehmen, haben andere Interessen und Aufgaben und sind nicht wie bessere private Manager, die sich aus der Verantwortung der Unternehmen stehlen können. In der Tat ist die Erhöhung der öffentlichen Schulden, die eine zusätzliche Belastung für künftige Generationen darstellen, oft weniger effizient als das Risikomanagement für Großkunden und Unternehmen. Es sind weniger die CDS selbst als vielmehr ihre unregulierte Form und Größe („over the counter"-OTC), die zu Massenvernichtungswaffen werden können (Warren Buffett) (Abb. 4.1).[8] Was passiert, wenn wir Allgemeingüter nicht in hinreichender Form für alle zur Verfügung stellen, zeigt die·folgende Abbildung.

---

[8] Hinweis: CDS (Credit Default Swaps) beseitigen keine Risiken, sondern verlagern sie von einem privaten Akteur auf einen anderen. Sobald das Risiko der Gegenpartei und das damit verbundene moralische Risiko geklärt sind und die Akteure berücksichtigen können, ob der CDS mit einer physischen Lieferung verbunden ist oder der ganze Vorgang nur eine nominale Transaktion bleibt, kann ein regulierter und maßgeschneiderter CDS-Markt eine Schlüsselrolle bei der Verlagerung, Diversifizierung und Absicherung der in diesem Buch beschriebenen Transformation spielen. Aber nur dann, sobald dagegen der Markt völlig dereguliert ist, werden zu viele Risiken externalisiert und bilden sich am Markt nicht ab.

4.2 Die Finanzierung unserer globalen Allmende

Die am häufigsten bevorzugte Form der Finanzierung unserer Gemeingüter ist die so genannte Ko-Finanzierung, die das Kernargument der meisten, wenn nicht aller ökonomischen Theorien zur Finanzierung sozialer und ökologischer Gemeingüter darstellt. Bei dieser Strategie handelt es sich um eine Art End-of-Pipe-Ansatz, der in den Ingenieurwissenschaften wohlbekannt ist: Wir führen zunächst eine Technologie, einen Lebensstil oder eine Wirtschaftstätigkeit ein, die unserer Umwelt schadet (z. B. Luftverschmutzung), und fügen dann am Ende des Prozesses (d. h. am Ende der „pipe" = Leitung) einen Filter hinzu, um einen zu große Schäden zu vermeiden oder zu minimieren.[9] Die Ko-Finanzierung beruht auf folgendem Grundgedanken: Auf dem Markt frei gehandelte Waren und Dienstleistungen werden besteuert, und diese Einnahmen werden zur Hauptfinanzierungsquelle für Gemeingüter. Nach dieser weithin akzeptierten Auffassung sind unsere globalen Allmende zweitrangig und den Aktivitäten des freien Marktes unter- und nachgeordnet. Nur wenn der Markt ausreichende Erträge und Liquidität generiert und der politische Wille stark genug ist, können Gemeingüter finanziert werden.

Ein Beispiel: Wenn ein Schweinezüchter in einem ländlichen Gebiet einen Betrieb mit 1000 Schweinen gründen möchte, der 30 Arbeitnehmern Arbeit gibt und die Region mit Schweinefleisch versorgt, würden die kommunalen Behörden und die Medien dies als eine innovative Investition ansehen, die Steuererleichterungen und andere staatliche Unterstützung verdient. Wenn jedoch eine gemeinnützige Organisation ein Pflegeheim für 100 Kinder einrichten möchte, die unter elterlicher Vernachlässigung und Bildungsdefiziten leiden, 80 Mitarbeiter beschäftigt und Dutzende weiterer kleiner und mittlerer Unternehmen sowie Hunderte weiterer Familien davon profitieren würden, und genau die gleiche Summe wie in die Schweinefarm investiert würde, würde das Projekt stattdessen als Kosten und Belastung für die Gesellschaft angesehen werden. Dies ist überraschend, wenn man bedenkt, dass Investitionen in die frühe Kindheit für die Gesellschaft als Ganzes eine Rendite von 1:10 bis 1:15 haben. Die Bekämpfung von häuslicher Gewalt hat gar eine noch höhere Rendite (1:50).[10] Das

---

[9] Jedes Ko-Finanzierungsszenario steht vor einem zweifachen Dilemma: In einem Marktgleichgewicht, in dem die Allokation bereits pareto-optimal ist, führt jede Intervention oder Umverteilung zu suboptimalen Ergebnissen. Ist der Markt noch nicht optimal verteilt, führt jeder Eingriff zu einer noch stärkeren Verschlechterung des bestehenden Gleichgewichts. In beiden Szenarien bedeutet die Umverteilung von Liquidität in Richtung Gemeingüter, dass der Nutzen für den privaten Sektor unverhältnismäßig gering ist. Je mehr die Gemeingüter jedoch finanziert werden, desto mehr können sowohl der private als auch der staatliche Sektor von ihren positiven externen Effekten profitieren. Wie dies funktionieren würde und wie das doppelte Dilemma überwunden werden kann, wird in den folgenden Abschnitten erläutert.

[10] Siehe Heckman et al. (2010).

Geschäftsmodell der Schweinefleischindustrie dagegen wird diese Rendite nie erreichen und hat außerdem mehrere negative externe Effekte, wie z. B. einen erhöhten
Wasserverbrauch und negative Auswirkungen auf die menschliche Gesundheit.[11]

Es wird deutlich, dass die Kluft zwischen den erforderlichen Mitteln und den
verfügbaren Geldern so groß ist, dass wir grundlegend neue Wege zur Finanzierung
einer Agenda der Allmende diskutieren und grundlegend neue Kanäle zu ihrer
Unterstützung finden müssen. Um es als rhetorische Frage zu formulieren: Macht es
Sinn, eine politische und wirtschaftliche Agenda zu unterstützen, die darauf abzielt,
Geschlechterungleichheit, Bildungsungleichheit, erzwungene Migration und eine
universelle Gesundheitsversorgung zu überwinden, wenn die bestehenden Kernme-
chanismen (teures Wirtschaftswachstum, Umverteilung von Geld, End-of-Pipe-
Finanzierung) bedeuten, dass es etwa ein Jahrhundert dauern wird, um die angesprochenen Ungleichheit zu überwinden,[12] die Bildungslücke zwischen Brasilien
und Südkorea oder Finnland in der PISA-Auswertung zu schließen, den allgemeinen Zugang zu medizinischer Grundversorgung auszugleichen und weltweit grundlegende Wasser-, Sanitär- und Hygienestandards zu erreichen?[13]

Im Gegensatz zum vorindustriellen Zeitalter, in dem wir in einer großen, langsa-
men, leeren und transparenten Welt lebten, ist unsere heutige Welt klein, schnell, voll
und komplex geworden. Je vernetzter wir sind und je mehr wir uns mit planetarischen
Grenzen auseinandersetzen müssen, desto mehr sehen wir uns mit globalen und gemeinsamen Gütern konfrontiert, die nicht privatisiert werden können. Kurz gesagt: In
unserer vernetzten Welt werden Gemeingüter, die wir alle gemeinsam nutzen, wichtiger als private Güter, die ausschließlich dem Einzelnen gehören. Ein privates Gut
ist auf der Grundlage von privatem Eigenkapital und Eigentumsansprüchen (wie ein
Auto, ein Pool oder eine Unternehmensaktie) mit begrenzter privater Haftung organisiert. Private Güter maximieren den Ertrag, und die Gewinne werden entweder wieder
reinvestiert, konsumiert oder teilweise durch Steuern, Gebühren, Wohltätigkeitsorgani-
sationen oder Verpfändungen umverteilt. In diesem Verständnis sind private Güter so
genannte Positions- oder Luxusgüter. Die Beschaffenheit eines Positionsgutes ist durch
seinen relativen Wert zu einem vergleichbaren Gut oder einer vergleichbaren Dienstleistung eines anderen gekennzeichnet (z. B. ein größeres Auto, ein größerer Pool oder
ein größerer Unternehmensanteil als der Nachbar). Zu beachten ist, dass dieser Prozess

---

[11] Wenn es um die Beseitigung der Armut geht, funktioniert die Umverteilung auf globaler Ebene
nicht. Bei 118 Ländern, die über einen Zeitraum von 40 Jahren untersucht wurden, ist die überwiegende Mehrheit des Einkommenszuwachses (77 %) ausschließlich auf das allgemeine Wirtschaftswachstum zurückzuführen (Dollar et al., 2013).

[12] Siehe Weltbank (2016). Berechnungen haben gezeigt, dass es etwa 100 Jahre dauern würde, um
die Unterschiede zwischen dem globalen Norden und dem Süden in den Bereichen Bildung, Gesundheitsversorgung und Geschlechterfragen auszugleichen, wenn wir das Geld so umverteilen
würden, wie wir es in der Vergangenheit getan haben, wobei 95 % eines jeden globalen Wachstums
in den Norden und 5 % in den Süden gehen. Es gibt andere Wege als die Umverteilung von Geld,
mit denen diese Ziele viel schneller erreicht werden können. Eines dieser Instrumente wird in
diesem Text erläutert (siehe Woodward, 2015).

[13] Siehe Winthrop und McGivney (2015); Weltwirtschaftsforum (WEF) (2018).

letztlich keine Grenzen kennt, da es immer jemanden mit einem größeren Auto, einem größeren Pool oder einem größeren Unternehmensanteil geben wird.[14]

Im Gegensatz dazu haben Gemeingüter eine andere Natur: Gemeingüter sind nicht etwas, das wir umverteilen, sie sind keine Form von Almosen, um die man bitten oder die man verteilen kann, sie sind etwas, auf das jeder Mensch einen (rechtlichen) Anspruch hat. Sobald sie erreicht sind, ist die Aufgabe erfüllt. Wenn zum Beispiel der Schutz der biologischen Vielfalt erreicht, die globale Erwärmung bekämpft und der allgemeine Zugang zur Gesundheitsversorgung organisiert ist, sind diese Gemeingüter vollständig saturiert. Wir müssen dann nur noch den Status quo aufrechterhalten. In diesem Sinne sind Gemeingüter von Natur aus eher zirkulär und regenerativ organisiert. Einmal finanziert, erreicht sie einen sogenannte ‚Ceiling-Effekt' oder eine Deckelung, an welchem dann die Arbeit getan ist. Sie sind ein Mittel zum Zweck und zwingen eine Gemeinschaft nicht dazu, zu wachsen, um ihren Status zu erhalten. Im Gegensatz dazu sind private Güter ein akkumulativer Prozess, der aus kontinuierlichem linearem, exponentiellem und unbegrenztem Wachstum, Erträgen und unersättlichen Wünschen resultiert.[15] Es kommt noch besser: Die Bereitschaft, für Gemeingüter zu zahlen, in nationale und regionale Infrastruktur zu investieren und zwischenmenschliches Vertrauen (Hilfsbereitschaft, Freundlichkeit und Gastfreundschaft) zu fördern, ist auf globaler Ebene erstaunlich hoch. Gemessen in über 140 Ländern auf einer Skala von 1 bis 10 sind die meisten Bürger bereit, für ihr Gemeinwohl zu zahlen, wobei ihre Bereitschaft mit 6–8 von 10 Punkten bewertet wird. Diese empirischen Ergebnisse belegen, dass Gemeinschaften in aller Welt mehr als bereit sind, Gemeingüter zu wertschätzen und für sie zu bezahlen. Es bleibt jedoch immer noch die Frage: Woher soll das Geld kommen?[16]

Gemeingüter werden traditionell durch ihre Ausschließbarkeit, ihren privaten bzw. öffentlichen Charakter und/oder durch ihre falsche oder übermäßige Nutzung infolge des Trittbrettfahrereffekts charakterisiert. Diese Merkmale können jedoch irreführend sein, da sie die wirtschaftliche Nutzung und nicht den inneren Wert von Gemeingütern betonen. Man kann jedoch an dieser Stelle die finanzökonomische Betrachtungsweise ändern. Wir sehen dann, dass Gemeingüter in der Lage sind, die Gesellschaft zu stabilisieren, wie dies beispielsweise in Demokratien oder im gemeinnützigen Sektor der Fall ist. Sie helfen dabei, private Risiken zu bündeln, wie im Gesundheitswesen. Und sie können die allgemeine Allokationsleistung einer privaten Wirtschaft erhöhen, wie dies bei der nationalen Sicherheit, der Kanalisation und den öffentlichen Straßen der Fall ist. So gesehen haben saubere Luft, der

---

[14] Zur historischen Debatte siehe Veblen (1899); Hirsch (1977) und Schneider (2007).

[15] In diesem Sinne sind Gemeingüter Hybride. Sie sind öffentliche Güter mit einer eingeschränkten privaten oder individuellen Haftung, wie der Zugang zu einem öffentlichen Park oder einem kollektiven Gesundheitssystem. Im Gegensatz dazu handelt es sich bei den meisten privaten Gütern um Luxus- oder so genannte Positionsgüter, wie der Besitz eines Autos oder eines Pools. Sie zeichnen sich durch ihren relativen Eigentumswert im Vergleich zu anderen aus und fordern ebenfalls eine Form der privaten Haftung. Siehe Veblen (1899).

[16] A. Dill (2019): https://trustyourplace.com; World Social Capital Monitor 2019, https://sustainabledevelopment.un.org/content/documents/commitments/6686_11706_commitment_World%20Social%20Capital%20Monitor%202019.pdf.

grundlegende Zugang zur Gesundheitsversorgung und der Schutz der biologischen Vielfalt einen Wert an sich, der über die Art des Wirtschaftssystems, in dem sie existieren, hinausgeht. Die Art und Weise, wie wir die Welt betrachten und wie wir sie berechnen und messen, hängt also davon ab, ob wir den gesamten Lebenszyklus von Produkten berücksichtigen und ihre Gesamtkosten, einschließlich der Kosten von Gemeingütern, in Betracht ziehen. In diesem Buch wird ein Gemeingut, sei es ein soziales oder ökologisches, als die nachhaltige Nutzung und der universelle Zugang zu einem Gut, einer Dienstleistung oder einem Recht definiert, welches von einem Gremium von Gleichgesinnten geregelt wird und teilweise über ein anderes finanzielles Anreizsystem als das herkömmliche funktioniert. Ein Gemeingut kann, je nach seiner Natur lokal, regional, national oder global sein.

4.3   Das private Portemonnaie ist nicht das öffentliche Portemonnaie

Wir können dieses Thema auch aus einer anderen Perspektive betrachten: Private Haushalte und Unternehmen brauchen strenge Bilanzrichtlinien, um nicht in Konkurs zu gehen. Aus mikroökonomischer Sicht können private Haushalte und Unternehmen nicht mehr ausgeben, als sie einnehmen. Bei den öffentlichen Haushalten ist das jedoch anders. Wenn wir einen souveränen Nationalstaat haben, der in der Lage ist, Geld zu emittieren, ist das Grundprinzip für die Finanzierung des öffentlichen Haushalts ein völlig anderes als im privaten Sektor: Sie folgt der Idee des *Reverse Financial Engineerings*. Der öffentliche Sektor muss die Projekte identifizieren, die potenziell die größte Rendite für die öffentliche Einrichtung erwirtschaften, und dann das Geld generieren, um sie zu ermöglichen. Die SDGs sind das beste Beispiel dafür. Die Devise lautet daher: Zuerst kalkulieren und investieren und dann besteuern, regulieren und Einnahmen erwarten.

In einem größeren Zusammenhang lässt sich das Wesen der Geldschöpfung am besten als eine komplementäre Beziehung zwischen Schulden und Kapital beschreiben. Schulden beziehen sich vor allem auf die Rückzahlung der betreffenden Kredite an den Eigentümer. Kapital hingegen bezieht sich auf das, was Geld selbst wirken kann. Traditionell betonen wir den Aspekt der Schulden. Die Betonung des Kapitals offenbart jedoch eine völlig andere Perspektive auf dasselbe Phänomen: Wenn 95 % des zusätzlich geschaffenen Geldes in Vermögenswerten angelegt wird, für die die Währungsaufsicht keine weiterführende Rendite verspricht, muss die Bilanz der Zentralbank bereinigt und 95 % der potenziellen Erträge für den Geschäftsbankensektor abgeschrieben werden.[17] Für die Gesellschaft als Ganzes blei-

---

[17] Alle QE-Programme (OMT; SMP; ELA usw.) implizieren eine Art von Haftung, die das Vermögen des Gebers erhöht. Indirekt sind die Steuerzahler reicher geworden, ihre Bilanzen haben sich erhöht. Sobald die Verbindlichkeit jedoch nicht mehr bedient wird, schrumpfen die Bilanzen wieder. Wenn der Geber 90 % abschreiben muss, hat der Steuerzahler immer noch einen Gewinn von 10 % (Sinn & Wollmershäuser, 2012).

ben jedoch immer noch 5 % der realen Nettogewinne übrig. Und wenn diese 5 % in eine gemeinsame Zukunft investiert werden, etwa in den Bau von Krankenhäusern, Kindergärten, Universitäten und öffentlichen Einrichtungen, dann geht es uns besser als ohne sie. Wir sehen also, dass Schulden und Kapital sich gegenseitig ergänzen, so wie viele andere Komponenten unseres Geldsystems auch. Und deshalb ist das private Portemonnaie nicht gleich das öffentliche Portemonnaie. Und wenn sich der öffentliche Geldbeutel wesentlich von dem privaten unterscheidet, was ist dann der Schlüsselindikator für seine Leistungsfähigkeit?

4.4   Den schlafenden Riesen wecken: Die Rentabilität von Investitionen in unsere Gemeingüter

Was ist der Return on Investment (ROI) eines roten Sofas in Ihrem Wohnzimmer? Würde es sich lohnen, dass jenes Sofa eher grün ist? Im Grunde hängt alles davon ab, wie wir die Welt betrachten und wie wir sie berechnen und messen. Es hängt davon ab, ob wir bereit sind, den gesamten Lebenszyklus von Produkten zu betrachten und ihre Gesamtkosten zu berücksichtigen. Wie bereits erwähnt, ist eine bewährte Methode zur Bewertung künftiger Investitionen die Betrachtung der Kapitalrendite.[18] Ganz allgemein beschreibt die Kapitalrendite die wirtschaftliche Leistung des mit einer Investition erzielten Gewinns oder Verlusts, um verschiedene Alternativen zu vergleichen. Kurz gesagt: Wieviel bekommen wir pro investierten Dollar?[19]

Wir wissen seit langem, dass alle Gemeingüter allen Menschen zugutekommen und daher erhebliche Auswirkungen auf die Gesellschaft als Ganzes haben: Staatliche Sicherheit, Autobahnen, Abwassersysteme, öffentliche Forschung und Entwicklung, Zugang zu einer universellen Gesundheitsversorgung oder einfach nur die Bereitstellung eines Kindergartenplatzes können unser Leben enorm verbessern. Aber erst seit kurzem sind wir in der Lage, die potenzielle Rendite von Investitionen in solche Gemeingüter zu messen. Empirische Wirtschaftsanalysen haben ergeben, dass die Rendite von Investitionen in Gemeingüter bei weitem höher ist als in den meisten, wenn nicht gar allen privaten Unternehmen.

---

[18] Der methodische Hintergrund für den Vergleich des ROI von globalen Gemeingütern mit dem S&P 500 oder Staatsanleihen findet sich in D. Kahnemans sogenanntem „Referenzklassen-Prognose-Effekt": Menschen neigen dazu, die Zukunft überoptimistisch einzuschätzen und Risiken, Gewissheiten und Wahrscheinlichkeiten falsch zu bewerten. Kosten, Risiken und Zeitaufwand werden chronisch unterschätzt, während positive Gewinne überschätzt werden. Externe Bewertungen und „outside-the-box"-Perspektiven können das Spektrum erweitern und das Gesamtrisiko und die Investitionsstrategien neu ausrichten und objektivieren. Siehe Flyvbjerg (2008); Kahneman und Tversky (1982).

[19] Der ROI des roten Sofas ist wahrscheinlich gleich Null, was zeigt, dass wir in einem privaten Umfeld kein Problem damit haben, etwas zu kaufen, das keine Rendite abwirft.

Tab. 4.1 Rendite des S&P 500, eines dreimonatigen Schatzwechsels und eines zehnjährigen Schatzwechsels über unterschiedliche Zeiträume

Unterschiedliche Zeitspanne	S&P 500 (%)	3-Monats-Schatzwechsel (%)	10-jähriger Schatzwechsel (%)
1928–2015	11	3	5
1966–2015	11	5	7
2006–2019	8	1	3

Historische Daten aus der Datenbank der Federal Reserve[20] über den arithmetischen Durchschnitt des Standard & Poor's 500 Index im Vergleich zu dreimonatigen und zehnjährigen Schatzwechseln zeigen die Unterschied der Renditen über verschiedene Zeitspannen, die in der oben stehenden Tab. 4.1 dargestellt sind.

Wir sehen also, dass über einen Zeitraum von fast 100 Jahren private und staatliche Anleihen im Durchschnitt eine Rendite von 5–10 % pro Jahr abwarfen. Diese Daten können mit der Rendite von Gemeingütern, wie den in den SDGs enthaltenen Gütern, verglichen werden. In der Tat haben die SDGs eine rechnerische Durchschnittsrendite von 1:15 pro Jahr – bis zu 100 Mal höher als die S&P-Werte oder die Renditen von Schatzwechseln.[21] Der Copenhagen Consensus[22], ein Think Tank, dem mehrere Nobelpreisträger angehören, hat diesbezüglich einige erstaunliche Zahlen vorgelegt: Der ROI des allgemeinen Zugangs zu Verhütungsmitteln liegt bei 1:120; der ROI der Veröffentlichung von Informationen über den Besitz illegaler Finanzströme liegt bei 1:49; der ROI der Ermöglichung einer größeren Migration bei 1:45; und der ROI der Verringerung der Unterernährung von Kindern bei 1:45.

---

[20] Siehe Damodaran (2019).

[21] Ein Beispiel: In einer komplexen Welt, in der es keine einzelnen isolierten Kausalzusammenhänge gibt, kommen die ROIs so vielen Menschen wie möglich zugute: Medikamente gegen Bluthochdruck (1:47); Halbierung der Malariainfektionen (1:36); Forschung zur Ertragssteigerung in der Landwirtschaft (1:34); Verdreifachung der Vorschulbildung in Afrika südlich der Sahara (1:33); mobiles Breitband für Entwicklungsländer (1:17); Verringerung der häuslichen Gewalt (1:17); Auslaufen der Subventionen für fossile Brennstoffe (1:15); moderne Kochgeräte für 750 Millionen Menschen (1:15); verstärkte Migration von Fachkräften (1:15); Verringerung der Luftverschmutzung in Innenräumen durch bessere Öfen (1:10); oder Beseitigung der offenen Defäkation (1:6): siehe Copenhagen Consensus (2019b); keine dieser Strategien kann einzeln herausgegriffen werden, aber in einer Welt, in der alles miteinander verbunden ist, wird die Gemeinschaft als Ganzes enorm profitieren. Aus der Sicht des Arbeitsmarktes ist Arbeitslosigkeit nicht nur eine Verschwendung von Humankapital, sondern auch viel teurer (wenn wir alle direkten und indirekten Kosten berücksichtigen) als die Schaffung von (öffentlichen/subventionierten) Arbeitsplätzen. Der Punkt ist: Das Zahlungssystem muss sich an die Gemeingüter anpassen und nicht umgekehrt. Für allgemeine Informationen siehe Copenhagen Consensus (2019a).

[22] Siehe Lomborg (2017); Bourguignon und Morisson (2002).

Tab. 4.2 Den schlafenden Riesen wecken: ROI in globalen Gemeinschaftsgütern

Da Gemeingüter in den meisten Fällen nicht ausschließbar sind und Trittbrett-fahrereffekte nach sich ziehen, profitiert die Gesellschaft als Ganzes, sobald die Gemeingüter vorhanden sind (Tab. 4.2).[23]

Um ein Gefühl für Verhältnismäßigkeit und Priorität zu bekommen, können wir dieses Argument noch einen Schritt weiterführen. Wenn wir die 17 SDGs und ihre 176 Unterziele nach ROI und Machbarkeit priorisieren, erhalten wir ein Portfolio von Strategien, das uns eine Rendite von circa 1:15 ermöglicht. Das bedeutet, dass die Investition von 100 Milliarden USD 1,5 Billionen USD an sozialen und ökolo-gischen Gütern generiert und damit einen Nutzen schafft, der 10- bis 15- bis 100-mal höher ist als die investierten Dollar – für uns alle. Das ist der Grund, weshalb wir diesen schlafenden Riesen wecken müssen.

---

[23] Preston (1975) bewertete den Unterschied zwischen marktbasierten Privatinitiativen und öffent-lichen Interventionen in verschiedenen Ländern über mehrere Jahrzehnte hinweg im Hinblick auf den Anstieg der Lebenserwartung und das Wirtschaftswachstum. Er kam zu dem Schluss, dass nur ein Viertel des Anstiegs der Lebenserwartung auf die allgemeine Verbesserung des Lebensstan-dards zurückzuführen ist, während drei Viertel auf Bildung, Impfungen, Antibiotika und Vektor-kontrollen, einschließlich Hygienemaßnahmen, zurückzuführen sind. Dies bedeutet, dass die öf-fentliche Gesundheit und wissenschaftliche Innovationen wichtiger sind als individuelle Verbesserungen des Lebensstandards. Siehe auch: *The Lancet* August 5, 1978, 300–301, „Water with sugar and salt", in dem die orale Rehydratationstherapie (ORT) als der bedeutendste medizi-nische Fortschritt des 20. Jahrhunderts bezeichnet wird.

Wenn globale Gemeingüter nachweislich eine so hohe Rendite haben[24] und private und staatliche Investitionen nicht in vergleichbarem Umfang, dann stellen sich zwei weitere Fragen. Erstens: Wie hoch ist der geschätzte Betrag, der benötigt wird, um alle SDGs weltweit vollständig zu erreichen? Und zweitens: Welcher Mechanismus ist erforderlich, um ihr volles Potenzial auszuschöpfen? Könnte es sein, dass der Fehler nicht bei den Gemeingütern selbst liegt, sondern beim gewählten Geldsystem, das uns systematisch daran hindert, ungedeckte Bedürfnisse zu befriedigen und das volle Potenzial freizusetzen, das Gemeingüter für die Menschheit bieten können?

Wie bereits erwähnt, leben wir in einer neuen Ära, dem Anthropozän. In dieser Welt bestimmt der Mensch den geoökologischen Zustand des Planeten. Im Gegensatz zu früheren Epochen sind wir in diesem Zeitalter vollständig miteinander vernetzt und müssen innerhalb der planetarischen Grenzen agieren. Wirtschaftlich gesehen gibt es in einer solchen Welt keine wirklichen externen Effekte mehr, da jeder Akteur jederzeit direkt oder indirekt von möglichen negativen Rückkopplungsschleifen betroffen sein kann. Dies betrifft sowohl das Privateigentum und seine Produkthaftung als auch die Gemeingüter und ihre mögliche Über- oder Unterauslastung. Solange die Wirtschaftsakteure isolierte Subjekte sind und in einem Umfeld agieren, in dem Verluste externalisiert werden können, ist es rational, Gemeingüter als Trittbrettfahrer übermäßig zu nutzen oder zu vernachlässigen, da andere ohnehin die Rechnung bezahlen müssen. In einer vollständig vernetzten Welt ist das Verhalten von Trittbrettfahrern jedoch irrational, da wir uns letztlich selbst schaden. Im Anthropozän ist es rationaler, in die Gemeingüter zu investieren.

Wie können wir also diese Investition tätigen und diesen schlafenden Riesen wecken? Wir wissen, wie man Malaria behandelt, wie man Kinder im Vorschulalter unterrichtet, wie man Abwassersysteme einrichtet, um durch Wasser übertragene Infektionskrankheiten zu vermeiden, wie man Krankenhäuser und Schulen baut und wie man Lehrer und Ärzte ausbildet. Um diesen schlafenden Riesen aus seinem Dornröschenschlaf zu wecken, bedarf es keiner technischen Fähigkeiten, sondern ausreichender Liquidität und Kaufkraft. Jeder, der sich engagiert und in die Entfesselung dieses Giganten investiert, profitiert direkt von dessen Einnahmen. Der egoistische Trittbrettfahrer profitiert wie üblich passiv von den Gemeingütern, verpasst aber die zusätzlichen Gewinne, die nur dann ins Spiel kommen, wenn sich ein Akteur aktiv dafür einsetzt, das volle Potenzial der Gemeingüter selbst zu entfesseln. Kurzum: Im Zeitalter des Anthropozäns ist der kooperative Akteur bessergestellt, während der egoistische, wettbewerbsorientierte Trittbrettfahrer schlicht Zukunftschancen und Gewinne verpasst. Was uns noch fehlt, ist das richtige Finanz-Engineering und die richtigen monetären Anreize und Designs, um zu gewährleisten, dass dieser schlafende Riese geweckt und sein Potenzial zum Nutzen aller entfesselt wird.

---

[24] Hier gibt es eine Verbindung zum Minsky-Argument: Es ist billiger, wirtschaftlich effizienter und nachhaltiger für die Gesellschaft als Ganzes, gezielt Arbeitsplätze zu schaffen, als die steigenden Kosten der Gesundheitsversorgung, der Kriminalität, der sozialen Ausgrenzung, der Ungleichheit und der zusätzlichen negativen Auswirkungen der zunehmenden Arbeitslosigkeit zu finanzieren (Minsky, 1965).

4.5   Die Natur der globalen Gemeingüter: Die Überwindung ihrer Tragödie

Wie gesagt: Ein. Gemeingut ist keine Sache. Es ist eine Konvention, eine Vereinbarung oder eine Regel einer bestimmten Gemeinschaft, die eine Ressource oder einen Anspruch als öffentliche Angelegenheit und nicht als privates Gut organisiert. Sobald eine Gemeinschaft beschlossen hat, etwas den Schutz der biologischen Vielfalt, die Bekämpfung der globalen Erwärmung, den Zugang zur Gesundheitsversorgung oder die Bereitstellung von Vorschulplätzen als öffentliches Gut zu betrachten, ändert sich die wirtschaftliche Logik grundlegend. Ein globales Gemeingut zeichnet sich daher durch die nachhaltige Nutzung oder den Zugang aus, der allen zugänglich sein sollte und durch die beteiligten Peers (lokal, regional, national oder global) geregelt wird.

Die Fehlanpassung zwischen unserem derzeitigen Währungssystem und den globalen Gemeingütern hat zu deren Erosion und teilweiser Zerstörung geführt. Sie hat verhindert, dass ihr wirtschaftliches Potenzial zum Wohle der Menschheit voll ausgeschöpft werden kann. Unsere Aufgabe besteht also darin, den Finanzsektor im Sinne der Nachhaltigkeit an die Natur der Gemeingüter anzupassen. Traditionell haben wir jedoch Nachhaltigkeit als einen Dreiklang aus sozialen, ökologischen und ökonomischen Fragen betrachtet und das Geldsystem außen vorgelassen. Dies ist irreführend. Nachhaltigkeit sollte vielmehr als Trichter betrachtet werden, wie im ersten Kapitel erläutert, um ihre Komplexität besser zu erfassen. Das Geldsystem spielt in der Tat eine zentrale Rolle in unserem Konzept der Nachhaltigkeit, und keine Diskussion über die Zukunft kann die neue Rolle, die das Geld dabei spielen wird, ausklammern. Da Geld ebenfalls kein Ding oder eine Ware ist, sondern etwas, das durch ein Gesetz geschaffen wird (G.F. Knapp), können wir dieses Gesetz auch ändern. Was wir brauchen, ist ein sozialer Mechanismus oder eine Erfindung, die es uns ermöglicht, die zerstörerischen Auswirkungen negativer externer Effekte auf unser Gemeingut und unsere gemeinsame Zukunft zu dämpfen oder gar zu verhindern. Es wurden bereits verschiedene Lösungen vorgeschlagen. Dazu gehören eine einfache „demografische Lösung",[25] bei der wir die Weltbevölkerung stabilisieren und hinreichend ausbilden; eine „technologische Lösung", bei der wir in erneuerbare Energien investieren; eine „Wachstumslösung",[26] bei der wir unsere expansiven wirtschaftlichen Aktivitäten steigern und Vermögen umverteilen; und eine

---

[25] Die absolute Zahl der auf diesem Planeten lebenden Menschen ist jedoch keine geografische Herausforderung. Wenn wir die Bevölkerungsdichte von San Francisco als Maßstab nehmen, mit 6500 Menschen pro Quadratkilometer, würde diese Dichte ausreichen, um über 60 Milliarden Menschen allein auf dem Gebiet der USA zu beherbergen. Es ist weniger die absolute Zahl als der Lebensstil, den wir gewählt haben, und das Verteilungsmuster der vorhandenen Ressourcen, das für unseren Planeten und unsere Spezies entscheidend ist (Lammar, 2013).

[26] Die Erbsünde der ökologischen Wachstumstheorie ist die Illusion der Entkopplung von Ressourcen, Konsum und Produktion von Energie- und Materialinput und -durchsatz. Empirisch gesehen gibt es jedoch global keine absolute Entkopplung von Input und Output, sondern nur eine relative: Für jeden ausgegebenen USD oder Euro haben wir die Ressourceneffizienz in den letzten 30 Jahren um jährlich 1 % gesteigert (Flachenecker & Rentschler, 2018). Da nahezu alle relevanten Mo-

„Governance-Lösung",[27] bei der wir uns für ein globales demokratisches Parlament einsetzen, das einen globalen Wandel reguliert. Auch wenn keine dieser „Lösungen" falsch ist, so sind sie doch zu fragmentiert und isoliert, um zu einem nachhaltigen Wandel hin zu einer besseren Zukunft für den Planeten zu führen.[28]

Ein Gemeingut ist ein Gemeingut und bleibt ein Gemeingut, sobald wir als Weltgemeinschaft es als solches deklarieren. Das gleich gilt auch für ein privates Gut. Privates Kapital ist privates Kapital, sobald wir es als Weltgemeinschaft zum privaten Kapital erklären und definieren. In beiden Fällen – Gemeingüter und Privatvermögen – handelt es sich eben nicht um ein Naturgesetz, sondern um eine gesellschaftliche Konvention, wie eine Vereinsregel oder ein Ehevertrag. Die Finanzierung, die dafür erforderlich ist, ist jedoch unterschiedlich. Anstatt die Natur der Gemeingüter zu verletzen, sollten wir unsere Finanzarchitektur an die Natur der Gemeingüter anpassen und nicht andersherum. Dies erfordert ein Umdenken über die Architektur unseres Geldsystems. Jedoch gibt es mehrere so genannte Lock-in-Effekte, die uns daran hindern, diesen schlafenden Riesen zu entfesseln. Sie werden im nächsten Kapitel erläutert. Um einige unserer Argumente vorwegzunehmen: Ein duales Geldsystem ist erforderlich, um die Rendite von Investitionen in Gemeingüter für unsere Gesellschaft als Ganzes vollständig freizusetzen. Und noch einmal: Wie uns der Taoismus lehrt, sind Parallelisierung und Komplementarität der Schlüssel zu einem besseren Verständnis der Dynamik und der Auswirkungen der Welt um uns herum und in uns selbst; und dies gilt auch für die Beteiligung des Finanzsektors an einer nachhaltigen Zukunft.

> **Die Tragödie der Allgemeingüter liegt folglich nicht im Moral Hazard, in der Übernutzung oder im Trittbrettfahrer-Effekt, sondern im Design unseres Geldsystems, jene Güter zu finanzieren.**

---

dellierungen zeigen, dass die Weltwirtschaft bis 2050 exponentiell wächst (siehe z. B. Economist Intelligence Unit, 2015), wird die absolute Menge des Ressourcenverbrauchs (Energie, Material, Stahl, Landnutzung, seltene Materialien usw.) in absoluten Zahlen weiter steigen.

[27] Dies ist eine Art Gefangenendilemma in der globalen Governance: Auf globaler Ebene befinden wir uns in einem Gefangenendilemma. Wir sind nur bereit, etwas zu ändern, wenn die anderen auch etwas ändern. Da wir keinen institutionellen Anreiz haben, an dem alle Akteure mitwirken (d. h. wir haben keine globale Governance-Struktur, sondern nur Nationen), ist keine globale Kooperation zu erwarten. Um dieses Dilemma zu überwinden, benötigen wir einen Mechanismus, der es jedem ermöglicht, in einer für alle Beteiligten potenziell vorteilhaften Weise zu handeln, unabhängig davon, ob alle Akteure kooperieren oder nicht. Siehe z. B. Lempert und Nguyen (2011) oder Soros (1994). Snidal (1985) liefert eine theoretischere Erklärung dafür, wie das Gefangenendilemma und die Modellierung von Zusammenarbeit uns helfen können, das kooperative Verhalten globaler politischer Institutionen zu verstehen.

[28] Die meisten natürlichen und vom Menschen geschaffenen Gemeingüter erfordern Formen wirtschaftlicher Aktivitäten und rechtliche Anforderungen, die zwischen der herkömmlichen Dichotomie von staatlicher und marktwirtschaftlicher Regulierung liegen. Einfache staatliche Regelungen oder marktwirtschaftliche Lösungen sind zweitrangig. Es kommt auf die Natur der Gemeingüter selbst an. Es gibt konkurrierende und nicht konkurrierende Gemeingüter. Wikipedia, Solarenergie oder die CO_2-Konzentration in der Atmosphäre sind nicht rivalisierend und erfordern andere Regeln als rivalisierende Gemeingüter wie die biologische Vielfalt, der Zugang zur Gesundheitsversorgung oder die Vorschulbildung. Siehe Helfrich und Heinrich-Böll-Stiftung (2012); Ostrom (1990).

Technisch gesehen werden nun zwei weitere Fragen wichtig. Erstens: Wie werden Gemeingüter wie saubere Luft und sauberes Wasser, Gesundheitsversorgung und Bildung derzeit finanziert, und können wir sie besser finanzieren? Zweitens: Gibt es ein soziales Optimum jenseits des gegebenen Gleichgewichts innerhalb der Nutzenfunktion, und können wir ein Pareto-superiores Optimum erreichen, das alle Nebeneffekte und externen Effekte einschließt? Gegenwärtig versuchen wir, dieses Optimum mit Hilfe von bahnbrechenden Technologien, moralischen Geboten, verbesserter Governance, einer besseren demografischen Entwicklung und einfachen Änderungen des Lebensstils zu erreichen. Dennoch gelingt es uns nicht, einen Wandel herbeizuführen. Was ist das fehlende Bindeglied? Bevor wir diese Frage beantworten können, müssen wir zunächst einige Aspekte unseres derzeitigen Finanzsystems identifizieren, die uns daran hindern, angemessene Mengen an Liquidität zu schaffen und sie für globale Gemeingüter einzusetzen. Dabei handelt es sich um so genannte Lock-in-Effekte.

4.6 Multiple Lock-in-Effekte

Der wahrscheinlich wichtigste Faktor, der erklärt, warum die Finanzierung unserer globalen Gemeingüter – der sich aus der Kofinanzierung und dem Geldtransfer zusammensetzt – so gering ist, sind so genannte Lock-in-Effekte:[29] Lock-in bedeutet, dass wir gezwungen sind, einen bestimmten Weg einzuschlagen, selbst wenn dieser Weg gegen unsere Werte verstößt oder in irgendeiner Weise nicht nachhaltig, ungesund oder ungerecht ist. Der Lock-in-Effekt entsteht durch die laufenden Kosten in einem bestimmten Wirtschaftszweig, so dass keine Mittel für die Finanzierung sozialer und ökologischer Projekte zur Verfügung stehen.[30]

Zu den wichtigsten Beispielen für Lock-in-Effekte in unserem Kontext gehört die inhärente Instabilität des Finanzsektors, wo wir mit ständigen Banken-, Wäh-

---

[29] Ein Beispiel: Die Verwirklichung des 2-Grad-Ziels erfordert nur Investitionen in Höhe von 2–3 % des globalen BIP, was mit den weltweiten Militärausgaben vergleichbar ist. Die Subventionen für die fossile Wirtschaft, einschließlich der direkten und indirekten Kosten (hauptsächlich Gesundheitskosten), liegen Schätzungen zufolge in einer ähnlichen Größenordnung von mehreren Billionen von USD. Diese Zahlen zeigen, wie sehr unsere Weltwirtschaft in ihrem derzeitigen Kurs gefangen ist und einen Wandel hin zu einer grüneren Zukunft verhindert. Kosten und zusätzliche Investitionen heben sich gegenseitig auf und verhindern, dass wir einen echten Wandel erreichen.

[30] Das Nash-Gleichgewicht beschreibt eine Situation, in der gegnerische Spieler eine Position erreichen, in der sie aufgrund der gegebenen Regeln nicht mehr in der Lage sind, zusammenzuarbeiten, ohne ihre Position zu beeinträchtigen. Um diesen Lock-in zu überwinden, müssen die Spieler die Spielregeln ändern. Aufgrund der vielfältigen Lock-in-Effekte befinden wir uns derzeit weltweit in einem solchen Nash-Gleichgewicht, wenn es um die Gemeingüter geht. Um es zu überwinden oder aufzulösen, müssen wir ein duales Währungssystem einführen, das die Spielregeln grund-

rungs- und Staatsschuldenkrisen konfrontiert sind, die uns daran hindern, ein stabiles Finanzsystem zu schaffen, das auf solide, faire und grüne Weise funktioniert.[31] Jedes Mal, wenn es zu einer neuen Währungs- oder Finanzkrise kommt, sind es soziale und ökologische Projekte, die als erstes in die Brüche gehen, und die öffentlichen Gelder der Steuerzahler müssen die Last tragen. Die Schattenwirtschaft und die große Zahl illegaler Finanztransaktionen, zu denen Geldwäsche, Menschenhandel, Drogenhandel und die mindestens ein Drittel unseres weltweiten BIP ausmachen, stellen einen weiteren Lock-in Effekt dar.[32] Die Schattenwirtschaft ist weitgehend dereguliert, aber mit dem konventionellen Finanz- und Realwirtschaftssektor verflochten, und dieser informelle Sektor zieht unsere gesamte Gesellschaft dann ständig in die falsche Richtung.[33] Ein weiteres Hindernis sind die Schuldenlast und das derzeitige Subventions- und Steueraufkommen, die uns an einem echten Übergang in eine grüne Zukunft hindern. Unsere globale Schuldenlast beläuft sich auf über 240 Billionen USD, wobei sich die Schulden zu einem Viertel auf die öffentliche Hand, zur Hälfte auf Unternehmen und private Haushalte und zu einem Viertel auf den Finanzsektor selbst verteilen. Diese Schuldenlast verdrängt alternative Investitionsmöglichkeiten,[34] was zu einem Crowding-out-Effekt führt und echte grüne Investitionen verhindert. So hat sich beispielsweise in den OECD-Ländern zwischen 2007 und 2019 die Schuldenlast im Verhältnis zum BIP verdoppelt. Gleichzeitig führen die Höhe der Subventionen einerseits und die Besteuerung andererseits zu Push- und Pull-Effekten, die sich am Ende gegenseitig sterilisieren und einen nachhaltigen Übergang in eine andere Zukunft nahezu unmöglich machen. Derzeit subventionieren wir die fossile Industrie direkt mit rund 500 Milliarden USD pro Jahr. Zu dieser Summe müssen wir weitere 5 Billionen USD (!) an indirekten Subventionen aufgrund der steigenden Gesundheitskosten und der Umweltbelastung durch fossile Brennstoffe

---

legend verändert um das Ergebnis für alle beteiligten Akteure weiter maximiert. Für den Originaltext siehe Nash (1950).

[31] Vier geldpolitische Instrumente stehen zur Verfügung, um eine Schuldenkrise aus der Sicht der öffentlichen Hand zu bewältigen (die so genannte TRAP): erstens der *Transfer von* Geld von einem Sektor zu einem anderen über Steuern oder Gebühren; zweitens die *Re-strukturierung* der Kredite nach verschiedenen Formen der Fälligkeit oder des Ausfalls von Schulden; drittens die Durchführung einer *Austeritätspolitik* in einigen Sektoren, um die Kredite zurückzuzahlen; viertens die *Schaffung (Print) von zusätzlichem Geld* über monetäre Lockerung (QE) Zinssätze oder direkte Ausgaben. Dieser Ansatz zur Beseitigung einer Schuldenfalle erfordert, dass wir das richtige Gleichgewicht zwischen den vier Instrumenten finden. Siehe Dalio (2018).

[32] Die Verluste, die den am wenigsten entwickelten Ländern durch illegale Finanzströme (IFF) zwischen 2004 und 2013 entstanden sind, belaufen sich auf 7,8 Billionen USD, mit einer Wachstumsrate, die doppelt so hoch ist wie die globale Wirtschaftsleistung. Jedem formellen Zufluss von 1 USD – gemessen in Form von öffentlicher Entwicklungshilfe, ausländischen Direktinvestitionen oder Philanthropie – stand im selben Zeitraum ein Abfluss von mehr als 10 USD an IFF aus den Entwicklungsländern gegenüber. Siehe Kar und Spanjers (2015).

[33] Zur Schattenwirtschaft, siehe Mai und Schneider (2016). Zum Schattenbankwesen siehe Adrian und Jones (2018). Zum informellen Sektor siehe Neuwirth (2011).

[34] Siehe Tiftik und Mahmood (2019); Internationaler Währungsfonds (IWF, 2016).

hinzurechnen.[35] Unsere Abhängigkeit von fossilen Energieträgern stellt eine weitere Einschränkung dar: Da mehr als 80 % unserer gesamten Wertschöpfungskette direkt oder indirekt von Öl, Gas oder Kohle abhängen, wird die Besteuerung dieser Wertschöpfungskette, ohne dass realistische Alternativen vorhanden sind, zahlreiche negative Auswirkungen und Spillover-Effekte haben, ohne dass ein echter Lenkungseffekt in Richtung einer grünen Wirtschaft oder eines grüneren Lebensstils eintritt. Wir sitzen auf einer Kohlenstoffblase, die mehreren Billionen USD entspricht, und suchen nach alternativen Investitionen.

Unser Verteidigungs- und Militärkomplex ist ein weiterer solcher Engpass.[36] Jedes Jahr geben wir mehrere Billionen USD aus, um unsere Gemeinwesen voreinander zu schützen. Dies betrifft Millionen von Arbeitsplätzen und bewirkt anhaltende Kriegsführung und asymmetrische Kriegen auf der ganzen Welt. Dann gibt es einen riesigen Sektor in unserer Wirtschaft, der für die Schadensbegrenzung steht, den so genannten „entropischen Sektor". Dieser Sektor spiegelt die Verluste und Kosten wider, die als Folge sozialer Unruhen wie Korruption, Drogen, Gewalt, Terrorismus, Hackerangriffe, extreme Ungleichheit, unverantwortliche Spekulationen, asymmetrische Kriege, Cyberkriege, Umweltzerstörung und erzwungene Migration entstehen. Diese Liste ist absichtlich unvollständig. Entlang unserer Wertschöpfungskette erzeugen wir folglich eine Vielzahl solcher Spillover-Effekte, Externalitäten und Nebenwirkungen, die niemand von vornherein beabsichtigt hat, die aber dennoch verwaltet, repariert und eingedämmt werden müssen. Schätzungen gehen davon aus, dass der entropische Sektor bis zu 20 % unseres globalen BIP ausmacht. Schließlich ist da noch der Landwirtschaftssektor selbst:

> **Kasten 4.2 Industrielle Landwirtschaft und die Bedeutung der Kleinbauern**
> Als Faustformel für die weitere Diskussion zum Thema Big Farming[37] : Bis 2050 werden wir zwei Drittel mehr an Kalorien benötigen, um über 9 Milliarden Menschen zu ernähren. 70–80 % des weltweiten Agrarsektors sind dezentralisiert und basieren auf kleinen und mittleren Unternehmen, die 20–30 % der natürlichen Ressourcen (Wasser, Energie, Land) benötigen. Im Gegensatz dazu sind 20–30 % der Landwirtschaft industriell ausgerichtet und benötigen 70–80 % der Ressourcen und vier Fünftel der Anbauflächen. Die kleinbäuerliche Landwirtschaft schafft 20-mal mehr Arbeitsplätze als die Großlandwirtschaft. In der regionalen und traditionellen Landwirtschaft werden ein bis zwei Kalorien benötigt, um eine Kalorie eines Agrarprodukts zu erzeugen. Die industrielle Landwirtschaft hingegen benötigt etwa 100 Kalorien, um

---

[35] Siehe Edenhofer (2015).
[36] Siehe Shah (2013).
[37] Siehe Knapp und Van der Heijden (2018).

eine Kalorie desselben Produkts zu erzeugen. Hinzu kommt, dass weltweit etwa ein Drittel der gesamten Nahrungsmittelkette verschwendet wird. Von einigen Ausnahmen abgesehen, hat die heimische Landwirtschaft keinen Bedarf, ihre Waren zu exportieren. Wir brauchen einfach keine Subventionen, um Schweinefleisch aus Europa nach China zu exportieren und Erdbeeren in umgekehrter Richtung zu importieren. Unter diesen Bedingungen erzeugt 1 USD in der Lebensmittelproduktion 2 zusätzliche systemische USD an negativen externen Effekten (hauptsächlich Gesundheits- und Umweltkosten). Wenn wir weiter zwischen dem Ertrag pro Saison und dem langfristigen Ertrag unterscheiden, verschärft sich die Situation noch weiter. Hier stellen sich mindestens zwei Fragen: Warum sollten wir die industrielle Landwirtschaft subventionieren, die unter diesem Gesichtspunkt höchst ineffizient ist? Wie können wir eine regionalere Wertschöpfungskette schaffen, die die externen Effekte reduziert? Diese und ähnliche Effekte werden Teil des in Kap. 2 beschriebenen globalen Wechselaneihen (Ex-Swaps)sein, der einen Marktplatz mit weniger negativen Spillover-Effekten schafft und damit für uns alle günstiger ist.

Die folgende Liste fasst nochmals einige der wichtigsten „Lock-in"-Effekte zusammen, die uns daran hindern, den Weg in eine nachhaltigere Zukunft einzuschlagen.

Einige Beispiele für sogenannte Lock-in-Effekte innerhalb der konventionellen Sichtweise, die einen echten Übergang verhindern

* Instabiles Finanzsystem
* Massive illegale Finanztransaktionen
* Schuldenlast, Steuern und Subventionen
* Abhängigkeit von fossiler Energie und die Kohlenstoffblase
* Verteidigungs- und Militärkomplex
* Entropischer Sektor und soziale Unordnung

Diese „Lock-in"-Effekte zeigen, dass eine Steuerung unserer Wirtschaft in Richtung einer nachhaltigeren Zukunft nahezu unmöglich ist, ohne unser derzeitiges Finanz- und Währungssystem zu ändern oder anzupassen. Unter dem derzeitigen System sind wir einfach nicht in der Lage, genügend Liquidität und Kaufkraft für die Durchführung von Großprojekten zu generieren und lösen stattdessen enorme Verdrängungseffekte aus, die das Entstehen dringend benötigter neuer Zukunftsmärkte verhindern.

Wir müssen einen sozialen Mechanismus entwickeln, der die Größe, das Volumen und die Macht hat, nicht nur die globalen Herausforderungen zu bewältigen, sondern unsere globale Wirtschaft in Richtung positiverer externer Effekte und größerer Gerechtigkeit, Frieden und Nachhaltigkeit zu transformieren. Jeder Versuch, unsere Wirtschaftstransaktionen über ein monopolistisches Geldsystem zu steuern und zu organisieren, ist aus ökonomischer Sicht irrational, da die Kosten der inhärenten Instabilität des Finanzsystems,[38] die Kosten des entropischen Sektors, d. h. die Kosten für die Schadensbegrenzung und die Fehlanpassungen der Schattenmärkte nicht ausreichend korrigiert werden können, was wiederum weitere negative Spillover-Effekte verursacht. Und keiner dieser Lock-in-Effekte ist billig. Ganz im Gegenteil: Steuerzahler, Verbraucher, Bürger in Entwicklungsländern, künftige Generationen und unser Planet werden die Rechnung bezahlen. Es ist nicht nur eine rhetorische Frage: Wie lange können wir uns dieses traditionelle Geldmonopol noch leisten? Die Auswirkungen dieser mehrfachen Verriegelungen und Pfadabhängigkeiten verhindern einen wirklichen transformativen Wandel.

4.7 Die Kaufkraft hat Vorrang vor der Preisbildung

Um besser zu verstehen, warum die oben erwähnte zusätzliche Liquidität erforderlich ist und welche Auswirkungen sie auf unsere gemeinsame Zukunft haben kann, müssen wir einen Schritt zurück treten und den Unterschied zwischen Preis und Kaufkraft näher betrachten. Ersterer ist ein qualitativer, letzterer ein eher quantitativer Parameter. Wir brauchen immer beide, aber aus einer makroökonomischen Sicht überwiegt der zweite Parameter den ersten. Das Preissignal ist das mächtigste Instrument, das in jeder Marktwirtschaft mikroökonomisch zur Verfügung steht, um ein Pareto-Optimum zu erreichen und bei dem Waren und Dienstleistungen auf die effizienteste Weise zugeteilt werden. Dies gilt für Löhne, Prämien, Waren, Dienstleistungen und Zinssätze. Allerdings ist der Preismechanismus selbst dysfunktional, wenn es um künftige Generationen, die Natur und die Mehrheit der heutigen Weltbevölkerung geht. Die Preise folgen immer der Kaufkraft. Man kann sagen: die Qualität des mikroökonomischen Preises folgt der Quantität der makroökonomischen Kaufkraft. Zehn Prozent der Weltbevölkerung besitzen 90 % des Reichtums, und 20 % der Weltbevölkerung verdienen 70 % des Einkommens und verbrauchen zwei Drittel aller globalen Ressourcen. Dies führt dazu, dass im Umkehrschluss 80–90 % der Weltbevölkerung kein ausreichendes Einkommen erzielen können und ihnen somit die Kaufkraft fehlt, um Wohlstand zu schaffen und Zugang zu notwendigen Ressourcen zu erhalten.[39] Ein Beispiel: Eine Jeans kostet in einem Discounter im globalen Norden 100 USD. Nur 5 % dieses Preises verbleiben bei denjenigen, die die Jeans im globalen Süden produziert haben. Und solange zwei volle Tanks Biodiesel im globalen Norden den Betrag kosten, den ein afrikanischer Bürger zum Überleben für ein ganzes Jahr benötigt, wird der globale Süden niemals in der Lage sein, genügend Kaufkraft zu schaffen, um seiner Bevölkerung eine vernünftige Lebensgrundlage zu sichern. Um diese Kaufkraftasymmetrie zu beheben, ist in erster Linie zusätzliche Liquidität erforderlich, um

---

[38] Siehe Laeven und Valencia (2013); Lietaer et al. (2012).

[39] ILO, Abteilung für Statistik (2019); Shorrocks et al. (2018).

der Mehrheit der Weltbevölkerung eine faire Chance auf wirtschaftliche Teilhabe zu geben, bei der die reale Kaufkraft eine angemessene Marktallokation und Preisbildung ermöglicht und nicht umgekehrt. Noch wichtiger ist, dass es sich bei dieser Fehlfunktion des Preissignals nicht um ein Marktversagen handelt, wie es oft genannt wird, sondern vielmehr um das Fehlen eines adäquaten Marktsystems selbst.[40]

Oder anders gefragt: Warum steigt die Zahl der hungernden indischen Bürger durch den erhöhten Konsum von Quinoa in Europa und Nordamerika? Die zunehmende Beliebtheit des südamerikanischen eiweißreichen Getreides Quinoa in Europa und Nordamerika hat dazu geführt, dass die Südamerikaner nicht mehr in der Lage sind, ihr eigenes Quinoa zu kaufen. Stattdessen wird es wegen des höheren Preises, den es erzielen kann, exportiert, und die einheimische Bevölkerung muss dann auf importierten Reis aus Indien zurückgreifen, der weniger teuer ist. Infolgedessen steigt die Zahl der unterernährten indischen Bürger-Innen und der globale ökologische Fußabdruck nimmt zu. Dieser Wertschöpfungsvorgang ist ineffizient und irrational.[41] Wenn es in Südamerika genügend Kaufkraft gäbe, würden in Indien weniger Menschen hungern. Auch hier gilt: Der Preis folgt der Kaufkraft und nicht umgekehrt. In Situationen, in denen die Geldmenge ungleich verteilt ist, ist das Preissignal also nicht die einzige Möglichkeit, das Gesamtsystem zu korrigieren oder auszugleichen. Quantitative Veränderungen der verfügbaren Geldmenge können das System ebenfalls ausgleichen, wenn wir verschiedene Geldkanäle parallel nutzen – ähnlich wie ein Fahrrad, das mit zwei Rädern mehr Gleichgewicht und Stabilität besitzt. Mit anderen Worten: Es gibt über 8 Milliarden Menschen auf diesem Planeten in über 200 Nationalstaaten. Sie sprechen über 6000 Sprachen, haben Hunderte verschiedener kultureller Identitäten und mehr als ein Dutzend unterschiedlicher religiöser Glaubenssysteme. Es gibt jedoch nur vier Hauptkategorien, die das Einkommen und die Kaufkraft weltweit beschreiben: etwa 1 Milliarde Menschen leben von 1 USD pro Tag, 3 Milliarden Menschen von 4 USD pro Tag, weitere 2 Milliarden von 16 USD und etwa 1 Milliarde von über 32 USD pro Tag. Zu beachten ist, dass jeder Dollar eine andere Grenznutzenfunktion hat, je nachdem, auf welchem Niveau man lebt.[42]

Eine höhere Kaufkraft wirkt sich positiv auf Lebenserwartung, Bildungsniveau, Geburtenrate, Gesundheit, Geschlechtersensibilität und Demokratie aus. Sie hat so-

---

[40] Siehe Shorrocks et al. (2018) und ILO, Department of Statistics (2019). Das Einkommen in den OECD-Ländern fällt in das obere Fünftel der weltweiten Einkommensklasse. Das ärmste Zehntel der Norweger gehört jedoch immer noch zum reichsten Zehntel der Einkommensklasse. Im Vergleich dazu ist das „Hundeland" ‚Dog-land' (Ausgaben für Hunde) ein Land mit mittlerem Einkommen (reicher als 40 % der Welt), gemessen an der Kaufkraftparität (KKP). Wir müssen zugeben, dass es global gesehen nicht viel umzuverteilen gibt. Korzeniewicz und Moran (2009); Lessenich (2019).

[41] Ein weiteres Beispiel soll dies verdeutlichen: Empirisch gesehen würde sich die Zwangsmigration von Afrika nach Europa aus wirtschaftlichen Gründen bei einem durchschnittlichen Pro-Kopf-BIP von 7000–9000 USD pro Jahr einstellen. Bei dem derzeitigen Niveau von 3500 USD pro Kopf würde es bei einer Wachstumsrate von 3 % pro Jahr etwa 25–30 Jahre dauern, um dies auszugleichen. 39 der 47 Länder südlich der Sahara, für die Daten vorliegen, haben ein jährliches Pro-Kopf-Einkommen von unter 7000 USD. Im Jahr 2030 werden 35 Länder immer noch unter diesem Richtwert liegen (vgl. Dadush et al., 2017). Wir brauchen einen völlig anderen Mechanismus, um Zwangsmigration und alle damit verbundenen Probleme zu vermeiden.

[42] Gapminder (2018).

mit einen weitaus größeren Einfluss auf diese Variablen als der kulturelle Kontext, in dem wir Menschen leben.[43] Wir werden im Folgenden sehen, dass die Einführung eines Parallelwährungssystems das Problem der unzureichenden Kaufkraft in Teilen lösen kann. Es ist nicht voreingenommen gegenüber einer bestimmten Kultur oder Nation, Religion, einem wirtschaftlichen oder politischen System. Es geht einfach darum, die Kaufkraft von Milliarden von Menschen zu erhöhen, die derzeit keinen Zugang zu hinreichendem Wohlstand, Wohlbefinden und Wohlfahrt haben.

4.8 Schlussfolgerung: Das Geld, der Mechanismus und die Maßnahmen

Wir werden in diesem Zusammenhang anfangen, zwischen drei weiteren Aspekten zu unterscheiden: Erstens, woher wird das Geld für unsere gemeinsame Zukunft kommen? Wird es privates, öffentliches oder zusätzliches, paralleles Geld sein, wie in unserem „Sixpack" beschrieben? Zweitens: Welcher Mechanismus kann garantieren, dass das zusätzlich geschaffene Geld auch dort ankommt, wo es hinsoll? Wie sieht die Technologie und wie sehen die Geldkanäle aus? Drittens: Welche positiven Maßnahmen können daraus resultieren? Können wir davon ausgehen, dass das eingenommene Geld und der installierte Mechanismus dazu beitragen werden, unsere Gesellschaft in eine bessere Zukunft zu führen? Und was ist dann das Ergebnis von all diesen Maßnahmen? Das Geld, der Mechanismus und die Maßnahmen sind also die drei Aspekte, auf denen wir in den nächsten Kapiteln aufbauen werden. Gibt es

---

[43] Nehmen wir die Gesundheitsversorgung für alle: Jedes kollektive Gesundheitssystem wird immer Ressourcen von den Gesunden zu den Kranken, von den Jungen zu den Alten und sehr Jungen, von den Reichen zu den Armen, von den Berufstätigen zu den Arbeitslosen, von den Ausgebildeten zu den Ungebildeten transferieren – immer (!). Die Kluft zwischen dem Wissen über medizinische Heilmethoden, Vorbeugung und Diagnose und ihrer Umsetzung in der Gesellschaft war jedoch noch nie so groß wie heute. Als Gesellschaft wussten wir noch nie so viel über Diabetes, Bluthochdruck, Krebs, COPD, psychische Störungen und Infektionskrankheiten oder über Laborbefunde, Chirurgie, Krankenpflege und innere Medizin. Trotzdem ist unsere Generation nicht in der Lage, ihr Potenzial für die gesamte Menschheit zu entfalten, und zwar nicht wegen eines Mangels an medizinischem oder pädagogischem Wissen, sondern wegen des Geldsystems. 50 % der Weltbevölkerung haben keinen Zugang zu grundlegender medizinischer Versorgung; 9 von 10 Bürgern in Entwicklungsländern haben keinen Zugang zu grundlegender chirurgischer Versorgung; 85 % der Patienten mit schweren psychischen Störungen erhalten keine Behandlung; und noch immer verlieren wir täglich etwa 20.000 Menschen an Krankheiten, die mit WASH (Wasser/Sanitär/Hygiene) zusammenhängen. Etwa ein Fünftel der gesundheitsbezogenen SDGs wurde erreicht, was bedeutet, dass vier Fünftel nicht erreicht wurden. Wir sollten uns darüber im Klaren sein, dass die Zahlungen aus eigener Tasche, sogenannten ‚out of pocket'- Zahlungen (500 Milliarden USD jährlich) eine enorme Geldverschwendung darstellen. (40 % werden direkt verschwendet.) Wenn das System Risiken bündeln würde, könnten die Kosten gesenkt werden, und die Situation wäre für alle viel besser. Für die 100 wichtigsten medizinischen/gesundheitlichen Prioritäten benötigen wir für die unterste Milliarde Menschen zusätzlich 25 USD pro Jahr und Kopf. 1 Milliarde Menschen geben mehr als 10 % ihres Einkommens für die Gesundheit aus, und etwa 100 Millionen werden dadurch in die Armut getrieben. Berücksichtigt man darüber hinaus die starke wechselseitige Korrelation zwischen Gesundheit und Wirtschaftswachstum, benötigen wir mehr gezielte Liquidität,

einen anderen Mechanismus als die herkömmliche Finanzierung, aber ohne Lock-in-Effekte und sequentielles Denken, mit dem die SDGs finanziert werden können? Und wie würde er aussehen? Kurz: Woher können wir das Geld nehmen, um diesen gewaltigen globalen Wandel zu vollziehen?[44] Bei der Gestaltung eines neuen Finanzsystems müssen wir unter Berücksichtigung der vorläufigen Ergebnisse dieses Buches Erkenntnisse aus der Systemtheorie berücksichtigen, etwa die Zusammenhänge zwischen Effizienz und Widerstandsfähigkeit oder die anti-fragile Zone, damit wir aus Fehlern lernen können, um die Integrität des Systems zu verbessern. Darüber hinaus müssen wir die Erkenntnisse der Psychologie anerkennen, die zeigen, dass wir über ein duales Gehirn verfügen, das in zwei verschiedenen, aber miteinander verflochtenen Modi arbeitet, und über zwei wichtige Denkweisen (System 1 und System 2), die unterschiedliche Frames für die Bewältigung unserer Realität bieten;[45] wir benötigen immer beide Modi und Systeme, um in einem komplexen und wettbewerbsorientierten Umfeld zu überleben. Wir müssen auch die Tatsache berücksichtigen, dass Menschen am stärksten motiviert sind, Veränderungen zu akzeptieren und zu verfolgen, wenn sie einen Sinn in ihren Aktivitäten erkennen können, wobei Selbstwirksamkeit und intermittierende Verstärkungen wichtiger sind als Bestrafung (wie Steuern oder Gebühren) und extrinsische Motivationen (wie Bonusprogramme oder Subventionen). Eine weitere Tatsache ist, dass wir lernen werden müssen, mit dem System zu tanzen, anstatt es zu regulieren oder zu kontrollieren, um mit der Unsicherheit umzugehen. Das folgende Schaubild veranschaulicht, woher das Geld kommen sollte, welche zusätzlichen Mechanismen involviert sind und wie die möglichen Ergebnisse gemessen werden können (Abb. 4.2).

Jedes neue Finanzkonzept sollte sich der Tatsache bewusst sein, dass das bestehende Geldsystem in Bezug auf unser Verhalten nicht neutral ist. Es favorisierte eine kurzfristige Betrachtung, zwingt uns zum expansiven Wachstum, begünstigt

---

um Gesundheit für alle zu gewährleisten. Ein Parallelwährungssystem kann genau das bieten. Siehe *The Economist* (2018).

[44] Es gibt verschiedene Möglichkeiten, dasselbe Phänomen zu betrachten: Aus einer reinen Marktperspektive leiden 1,45 Milliarden Menschen an multidimensionaler Armut (UNDP, 2019), 1,9 Milliarden müssen mit weniger als 3,20 USD pro Tag für Nahrung, Unterkunft und Wohnung auskommen (Weltbank, 2018), 170 Millionen sind arbeitslos (ILO, 2019) und weitere 140 Millionen sind unterbeschäftigt. 4,5 Milliarden Menschen haben keinen Zugang zu sicheren sanitären Einrichtungen, und 50 % der Weltbevölkerung haben keinen Zugang zu grundlegender medizinischer Versorgung. Diese nackten Zahlen offenbaren ein riesiges unterversorgtes, unerfülltes Potenzial und einen enormen Bedarf. Aus dieser Perspektive betrachtet ist die Welt in hohem Maße deflationär und benötigt angemessene Liquidität, um zusätzlichen Wohlstand zu schaffen.

[45] Zu den zentralen Erkenntnissen der experimentellen und klinischen Psychologie gehören sicherlich die Erkenntnisse über so genannte „Frames" (Lakoff & Johnson, 1980). Frames funktionieren wie Landkarten im Gehirn und sind immer selektiv und kontextabhängig. Wir sprechen über das, was wir sehen, aber wir sehen nur das, worüber wir denken und sprechen können. Alle Frames haben eine physiologische Komponente, bei der die geistige Eigenschaft mit sensorischen, taktilen, emotionalen oder geschmacklichen Erfahrungen verknüpft ist. Wenn wir von „begreifen", „handhaben" oder „ablehnen" sprechen, ist unser prämotorischer Kortex für genau diese körperlichen Vorgänge aktiv kodiert, und wenn wir von einem „knoblauchartigen Geruch" oder einer übel

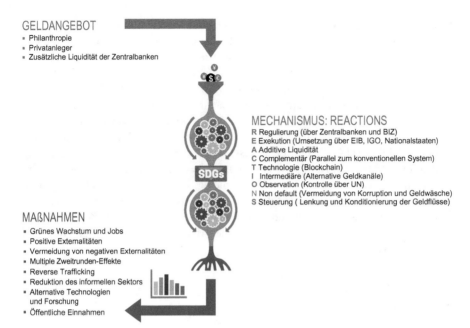

GELDANGEBOT
- Philanthropie
- Privatanleger
- Zusätzliche Liquidität der Zentralbanken

MECHANISMUS: REACTIONS
R Regulierung (über Zentralbanken und BIZ)
E Exekution (Umsetzung über EIB, IGO, Nationalstaaten)
A Additive Liquidität
C Complementär (Parallel zum konventionellen System)
T Technologie (Blockchain)
I Intermediäre (Alternative Geldkanäle)
O Observation (Kontrolle über UN)
N Non default (Vermeidung von Korruption und Geldwäsche)
S Steuerung (Lenkung und Konditionierung der Geldflüsse)

MAßNAHMEN
- Grünes Wachstum und Jobs
- Positive Externalitäten
- Vermeidung von negativen Externalitäten
- Multiple Zweitrunden-Effekte
- Reverse Trafficking
- Reduktion des informellen Sektors
- Alternative Technologien
  und Forschung
- Öffentliche Einnahmen

Abb. 4.2 Geld, der zusätzliche, parallele Mechanismus und die möglichen Auswirkungen und Effekte

prozyklische Tendenzen, verstärkt die Ungleichheit und ist in seiner jetzigen Form inhärent instabil, wie in den vorangegangenen Kapiteln erläutert. Wir müssen noch stärker berücksichtigen, dass die vorhandenen konventionellen Instrumente, einschließlich Regulierungsmaßnahmen, Steuer-gesetzgebungen, Subventionen und privates Engagement zwar einen wichtigen Beitrag leisten, aber in Bezug auf Umfang, Geschwindigkeit und Kapazität völlig unzureichend sind, um den Wandel zu steuern und zu gewährleisten. Darüber hinaus müssen wir die zahlreichen Lock-in-Effekte berücksichtigen, die derzeit künftige Initiativen blockieren und uns daran hindern, einen echten Wandel zu erreichen. Und wir müssen uns schließlich mit

---

riechenden Jauchegrube sprechen, werden auch die entsprechenden Bereiche des Riechhirns aktiv. In der Fachsprache wird dies als „embodied cognition" oder „embodied thinking" bezeichnet (Niedenthal et al., 2005). Es gibt kein Denken ohne somatischen Bezug. Aber es geht noch weiter: Wenn wir über die Zukunft sprechen, neigen wir dazu, uns in unserer Haltung nach vorne zu lehnen, wenn wir über die Vergangenheit sprechen, neigen wir dazu, uns nach hinten zu lehnen, weil wir gelernt haben, die Zeitwahrnehmung und ihre konzeptuelle Version mit einer räumlichen Komponente zu versehen, die sich direkt in der Körperwahrnehmung ausdrückt (Miles et al., 2010). Es genügt bereits, die Stühle in einem Sitzungssaal so zu manipulieren, dass sie entweder leicht nach links oder nach rechts geneigt sind, um eine signifikante politische Positionierung zugunsten einer eher konservativen (rechts) oder eher progressiven (links) Haltung einzunehmen (Oppenheimer & Trail, 2010). Hätten wir unterschiedliche Frames, würden wir eine andere Sprache sprechen und folglich auch anders handeln. Es wurden über 200 solcher Frames beschrieben, von denen die meisten irrational sind (Wehling, 2016). Diese mentalen Frames haben den Zweck, das innere Bild mit der äußeren Realität in Einklang zu bringen. Je besser sie übereinstimmen, desto besser können wir mit der Realität umgehen. Derzeit stimmen unsere inneren Bilder nicht mit der äußeren Realität überein.

dem schlafenden Riesen unseres globalen Gemeinwesens befassen, über den niemand spricht und den wir derzeit noch nicht zum Leben erweckt haben. Jedes künftige monetäre Design muss es den Akteuren ermöglichen, wirtschaftliche Entscheidungen zu treffen, die relativ zielgerichtet, widerstandsfähig und antizyklisch sind, so dass innerhalb kurzer Zeit eine kritische Masse erreicht werden kann.

Und all dies sollte innerhalb von 12–15 Jahren geschehen, damit 8 Milliarden Menschen rund um die Uhr in eine bessere Zukunft steuern können. Und in Anbetracht der von uns behaupteten Verbindung zwischen dem TAO und dem Finanzwesen muss all dies schließlich mit der Gesamtphilosophie des Taoismus in Einklang stehen, in der Dualität, Komplementarität und die Idee der Integration von Gegensätzen eine unverzichtbare Schlüsselrolle spielen. Kurz gesagt: Jedes künftige monetäre System muss einen kollektiven, prä-distributiven, parallelen monetären Mechanismus begünstigen, der all dies integriert und gleichzeitig die freie Marktwirtschaft und die Rolle der öffentlichen Hand in Einklang bringt. Dies wird das Thema des nächsten Kapitels sein.

Literatur

Adami, C., & Hintze, A. (2018). Thermodynamics of evolutionary games. *Physical Review E, 97*(6) https://arxiv.org/abs/1706.03058. Zugegriffen am 12.02.2022.

Adrian, T., & Jones, B. (2018). Shadow banking and market-based finance. *IMF Departmental Paper, 18*(14) https://www.imf.org/en/Publications/Departmental-Papers-Policy-Papers/Issues/2018/08/01/Shadow-Banking-and-Market-Based-Finance-45663. Zugegriffen am 12.02.2022.

Bourguignon, F., & Morrison, C. (2002). Inequality among world citizens: 1820–1992. *American Economic Review, 92*(4), 727–744.

Copenhagen Consensus. (2019a). *Post-2015 consensus.* https://www.copenhagenconsensus.com/post-2015-consensus. Zugegriffen am 12.02.2022.

Copenhagen Consensus. (2019b) *The economist.* https://www.copenhagenconsensus.com/post-2015-consensus/economist. Zugegriffen am 12.02.2022.

Dadush, U., Demertzis, M., & Wolff, G. B. (2017). *Europe's role in North Africa: Development, investment and migration* [No. 2017/10]. Bruegel Policy Contribution.

Dalio, R. (2018). *A template for understanding big debt crisis.* Bridgewater, Greenleaf Book Group.

Damodaran, A. (2019, January 5). *Annual returns on stock, T. bonds and T. bills: 1928–Current.* Federal Reserve Database. http://pages.stern.nyu.edu/~adamodar/New_Home_Page/datafile/histretSP.htmlZugegriffen am 12.02.2022.

Dill, A. (2019). *World social capital monitor.* https://sustainabledevelopment.un.org/content/documents/commitments/6686_11706_commitment_World Social Capital Monitor 2019.pdf. Zugegriffen am 12.02.2022.

Dollar, D., Kleineberg, T., & Kraay, A. (2013). *Growth still is good for the poor* [Policy Research Working Paper 6568]. World Bank. https://openknowledge.worldbank.org/bitstream/handle/10986/16001/WPS6568.pdf?sequence=1. Zugegriffen am 12.02.2022.

Economist. (2018, April 28). Within reach: Universal healthcare, worldwide [Print edition]. *Economist.*

Economist Intelligence Unit. (2015). *The economist.* https://espas.secure.europarl.europa.eu/orbis/sites/default/files/generated/document/en/Long-termMacroeconomicForecasts_KeyTrends.pdf. Zugegriffen am 12.02.2022.

Edenhofer, O. (2015). King Coal and the queen of subsidies. *Science, 349*(6254), 1286–1287. https://doi.org/10.1126/science.aad0674

Flachenecker, F., & Rentschler, J. (Hrsg.). (2018). *Investing in resource efficiency: The economics and politics of financing the resource transition.* Springer.

Flyvbjerg, B. (2008). Public planning of mega-projects: Overestimation of demand and underestimation of costs. In H. Priemus, B. Flyvbjerg & B. van Wee (Hrsg.), *Decision-making on mega-projects.* Edward Elgar Publishing. https://doi.org/10.4337/9781848440173.00014. ISBN 9781848440173.

Gapminder. (2018, March 9). *Four income levels.* Retrieved September 20 2019. https://www.gapminder.org/topics/four-income-levels/. Zugegriffen am 12.02.2022.

Hardin, G. (1968). The tragedy of the commons. *Science, 162*(3859), 1243–1248.

Heckman, J. J. (2012). Invest in early childhood development: Reduce deficits, strengthen the economy. *The Heckman Equation, 7,* 1–2.

Heckman, J. J., Moon, S. H., Pinto, R., Savelyev, P. A., & Yavitz, A. (2010). The rate of return to the high scope Perry preschool program. *Journal of Public Economics, 94*(1–2), 114–128.

Helfrich, S., & Stiftung, H. B. (Hrsg.). (2012). *Commons: Für eine neue Politik jenseits von Markt und Staat.* Transcript.

Hirsch, F. (1977). *Social limits to growth.* Routledge and Kegan Paul.

ILO. (2019). *World employment social outlook: Trends 2019.* [Executive summary]. Geneva. http://www.ilo.org/wcmsp5/groups/public/%2D%2D-dgreports/%2D%2D-dcomm/%2D%2D-publ/documents/publication/wcms_670554.pdf. Zugegriffen am 12.02.2022.

ILO, Department of Statistics. (2019, July). The global labour income share and distribution. Geneva: ILO. https://www.ilo.org/ilostat-files/Documents/LIS%20Key%20Findings.pdf. Zugegriffen am 12.02.2022.

IMF. (2016). *Fiscal monitor. Debt: Use it wisely.* Washington, DC. https://www.imf.org/en/Publications/FM/Issues/2016/12/31/Debt-Use-it-Wisely. Zugegriffen am 12.02.2022.

Kahneman, D., & Tversky, A. (1982). Intuitive prediction: Biases and corrective procedures. In D. Kahneman, P. Slovic & A. Tversky (Hrsg.), *Judgment under uncertainty: Heuristics and biases.* Cambridge University Press.

Kar, D., & Spanjer, J. (2015, December). *Illicit financial flows from developing countries: 2004–2013.* Global Financial Integrity. https://financialtransparency.org/wp-content/uploads/2016/03/IFF-Update_2015-Final-1.pdf. Zugegriffen am 12.02.2022.

Kaya, Y., & Yokobori, K. (1997). *Environment, energy, and economy: Strategies for sustainability.* United Nations University Press.

Knapp, S., & Van der Heijden, M. G. (2018). A global meta-analysis of yield stability in organic and conservation agriculture. *Nature Communications, 9*(1), 3632.

Korzeniewicz, R. P., & Moran, T. P. (2009). *Unveiling inequality: A world-historical perspective.* Russell Sage Foundation.

Kuznets, S. (1955). Economic growth and income inequality. *The American Economic Review, 45*(1), 1–28.

Laeven, L., & Valencia, F. (2013). Systemic banking crises database. *IMF Economic Review, 61*(2), 225–270.

Lakoff, G., & Johnson, M. (1980). *Metaphors we live by.* University of Chicago Press.

Lammar, R. (2013). *Das ist unsere Welt: Der Mensch im 21. Jahrhundert.* Books on Demand GmbH.

Lancet. (1978). Water with sugar and salt. *Lancet, 312,* 300–301.

Lempert, D., & Nguyen, H. (2011). The global prisoners' dilemma of unsustainability: Why sustainable development cannot be achieved without resource security and eliminating the legacies of colonialism. *Sustainability: Science, Practice and Policy, 7*(1), 16–30.

Lessenich, S. (2019). *Living well at others' expense: The hidden costs of western prosperity.* Polity Press.

Lietaer, B., Arnsberger, C., Goerner, S., & Brunnhuber, S. (2012). *Money and sustainability: The missing link. A report from the club of Rome-EU chapter.* Triarchy Press.

Lomborg, B. (2017, April 19). *The low cost of ending poverty.* Project Syndicate. https://www.project-syndicate.org/commentary/low-cost-of-ending-global-poverty-by-bjorn-lomborg-2017–04?mc_cid=ab47031854&mc_eid=6c0209759f&barrier=accesspaylog. Zugegriffen am 12.02.2022.

Mai, H., & Schneider, F. (2016). Size and development of the shadow economies of 157 worldwide countries: Updated and new measures from 1999 to 2013. *Journal of Global Economics, 4*(3), 1–15.

McIntosh, S. P. (2015). *The redesign of the global financial architecture: The return of state authority.* Routledge.

Miles, L., Nind, L., & Macrae, C. N. (2010). Moving through time. *Psychological Science, 21*(2), 222.

Minsky, H. P. (1965). The role of employment policy. In M. S. Gordon (Hrsg.), *Poverty in America.* Chandler Publishing.

Nash, J. (1950). Equilibrium points in n-person games. *Proceedings of the National Academy of Sciences, 36*(1), 48–49.

Neuwirth, R. (2011). *Stealth of nations: The global rise of the informal economy.* Pantheon. ISBN 978-0-375-42489-2.

Niedenthal, P. M., Barsalou, L. W., Winkielman, P., Krauth-Gruber, S., & Ric, F. (2005). Embodiment in attitudes, social perception, and emotion. *Personality and Social Psychology Review, 9*(3), 184–211.

Obama, B. (2017). The irreversible momentum of clean energy. *Science, 355*(6321), 126–129. http://science.sciencemag.org/content/sci/early/2017/01/06/science.aam6284.full.pdf. Zugegriffen am 12.02.2022.

Oppenheimer, D. M., & Trail, T. E. (2010). Why leaning to the left makes you lean to the left: Effect of spatial orientation on political attitudes. *Social Cognition, 28*(5), 651–661.

Ostrom, E. (1990). *Governing the commons: The evolution of institutions for collective action.* Cambridge University Press. https://doi.org/10.1017/CBO9780511807763

Preston, S. H. (1975). The changing relation between mortality and level of economic development. *Population Studies, 29*(2), 231–248.

Schneider, M. (2007). The nature, history and significance of the concept of positional goods. *History of Economics Review, 45*(1), 60–81.

Shah, A. (2013, June 30). *World military spending.* Global Issues. Retrieved July 10, 2019. http://www.globalissues.org/article/75/world-military-spending. Zugegriffen am 12.02.2022.

Shorrocks, A., Davies, J., & Lluberas, R. (2018). *Global wealth report 2018.* Credit Suisse Research Institute, Credit Suisse.

Sinn, H. W., & Wollmershäuser, T. (2012). Target loans, current account balances and capital flows: The ECB's rescue facility. *International Tax and Public Finance, 19*(4), 468–508.

Snidal, D. (1985). Coordination versus prisoners' dilemma: Implications for international cooperation and regimes. *American Political Science Review, 79*(4), 923–942.

Soros, M. S. (1994). Global change, environmental security, and the prisoner's dilemma. *Journal of Peace Research, 31*(3), 317–332.

Storm, S., & Schroeder, E. (2018). *Economic growth and carbon emissions: The road to 'hothouse earth' is paved with good intentions.* Institute for New Economic Thinking Working Paper Series, 84.

Tiftik, E., & Mahmood, K. (2019). *Global debt monitor: Devil in the details.* https://www.iif.com/Portals/0/Files/Global%20Debt%20Monitor_January_vf.pdf. Zugegriffen am 12.02.2022.

UNDP. (2019). *Global multidimensional poverty index 2019: Illuminating inequalities.* http://hdr.undp.org/sites/default/files/mpi_2019_publication.pdf. Zugegriffen am 12.02.2022.

Veblen, T. (1899). *The theory of leisure class.* Macmillan.

Wehling, E. (2016). *Politisches Framing: Wie eine Nation sich ihr Denken einredet und daraus Politik macht.* Herbert von Halem Verlag.

Winthrop, R., & McGivney, E. (2015). *Why wait 100 years? Bridging the gap in global education.* DeBrookings Institution. https://www.brookings.edu/wp-content/uploads/2015/06/global_20161128_100-year-gap.pdf. Zugegriffen am 12.02.2022.

Woodward, D. (2015). Incrementum ad absurdum: Global growth, inequality and poverty eradication in a carbon-constrained world. *World Economic Review, 4*, 43–62.

World Bank. (2016). *Development goals in an era of demographic change* [Global monitoring report 2015/2016]. Washington, DC. https://doi.org/10.1596/978-1-4648-0669-8.

World Bank. (2018). *Poverty and shared prosperity 2018: Piecing together the poverty puzzle.* Washington, DC. https://openknowledge.worldbank.org/bitstream/handle/10986/30418/9781464813306.pdf. Zugegriffen am 12.02.2022.

World Economic Forum. (2018). *Global gender gap report 2018.* Geneva. http://reports.weforum.org/global-gender-gap-report-2018/. Zugegriffen am 12.02.2022.

Kapital 5
Das Tao der Finanzen: Wie wir mit einer digitalen Parallelwährung die Welt retten, unsere Gemeingüter finanzieren und die Nachhaltigkeitsziele erreichen

5.1 Nicht wie ein Fisch im Wasser

Die Wahrnehmung von Geld durch den Menschen ist oft wie die Wahrnehmung von Wasser durch einen Fisch. Fische nehmen Wasser als neutral, unveränderlich, wie ein Naturgesetz wahr. In ähnlicher Weise betrachten viele von uns Geld als ein neutrales Element, das unsere individuellen Wünsche und gesellschaftlichen Ziele ermöglicht. Geld wird wie ein Thermometer gesehen: Wir stecken es ins Wasser und es misst einfach die Temperatur. Aber Geld ist nicht neutral.[1] Wenn wir die Natur des Wassers verstehen wollen, müssen wir zuerst aus dem Wasser heraustreten und es dann untersuchen. Das Gleiche gilt für das Geldsystem. Nur wenn wir uns davon distanzieren, können wir erkennen, dass das Geldsystem in seiner gegenwärtigen unausgewogenen Form uns auf einen nicht nachhaltigen Weg zwingt: Wie wir gesehen haben verstärkt es die Einkommens- und Vermögensunterschiede, drängt uns auf einen erzwungenen Wachstumskurs und ist von Natur aus instabil, da es kurzfristige private Renditen begünstigt. Dieses System wirkt hauptsächlich prozyklisch und verschärft Angst, Gier und Wettbewerb, während es gleichzeitig unser soziales Kapital wie Vertrauen und Solidarität abbaut. Und trotz fortschrittlichster neuer Technologien und gut gemeinter individueller Änderungen des Lebensstils hindert uns das Geldsystem daran, eine solidere, stabilere und nachhaltigere Zukunft zu erreichen. Infolgedessen wird mehr vom Gleichen einfach mehr von diesen un-

---

[1] Der realwirtschaftliche Sektor und der monetäre Sektor folgen unterschiedlichen Logiken. Im realwirtschaftlichen Bereich sollten Ersparnis und Investition identisch sein (DSGE-Modell). Im monetären Bereich können die Banken Geld schaffen, welches die Sparquote übersteigt. Die Ersparnisse in der monetären Welt spiegeln lediglich eine Verschiebung zwischen Haushalten und Unternehmen wider (ISLM-Modell). Dieser Aspekt wird von Währungsexperten im Modell der kreditwürdigen Mittel (z. B. Bernanke; Draghi; Krugmann) häufig verwendet. Es besteht jedoch kein kausaler Zusammenhang zwischen der Geldbasis der Zentralbank und der Kreditexpansion des Geschäftsbankensektors (Werner 2014). Ein Parallelwährungssystem würde dies ändern.

erwünschten, einseitigen und unausgewogenen Ergebnissen hervorbringen – und dies immer und immer wieder.

Wenn wir eine Finanzordnung entwickeln wollen, welches an die sozialen und ökologischen Bedürfnisse des Planeten und an uns Menschen in gleicher Weise angepasst ist, müssen wir das System ausbalancieren: Das beinhaltet eine langfristige Perspektive, die Freiheit zu entscheiden, ob man wachsen will oder nicht, einen antizyklischen Stabilisierungsmechanismus und weniger Einkommensungleichheit. In Bezug auf das Verhalten bedeutet dies, dass wir mehr Vertrauen, Solidarität, Zusammenarbeit und Verantwortung gewinnen müssen. Wir müssen uns immer vor Augen halten, dass jede Entscheidung im Finanzsektor in einem komplexen System stattfindet, in dem Unsicherheit herrscht. Und wir müssen bedenken, dass das Fenster der Lebensfähigkeit, das wir als „anti-fragile Zone" bezeichnet haben, ein Korridor ist, der durch das innere Gleichgewicht zwischen nur zwei Variablen ausgedrückt wird: dem Maß an Effizienz, gemessen am Durchsatz pro Zeit, gegenüber dem Wert der Widerstandsfähigkeit, gemessen am Ausmaß der Vernetzung. Alles, was außerhalb dieses Bereichs liegt, ist entweder zu träge oder zu brüchig und störanfällig und mit Sicherheit nicht nachhaltig. Jedes neu gestaltete Geldsystem muss diese Kriterien erfüllen. Wenn wir uns den inneren Kreis des Geldsystems näher ansehen, zeigt sich ein nichtlineares System mit mehreren Rückkopplungsschleifen, das in der nachstehenden Grafik dargestellt ist (Abb. 5.1).

In diesem Kapitel wird dieser kühne, unkonventionelle und oft übersehene „sechste" Schritt unserer „Six-pack"-Leiter vertieft, mit dem ein Parallelwährungssystem als zusätzliches Instrument zur Umsetzung der vereinbarten SDGs innerhalb eines Zeitrahmens von 15 Jahren eingeführt wird. Wir beschreiben, wie eine Parallelwährung und die dazugehörige Technologie aussieht sowie einige weitere Zahlen, Berechnungen und neue Geldkanäle, die damit verbunden sind. Wir gehen auf die potenziellen Auswirkungen auf die Wirtschaft und die Gesellschaft als Ganzes sowie auf die Notwendigkeit eines Multi-Stakeholder-Ansatzes für unsere gemeinsame Zukunft ein. Wir werden betonen, warum eine solche Parallelwährung wichtig ist, um sowohl unsere Gesamtwirtschaft als auch unser Leben auf diesem Planeten ins Gleichgewicht zu bringen, und wir werden den grundlegenden und oft vernachlässigten Wandel erläutern, der dafür erforderlich ist. Es ist keine Übertreibung zu behaupten, dass die Gestaltung des Finanzsystems wahrscheinlich die wichtigste Variable bei der Verwirklichung einer gemeinsamen Zukunft ist, aber trotzdem wird sie stark vernachlässigt. Kurzum: Wir werden das fehlende Bindeglied eines so genannten monetären Ökosystems hervorheben. Und wieder einmal wird der Taoismus den Weg weisen.

Fische sind nicht in der Lage, die Natur des Wassers zu verstehen. Wenn wir verstehen wollen, was Wasser ist, müssen wir zuerst aus dem Wasser heraustreten und es dann untersuchen. Das Gleiche gilt für das Geldsystem.

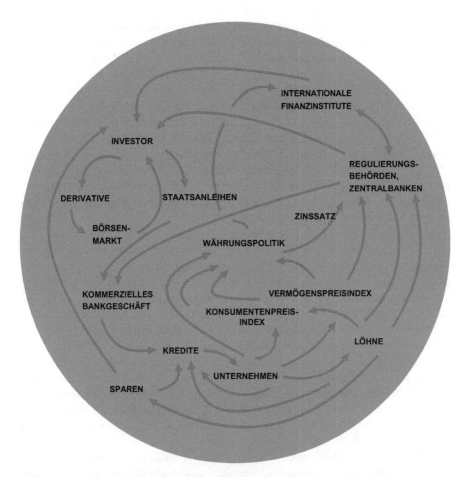

Abb. 5.1 Zooming-in auf den inneren Kreis – Der monetäre Bereich und seine vielfältigen Rück-kopplungsschleifen vereinfacht dargestellt. Zu beachten: Das monetäre Design folgt einer politi-schen Agenda, die geändert werden kann. Solange mehrere sich selbst verstärkende Rück-kopplungsschleifen vorherrschen, werden u. a. asymmetrische Kriege, erzwungene Migrationen, gescheiterte Staaten, die globale Erwärmung, Schocks bei der Ressourcenversorgung weitere In-stabilität, Kurzfristigkeit, prozyklische Verstärkung und Ungleichheit verursachen und ein weiterer Rückgang des Sozialkapitals wird die Systemdynamik beherrschen

5.2   Der nächste Schritt in der Evolution des Geldes

Alle komplexen lebenden Systeme verändern sich durch Prozesse der Entwicklung oder des Verfalls. Echte Entwicklungen folgen hauptsächlich Stufen der Differen-zierung und Integration, wobei die späteren Stufen oder Ebenen in der Regel die früheren sowohl würdigen und ehren als auch kritisieren und sie auf eine höhere Ebene transzendieren, indem sie ihre interne Komplexität und Hierarchie erhöhen. Es handelt sich um einen Prozess, bei dem die früheren Einheiten zu Teilen eines größeren oder umfassenderen Systems werden. So bilden beispielsweise Atome,

Zellen, Organe, Organismen und Gesellschaften eine solche Abfolge. Buchstaben, Wörter, Sätze, Absätze, Kapitel, Bücher, Bibliotheken sind eine andere.

Die umfangreiche Literatur aus den Bereichen Ethnologie, Anthropologie und Entwicklungspsychologie zeigt, dass Bewusstseinserweiterung und persönliche Entwicklung in klar erkennbaren Stufen oder Ebenen erfolgen. Die Fähigkeit, wahrzunehmen, zu fühlen, zu denken und zu kommunizieren hängt also vom Schwerpunkt unseres Bewusstseins ab, auf dem man sich gerade befindet. Verschiedene Autoren verwenden eine unterschiedliche Anzahl von Stufen und verschiedene Bezeichnungen, um jede Ebene zu beschreiben. Und jede Bewusstseinsstufe bringt wiederum unterschiedliche Weltanschauungen und Vorstellungen von unserem Selbst mit sich. Wann immer sich also die Bewusstseinsstufe ändert, wird die gegebene innere und äußere Realität anders interpretiert. Aber diese Veränderungen in der Wahrnehmung sind nur die eine Hälfte der Geschichte. Es reicht nicht aus, die Realität „anders zu sehen und zu interpretieren", man muss auch auf der Grundlage dieser neuen Wahrnehmung immer auch „anders handeln". In der Vormoderne wurde beispielsweise die Sonne rituell verehrt, während in der Moderne die astronomischen Bewegungen der Sonne mit wissenschaftlichen Methoden gemessen wurden, die es ermöglichten, ihren Lauf vorherzusagen. Doch damit ist es noch nicht getan. Mit dem Wechsel zu einer postmodernen Weltanschauung könnten wir beispielsweise die Sonnenenergie als Mittel zur Verringerung der globalen ökologischen Belastungen nutzen. Ein weiteres Beispiel ist der Übergang von der primitiven Landwirtschaft zur chemiebasierten Agroindustrie und schließlich zur ökologischen Permakultur. In jedem dieser Fälle ist ein Wandel in der Wahrnehmung der Realität ein notwendiger erster Schritt, der jedoch durch den zweiten Schritt einer anderen Praxis und Technologie ergänzt werden muss. Konkrete, lebensnahe Veränderungen in der Kindererziehung, in politischen Aktivitäten, in wirtschaftlichen und wissenschaftlichen Initiativen, in der Art und Weise, wie man mit alltäglichen Entscheidungen umgeht, werden letztlich die Beziehung zwischen dem Einzelnen, seiner Gemeinschaft und der Umwelt grundlegend verändern. Das Selbst und die Welt werden dann nicht nur anders interpretiert, sondern durch das, was man tut, auch grundlegend verändert.[2]

Wenn diese allgemeinen Annahmen über sich entwickelnde Systeme zutreffen, sollten sie auch für die Entwicklung des Geldes gelten, wobei seine wirtschaftlichen Aktivitäten und institutionellen Rahmenbedingungen ein Entwicklungsmuster aufweisen, das direkt mit dem Bewusstseinsniveau und den beteiligten Menschen zusammenhängt. Dies sollte nicht überraschen, denn das Wertesystem, das einem bestimmten psychologischen Entwicklungsstand entspricht, beeinflusst die Art aller Interaktionen, einschließlich des wirtschaftlichen Austauschs.

Historisch gesehen gab es Geld als einfachen, ungeregelten Tauschmittel wohl nur in Ausnahmefällen, etwa in Kriegsfällen. In der Regel wurde Geld durch einen legislativen und administrativen Prozess geschaffen, der eine Art von Regulierung beinhaltete. Während also die grundlegenden Funktionen des Geldes – Wertauf-

---

[2] Für weitere Einzelheiten siehe Lietaer und Brunnhuber (2005) oder Lietaer und Dunne (2013).

bewahrung und Tauschmittel – im Laufe der Zeit gleichgeblieben sind, haben sich die Formen weiterentwickelt. Wenn dieses historische Muster zutrifft, dann wird jeder weitere Schritt in der Entwicklung des Geldes mit einem grundlegenden Wandel in der Gesetzgebung und Regulierung verbunden sein müssen.

Da sich auch die Finanzsysteme weiterentwickeln, was ist dann der nächste Schritt in der Evolution des Geldes? Von warenbasiertem Geld zu Münzen, zu Papiergeld und Schecks, von verschiedenen Formen von Bankeinlagen zu Fiatgeld, zu elektronischem Geld, zu privatwirtschaftlichen oder Gemeinschaftswährungen – jeder Evolutionsschritt bedeutet eine größere Reichweite oder eine zunehmende Komplexität im Finanzwesen. Der wichtigste Faktor in der Entwicklung des Finanzsystems war die zunehmende finanzielle Inklusion, zusammen mit der Einführung des Verbraucherschutzes und der Privatsphäre. Ein nächster Schritt könnte die Einrichtung digital-gestützter Fonds für bestimmte Zwecke sein, z. B. zur Bekämpfung der Armut oder der globalen Erwärmung.[3] Evolutionsschritte haben normalerweise eine vertikale und eine horizontale Komponente. Bei der horizontalen Komponente handelt es sich um einen translativen Aspekt, bei dem eine bestimmte Rechtsvorschrift oder Regelung innerhalb einer Ebene beschrieben, übersetzt und übersetzt wird (B). Die vertikale Komponente beinhaltet einen transformatorischen Aspekt (A), bei dem der Schwerpunkt nicht auf der Verbreitung der gegebenen Regeln liegt, sondern auf der Schaffung neuer Regeln, die die Finanzialisierung, die finanzielle Inklusion, den Verbraucherschutz und den Wohlstand in einer Gesellschaft verbessern.

Der translative Aspekt interpretiert die Welt unterschiedlich, der transfomative Aspekt dagegen verändert die Praxis und den Umgang mit der Welt. Der hier beschriebene Mechanismus eines Parallelwährungssystems stellt einen solchen vertikalen Transformationsprozess dar. Die folgende Grafik veranschaulicht dies in Form eines umgekehrten Kegels (Abb. 5.2). Wir fangen dann an, Dinge nicht nur anders zu sehen und zu interpretieren, sondern auch unterschiedlich mit ihnen umzugehen.

Das Parallelwährungssystem, das wir hier näher beschreiben werden, weist folgende Merkmale auf: Es stellt zusätzliche, optionale, gezielte Liquidität und damit zusätzliche Kaufkraft zur Verfügung; es läuft parallel zum bestehenden System und ist anders konzipiert als das etablierte Geldsystem; es nutzt die Distributive-Ledger-Technologie und ist vorrangig für die Finanzierung globaler Gemeingüter vorgesehen; und schließlich funktioniert es über komplementäre Geldkanäle.

Solche Parallelwährungssysteme ersetzen das bestehende System nicht, sondern ergänzen es und machen die Marktallokation effizienter und gleichzeitig resilienter. Sie überwinden im Kern die Schattenseiten der neoklassischen und keynesianischen Wirtschaft. Sie stellen weder eine Form des Interventionismus dar, noch geben sie

---

[3] 2 Grad globaler Erwärmung hat das Potenzial, das Wirtschaftswachstum im globalen Norden mit einer Zeitverzögerung von sieben Jahren (Ernte-, Infrastruktur- und Anpassungskosten) um bis zu 0,5 % zu verringern, im globalen Süden jedoch einen Rückgang von 0,5–1 % zu verursachen. Das bedeutet, dass der Klimawandel nicht zu einem wirtschaftlichen Aufschwung führen wird, sondern eher die Ungleichheit zwischen Nord und Süd beschleunigt (IWF 2017).

Abb. 5.2 Ein umgekehrter
Kegel – der nächste Schritt
in der Geldentwicklung
umfasst, würdigt und
transzendiert den
vorherigen

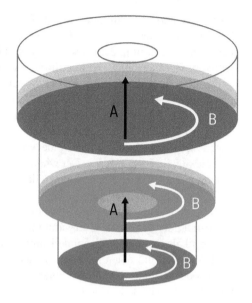

vor, über bessere Informationen oder Kenntnisse zu verfügen als die Marktallokation. Ein Parallelwährungssystem vervollständigt gewissermaßen die Allokation auf dem freien Markt und verringert Instabilität und negative externe Effekte.
Wir werden dabei lernen, unser Finanzsystem zu verbessern und es nicht zu ersetzen oder zu zerstören. Ein solches duales Währungssystem würde eine solche
Aufwertung und Weiterentwicklung von einem unregulierten freien Markt zu einem
regulierten Markt hin zu einem parallelen, verbesserten und integrierten Markt darstellen. Und wie bereits erwähnt, würdigt und kritisiert dieses duale Währungssystem – gleichsam die letzte Stufe der ‚Six pack'-Treppe – nicht nur die vorherigen
Stufen, sondern integriert und transzendiert sie auch noch.

5.3 Auf dem Weg zu einem monetären Ökosystem: Digitales Zentralbankgeld, Gemeinschafts- und Kryptowährungen

Aus einer Systemperspektive können Parallelwährungen entweder einen Bot-
tom-up- oder einen Top-down-Ansatz verfolgen. Der zugrundeliegende Mechanismus bleibt ähnlich, unabhängig davon, welcher Ansatz gewählt wird. Das Ziel besteht darin, das Gesamtsystem zu stabilisieren, es widerstandsfähiger zu machen
und Instrumente zur Lösung globaler Probleme bereitzustellen.

Oben haben wir ganz allgemein eine duale oder komplementäre Währung als
eine Vereinbarung einer bestimmten Gesellschaft definiert, etwas anderes als die
herkömmliche Währung als Zahlungsmittel zu akzeptieren. Ein solches Parallel-

system sollte so gestaltet sein, dass die Gesellschaft ihren Mitgliedern die Möglichkeit gibt, nicht ausgeschöpfte Ressourcen und unbefriedigte Bedürfnisse auszugleichen. Und da solche Parallelwährungen nicht als Ersatz, Alternative oder Konkurrenz betrachtet werden, sondern als Ergänzung zum bestehenden Finanzsystem, sollte das Parallelsystem die negativen Nebenwirkungen, Schwächen und Einschränkungen des bestehenden Systems auf die eine oder andere Weise minimieren und ausgleichen. In diesem Sinne sollten wir uns auf die Möglichkeit und Chancen konzentrieren, durch dieses System längerfristig das Sozialkapital und das Vertrauen zu erhöhen, antizyklisch zu arbeiten, öffentliche, gemeinsame Güter und Grundbedürfnisse zu fördern und positive externe Effekte zu schaffen. Ein solches monetäres Ökosystem würde dann auch als notwendiges Sicherungssystem dienen, das im Bereich der Informationstechnologie zwar weit verbreitet ist, im Finanzbereich aber noch nicht hinreichend existiert. Immer mehr empirische Belege deuten jedoch darauf hin, dass die Entwicklung hin zu einem parallelen System bereits im Gange ist.

Der Top-Down-Ansatz: Mehr als 90 Zentralbanken experimentieren derzeit mit sogenannten Central Bank Digital Currencies (CBDCs).[4] Ziel ist es, die Geldbasis zu erweitern und das gesamte Währungssystem besser zu kontrollieren und zu regulieren. Im Gegensatz zu herkömmlichen Krediten und Darlehen, die neutralisiert oder abgeschrieben werden, wenn sie entweder zurückgezahlt oder notleidend werden, sind CBDCs von Natur aus nicht ausfallbare Kredite.[5] Eine Zentralbank geht niemals in Konkurs, ebenso wenig wie das von ihr ausgegebene Geld. Derartige geldpolitische Merkmale erhöhen die Sicherheit, verringern die Transaktionskosten, verbessern die Abwicklung und Übermittlung, generieren eine zusätzliche Seigniorage-Gebühr und verringern die staatlichen Garantien für Bankkredite. Je größer das Volumen der CBDC ist, desto geringer muss die Staatsgarantie letztlich ausfallen. Die volle Konvertierbarkeit in konventionelles Geld und die Verzinsung sind weitere Eigenschaften, mit denen der Staat die Wirtschaft in die richtige Richtung lenken kann.[6] CBDCs existieren nur in digitaler Form und erfüllen zudem die Kriterien eines Kreditgebers der letzten Instanz. In diesem Umfeld bleibt Geld ein

---

[4] Barrdear und Kumhof (2016) definieren eine CBDC als „eine universell zugängliche und verzinsliche Zentralbankverbindlichkeit, die über distributive Ledger umgesetzt wird und mit Bankeinlagen als Tauschmittel konkurriert"; siehe auch Huber mit einer Aktualisierung der einschlägigen Literatur.

[5] Eines der größten Probleme sind die Ausfallinvestitionen. Die Bilanz einer Zentralbank ist anders als die eines Unternehmens, eines Haushalts oder eines Staates. Einerseits kann sie verlorene Investitionen sterilisieren, was zu einer reduzierten Seigniorage führt; andererseits muss die reduzierte Seigniorage, die den Staatshaushalt schmälert, mit reduzierten Kosten im entropischen Sektor verglichen werden (Ryan-Collins et al. 2012; Sinn 2016).

[6] In einer sehr langfristigen Betrachtung (über mehrere Jahrhunderte) sind die Zinssätze um 0,006–0,016 pro Jahr mit einer hohen Volatilität rückläufig. Dies ist entweder auf Kriege zurückzuführen, die den Kapitalstock verringern, auf Friedenszeiten mit geringeren Risikoprämien oder auf Seuchen, bei denen die Bevölkerung erheblich geschrumpft ist. Technisch gesehen können die Zentralbanker und Regulierungsbehörden den Zinssatz kurzfristig kontrollieren, aber wir überschätzen ihre Kontrolle auf lange Sicht. Siehe Schmelzing (2019).

öffentliches Gut. CBDCs können parallel zu Bargeld, Reserven und Bankeinlagen existieren. CBDCs dienen weniger als Tauschmittel im Interbanken-Sektor und bieten auch nicht die gleiche Anonymität bargeldgestützter Transaktionen, doch haben sie aufgrund ihrer gezielten Liquidität eine wichtige Funktion für die Märkte von Privatkunden und der öffentlichen Hand. Insgesamt können CBDCs durch einen gezielten und zweckgebundenen Einsatz einen erheblichen Wohlfahrtseffekt erzielen.[7] Neben diesem Top-down-Ansatz, gibt es noch zwei Bottom-up-Ansätze.

Der Bottom-up-Ansatz:[8] Wir können zwei wichtige Trends beobachten, die einen Bottom-up-Ansatz verfolgen: Gemeinschaftswährungen (CoC) und Kryptowährungen (CyC).

5.3.1   Der erste Typ des Bottom-up-Ansatzes: Gemeinschaftswährungen

Gemeinschaftswährungen erfüllen nicht notwendigerweise den allgemeinen Zweck des herkömmlichen Geldes als Tauschmittel oder Wertaufbewahrungsmittel, sondern sind oft auf einen „besonderen" Zweck ausgerichtet. Beispiele hierfür sind die Schaffung einer Gemeinschaftswährung für bestimmte Sozial- oder Umweltprojekte oder die Bereitstellung zusätzlicher Liquidität durch lokale Unternehmen für einen Sektor oder eine Region, die unter Liquiditätsengpässen leidet.[9] Derzeit gibt es über 3400 solcher lokalen und regionalen Formen von Gemeinschaftswährungen in 23 Ländern auf sechs Kontinenten. Trotz ihrer Vielfalt können sie in

---

[7] In der neoklassischen Wirtschaftswissenschaft werden üblicherweise drei verschiedene Arten von Geldmengen definiert: M1 = von den Zentralbanken emittiertes Geld, auch „Hot Money" oder Basisgeld genannt;

M2 = M1 + Girokonten und kurzfristige Einlagen (bis zu einem Jahr);
M3 = M2 + Sparkonten und längerfristige Einlagen.

Zu beachten: Seit der Einführung des Euro stieg M1 um den Faktor 10, M3 um den Faktor 3. Im US-Dollar-Raum übertreffen die Daten den Euro. Aber es gibt noch einen dritten Faktor, der relevant ist: das menschliche Verhalten, das effektiv zu mehr qualifiziertem Konsum, realen privaten und öffentlichen Investitionen führt.
Wir könnten M4 = M3 + Parallelwährungen gemäß der Definition in diesem Text festlegen.

[8] Die Ursprünge des Geldes lassen sich bis ins 6. Jahrhundert vor Christus in Syrien zurückverfolgen, wo die ersten Münzen auftauchten. Anthropologischer Forschung zufolge ging der Geldwirtschaft keine Tauschwirtschaft voraus. Vielmehr war es eine Geschenkökonomie, die der Geldökonomie in kleinen Gruppen, Familien und Nachbarschaften vorausging. Geld wurde im Umgang mit Feinden und Fremden sowie im Fernhandel verwendet und war immer mit Regulierungsbemühungen des jeweiligen politischen Systems verbunden (Graeber 2011).

[9] So ist beispielsweise M-Pesa in Kenia eine weit verbreitete Kryptowährung, mit der fast die Hälfte des kenianischen BIP erwirtschaftet wird und die es den Menschen ermöglicht, Handel und Geschäfte zu tätigen. Der Anbieter ist ein internationales privates Telekommunikationsunternehmen, das Gebühren von bis zu 20 % auf jede Transaktion erhebt (McGath 2018; Safaricom 2019).

vier Kategorien eingeteilt werden. Dazu gehören (1) zeitbasierte Währungen wie das Time-Dollar-System, bei dem die Rechnungseinheit eine Stunde oder eine andere Zeiteinheit ist; (2) gegenseitige Tauschsysteme wie das Local Exchange Trading System (LETS); (3) lokale oder regionale Währungssysteme wie das Bristol Pound im Vereinigten Königreich oder Regiogeld in Bayern, Deutschland, bei denen das Geld nur für bestimmte lokale Waren und Dienstleistungen verwendet werden kann; und (4) ein multilaterales Tauschsystem, wie Trueque in Venezuela. Während die Kapitalisierung von Gemeinschaftswährungen gering ist und ihre makroökonomischen Auswirkungen oft irrelevant sind, haben sie in einigen Fällen eine 75-jährige Geschichte und gewinnen zunehmend an Bedeutung. Diese Tausenden von Gemeinschaftswährungsexperimenten in Echtzeit auf der ganzen Welt zeigen einfach, dass ein paralleles System funktioniert und einem lokalen Bedürfnis entgegenkommt. Sie erleichtern offensichtlich Transaktionen, die andernfalls nicht zustande kämen, und sie sind so weit gewachsen, dass sie nicht mehr als unbedeutend abgetan werden können.[10]

5.3.2   Der zweite Typ des Bottom-Up-Ansatzes: Kryptowährungen

Eine Kryptowährung ist ein digitaler Vermögenswert, der als Tauschmittel und Investitionsobjekt konzipiert ist und digitale Kryptografie verwendet, um Finanztransaktionen zu sichern, die Schaffung zusätzlicher Einheiten zu kontrollieren und die Übertragung von Vermögenswerten zu überprüfen. Derzeit sind etwa 2300 verschiedene Arten von Kryptowährungen in Gebrauch, darunter Etherium, Bitcoin, Ripple, Cardano, Skycoin und viele mehr. Diese Währungen existieren ausschließlich in elektronischer Form und nutzen die digitale Ledger-Technologie in Form einer Blockchain. Sie werden hauptsächlich durch die Initiative privater „Miner" emittiert und verfolgen dem eigentlichen Zweck der Spekulation und Investition. Kryptowährungen sind sowohl hoch kapitalisiert – 2020 beliefen sie sich auf über 350 Mrd. USD – als auch sehr volatil. Diese Form der Währung wird in erster Linie als privates Gut betrachtet und begünstigt die Entstaatlichung des Geldbereichs. Die meisten Kryptowährungen verfügen über einen eingebauten intelligenten Vertrag (digital social contract) – einen digitalen Algorithmus, der bestimmte Transaktionen erlaubt oder andere verhindert und somit wirtschaftliche Aktivitäten einschränkt kanalisiert und lenkt. Die folgende Tabelle gibt einen allgemeinen Überblick über die verschiedenen Parallelwährungen (Abb. 5.3):

Parallelwährungen können, sobald sie ein ausreichendes Volumen erreicht haben, dann als Rettungsboote fungieren. Wenn sie richtig etabliert sind, bleiben sie ein

---

[10]All diese ‚Sandbox'-Ansätze sind äußerst hilfreich, um zu lernen, wie man das System in die richtige Richtung lenken kann. Für eine weitere Systematik all dieser Aktivitäten siehe Kennedy und Lietaer (2004) oder Kennedy et al. (2012).

PARALLELWÄHRUNGEN

Abb. 5.3 Parallelwährungen top-down und bottom-up: empirische Belege für zusätzliche gezielte Liquidität

konstantes optionales Tauschmittel und Wertaufbewahrungsmittel. In Währungs-krisen oder Übergangsphasen bieten sie somit einen Puffer oder fungieren als Sicherheitsnetz und werden schließlich zu einem „normalen" Instrument für Transaktionen. CBDCs, Gemeinschaftswährungen und Kryptowährungen können als systemische Antwort auf den allgemeinen Mangel an Liquidität oder Kaufkraft verstanden werden, die zur Lösung von gesellschaftlichen Herausforderungen be-nötigt wird.

Sind mit diesen Währungen Risiken verbunden? Das Risiko, das mit Parallel-währungen im bottom-up-Ansatz verbunden ist, besteht in der Privatisierung von Geldsystemen und den daraus resultierenden Auswirkungen auf den regionalen oder nationalen Wohlstand und der Haftung im Ausfall. Wenn eine Gesellschaft den Prozess der Geldschöpfung völlig dem privaten Sektor überlässt, besteht die Gefahr, dass pri-vate Monopole den Markt beherrschen und das Verbraucherverhalten durch Big-Data-Algorithmen kontrollieren, sodass zu wenig in die Sicherheit und Widerstandsfähig-keit des Systems selbst investiert wird und dass potenziell illegale Transaktionen über diese privaten Geldkanäle nicht ausreichend reguliert werden. Darüber hinaus können die Kosten für die Verbreitung eines komplementären Bottom-up-Währungsansatzes für jede Region oder jedes Dorf unerschwinglich hoch werden, wenn es keine politi-sche Akzeptanz oder Beteiligung der Regulierungsbehörden gibt.

Im Zusammenhang mit solchen Komplementärwährungen stellen sich mehrere weiterführende Fragen: Wollen wir, dass private Unternehmen Zugang zu diesen Daten haben, mit dem potenziellen Risiko, Bürger und Kundenverhalten über ver-steckte Algorithmen zu manipulieren? Wollen wir, dass private Unternehmen in Boomzeiten Gewinne erzielen und in schlechten Zeiten die Risiken auf den öffentlichen Sektor übertragen? Wollen wir, dass globale Gemeingüter privatisiert werden? Wollen wir, dass private Firmen mit begrenzter Haftung Daten und Informationen über die Schulbildung, die Inanspruchnahme des Gesundheitswesens, die Essgewohnheiten, die Mobilität und die Energieversorgung des Einzelnen sammeln, um auf der Grundlage von Big-Data-Korrelationen gezielte Produkte zu verkaufen? Oder, wenn Einzelpersonen in Konkurs gehen, diese Informationen an beliebige Unternehmen im Ausland verkaufen? Die Antwort sollte lauten: Nein, das wollen wir eigentlich nicht. Privatunternehmen investieren möglicherweise nicht genug in die Sicherheit ihrer Kunden und in die Widerstandsfähigkeit der monetären Wertschöpfungs- und Transaktionsvorgänge im Falle einer Krise.[11] Jede Art von Bottom-up-Ansatz muss daher reguliert werden, um einen umfassenden gesellschaftlichen Wandel zu gewährleisten, der letztendlich die Zahlung von Steuern mit diesen lokalen, regionalen oder privaten Währungen ermöglichen soll. Andererseits kann jede Art von Top-down-Ansatz aufgrund seines öffentlichen Charakters dazu beitragen, private oder lokal ausgegebene Komplementärwährungen zu regulieren.[12] Ob wir als Gesellschaft bei der Organisation dieses sozialen Mechanismus den Top-down- oder den Bottom-up-Ansatz bevorzugen, hängt vom politischen Willen und Mandat sowie vom Machtverhältnis und den Interessen der verschiedenen beteiligten Akteure ab. Aus diesem Grund müssen die Regulierungsbehörden mit an Bord sein, damit wir alle erfolgreich in eine bessere Zukunft gehen können. Wir können den gesamten Bereich der sich entwickelnden Parallelwährungen heute damit vergleichen, an welchem Punkt sich die Luftfahrt befand, als die Gebrüder Wright mit ihrem ersten Flugzeug abhoben. Wenn eine Innovation dieser Art auftaucht, ist sie höchstwahrscheinlich zunächst unvollständig, verwirrend, hybrid und von unbedeutendem Ausmaß. Das Wunder besteht weniger darin, dass der Apparat der Wrights irgendwie flog. Ihre eigentliche Leistung bestand darin, zu beweisen, dass Fliegen möglich ist. Das Gleiche gilt für die Entwicklung von Komplementärwährungen.

5.4 Das neue Spiel in der Stadt: Die neue Rolle der Regulierungsbehörden

Der Zweck von Währungshüter und Regulierungsbehörden auf der ganzen Welt besteht darin, den Bedürfnissen der Menschen zu dienen. Während sich die Instrumente dafür im Laufe der Zeit ändern können, bleiben die institutionellen Organe

---

[11] Die Geschichte des Geldes folgt einer Geschichte der reduzierten Kosten für Transaktionen: vom Tauschhandel über Münzen, den Goldstandard und Kreditgeld bis hin zu Kryptowährungen, die mit Distributed Ledger verbunden sind. Zur Geschichte des Geldes siehe Davies (2010) und Ali et al. (2014).

[12] Es spricht viel dafür, dass jede Form von elektronischem Geld, ob von einer Zentralbank oder einem privaten Unternehmen ausgegeben, Gefahr läuft, totalitär zu werden und seine Nutzer und Verbraucher zu kontrollieren. Wir müssen dieses Risiko im Auge behalten und angemessene Regulierungsmaßnahmen ergreifen, um eine solche Entwicklung zu verhindern.

selbst oft unverändert. Den Währungsbehörden kommt bei der Schaffung von Parallelwährungen eine einzigartige Rolle zu, sowohl bei der Schaffung von CBDCs als auch bei der Regulierung von Parallelwährungen im Bottom-up-Ansatz.[13] Diese einzigartige Rolle hängt mit ihrer Fähigkeit zusammen, selbst Geld zu generieren: das so genannte „Fiatgeld", mit dem Geld aus dem Nichts geschaffen wird.[14] Fiatgeld stellt eine Vereinbarung einer Gesellschaft dar, die es dieser Gesellschaft ermöglicht, Tausch und Handel effizienter zu organisieren als ohne diese Vereinbarung. Ob diese Vereinbarung über Fiatgeld hilfreich oder hinderlich ist hängt davon ab, wie wir es organisieren – zur Förderung kurzfristiger Interessen, die mit negativen externen Effekten verbunden sind, oder zum Wohle der Menschen und des Planeten als Ganzes. Fiatgeld hat keinen intrinsischen Wert; wir als Gemeinschaft geben unserem Geld den Wert, den es braucht, um die gewünschte Leistung zu erbringen. Währungshüter und Zentralbanken können dazu beitragen, die Nachteile lokaler privater und kommunaler Komplementärwährungen auszugleichen, indem sie den Datenschutz, das Risikomanagement und den Datenmissbrauch regeln und als Kreditgeber der letzten Instanz fungieren.[15] Traditionell nutzen die Zentralbanken beispielsweise die Offenmarkt-Politik, um die Wirtschaft mit Liquidität zu versorgen.[16] Wir werden sehen, dass wir dieses Schema mög-

---

[13] Siehe Lagarde (2018); Mancini-Griffoli et al. (2018); McKibbin et al. (2017).

[14] „Fiat Lux" waren die ersten Worte, die Gott nach der Genesis aussprach: „Es werde Licht". Der nächste Satz lautet: „Und Gott sah das Licht, dass es gut war." Wir haben es hier mit der wahrhaft göttlichen Macht zu tun, etwas aus dem Nichts („ex nihilo") durch die Kraft des Wortes zu schaffen.

[15] Für die Experten auf diesem Gebiet: Die Idee der grünen quantitativen Lockerung entspricht einer Reihe von geldpolitischen Maßnahmen der EZB auf unterschiedliche Weise: OMT (Outright Monetary Policy), bei der die Zentralbank Staatsanleihen aufkauft; Offenmarkt-politik, bei der die Zentralbanken Währungen, Gold, private und öffentliche Vermögenswerte aufkaufen; ECT (Enlarged Credit Support), FAP (Full Allotment Policy), was unbegrenzte Refinanzierungskredite bedeutet; LTRO (Long Term Refinancing Operations), SMP (Security Market Policy), das dem OMT ähnelt; STEP (Short Term European Program) und ELA (Emergency Liquidity Assistance), die Notfall-Kreditlinien ohne Haftungs- oder Rating-Anforderungen darstellen; und schließlich sind einfache Bankkredite für Zentralbankeinlagen zugelassen worden. Die „Whatever it takes"-Strategie von Draghi (2012) hat zu einer enormen Fehlallokation von Risiken und Verbindlichkeiten geführt. Zusammengefasst: Niedrige Zinsen und niedriges Rating führten zu einer Kreditblase mit einer Fehlallokation von Gütern und Dienstleistungen aus dem Norden Europas in den Süden Europas – das meiste davon ohne demokratisches Mandat. In jedem Fall unterstützt die traditionelle Geldpolitik konkrete Investitionsstrategien in den Mitgliedsstaaten. Und genau das wird in diesem Text thematisiert. Wir schlagen jedoch andere Kanäle und eine andere geldpolitische Gestaltung vor.

[16] Es gibt hier drei weiterführende Differenzierung. *Die Offenmarktpolitik (OMP)* ist ein wesentliches Instrument, um dem Markt durch den Kauf oder Verkauf von Staatsanleihen Liquidität zuzuführen oder zu entziehen; *Basisgeld* oder ‚Hot money' bezieht sich auf den Gesamtbetrag des von der Zentralbank ausgegebenen Geldes. Nach der Krise von 2008 wurde die *quantitative Lockerung (QE)* – der Ankauf verschiedener Formen von Finanzaktiva, einschließlich Unternehmensanleihen – zu einer wichtigen Quelle dieser Zahl; die *Bürgerdividende (CD)* bezieht sich auf das Konzept der

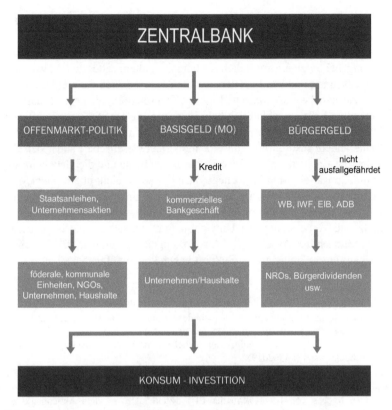

Abb. 5.4   Bereitstellung von Liquidität für die Wirtschaft

licherweise weiter differenzieren und weiterentwickeln müssen. Wir werden es ein monetäres Ökosystem nennen, wie ein Flussdelta, das parallel zu dem gegebenen traditionellen System läuft (Abb. 5.4).

Traditionell verfolgen die meisten Zentralbanker ein doppeltes Mandat: Preisstabilität und eine hohe Beschäftigungsquote. In den letzten 25 Jahren sind die Währungshüter unabhängiger geworden, wenn es um die nationale oder internationale Politik weltweit geht. Dies garantiert die Rechenschaftspflicht gegenüber dem Gesetzgeber und eine Art „sektorale Neutralität" in Bezug auf einzelne politische

Schaffung direkter Geldtransfers für uns alle. Es gibt Überschneidungen zwischen diesen drei geldpolitischen Instrumenten (OMP, QE und CD). In allen Fällen wird die Bilanz der betreffenden Zentralbank entweder aufgebläht oder entwertet. Zu beachten ist, dass die überwiegende Mehrheit des im Umlauf befindlichen Geldes nicht von den Zentralbanken, sondern vom gewinnorientierten Geschäftsbankensystem geschaffen wird (97 %). Richtig konzipiert, erhöht die Einführung eines dualen Währungssystems jedoch die Steuerungskapazität der (öffentlichen, nicht gewinnorientierten) Regulierungsbehörden und die Gesellschaft profitiert von mehreren sogenannten „Zweitrundeneffekten", die unsere Gesellschaft in Richtung unserer globalen Gemeingüter und der SDGs lenken.

Entscheidungen. Diese Unabhängigkeit und Neutralität bedeutet, dass sie geradezu dafür geschaffen sind, um globale Anliegen wie die SDGs zu regulieren. Da es sich bei einem Großteil der SDGs um globale Gemeingüter handelt, könnten die Regulierungsbehörden ein zusätzliches Mandat erhalten, „alles zu tun, was nötig ist, um die Menschheit und den Planeten zu retten".[17] Sie hätten dann ein drittes Instrument, um zusätzliche, elektronische Liquidität zu schaffen, die gegen Staatsanleihen ausgegeben wird, die ausschließlich[18] zur Finanzierung der SDGs bestimmt sind, und mit dieser Liquidität auch die Möglichkeit, unsere Wirtschaft zum Besseren zu lenken. Keine andere Institution in unserer modernen Gesellschaft außer den Zentralbanken hat die Kapazitäten, das Wissen, die Instrumente und die Hebelwirkung, um dies zu tun, sobald ein Mandat vorliegt.[19] Und es sollte nicht überraschen, dass beispielsweise der aktuelle Vertrag der Europäischen Union diese Agenda in seinem dritten Artikel unterstützt, der nicht nur Preisstabilität, sondern auch ein „hohes Maß an Schutz und Verbesserung der Umweltqualität" vorsieht.[20] Die folgende Tabelle fasst einige wichtige Aspekte der Auswirkungen zusammen, die Regulierungsbehörden auf unsere gemeinsame Zukunft haben können (Tab. 5.1).[21]

---

[17] In Anlehnung an die Aussage von Mario Draghi-EZB, 26. Juli 2012.

[18] Zu beachten ist, dass zusätzliche zweckgebundene Liquidität das Potenzial hat, die Devisenreserven auf staatlicher Ebene zu reduzieren, die sich derzeit weltweit auf 11 Billionen USD belaufen, und somit einen weiteren politischen Hebel für die Widerstandsfähigkeit im Falle von Währungsschocks bietet (IWF 2019).

[19] Es gibt ein umfassenderes Argument für diese „neue Normalität". In einer solchen Welt verliert das Preissignal für Geld (das sich im Zinssatz ausdrückt) seine Wirkung, was zu Zombie-Unternehmen (Schätzungen reichen von 1,5–2 % in der EU), Rückkäufen auf dem Aktienmarkt und unproduktiver Vermögenspreisinflation führt. Dies verzerrt die effiziente Marktallokation. 80 % der Einnahmen des Bankensektors hängen von diesen zinsbasierten Einnahmen ab. Über 15 Billionen USD an Staatsanleihen und über 40 % der Unternehmensanleihen weisen bereits eine negative Rendite auf. Neben dem demografischen Wandel (alternde Bevölkerung mit höheren Ersparnissen) und neuen disruptiven Technologien (Plattformökonomien, die weniger Kapital benötigen) werden traditionell die Regulierungsbehörden dafür verantwortlich gemacht, dass sie zu viel Geld gedruckt haben, um die Wirtschaft zu stabilisieren. In einer komplexen, nicht linearen Welt ist dieses „Huhn-und-Ei"-Argument jedoch nicht mehr gültig. Der Zinssatz ist eines der wenigen Instrumente, über die die Zentralbanken verfügen, um die Realwirtschaft indirekt zu beeinflussen. Eine Doppelwährung, mit der ein zweiter, grüner Marktplatz geschaffen wird, würde die Beschränkungen sofort überwinden und unserer grünen Zukunft einen angemessenen Preis geben. Sobald dieser Preis höher ist als der Nominalwert in der traditionellen Wirtschaft, wird sich die Wirtschaft allmählich, aber konsequent auf eine grüne Zukunft umstellen. Technisch gesehen sprechen wir hier von einem Carry-Trade-Effekt.

[20] NGFS (2019); Lagarde und Gaspar (2019); Cœuré (2018).

[21] Um es für die Fachleute auf diesem Gebiet konkreter zu machen: Die klassische Regel „eine Nadel im Kompass" (Preisstabilität) zu sein, wird durch ein zusätzliches Ankaufprogramm ergänzt, das sich über neue geldpolitische Instrumente erstreckt und über nationale oder internationale Entwicklungsbanken umgesetzt wird. Diese „direkte" Geldpolitik identifiziert Projekte (SDGs), deren Finanzierung in Form von Anleihen, Zuschüssen und/oder Darlehen mit praktisch unbegrenzter oder sehr, sehr langer Laufzeit erfolgen könnte. Dies würde die Bilanz der operierenden Zentralbanken und der mit ihnen zusammenarbeitenden Entwicklungsbanken erhöhen. Im Falle eines teilweisen Zahlungsausfalls, bei dem die Bank gestrandete Vermögenswerte anhäuft, muss die ursprüngliche Seigniorage für genau diesen zusätzlichen Betrag an „heißem Geld" ab-

Tab. 5.1 Die Rolle der Regulierungsbehörden: Vorteile der Einführung eines dualen Währungssystems aus Sicht der Regulierungsbehörden

Auswirkungen eines dualen Systems	Erläuterung
Antizyklischer Stabilisator	Ein duales Währungssystem verstärkt die Bemühungen der Regulierungsbehörden, die Gesamtwirtschaft im Krisenfall zu stabilisieren, und bietet zusätzliche Kanäle, um Preisstabilität, Kaufkraft, Beschäftigung und Handel zu gewährleisten.
Lenkung	Regulierung über den Preis (Zinssatz) oder das Volumen (Lockerung); die Elastizität des unvollkommenen Substituts bestimmt die Lenkungswirkung.
Inflationsbekämpfung	Staatsanleihen und Zinssätze sind zwei Instrumente, die dem Markt Liquidität zuführen bzw. entziehen können.
Kosten für Bargeld	Verwaltung von Bargeldkosten in Höhe von bis zu 0,7 % des Bruttoinlandsprodukts (BIP).
Finanzielle Inklusion	Erreichen von Bevölkerungsgruppen, die keine Banken haben (z. B. Paypal, WeChat oder M-Pesa); Narrow Banking, bei dem privates Geld durch Zentralbankreserven gedeckt ist.
Finanzielle Stabilität	Zusätzliche zweckgebundene Seigniorage, sicher, billig, halb-anonym, geringeres Risiko eines Bank-Runs und Verhinderung eines Negativzinses; Zero Loan Bonds (ZLB), nicht ausfallbare Kredite reduzieren Risikoprämien und Zinsen.
Finanzielle Integrität	Schutz vor illegalen Transaktionen mit halb-anonymen Kanälen, Bekämpfung der Terrorismusfinanzierung (CFT) und Vorschriften zur Bekämpfung des Geldwäschegesetzes (AML); Kompromiss zwischen illegalen Transaktionen und privater Anonymität.
Verbesserte Geldpolitik	Geringere Abwicklungsrisiken, Transaktionskosten, höhere Skalierbarkeit und Online-Daten stehen in einer vollständig vernetzten Welt zur Verfügung; steigende Steuerungskapazität, mit einer Doppelwährung benötigen die Zielregionen weniger Fremdwährungen, um ihre regionalen und lokalen Geschäfte zu betreiben.
Politisches Mandat	Erweitertes Mandat: Preisstabilität, Arbeitslosigkeit und Nachhaltigkeit.
Transaktionskosten	In Unternehmen werden die Transaktionskosten mit 1–2 % jeder Transaktion veranschlagt. Diese Kosten werden mit einer digitalen Währung erheblich reduziert.
Kreditkartengebühren	Bis zu 50 % geringere Kosten (3 % statt 6 %) bei Kreditkartentransaktionen

---

geschrieben und der Betrag von M0 sterilisiert werden. Aus makroökonomischer Sicht ist jedoch das Geldmengenaggregat M3 von größerer Bedeutung. Wenn wir damit beginnen, mithilfe der Blockchain-Technologie in Projekte mit dem höchsten ROI (Return on Investment) für die Gesellschaft als Ganzes (hauptsächlich Gemeingüter) zu investieren, können wir sicherstellen, dass der für die Gesellschaft generierte Gesamtwohlstand ein Pareto-Gleichgewicht erlangt, bei dem schließlich wiederum Preisstabilität erreicht werden kann. Wir sollten bedenken, dass wir die Kosten unseres westlichen Wohlstandsmodells bereits ausgelöst haben, die Rechnung für die sozialen und ökologischen Externalitäten, aber noch nicht beglichen haben. Der hier vorgestellte Mechanismus leistet einen Beitrag, um diese Kosten so gering wie möglich zu halten.

Kasten 5.1 Woher kommt das Geld? Eine Diskussion zwischen Stipendiaten der World Academy of Art and Science und des Club of Rome und internationalen Finanzexperten für Entwicklungsökonomie
Eine Geschichte über eine einfache Frage: Woher kommt das Geld?[22] Eine Gruppe herausragender Finanzexperten aus der Entwicklungs- und Finanzwirtschaft mit mehr als zwei Jahrzehnten praktischer Erfahrung auf diesem Gebiet und weltweit anerkannten akademischen Abschlüssen führte ein Gespräch mit Vertretern der TAO of Finance Group der World Academy of Art and Science (WAAS). Angesichts all der globalen Herausforderungen lautete die Frage der Experten: „Woher kommt das Geld?" Die Vertreter der TAO of Finance Group verstanden die Frage zunächst nicht ganz und antworteten mit einer Gegenfrage: „Meinen Sie, dass es nicht genug technologisches Knowhow gibt, um Brunnen für frisches Wasser zu bohren und ein Abwassersystem einzurichten, das verhindert, dass die Menschen an giftigem Wasser sterben?" „Oh nein", sagten die Experten, „das wissen wir alles." „Sie meinen also, es gibt nicht genug Fachwissen, um Kindergärten, Schulen, Krankenhäuser und Straßen zu bauen?" Einer der WAAS-Stipendiaten verfeinerte die Frage: „Oder geht es darum, wie man Malaria, Durchfall und Tuberkulose behandelt oder wie man Krankenschwestern, Lehrer oder Ärzte ausbildet?" „Weder noch", sagten sie, „wir haben 317 Millionen Arbeitslose und über 1 Milliarde Unterbeschäftigte weltweit und wir wissen, wie man Krankenschwestern, Lehrer und Ärzte ausbildet. Die Welt ist in der Tat in hohem Maße deflationär. Darüber hinaus fehlen uns Millionen von Kindergärten, Schulen, Krankenhäusern und Universitäten." In diesem Punkt waren sich beide Parteien einig. Dann sagten die WAAS-Kollegen: „Könnte es mit dem Energiesystem zu tun haben, das heißt, wir brauchen mehr technische Unterstützung, um Sonnenkollektoren auf den Dächern anzubringen? Also braucht man mehr Ingenieure?" Die Diskussion ging noch eine Weile weiter, bis das Thema auf das Finanz- und Steuersystem kam. „Ist es so", fragte der Wissenschaftler „dass Sie in Ihrem Land eine viel zu geringe Steuerbasis haben und netto mehr davon durch illegale Finanzströme verlieren, als Sie durch ausländische Direktinvestitionen,[23] Philanthropie und öffentliche Entwicklungshilfe ge-

---

[22] In Anlehnung an einen Dialog von J.M. Keynes, in dem ein bedeutender Architekt, der London wieder aufbauen wollte, fragte: „Woher soll das Geld kommen?" (Keynes 1980, S. 308).

[23] Die Weltbank, der IWF und die regionalen Entwicklungsbanken haben den Ländern geraten, Ersparnisse aus dem Ausland über Portfolioinvestitionen, ausländische Direktinvestitionen oder Kredite aufzunehmen, um die inländischen Ersparnisse zu erhöhen und eine höhere Wachstumsrate zu erzielen. In der Literatur wird jedoch der inländische Bankensektor zumeist nicht berücksichtigt. Geld in ausländischer Denomination (bei dem es sich lediglich um von Geschäftsbanken geschaffenes Geld handelt) gelangt meist nicht in die aufnehmende Volkswirtschaft, sondern führt zu einer Kreditexpansion bei der inländischen Bank. Dies kann ohne Auslandsinvestitionen er-

winnen?" „Ja", sagten sie, „das ist ein Aspekt, aber es gibt noch einen anderen: Wir brauchen einfach mehr Geld, Kaufkraft, Liquidität, nennen Sie es, wie Sie wollen, um die anstehenden Aufgaben zu bewältigen: von der Vorschulerziehung über die Gesundheitsversorgung, die Energieversorgung und die öffentliche Infrastruktur bis hin zum Aufbau einer guten Regierungsführung." „Oh", sagten die Kollegen, „wir verstehen das. Was Sie brauchen, ist ein anderes Geldsystem, das genau so konzipiert ist, dass es Ihnen alle notwendigen Instrumente zur Verfügung stellt, damit Sie Ihre Aufgaben erfüllen können. Wenn das die Anforderung ist", sagten die Kollegen, „dann haben wir einen solchen Mechanismus und eine solche Technologie jetzt zur Verfügung. Wir nennen es das TAO der Finanzen. Es handelt sich um ein duales Währungssystem, das eine andere Technologie als das bestehende System verwendet und über andere monetäre Kanäle funktioniert als das traditionelle System. Und wir können Steuern, Schulden und Löhne in diesem System begleichen, da es als allgemeines Tausch- und Zahlungsmittel akzeptiert wird. Es kann in weniger als 18 Monaten mit weniger als 200 Mitarbeitern eingeführt werden. Einige der Experten sind noch ungläubig, werden aber in naher Zukunft vom Gegenteil überzeugt sein."

In der Tat ist das Mindestreservesystem als eigenständiger Mechanismus zur Bereitstellung von Liquidität für den Markt ein ziemlich teures Verfahren. 97 % der Geldschöpfung erfolgt durch das private, gewinnorientierte Bankensystem, bei dem die Privatbank das Geld schöpft und es an den Staat und die Bürger verleiht. Mit diesem Geschäftsmodell lassen sich beträchtliche Einnahmen erzielen. Für die USA oder die EU beläuft sich die Rechnung auf fast 500 Mrd. USD jährlich an öffentlichen und privaten Zinszahlungen. Dies entspricht etwa dem Doppelten der staatlichen Einkommenssteuer.[24]

---

reicht werden. Es gibt immer mehr empirische Belege dafür, dass ausländische Direktinvestitionen (ADI) kein Wachstum auslösen, sondern vielmehr den inländischen Markt verdrängen. Ausländische Direktinvestitionen konkurrieren einfach mit inländischen Investitionen um Finanzmittel. Die politischen Entscheidungsträger täten besser daran, das Geld der Steuerzahler nicht für die Anwerbung ausländischer Direktinvestitionen zu verschwenden und stattdessen mehr für inländische Bildung und des Mittelstandes auszugeben. In Entwicklungsländern mit hohen ausländischen Direktinvestitionen nimmt die Ungleichheit deutlich zu, und es besteht ein eindeutiger Kausalzusammenhang zwischen ausländischen Direktinvestitionen und Ungleichheit. Darüber hinaus sind die meisten Zahlen über ausländische Direktinvestitionen irreführend. Sie werden zu einer Art schwarzem Loch. Große Unternehmen leiten ihr Geld einfach über Offshore-Standorte um. Empirische Daten zeigen, dass 30–50 % der ausländischen Direktinvestitionen im Vereinigten Königreich und in den USA und bis zu 80 % in Russland diesen Investitionskreislauf nutzen. Kurz gesagt: Wer ist der größte ausländische Investor im Vereinigten Königreich, in den USA und in Russland? Es sind das Vereinigte Königreich, die USA und Russland selbst. Siehe De Haldevang (2017) oder Bermejo Carbonell und Werner (2018).

[24] Siehe Dixon (2017).

Wir müssen offenbar den Zusammenhang zwischen ökonomischem Wachstum und Umverteilung neu denken: Die Umverteilung von Geld durch Steuern oder Gebühren reagiert empfindlich auf wirtschaftliche Auf- und Abschwünge. Bei einer Rezession werden die Zahlungen für Schulbildung, Gesundheitsfürsorge oder Grundnahrungsmittel meist zuerst gekürzt oder ganz eingestellt. Die Besteuerung reagiert also sensibel auf das Wirtschaftswachstum und ist mit diesem verknüpft.[25] Würde das Mandat für die Währungsregulierung jedoch auf die Finanzierung der SDGs ausgeweitet, wäre die Finanzierung unserer Zukunft weniger abhängig vom allgemeinen Wirtschaftswachstumsprozess. Die Regulierungsbehörden wären in der Lage, die notwendige Liquidität zu schaffen, um die drei Ziele Inflation, Arbeitsplätze und Nachhaltigkeit zu erreichen. Zur Erinnerung: Geld wird geschaffen, wenn ein Geldinstitut finanzielle Vermögenswerte wie Staatsanleihen oder Unternehmensaktien kauft. Die Verkäufer dieser Vermögenswerte verfügen folglich über eine Einlage bei dem Institut, das die Finanzanlagen gekauft hat. Dieses Geld, diese Einlage, Liquidität oder Kaufkraft kann wiederum als Reservebasis verwendet werden, um Kredite an Haushalte oder Unternehmen zu vergeben oder um Projekte direkt zu finanzieren. Für eine monetäre Regulierungsbehörde gibt es keine Begrenzung der Menge an finanziellen Vermögenswerten, die gekauft werden können. Theoretisch könnten alle Finanzaktiva der Welt aufgekauft werden, ohne dass es Einschränkungen hinsichtlich der Art der Aktiva gäbe. Würde man den Regulierungsbehörden ein Mandat erteilen, das ihre Neutralität aufhebt und sie zur Sicherung unserer gemeinsamen Zukunft parteiisch macht, würden sie die Inflation bekämpfen, die Arbeitslosigkeit angehen und sich mit den SDGs befassen. Zwischengeschaltete Institutionen wie die Europäische Investitionsbank oder die Asiatische Entwicklungsbank könnten garantieren, dass alle zusätzlichen Gelder entsprechend der politischen Agenda kanalisiert werden. Diese Institutionen könnten die zusätzlich benötigten Billionen von Dollar in einem elektronischen und digitalen Format wie der Blockchain-Technologie schaffen. Wir hätten dann eine zusätzliche Währung, die parallel zum bestehenden konventionellen System läuft und in der Lage ist, die 5 Billionen USD zu generieren, die in den nächsten 12–15 Jahren benötigt

---

[25] Zumal soziale Projekte (Arbeitslosigkeit) und ökologische Projekte (globale Erwärmung oder biologische Vielfalt) mehr erfordern, als der durchschnittliche Anstieg des BIP sowohl absolut als auch relativ gesehen abdecken kann. Dies zwingt die Gesamtwirtschaft zum Wachstum. Empirisch gesehen ist ein Wachstum von etwa 1,8 % erforderlich, damit die Wirtschaft nicht zusammenbricht (Binswanger 2006, 2009). Es wurden weitere Aspekte identifiziert, die unsere Wirtschaft zum Wachstum zwingen: von disruptiven Technologien über Veränderungen des Humankapitals (z. B. Bildung) bis hin zu verschiedenen Formen der Produktionselastizität der Produktionsfaktoren (Energie und Arbeit), zu geplanter Obsoleszenz bis hin zum Zinseszins. Jedes Mal sind die wirtschaftlichen Akteure gezwungen, zu wachsen, um das System selbst zu stabilisieren (Brunnhuber 2018). Ein Parallelwährungssystem, wie es hier im Text erläutert wird, hat das Potenzial, die Notwendigkeit eines expansiven Wachstums zu reduzieren oder sogar zu eliminieren. Statt Geld umzuverteilen, erzeugt es gezielt und proportional Liquidität und Kaufkraft, die zu den in der jeweiligen Region identifizierten sozialen und ökologischen Projekten passen.

werden. Dies ist im Kern das unverzichtbare fehlende Bindeglied, von dem wir in diesem Buch erzählen (Kasten 5.1).[26]

5.5 Muster der Veränderung: Die richtigen Zahlen und die richtigen Geldkanäle

Mit den SDGs hat die Welt eine Landkarte erhalten, die den Kurs für die kommenden Jahre vorgibt. Die 17 Ziele, die in dieser Karte formuliert sind, haben die früheren Millenniumsziele ersetzt.[27] Die SDGs stellen einen Konsens dar, der im größten Konsultations- und Überprüfungsprozess in der Geschichte der Vereinten Nationen erzielt wurde. Hunderte von Umfragen, Expertengruppen, Gremien und Anhörungen wurden durchgeführt, und Millionen von Bürgerinnen und Bürgern wurden durch bevölkerungsbezogene Fragebögen in die Erarbeitung dieser Agenda einbezogen.

Wir wissen, was wir wollen und wohin wir wollen, aber wir haben noch keine Antworten auf die Fragen, woher das Geld dafür kommen soll und wie wir garantieren können, dass die Mittel auch tatsächlich richtig eingesetzt werden. Die SDGs haben uns empirische Belege und den politischen Willen zu den Fragen geliefert, wie wir Armut und Hunger überwinden, welche Art von Gesundheitssystem umgesetzt werden soll und wie wir unsere Kinder ausbilden. Darüber hinaus haben wir eine Agenda für die Abkehr von fossilen Brennstoffen hin zu mehr erneuerbaren Energiequellen für den Betrieb unserer Unternehmen und die Sicherstellung unseres Lebensstils festgelegt, und wir haben die Dringlichkeit erkannt, wie und warum wir die biologische Vielfalt schützen müssen. Wir wissen im Grunde, wie wir all dies tun können, aber es fehlen uns die finanziellen Voraussetzungen, um es zu ermöglichen. Wenn wir nicht darüber diskutieren, woher die Mittel kommen sollen, werden die SDGs im Grunde eine Totgeburt sein. Die Notwendigkeit, eine angemessene Finanzierung zu finden, ist also groß.[28] Wenn wir das optimistischste

---

[26] In ihrer extremen Form wird die Umverteilung als „Robin-Hood-Effekt" bezeichnet (Atkinson et al. 1992). Betrachtet man den Reichtum von 2000 Milliardären (jeder besitzt 1 Milliarde USD), die Tatsache, dass sie diesen Reichtum im Laufe einer Generation (30 Jahre) erwirtschaftet haben, und die Tatsache, dass es 7 Milliarden Menschen auf der Erde gibt, ergibt sich folgende Gleichung: 2000/7/30 = 10 USD pro Kopf und Jahr über 30 Jahre. Das bedeutet, dass in einer Welt, in der der Reichtum vollständig gleichmäßig verteilt ist, jeder Mensch 30 Jahre lang jedes Jahr eine zusätzliche Fastfood-Mahlzeit zu sich nehmen könnte. Oder andersherum ausgedrückt: Eine Prämie von 10 USD pro Kopf und Jahr ist der Preis dafür, dass jeder Mensch in der Welt von Bill Gates und nicht in einer sozialistischen Diktatur lebt. Asymmetrien sind nicht immer schlecht, vor allem dann nicht, wenn sie oberhalb des Mindestlohns und des Grundbedarfs für den Lebensunterhalt liegen. Die SDGs müssen diese Grundbedürfnisse befriedigen. Solange dies der Fall ist, sollten wir Asymmetrien im Wohlstand tolerieren.

[27] Siehe UN (2015).

[28] Ellen MacArthur Foundation, Growth Within: A Circular Economy Vision for a Competitive Europe, 2015; Stahel (2019).

Szenario in Betracht ziehen, bei dem die Weltwirtschaft in den nächsten Jahren mit einer Rate von 2 % pro Jahr wächst und wir (durch einen politischen Prozess) 1 % des weltweiten BIP für die SDGs bereitstellen, kommen wir auf etwa 750–800 Milliarden USD pro Jahr.[29] Dies liegt jedoch weit unter den geschätzten 5 Billionen, die benötigt werden. Eine andere Möglichkeit wäre, jedes Jahr 5–7 % (4–5 Billionen USD) des weltweiten BIP (85 Billionen USD) zu entnehmen.[30] Doch selbst bei einer schrittweisen Entnahme aus den laufenden wirtschaftlichen Aktivitäten würde die Finanzierung der SDGs auf diese Weise die größte wirtschaftliche Rezession der Neuzeit auslösen und wäre wirtschaftlich irrational. Somit ist keine der beiden konventionellen Optionen realisierbar.

Wir müssen offenbar das Ganze ins rechte Licht rücken: Um die Kosten einer ganzheitlichen Finanzierung der SDGs besser einschätzen zu können, müssen wir die richtigen Proportionen verwenden. Auf der einen Seite gibt es Impact-Fonds, die sich mit grünen Investitionen befassen, Überweisungen von Beschäftigen aus Entwicklungsländern, welche in OECD-Ländern arbeiten und dann zusätzliche Gelder an ihre Familien in den Heimatländern überweisen, und die öffentliche Entwicklungshilfe (ODA),[31] die in erster Linie aus öffentlichen Steuergeldern und privater Philanthropie und Wohltätigkeit besteht.[32] Obwohl diese Finanzmechanismen mit den besten Absichten umgesetzt werden, bieten sie keine ausreichende Kaufkraft für die Entwicklung der Infrastruktur, für Investitionen und für einen angemessenen Konsum für die Mehrheit der Weltbevölkerung des 21. Jahrhunderts. Darüber hinaus ziehen die Kosten von Finanzkrisen, Katastrophenmanagement und das Finanzvolumen des Schattenmarktes unsere Weltwirtschaft in die entgegengesetzte Richtung, in die wir uns eigentlich bewegen wollen. In Verbindung mit den so genannten Lock-in-Effekten und einem allgemeinen Wachstumspfad

---

[29] Siehe Weltbank-Indikatoren (2018). Die Agenda 21 kostete weltweit rund 600 Milliarden USD jährlich, und die Industrieländer sollten jährlich 100 Milliarden USD beisteuern, was 0,7 % des damaligen BIP der reichen Nationen entsprach. Die Idee war, diese Summe aus der „Friedensdividende" der Abrüstung nach dem Ende des Kalten Krieges zu entnehmen und in ökologische und soziale Projekte umzuleiten. In Wirklichkeit floss der größte Teil dieser Dividende in Steuersenkungen innerhalb der reichen Länder. Siehe Konferenz der Vereinten Nationen für Umwelt und Entwicklung (UNCED 1992).

[30] UNCTAD (2014); World Bank, Indicators (2018).

[31] Historisch gesehen begann die Entwicklungsfinanzierung mit der UNCTAD III im Jahr 1972, die eine Schuldenerlasskampagne und einen multilateralen Rahmen für die Untersuchung von Schuldenproblemen beinhaltete; 1977 wurde eine explizite Umstrukturierung der Schulden gefordert (TD/AC 2/9); 1980/1986 gab es weitere Details für die Umstrukturierung von Staatsschulden auf der Grundlage von Kapitel 11 des US-Konkursreformgesetzes von 1978; 1996 kam die HIPC-Initiative hinzu. All diese Vorschläge wurden bis zur Russland- und Asienkrise in den späten 1990er-Jahren und der globalen Liquiditätskrise 1997/98 ignoriert (Kregel 2004; Ricupero 2004; UNCTAD 2019).

[32] Wohltätigkeit, Philanthropie und private Spenden sind eine gute Sache, aber aus einer Systemperspektive stellen sie so etwas wie ein Hobby dar, ein Vergnügen, das eher das Gewissen beruhigt, als die Welt zu verändern. Es wäre besser gewesen, dieses Wissen und Geld zu nutzen, um die Wertschöpfungskette vor- und nachgelagert entlang des jeweiligen Geschäftsmodells zu verbessern und stattdessen auf Teile der Einnahmen zu verzichten oder diese abzuschreiben. So wäre das Geld besser angelegt gewesen.

von 2 bis 3 % weltweit[33] wären wir statistisch gesehen erst in drei Generationen in der Lage, die Ziele der SDGs zu erreichen. Das bedeutet, dass wir unter „Business as usual"-Bedingungen mindestens 100 Jahre brauchen würden, um die SDGs zu erreichen. Darüber hinaus müssen diese Ziele aufgrund des beschleunigten Klimawandels und der Systemdynamik des Anthropozäns, in dem Verflechtungen und planetarische Grenzen vorherrschen, was selbst wiederum zu zahlreichen nichtlinearen Kipppunkten und Rückkopplungsschleifen führt, viel schneller erreicht werden, als wir annehmen.[34] Im Vergleich zur Größenordnung anderer Finanzsektoren oder -tätigkeiten ist der für die Finanzierung der SDGs erforderliche Geldbetrag aber dann doch deutlich geringer, als wir glauben (Abb. 5.5).[35]

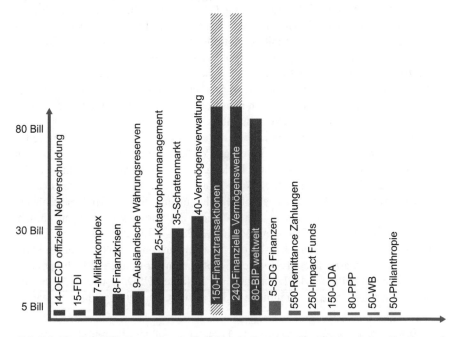

Abb. 5.5   Ein Gefühl für Proportionen: die Zahlen in die richtige Perspektive rücken. Das Ausmaß verschiedener Aktivitäten pro Jahr im Verhältnis zu dem, was für eine angemessene Finanzierung der SDGs erforderlich wäre

---

[33] World Bank (2019).

[34] Siehe Europäische Zentralbank (EZB 2015).

[35] Um beispielsweise die langfristigen Nachhaltigkeitsziele in den Szenarien für nachhaltige Entwicklung auf globaler Ebene zu erreichen, müssten die kohlenstoffarmen Investitionen bis 2030 um das Zweieinhalbfache ansteigen und ihren Anteil auf 65 % erhöhen; der durchschnittliche jährliche Investitionsbedarf für 2025–2030 in den IEA-Szenarien beträgt auf europäischer Ebene 2 Billionen. Auf globaler Ebene sind zusätzliche Investitionen in Höhe von 260 bis 370 Mrd. USD pro

Aus geografischer Sicht ist der Geldbedarf von Region zu Region natürlich unterschiedlich. Die folgende Tabelle fasst den Aufwand zusammen, der zur Finanzierung unserer gemeinsamen Zukunft je nach Einkommensniveau erforderlich ist. Die Grafik verdeutlicht, dass die Finanzierung der SDGs für Länder mit niedrigem bis mittlerem Einkommen (LMIC) und Länder mit niedrigem Einkommen (LIC) eine nahezu unmögliche Aufgabe ist, da sie Liquidität weit über den aktuellen Staatshaushalt hinaus erfordern würde (Tab. 5.2).

Eine weitere Überlegung: Weltweit werden folglich jedes Jahr durchschnittlich 5–7 % des Bruttoinlandsprodukts zusätzlich benötigt. Darin sind die Infrastruktur und die damit verbundenen Kosten (wie zusätzliche Verwaltung, Logistik usw.) nicht enthalten. Als Faustregel kann man sagen, dass zwei Drittel der Ausgaben für das Gesundheitswesen (22 %), für Bildung (26 %) und die Infrastruktur (21 %) zusätzlich erforderlich sind. Weitere Investitionen betreffen den Schutz der biologischen Vielfalt (1 %), humanitäre Nothilfeprojekte (2 %), die Landwirtschaft (2 %), Maßnahmen der sozialen Sicherheit (10 %) sowie notwendige öffentliche Ausgaben außerhalb des SDG (6–13 %), die sich auf Gerichte, Polizei, Finanzämter, Katasterämter, Kanalisation, Verkehr und Straßen beziehen. Um die Zahlen weiter zu verdeutlichen, muss man zwischen konsumtiven (z. B. Überwindung von Armut und Hunger), intermediären (Vorschulbildung, Gesundheitsversorgung) und investiven (Infrastrukturprogramme) Zielen unterscheiden. Der praktische Grund für diese Unterscheidung ist, dass die jeweiligen Ziele unterschiedliche Auswirkungen auf den Verbraucherpreisindex haben. Bislang ist kein Land auf dem richtigen Weg und 5–7 % des BIP ist in der Tat ein konservativer Wert; die Einbeziehung des Bevölkerungswachstums könnte das absolute Volumen um 25 % des Budgets erhöhen. Das würde bedeuten, dass wir statt über 5–7 % des BIP über 8–9 % sprechen würden.

Die Rechnung für die SDGs im Detail: Die Kosten für alle SDGs werden auf etwa 4–5 Billionen USD pro Jahr an öffentlichen Ausgaben, Investitionen und direkter Hilfe geschätzt. Die allgemeinen Schätzungen schwanken jedoch beträchtlich zwischen 2 Billionen USD und über 10 Billionen USD, je nachdem, in welchem Umfang die öffentliche Infrastruktur berücksichtigt wird.[36]

Jahr erforderlich, um in den kommenden 15 Jahren einen 450-ppm-Klimapfad zu erreichen. Schätzungsweise 53 Billionen USD an kumulativen Investitionen in die Energieversorgung und die Energieeffizienz sind im Zeitraum bis 2035 erforderlich, um die Welt auf einen 2 °C-Emissionspfad zu bringen. Der Übergang zu einer grüneren Wirtschaft würde Europa im selben Zeitraum etwa 100 Milliarden USD kosten. Nach Prognosen der Internationalen Energieagentur würde die Dekarbonisierung unseres Stromnetzes bis 2035 20 Billionen USD erfordern. Die Gesamtkosten für alle SDGs werden auf etwa 4–5 Billionen USD pro Jahr an öffentlichen Ausgaben, Investitionen und direkter Hilfe geschätzt. Nach Angaben der Konferenz der Vereinten Nationen für Handel und Entwicklung (UNCTAD) besteht eine jährliche Investitionslücke von mindestens 2,5 bis 4 Billionen USD. Siehe Ellen McArthur Foundation (2015); UNCTAD (2014).

[36] UNCTAD (2014); World Bank Indicators (2018). In den letzten Jahrzehnten gab es zahlreiche Vorschläge für die sogenannte innovative Finanzierungsinstrumente: Dazu gehören der Brown-Bericht im Rahmen der IFF, der Vorschlag der LULA/CHIRAC-Arbeitsgruppe zur Besteuerung von Flugtickets, die Tobin-Steuer auf Devisentransaktionen, der WIDER-Bericht und die § 44 und § 45 für Entwicklungsbanken (AAAA 2015; Atkinson 2005; Brown 2004; Tobin 1978; Working Group on New International Contributions to Finance Development 2004). Siehe außerdem Club of Rome (2019) und Schroeder (2006).

Tab. 5.2 Geografische Verteilung des benötigten Volumens

Regionen mit unterschiedlichem Einkommen	Erforderliche Ausgaben in % des Bruttoinlandsprodukts (BIP) und absolute Zahlen zur Finanzierung der Ziele für nachhaltige Entwicklung (SDGs)	
A Länder mit hohem Einkommen (HIC)		
12.000 USD/Kopf/Jahr 52 Länder BIP 55 Billionen USD 1,25 Milliarden Menschen	1,5–2 % BIP	1 Billion USD
B Länder mit mittlerem Einkommen (MIC)		
Länder mit hohem mittlerem Einkommen (UMIC) 53 Länder 4000–12.000 USD/Kopf/Jahr BIP 25 Billionen USD 2,6 Milliarden Menschen	6–7 % BIP	2,5 Billionen USD
Länder mit mittlerem Einkommen (LMIC) 1000–4000 USD/Kopf/Jahr 52 Länder BIP 7 Billionen USD 3 Milliarden Menschen	36 % BIP	2,0 Billionen USD
C Länder mit niedrigem Einkommen (LIC)		
1000 USD/Kopf/Jahr 30 Länder BIP 700 Milliarden USD 600 Milliarden Menschen	60 % BIP	500 Milliarden USD
Global	7–8 % BIP	5–7 Billionen USD

Das ist eine große, abstrakte und erschreckende Zahl, und deshalb müssen wir sie entschlüsseln und ein Gefühl für die richtige Proportionen bekommen. Die Hauptaussage ist, dass wir über zusätzliche Billionen von Dollar pro Jahr sprechen. Nimmt man 5 Billionen USD jährlich als groben Richtwert, so müssen einige Unterscheidungen getroffen werden. Die Gleichung lautet: Innerhalb des Spektrums der SDGs kommt ein Drittel der Investitionen, also etwa 1,5 Billionen USD, für eine Finanzierung durch irgendeine Art von privatwirtschaftlichen Investitionen und öffentlich-privaten Partnerschaften (private public partnership: PPP) in Frage. Dies gilt insbesondere für den Bereich der Landwirtschaft und der Elektromobilität. Die verbleibenden zwei Drittel der SDGs, etwa 3,5 Billionen USD an Investitionen, sind für eine private Finanzierung ungeeignet, da es sich um nicht ausschließbare Gemeinschaftsgüter handelt. Wenn man diese 3,5 Billionen USD konkreter betrachtet, könnten die Währungsregulierer hier ansetzen. Traditionell bezieht sich M0 auf Basisgeld oder „heißes Geld", das ausschließlich von den Zentralbanken ausgegeben wird. Es besteht ein Verhältnis zwischen der Menge des emittierten M0 und dem BIP – das Verhältnis liegt normalerweise bei etwa 1:10. Derzeit beläuft sich M0 weltweit auf 7 Billionen USD,[37] was dem jährlichen globalen BIP von 70–80 Billionen USD entspricht. Wendet man dieselbe Logik und denselben Prozess auf die 3,5 Billionen USD an, die zur Finanzierung der globalen Gemeinschaftsgüter erforderlich sind, müssten die Zentralbanken ein Zehntel dieser Summe als M0 schaffen, was jährlich 350 Milliarden USD zusätzlich ausmacht.

Die oben berechneten 350 Mrd. USD würden jedoch nur dann ausreichen, wenn die Mittel über traditionelle Kanäle geleitet würden, bei denen der Multiplikationseffekt des Bankensystems eine Geldvermehrung bewirkt. Würden alternative Kanäle genutzt, bei denen dieser Verstärkungsprozess nicht stattfindet, wäre die Summe von 350 Mrd. USD zu gering. Da einige Projekte über andere als die traditionellen Kanäle laufen würden, ist eine zusätzliche Liquidität von etwa 500 Milliarden bis 1,5 Billionen USD pro Jahr eine realistischere Schätzung der für die Finanzierung der SDGs erforderlichen Summe. Nur zur Erinnerung: Dies wäre Fiatgeld. Aber Fiatgeld ist keine schlechte Sache. Es kommt darauf an, was wir damit machen. Wenn wir also 1,5 Billionen USD an zusätzlicher Liquidität oder Kaufkraft in Form einer optionalen, Blockchain-fähigen Parallelwährung hätten, hätten wir das Potenzial, die Weltwirtschaft in ein Pareto-superiores Gleichgewicht zu lenken. Mit anderen Worten: Ein duales Währungssystem, wie es hier beschrieben wird, verhindert die Marktallocation und ein Pareto-Optimum nicht, sondern ermöglicht sie vielmehr erst.

Es ist eigentlich einfach: Geld ist, was Geld bewirkt. Um jedoch sicherzustellen, dass das Geld das tut, was wir als Gemeinschaft beschließen, müssen wir auf die monetären Kanäle achten, durch die das zusätzliche Geld geleitet wird.

Die richtigen Geldkanäle finden: Ein Geldkanal ist wie eine Wasserleitung, die, wenn sie richtig gebaut ist, das Geld dorthin leitet, wo es am meisten gebraucht wird. Die meisten herkömmlichen Geldkanäle erfüllen dieses Kriterium jedoch nicht mehr. Der Großteil des Geldes, das derzeit kanalisiert wird, verbleibt im so genannten FIRE-Sektor (Finanz-, Versicherungs- und Immobiliensektor).[38] Obwohl also viel Geld im Umlauf ist, fließt es nicht in die dringendsten Bedürfnisse der Gesellschaft. Wie viel Geld in die Realwirtschaft fließt, hängt weitgehend von den Transmissionsriemen oder „Kanälen" ab, durch die das Geld geschickt wird, um den Bedarf der Realwirtschaft an Waren und Dienstleistungen zu decken.

Die jüngste Geschichte hat gezeigt, dass der herkömmliche Mechanismus der quantitativen Lockerung (QE) nur eine begrenzte Hebelwirkung hat, um echte Investitionen in der realen Welt zu gewährleisten.[39] Traditionell haben Zentralbanken und geldpolitische Regulierungsbehörden verschiedene, aber immer noch traditionelle Kanäle genutzt, um sicherzustellen, dass die erzeugte Liquidität die Realwirt-

---

[37] Desjardins (2017); Van der Knaap und De Vries (2018).

[38] Siehe Grubb et al. (2019); Konferenz der Vereinten Nationen für Umwelt und Entwicklung (UNCED) (1992).

[39] Diese so genannte „Liquiditätsfalle" beschreibt das Phänomen, das auftritt, wenn es den geldpolitischen Regulierungsbehörden nicht gelingt, das Preisniveau mit einem Zinssatz bei oder nahe Null zu stimulieren oder zu beeinflussen; siehe Sumner, Scott. „Die andere Geldillusion". The Money Illusion. Abgerufen am 3. Juni 2011.

schaft tatsächlich erreicht. Zu diesen Kanälen gehört der „Bankkreditkanal": Geschäftsbanken können billiges Geld verleihen und billige Kredite anbieten, die Haushalte und Unternehmen nutzen können, um Häuser zu bauen, eine Hochschulausbildung zu bezahlen oder Infrastruktur-Massnahmen zu ermöglichen. Dann gibt es den „Portfoliokanal": Dieser Kanal erklärt die Wirkung der Geldschöpfung durch den Kauf von Staatsanleihen durch die Zentralbanken. Diese Anleihen steigen im Wert und senken die Zinskosten, was wiederum rationale Investoren dazu veranlasst, alternative Strategien zu Staatsanleihen zu wählen. Es gibt auch den „Signalkanal": Die herkömmliche quantitative Lockerung signalisiert der Realwirtschaft, dass die Zinssätze niedrig bleiben werden, was die Anleger dazu veranlassen soll, zu konsumieren oder in produktive Vermögenswerte zu investieren. Ein weiterer Kanal ist der „Vermögenskanal": Diese Maßnahmen führen zu einem Anstieg der Börsen- und Immobilienwerte. Da 40 % der Aktien den oberen 5 % der Gesellschaft gehören (wie z. B. im Vereinigten Königreich), wird sich diese Gruppe als wohlhabender betrachten und folglich mehr konsumieren, was wiederum die Wirtschaft durch „Trickle-Down-Effekte" ankurbeln soll. Ein „fiskalischer Kanal" folgt dem Argument, dass der Kauf von Staatsanleihen deren Wert erhöht und die Zinskosten senkt. Diese geringeren Zinskosten verschaffen dem öffentlichen Sektor einen größeren Spielraum für zusätzliche öffentliche Investitionen in das Bildungs- und Gesundheitswesen und so weiter. Schließlich gibt es noch den „Zinskanal": Niedrige Zinsen sind ein allgemeiner Anreiz, mit billigem Geld in die Wirtschaft zu investieren.[40] Keiner dieser Kanäle, die die Zentralbanker hier traditionell nutzen, ist falsch. Empirische Belege zeigen, dass jeder von ihnen in der Vergangenheit in einigen Fällen auch funktioniert hat. Aber keiner dieser Kanäle liefert empirische Beweise für einen kausalen Zusammenhang zwischen der Geldmenge, die geschaffen wird, und der Menge, die schließlich den realen Sektor erreicht.

Die konventionellen geldpolitischen Instrumente der letzten Zeit haben daher nur begrenzte Anhaltspunkte dafür, dass das geschaffene Geld in die Realwirtschaft gelangt.[41] Da sowohl Zentralbanken als auch Regierungen öffentliche Einrichtungen sind, halten sich Gewinne und Verluste auf beiden Seiten die Waage. Um dies konkret zu veranschaulichen: Im Laufe der Krise nach 2008 in Großbritannien hat die Bank of England 435 Milliarden Pfund geschaffen. Diese zusätzliche Liquidität stimulierte die Realwirtschaft mit 10–15 Pennys pro Pfund – was bedeutet, dass 90 Pennys pro britischem Pfund im sogenannten FIRE-Sektor verblieben und der „trickle down" in die Realwirtschaft nur 10 Pennys betrug.[42] Mit einer Bürgerdividende für die Zivilgesellschaft oder dem öffentlichen Sektor, wie unten beschrieben, hätte

---

[40] J. Ryan-Collins, T. Greenham, G. Bernardo, und R. Werner (2013). „Strategische quantitative Lockerung". Veröffentlicht von der New Economics Foundation (NEF). Verfügbar unter: http:// www.neweconomics.org/publications/entry/strategic-quantitative-easing.

[41] Siehe Ryan-Collins et al. (2013).

[42] Jackson (2013); Bank of England (2016); Van Lerven (2016); Positive Money (2014); El-Erian (2016), wo der Autor zu dem Schluss kommt: „Es ist besser, zu planen, um zu scheitern, als zu scheitern, um dann zu planen."

jedes Pfund 2,8-mal so viele Einnahmen generiert. Der Unterschied zwischen dem konventionellen und dem alternativen Szenario beträgt das 35-fache. Bei gleicher Liquidität kann durch eine einfache Änderung der Wege, über die das Geld verarbeitet wird, 35-mal mehr Wohlstand geschaffen werden! In Anbetracht dieser Zahlen ist es sinnvoll, sich die verfügbaren Kanäle genauer anzuschauen. Theoretisch könnten 10 Milliarden Pfund, die über einen der alternativen Kanäle verteilt werden, im Vereinigten Königreich bereits 300.000 zusätzliche Arbeitsplätze geschaffen haben. Unser Ansatz baut auf diesen Erkenntnissen auf, unterscheidet sich jedoch wesentlich von den bestehenden konventionellen und alternativen Parallelwährungssystemen.[43]

Obwohl eine Reihe von Vorschlägen diese traditionellen Mechanismen weiterentwickelt haben, bleiben sie alle innerhalb einer monetären Monokultur. Es sind daher neue und zusätzliche Kanäle erforderlich, um sicherzustellen, dass die Liquidität die Sektoren erreicht, die der Gesellschaft am meisten nutzen. Wenn es um globale Gemeingüter geht, ist es wichtig zu bedenken, dass wir es mit einer anderen Art von Wirtschaft zu tun haben. Um die Fehler der traditionellen quantitativen Lockerung der Krise von 2008 zu vermeiden, bei der die zusätzliche Liquidität hauptsächlich in den Finanzsektor oder den Immobilienmarkt floss, müssen wir neue monetäre Kanäle identifizieren, die wie ein Flussdelta parallel zu den herkömmlichen Kanälen funktionieren. Hier lassen sich mindestens drei Hauptwege ausmachen (Abb. 5.6):[44]

Diese neuen Kanäle wären einmal konsumtiv, um lokale Märkte direkt zu stimulieren, etwa bei der Bekämpfung von Armut und Hunger dann könnten sie das Verbraucherverhalten in Richtung eines nachhaltigeren Lebensstils ändern und zum Beispiel die regionale Landwirtschaft und den öffentlichen Nahverkehr fördern; sie könnten des Weiteren eine Investitionsstrategie zur Stärkung der öffentlichen Infrastruktur darstellen, die zum Beispiel auf die öffentlichen Finanzen, die Grundbuch-

---

[43] Empirisch gesehen hat keiner der herkömmlichen monetären Kanäle dazu beigetragen, die Realwirtschaft mit angemessener Liquidität zu versorgen. Einer der Gründe für dieses Scheitern ist, dass alle diese Kanäle ihre eigenen Erklärungen dafür bieten, wie sie funktionieren könnten, aber der herkömmliche Mechanismus der quantitativen Lockerung (QE) bietet keinen empirischen Nachweis der Kausalität. (Ryan-Collins, Werner, Greenham und Bernardo 2013; Sumner 2010; Beneš and Kumhof 2012).

[44] Traditionell bezieht sich der *Konsum* einerseits auf Humankapital, Löhne und den täglichen kurzfristigen Bedarf (Lebensmittel, Transport, Miete, Kleidung), während *Investitionen* andererseits wirtschaftliche Aktivitäten wie den Bau einer Brücke, eines Abwassersystems, eines Krankenhauses oder einfach den Kauf von Grundstücken widerspiegeln. Diese Unterscheidung zwischen Investitions- und Konsumstrategien ist jedoch willkürlich und nicht mehr zeitgemäß. Jede Investitionsstrategie löst sofort Konsum aus, und jeder Konsum zieht zusätzliche Investitionen nach sich. Wenn die Qualität des Humankapitals (Bildung und Gesundheitszustand) der Schlüssel für den zukünftigen Erfolg von Wirtschaft und Politik ist, ist der einzig relevante wirtschaftliche Leistungsindikator die Kapitalrendite. Und da Investitionen in Menschen den höchsten ROI haben, sollten wir den traditionellen Unterschied zwischen Konsum und Investition einfach aufgeben. Und am Ende der Wertschöpfungskette wird sich hoffentlich immer jemand finden, der einen Veggie-Burger kauft!

Abb. 5.6 Das Flussdelta: ein monetäres Ökosystem mit mehreren Hauptpfaden, die dem Markt zusätzliche Liquidität zuführen

ämter, die öffentlichen Angelegenheiten oder die nationale Sicherheit abzielt; und schließlich könnten diese neuen Kanäle auf Intermediäre wie Bildung, erneuerbare Energien, ökologische Landwirtschaft oder das Gesundheitswesen abzielen. Das Hauptargument bei diesen parallel operierenden Komplementärwährungen ist, dass der vorgeschlagene Mechanismus selbst die Realwirtschaft durch ein demokratisches Mandat legitimieren sollte. Dies kann nun über mehrere alternative Wege geschehen (Tab. 5.3):

Diese zusätzlichen Wege würden nicht nur neue Arbeitsplätze und Steuereinnahmen schaffen, sondern auch eine Senkung der Ausgaben für Sozialversicherung und Renten bewirken und Wohlstand schaffen. Diese Beispiele unterscheiden sich von der akademischen Literatur und der öffentlichen Diskussion dadurch, dass die zusätzlich bereitgestellte Liquidität parallel zum konventionellen System läuft und mit digitaler Ledger-Technologie arbeitet. Sie bieten somit vollständige Transparenz, Unmittelbarkeit und Skalierbarkeit. Und durch diese Parallelisierung entsteht der notwendige Hebel, um große und kleine Finanzvolumina in eine grüne Zukunft zu lenken.

Ein wichtiger Zwischenschritt – der gemeinnützige Bankensektor: Die Weiterentwicklung unseres Bewusstseins wird uns die Tatsache präsenter machen, dass Geld nur eines von vielen fiktiven Narrativen ist, die wir gemeinhin glauben. Das zugrunde-liegende Konzept des Geldsystems ist seit Jahrhunderten unangefochten und unangetastet geblieben, trotz der Auseinandersetzungen zwischen Zivilisationen, Kulturen, Werten, Religionen und politischen Systemen. Selbst Terroristen halten sich an die Regeln des etablierten Geldsystems. Doch jetzt ist es an der Zeit, dieses Narrativ der traditionellen monetären Monokultur in Frage zu stellen und damit zu beginnen, uns eine bessere Geschichte über Geld und Nachhaltigkeit zu erzählen. Unabhängig von der Form, die es annimmt, ist Geld auf Vertrauen aufgebaut. Dies sollte auch für jedes

Tab. 5.3 Beispiele für komplementäre monetäre Kanäle

Komplementäre Kanäle	Erläuterung
Bürgerdividende	Die Bürger kommen in den Genuss einer Steuerermäßigung in den herkömmlichen Bereichen der Wirtschaft. Diese Ermäßigung wird durch grüne USD oder grüne Euro ersetzt, so dass die Bürger ihren Konsum auf eine grünere Zukunft ausrichten können.
Vorgezogene Marktverpflichtung	Verbindlicher Vertrag der öffentlichen Hand, der Garantien für die Abnahme eines Produktes oder einer Dienstleistung in einem zukünftigen Markt bietet, sobald es erfolgreich entwickelt wurde (z. B. Impfstoffe). Man spricht von einer advanced comittement strategy (ACS).
Öffentlich-private Partnerschaft (PPP)	Die meisten SDGs bewegen sich an der Schnittstelle zwischen privaten und öffentlichen Interessen, z. B. Upstream-Finanzierung mit Mezzanine-Produkten (output-orientiert).
Kleine und mittlere Unternehmen (KMU), NGOs, kommunale Behörden	Statt dass leitende Mitarbeiter von Großunternehmen und Banken in erster Linie für die Mittelbeschaffung zuständig sind, kann das Fachwissen von 1 Million NRO weltweit direkt genutzt werden, indem ihnen grüne Dollar oder Euro angeboten werden.
Institutionelle Ausstattung und Infrastruktur	Der Aufbau einer verantwortungsvollen Staatsführung ist der Schlüssel für alle Ziele für nachhaltige Entwicklung (SDGs) und die globalen Gemeingüter. Zusätzliche Liquidität kann der Zivilgesellschaft (Universitäten, Presse und Gesundheitswesen) sowie der Verwaltung (kommunale Steuerbehörden, Grundbuchämter und Kanalisation) zugutekommen.
Überweisungskanal	Rücküberweisungen (sogenannte Remittance payments), die bereits das Doppelte des Volumens der offiziellen Entwicklungshilfe weltweit ausmachen, könnten von zusätzlicher grüner Liquidität profitieren. Das Geld geht direkt an die Armen und an die Orte auf dem Planeten, die es am meisten brauchen.

künftige Fiatgeld gelten, das entwickelt wird. Und je mehr gegenseitiges Vertrauen wir schaffen, desto höher wird der Wert der Währung sein.

Ein wesentlicher Bestandteil einer solchen Zukunftserzählung ist der Bankensektor selbst. Große Banken neigen dazu, Kredite an große Unternehmen zu vergeben, und ein erheblicher Teil dieser Kredite bleibt unproduktiv. Das Vereinigte Königreich beispielsweise hat einen stark monopolisierten Bankensektor, in dem etwa fünf Banken 92 % der Kreditgeschäfte abwickeln. Allerdings werden nur 22–25 % dieser Kredite dem realen Wirtschaftssektor zur Verfügung gestellt. Der Rest der Kredite verbleibt auch hier im so genannten FIRE-Sektor (Finanzen, Versicherungen und Immobilien). In diesem Fall verlagern die Finanztransaktionen lediglich das Eigentum, werden aber nicht unbedingt in das BIP investiert und sind in diesem Sinne nicht produktiv. Im Gegensatz dazu gibt es in Deutschland einen kommunalen, genossenschaftlichen Non-Profit-Bankensektor mit über 1700 kommunalen genossenschaftlichen Non-Profit-Banken. In diesem Fall gehen über 70 %

der Kredite an kleine und mittlere Unternehmen oder Privatkunden. Die Ästhetik eines dezentralisierten kommunalen, genossenschaftlichen und gemeinnützigen Bankensektor ist, dass er widerstandsfähiger gegen finanzielle Schocks ist. Außerdem ermöglicht er eine gezieltere Kreditvergabestrategie und damit eine Maximierung der wirtschaftlichen Produktivität und des Wohlstands. Da Banken zusätzliche Kaufkraft generieren und der Wirtschaft zuführen, anstatt nur als Vermittler (Broker) zwischen Ersparnissen und Krediten zu fungieren, haben das genossenschaftliche Bankwesen das Potenzial, von den inländischen Zentralbanken mit Hilfe einer parallelen, digitalen Währung, wie in diesem Text erläutert, geräuscharm kapitalisiert zu werden.[45]

Nehmen wir die so genannten Sovereign Wealth Funds. Dabei handelt es sich um staatliche Fonds, in die Haushaltsüberschüsse, vor allem aus der Förderung fossiler Ressourcen, fließen, um die heimische Wirtschaft zu stabilisieren, als Quelle für generationenübergreifende Rentenfonds dienen und/oder Geld für die Finanzierung des sozioökonomischen Übergangs bereitstellen. Der Markt für Staatsfonds umfasst 8 Billionen USD, von denen nur etwa 0,15–0,7 % in grüne Anlagen investiert sind. Die Einnahmen und das Volumen solcher Fonds werden hauptsächlich durch den so genannten fiskalischen Break-even-Ölpreis bestimmt. Dieser Richtwert spiegelt den Ölpreis wider, bei dem der Staatshaushalt ausgeglichen ist und Rücklagen gebildet werden können. Je niedriger dieser Break even ist, desto höher sind die potenziellen Einnahmen. Staatsfonds sind zunehmend mit gestrandeten Vermögenswerten, Ölpreisschwankungen und/oder einem niedrigen Ölpreis selbst konfrontiert. Die Arbeitsgruppe „One planet sovereign wealth fund" befasst sich derzeit mit diesem Thema.

Da Staatsfonds ein wichtiger Akteur auf dem globalen Markt sind, liegt es in ihrem eigenen Interesse, unkonventionelle Ansätze im Finanz-Engineering in Betracht zu ziehen, um den erforderlichen Wandel zu katalysieren und zu ermöglichen.[46] Der große Vorteil von Staatsfonds ist, dass sie einen öffentlichen Fonds und damit öffentliche Interessen, öffentliche Güter und öffentliches Eigentum darstellen. Die folgende Grafik veranschaulicht eine mögliche Abkehr von ihrer traditionellen hin zu einer widerstandsfähigeren und umweltfreundlicheren Strategie (Abb. 5.7).[47]

---

[45] Werner (2003); Harari (2016); für einen überarbeiteten Chicago-Plan siehe Beneš and Kumhof (2012).

[46] Trotz Zahlungsausfällen, Umstrukturierungen und Bewertungsabschlägen haben Staatsanleihen den Anlegern über einen langen Zeitraum hinweg Gewinne beschert. Ein 200-Jahres-Zeitraum für Schwellenländer zeigt trotz Kriegen, Zahlungsausfällen, globalen Krisen und trotz eines durchschnittlichen Haircuts von unter 50 % eine kompensierende Überrendite von 7 % pro Jahr über dem risikofreien Zinssatz, die Unternehmensanleihen übertrifft. Siehe Meyer et al. (2019).

[47] Buteică und Huidumac-Petrescu (2018); Engerer (2019) oder oneplanetswfs.org.

Abb. 5.7 Staatsfonds – Katalysator des Wandels und Ermöglichung öffentlicher Güter durch Distributive Ledger Technology (DLT) und alternative Geldkanäle (Erläuterungen im Text)

5.6   Das größere Bild: Ein Fahrrad mit zwei Rädern oder ein Mechanismus, der die Welt verändern kann

Was würde passieren, wenn es einen solchen neuen sozialen Mechanismus gäbe?[48] Jede Form von paralleler Liquidität, die gegen Staatsanleihen ausgegeben werden und ausschließlich für SDG-bezogene Projekte bestimmt sind, stellt einen

---

[48] Die Österreichische Schule der Wirtschaftswissenschaften (Hayek, z. B. 1976; Schumpeter, z. B. 1912) ist eine historische Quelle für das TAO der Finanzen. Die wirtschaftliche Entwicklung sollte nicht durch inländische Ersparnisse, externe Kreditaufnahme oder Besteuerung begrenzt oder eingeschränkt werden. Finanztransfers sind nicht unbedingt erforderlich. Geld kann „aus dem Nichts" geschaffen werden, solange der Finanzsektor ein Monopol darauf hat. Bankiers schaffen zusätzliche Kaufkraft für Unternehmer, indem sie Kreditlinien schaffen. Für Schumpeter ist der Bankier der „Ephor", der „Mastermind" jeder erfolgreichen Entwicklung. Hayek ging sogar noch einen Schritt weiter und befürwortete die Entstaatlichung des kompletten Geldsystems, so dass jeder sein eigenes Geld schaffen kann. Das System des freien Marktes würde dann die stärkste Währung auswählen. Das TAO of Finance vertritt eine Position zwischen einem Geldmonopol und einem vollständig dezentralisierten und privatisierten Geldsystem und befürwortet lediglich ein duales System.

systematischen Anreiz für alle Beteiligten dar. Für jeden öffentlichen Mitunterzeichner hätten Investitionen in solche Projekte eine potenzielle Rendite, die
10–100-mal höher ist als bei privaten Investitionen. Die Investition in Gemeingüter
über diesen Mechanismus erhöht somit den Gesamtwohlfahrtseffekt in Form von
Millionen „grüner" Arbeitsplätze, zusätzlichem „grünem" Wachstum und einer erweiterten zukünftigen Steuerbasis für SDG-bezogene Projekte. Neben diesen positiven Effekten werden aber auch die negativen Auswirkungen verringert, indem illegale Transaktionen reduziert und die Kosten für negative externe Effekte und
Katastrophenmanagement gesenkt werden. Kurz gesagt, dieser Mechanismus hat
das Potenzial, die Gesamtwirtschaft in Richtung eines Pareto-Superioren Gleichgewichts umzulenken.[49] Dies ist das unverzichtbare Bindeglied, das uns bisher ge-
fehlt hat, und es beschreibt die spezifische künftige Rolle der monetären
Regulierungsbehörden in einer nachhaltigen Zukunft. Die folgenden Grafiken
geben einen Überblick über den traditionellen Weg (a) und den komplementären,
parallelen Weg (b) bei der Finanzierung unserer Zukunft (Abb. 5.8).

Diesem Zusammenhang sollten wir uns ausführlicher ansehen: Die Grafik beschreibt das Gesamtbild dieses Mechanismus aus der Sicht der Systemtheorie. Das
globale BIP (dargestellt durch den großen orangefarbenen Pfeil) enthält die Kohlenstoffblase und die erhöhten Kosten der Schadensbegrenzung, die durch die Art und
Weise, wie wir unsere Wirtschaft betreiben, entstehen und auf weiten Strecken
schon entstanden sind (z. B. globale Erwärmung, unerwünschte Migration, Luftverschmutzung). Der dunkle Kasten steht für die Schattenwirtschaft und den informellen Sektor, die das BIP speisen und ungewollt stabilisieren. Ohne die
Schattenwirtschaft würde ein großer Teil des BIP fehlen und die Weltwirtschaft
würde zusammenbrechen. Der dünne grüne Pfeil, der vom BIP ausgeht, spiegelt die
umverteilende Ko-Finanzierung der globalen Gemeinschaftsgüter (SDGs) durch
Steuern, Gebühren, Subventionen und Reinvestitionen wider. Er macht zwar 0,5 bis
2 % des BIP aus, aber diese Summe ist 8–10-mal zu niedrig, um die SDGs angemessen zu finanzieren. Der große grüne Pfeil oben steht für die zusätzliche
Liquidität, die zur Finanzierung der SDGs geschaffen wird und die dem System
durch einen vorgelagerten Verteilungsmechanismus zugeführt wird. Das kann von
oben nach unten geschehen, wie bei CBDCs, oder von unten nach oben, wie bei
Gemeinschaftswährungen oder Kryptowährungen. In jedem Fall wird zusätzliche
Liquidität – die ordnungsgemäß reguliert, an das Zentralbankgeld gekoppelt und für
Löhne und Steuern anrechenbar ist – durch einen zusätzlichen, parallelen Mechanis-
mus und mehrere alternative Geldkanäle fließen und es uns ermöglichen, ausreichend Liquidität zu generieren, die vom traditionellen Kapitalmarkt und seinen
Zinssätzen, vom allgemeinen Wachstumspfad und seinen Lock-Ins sowie von den
Steuereinnahmen und deren potenzieller Umgehung abgekoppelt ist. Dieser so-
ziale Mechanismus würde es uns ermöglichen, negative externe Effekte auszu-

---

[49] Technisch gesehen gibt es drei Möglichkeiten, dem Markt Liquidität zuzuführen: erstens die
Offenmarktpolitik durch den Ankauf von Staatsanleihen, zweitens die Kreditvergabe an das Geschäftsbankensystem und drittens die direkte Zuführung von Liquidität an die Wirtschaft.

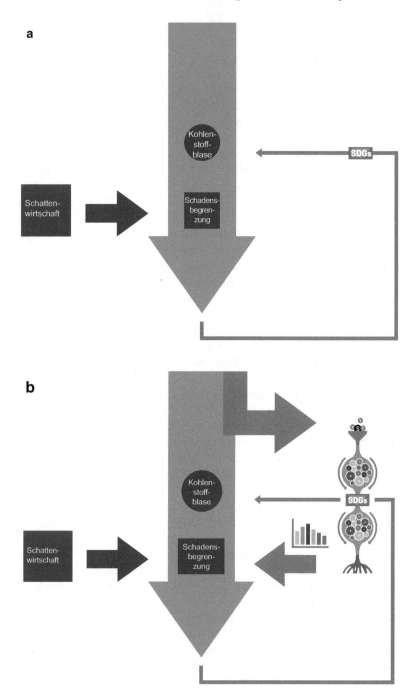

Abb. 5.8 Der traditionelle und der komplementäre Weg (**a**) Die traditionelle Art der Finanzierung unserer Zukunft ist durch eine End-of-Pipe-Finanzierung über Steuern, Gebühren und Philanthropie gekennzeichnet (**b**) Eine grüne, parallele, optionale Liquidität würde neue grüne Arbeits-

(Fortsetzung)

plätze schaffen und es Menschen aus der Schattenwirtschaft ermöglichen, in den grünen Bereich zu wechseln (inverse Trafficking). Sie würde negative externe Effekte reduzieren und die Kosten im entropischen Sektor senken (inverse Preisbildung). Er würde die prozyklischen Tendenzen einer monetären Monokultur in der Geldschöpfung, im Interbankengeschäft, bei den Kreditlinien und den realen Investitionen (antizyklisch) verringern; er würde qualitative Wachstumspfade stimulieren und über verschiedene Kanäle positive externe Effekte erzeugen. Es sei darauf hingewiesen, dass dieser Mechanismus herkömmliche Regulierungsbemühungen oder Umverteilungsschemata nicht außer Acht lässt oder ablehnt, sondern deren Handlungsspielraum verbessert

gleichen, die vielfältigen Lock-in-Effekte zu umgehen, die Kraft des globalen Gemeinguts zum Wohle der Menschheit freizusetzen und den Bedarf an Millionen von künftigen grünen Arbeitsplätzen zu decken.[50]

Wirtschaftswissenschaftler definieren bekanntlich eine Währung als etwas, das gleichzeitig als Tauschmittel, Wertaufbewahrungsmittel und Rechnungseinheit verwendet werden kann. Das in diesem Text erläuterte Parallelwährungssystem erfüllt alle diese Anforderungen. Eine angemessene Finanzierung von Gemeingütern wirkt sich positiv auf das konventionelle globale BIP aus, das durch den grünen Pfeil nach rechts dargestellt wird. Zu diesen positiven Effekten gehören die reversible Preisbildung (inflationshemmend) und das reversible trafficking (die Beschäftigung wandert vom Schatten- zum konventionellen Wirtschaftssektor in den Sektor der Gemeingüter). Die zunehmende verstärkte Aktivität im Gemeingütersektor wird somit den Umfang der Schattenwirtschaft verringern.

Da dieser Parallelmechanismus zu 100 % elektronisch ist, gibt es kein Bargeld.[51] Die Transaktionen sind somit rückverfolgbar, und die Verwicklung in die Schattenwirtschaft zum Zwecke der Geldwäsche und des Steuerbetrugs bleibt begrenzt und

---

[50] Ein weiteres technisches Detail: Wenn die grüne Parallelwährung mit 100 kg CO_2 e unterlegt wäre, würde sie einen vorgelagerten Anreiz schaffen, diese Währung noch mindestens 15–20 Jahre lang zu halten und in sie zu investieren, da wir davon ausgehen können, dass der Preis von CO_2 in diesem Zeitraum aufgrund von Regulierung und Kohlenstoffbesteuerung steigen wird. Dies würde wie ein „neuer Goldstandard" für ein neues grünes Zeitalter funktionieren. Innerhalb dieser Zeitspanne würde eine solche Währung an Wert gewinnen, da der Preis von CO_2 pro Tonne steigen würde, bis alle Investitionen getätigt sind und wir in ein kohlenstoffarmes Zeitalter eintreten. Dann, in 20 Jahren, müssten wir das Risiko abbauen und diese Reserve entschulden. Einzelheiten zu diesem Argument finden sich in Chen (2018) oder Chen et al. (2018); Chen, van der Beek und Cloud (2017).

[51] Kritiker digitaler Transaktionen könnten argumentieren, dass der Staat eine übermäßige Kontrolle über die Freiheit der Bürger ausübt, Bargeld zu verwenden. Das Argument geht so weit zu sagen, dass Zentralbanken und Regierungen jede Kontrolle über alle Finanztransaktionen haben, wodurch einzelne Unternehmen und Bürger dem potenziellen Missbrauch durch den Staat völlig ausgeliefert sind. Dieses Argument ist nicht ganz von der Hand zu weisen. Es ist jedoch wichtig zu bedenken, dass bereits heute über 90 % der Transaktionen digital abgewickelt werden. Eine mögliche Zwischenlösung wäre, dass bei lokalen Transaktionen weiterhin die Möglichkeit besteht, Bargeld zu verwenden, wobei auch diese Transaktionen als „grün" (über einen Barcode) gekennzeichnet würden. Das Hauptargument einer Parallelisierung des Geldsystems bleibt also gültig. Zur Debatte über den Überwachungskapitalismus siehe Zuboff (2019).

wird mit der Zeit verschwinden. Die Regierungen entscheiden, ob sie diese Form der Liquidität als offizielles Zahlungsmittel akzeptieren, auch für die Zahlung von Steuern und Löhnen. Diese zusätzliche Liquidität ist zudem begrenzt: Im Gegensatz zur traditionellen quantitativen Lockerung (QE) dient dieser Mechanismus ausschließlich der Investition in SDG-bezogene Projekte. Dieses begrenzte Investitionsportfolio vermeidet im Großen und Ganzen, in eine Liquiditätsfalle zu geraten, da die begrenzte Liquidität direkt in die Realwirtschaft geleitet wird. Außerdem garantiert eine „Verbotsliste", dass die Mittel schrittweise nur für gesunde, faire und nachhaltige Waren und Dienstleistungen ausgegeben werden. Während es schwierig ist, eine Positivliste zu erstellen, ist es einfacher, einen Konsens über eine Negativliste zu erzielen. Sie könnte zum Beispiel Drogen, Waffen und Menschenhandel ausschließen, würde aber Unternehmen, Regierungen und Haushalten erlauben, ihre Löhne für alles andere einzulösen.[52] In der Praxis würde zusätzliche Liquidität in der hier beschriebenen Form nicht nur zu unerwarteten Gewinnen führen, sondern auch zu zahlreichen sekundären positiven Effekten, indem sie die Entwicklung hin zu nachhaltigen Gütern und Dienstleistungen selbstverstärkt und sicherstellt, und das Geld die Gesellschaft in eine nachhaltige Richtung lenkt.

5.7   Die unmittelbare Wirkung für eine bessere Welt

Also nochmals: Was würde passieren, wenn es eine solche Komplementärwährung gäbe? Sobald diese Parallelwährung ein zulässiges Zahlungsmittel für Steuern und Löhne wird, würden kommunale Ämter zusätzliche zweckgebundene Liquidität erhalten, um die öffentliche Infrastruktur wieder aufzubauen, darunter Kindergärten, öffentliche Parks und Schwimmbäder, kommunale Krankenhäuser und Bibliotheken. Ebenso würden die Millionen von Nichtregierungsorganisationen auf der ganzen Welt eine angemessene Finanzierung erhalten, um ihre Aufgaben zu erfüllen. Diese gezielte zusätzliche Liquidität würde Bildung und Zugang zu einer allgemeinen Gesundheitsversorgung ermöglichen, die es sonst nie geben würde. Wir könnten die Mittel gezielt einsetzen, um den Ressourcenabbau zu verringern und die Luft zu reinigen und so alle negativen Auswirkungen auf unsere allgemeine Gesundheit zu vermeiden. Wir würden schließlich das ungenutzte Potenzial von Millionen von Menschen ohne Arbeit erschließen und die Kreativität von Milliarden von Menschen freisetzen. Und wir würden für neue und gesündere, ökologischere und gerechtere Formen der Wirtschaftstätigkeit sorgen, die die Zirkulation alternativer Güter und Dienstleistungen erfordern, die zum Teil unabhängig von der traditionellen Wirtschaft sind. Der öffentliche Sektor muss dafür sorgen, dass

---

[52] Ein weiteres technisches Detail: In der ersten Phase könnte eine begrenzte Konvertierbarkeit mit dem konventionellen Geldsystem mit z. B. 10–15 % Wechselkursabschlags sinnvoll sein. Dies würde Kunden, Unternehmen und Staaten ermutigen, in die SDGs zu reinvestieren oder Geld mit Verlust zu konvertieren. Langfristig würde dieser Mechanismus eine höhere Stabilität erreichen, da er an reale, nachhaltige langfristige Investitionen gekoppelt wäre.

diese „grünen Dollars" für Löhne und Steuern ausgegeben werden können, und zwar in dem Verhältnis, in dem der „grüne Dollar" auf Unternehmens- und Privatebene ausgegeben und verwendet wird. Ein Beispiel: Wenn ein lokales Lebensmittelgeschäft 15 % seines Umsatzes in grünem Geld einnimmt, darf es auch 15 % seiner Steuern und Löhne in grünen Dollar bezahlen. So wird sichergestellt, dass sich der Kreislauf zwischen dem privaten und dem öffentlichen Sektor schließt und verstetigt und das Vertrauen in die parallele grüne Wirtschaft wächst. Die Überwachung dieses Prozesses stellt eine geringere Herausforderung dar, da die Währung nur in digitaler Form existiert. Internationale Investoren und Unternehmen können ihr ernsthaftes Interesse an einer Region zeigen und beweisen, indem sie ihre Löhne in dieser Parallelwährung bezahlen. Phantom-Auslandsinvestitionen an Offshore-Standorten, die derzeit über 40 % aller ausländischen Direktinvestitionen ausmachen, werden nach und nach abgeschafft.[53]

Nehmen wir den Agrar- und Ernährungssektor als weitere Fallstudie: Dieser Sektor ist ein Markt mit einem Volumen von etwa 6–7 Billionen USD und bindet 40 % der weltweiten Arbeitskräfte. Die direkten und indirekten Kosten für Schadensbegrenzung, Verlust der biologischen Vielfalt, Landnutzung, Wasserstress, einschließlich der Auswirkungen auf den Nitrat- und Phosphatkreislauf, Antibiotikaresistenz und Zoonose-Pandemien sind enorm. Darüber hinaus ist der Sektor mit 25–33 % der wichtigste Verursacher von Treibhausgasemissionen und trägt zu Krankheiten (u. a. Krebs, Diabetes, Alzheimer) direkt bei. Der derzeitige Agrar- und Ernährungssektor ist in seiner jetzigen Form ungeeignet, um die Welt nachhaltig zu ernähren. Empirische Untersuchungen haben jedoch gezeigt, dass der Übergang zu einer ökologischeren, dezentralisierten Landwirtschaft einen Zeitraum von drei-fünf Jahren erfordern würde. Dazu gehören vor allem die Einführung der Fruchtfolge, neue Geräte und Schulungen. Es gibt immer mehr Daten, die zeigen, dass der ökologische Landbau bis zu drei- bis viermal rentabler ist, und zwar aufgrund der höheren Preise, der besseren Erntequalität (höhere Widerstandsfähigkeit), der Abkopplung vom volatilen Ölpreis und der Steigerung des Naturkapitals (vor allem der biologischen Vielfalt und der Bodenanreicherung). Wenn wir zugeben, dass der Schutz fruchtbarer Böden für künftige Generationen von höchstem Wert ist, sind neue Finanzinstrumente erforderlich, die über herkömmliche Fonds und Anleihen hinausgehen. Dazu könnten Ernteausfallfazilitäten, ausgewählte Investitionen (fleischlose Proteine), alternative Proteine (sauberes Fleisch), neue Agro-Lebensmitteltechnologien (Drohnen) und alternative kollektive Anleihen zur Finanzierung des Übergangs gehören, die alle Teile einer so genannten Organic Farming Transition Facility (OFTF) sind. Eine solche OFTF könnte relativ schnell aufgelegt werden, indem alternative Geldkanäle mit gezielter Distributed-Ledger-Technologie

[53] Laut IWF 2019 handelt es sich bei 40 % der ausländischen Direktinvestitionen um Phantomkapital, dessen Liquidität über Zweckgesellschaften (Special Purpose Vehicles, SPV) an Offshore-Standorte transferiert wird, ohne dass eine reale Wirtschaftstätigkeit stattfindet. Dies beläuft sich auf 15 Billionen USD an Unternehmensgeldern. Luxemburg und die Niederlande halten 50 % dieses Kapitals. Insgesamt befinden sich 85 % der gesamten Summe weltweit in nur 10 Ländern (siehe: IWF, 2019, Damgaard, Elkjaer, Johannesen).

genutzt werden, die zusätzliches grünes elektronisches Geld verwenden und von Entwicklungsbanken (WB, EIB) ausgegeben werden, die diesen Wandel katalysieren können.[54]

Nehmen wir einen seltenen Impfstoff gegen einen Subtyp des Ebola- oder Zika-Virus. Investitionen in Forschung und Entwicklung (F&E) für seltene Krankheiten sind für gewinnorientierte Unternehmen nicht immer wirtschaftlich sinnvoll, da die Häufigkeit der Krankheit zu gering oder instabil ist, um eine marktfähige Menge des erwarteten Impfstoffs zu produzieren, da die Kosten dann zu hoch werden. Dennoch besteht ein öffentliches Interesse an der Entwicklung von Impfstoffen, und zwar auf lokaler Ebene seitens des Gesundheitsministeriums im Namen seiner Bürger und auf globaler Ebene seitens der WHO.[55] Diese beiden Akteure sind jedoch chronisch unterfinanziert.[56] Der beschriebene Mechanismus hat das Potenzial, diese Dichotomie zu überwinden. Die Zentralbanken könnten ein politisches Mandat erhalten, das nicht vom kurzfristigen Cashflow abhängt, um über diesen neuen Mechanismus Mittel für die Forschung und Entwicklung sowie die Produktion seltener Impfstoffe bereitzustellen, was langfristig für alle Beteiligten von Vorteil wäre. Solche öffentlichen Investitionen verwandeln sich dann sukzessive in privaten Wohlstand. Der Gesundheitszustand der Bevölkerung ist gesichert, die Menschen werden produktiver, die Unternehmen profitieren von gesunden Arbeitnehmern und Verbrauchern und die Gesellschaft von engagierten Bürgern. Programme für die öffentliche Gesundheit und die Gesundheitsvorsorge im Allgemeinen bringen eine Rendite von bis zu 14 USD für jeden ausgegebenen Dollar.[57]

Nehmen Sie Armut und Hunger. Bis heute gibt es keine privaten Geschäftsmodelle, die eine vernünftige Rendite für einen privaten Investor aufweisen. Gleichzeitig ist der öffentliche Sektor in verarmten Regionen in der Regel überschuldet. Der Finanzierungsmechanismus einer Parallelwährung, die auf die Bekämpfung des Hungers abzielt, in Verbindung mit einer so genannten Vorabverpflichtungsstrategie (sogenannte Advanced comittment strategy – ACS) kann diese Beschränkungen in weniger als 18 Monaten überwinden: Lokale und internationale Unternehmen werden vom öffentlichen Sektor unter Vertrag genommen, der den Verkauf von Waren garantiert, um die erwartete erhöhte Nachfrage nach Lebensmitteln zu decken.

---

[54] Batini (2019); Crowder und Reganold (2015); Network for Greening the Financial System (2019); Willett et al. (2019).

[55] Siehe Masters et al. (2017).

[56] Die implizite öffentliche Verschuldung in den OECD-Ländern ist 2–5 Mal höher als die explizite Verschuldung. Alterung (Rentenansprüche, Gesundheitskosten), zunehmende Armut und Einkommensungleichheit werden diese Summe in naher Zukunft noch erhöhen. Die herkömmliche Berechnung besagt, dass eine Erhöhung der Steuern oder Gebühren um 5 % erforderlich ist, um diese Nachhaltigkeitslücke zu finanzieren. Alternativ könnten wir diesen Betrag dem laufenden Wirtschaftsprozess entziehen, die öffentlichen Zahlungen für die soziale Sicherheit und die Renten kürzen und/oder die Anzahl der Jahre erhöhen, bevor die Menschen ihre Rentenansprüche geltend machen können. Der in diesem Text beschriebene Mechanismus stellt jedoch eine bessere Antwort auf diese Herausforderungen dar.

[57] Siehe Masters et al. (2017).

Nehmen wir die Vorschulerziehung. Ähnlich wie bei Armut und Hunger gibt es kaum einen privaten Anreiz, in ein dreijähriges Mädchen zu investieren, das in einem Vorstadtslum einer Metropole südlich der Sahara lebt. Die Kombination aus privatem und öffentlichem Partnerschaftsvertrag, einschließlich zusätzlicher grüner Liquidität als Parallelwährung, ist eine perfekte Investition in die Zukunft der nächsten 100 Jahre. Das Kind hat eine Lebenserwartung von fast 100 Jahren, und je höher sein Bildungsniveau ist, desto höher ist seine Produktivität, desto niedriger ist die Geburtenrate, desto niedriger sind die Gesundheitskosten usw. Frühkindliche Bildungsprogramme haben das Potential für eine Rendite vom 10–15-Fachen des eingesetzten Kapitals in Form von Kosteneinsparungen und Einnahmen für den öffentlichen Sektor. So kann das Lebenseinkommen eines Hochschulabsolventen das eines Schulabbrechers leicht um 1 Million USD übertreffen.[58] Die Rentabilität von Investitionen in Infrastrukturprogramme hat eine Rendite vom 10–20-Fachen für den öffentlichen und den privaten Sektor ergeben.[59] Bei jedem dieser Beispiele muss eine Art von Ausfall berücksichtigt werden. Wir müssen davon ausgehen, dass unter praktischen Gesichtspunkten eine Advanced Comittment Strategy nicht immer und voll umfänglich funktioniert, die Forschung und Entwicklung des Impfstoffs zieht sich hin, das Mädchen könnte von einer fundamentalistischen religiösen Gruppe entführt werden, so dass es nicht zur Schule gehen kann und viele mehr. In all diesen Fällen werden wir als Weltgemeinschaft mit abschreibbaren Kosten (sogenannten sunk costs) zu kämpfen haben, aber der Versuch, eine bessere Welt zu schaffen, wird sich trotzdem gelohnt haben. Selbst wenn nur ein oder zwei Drittel der Projekte erfolgreich umgesetzt werden, ist dies ein Gewinn für alle. Und wenn wir die „stranded assets" der fossilen Brennstoffindustrie oder die Kosten für die Aufrechterhaltung unseres westlichen Wohlstandsmodells berechnen, sehen wir, dass die in den oben genannten Beispielen verlorenen Gelder im Vergleich sehr gering sind. Eine ähnliche Argumentation gilt auch für andere Projekte. So ist die öffentliche Hand aufgrund fehlender Steuereinnahmen oder öffentlicher Entwicklungshilfe nicht in der Lage, Millionen von Brunnen zu bohren, Tausende von Kindergärten einzurichten, medizinische Erstversorgungszentren zu errichten, Hunderte von Universitäten und Hochschulen in Subsahara-Afrika zu gründen oder mehrere Hundert duale Berufsbildungszentren in Nordafrika zu subventionieren. Mit der Einführung von zweckgebundener Liquidität im elektronischen Parallelformat, die zusätzliche „grüne" Kaufkraft ermöglicht, werden solche Projekte plötzlich rational. Die zusätzlichen Arbeitsplätze, die in der Region geschaffen werden, erhöhen den Wohlstand vor Ort und verringern die negativen externen Effekte. Umgekehrt führt das Ausbleiben solcher Investitionen zu einer erzwungenen Abwanderung nach Europa, einem geringeren Bildungsniveau und sozialer Instabilität und damit zu Einbußen

---

[58] Siehe auch die Literatur zur sogenannten „Heckman-Gleichung" (Elango et al. 2015; Heckman et al. 2010).

[59] Siehe Bivens (2017).

bei der künftigen Produktivität. Und all das wird uns sehr viel Geld kosten. Sicherlich viel mehr als die Einführung eines dualen Währungssystems.

Bei einem solchen grünen Parallelsystem geht es nicht darum, „die Reichen zu enteignen", sondern darum, die Welt zu einem besseren Ort für alle zu machen. Ein Parallelsystem beschreibt einen prädistributiven Mechanismus, der gewährleistet, dass menschliches Verhalten und menschliche Entscheidungen direkt in Richtung größerer Nachhaltigkeit gelenkt werden. Es ist ein Mechanismus, von dem sowohl die Reichen als auch die Armen direkt und indirekt profitieren, indem negative externe Effekte reduziert werden.

Wichtig ist, dass dieses System im Gegensatz zu unserem derzeitigen konventionellen System von Transferzahlungen, das umverteilend ist, noch vorrangig dazu ansetzt. Es ist also nicht wie ein „End-of-Pipe"-Filter, der versucht, die verschmutzte Luft zu reinigen, sondern es setzt an der Quelle an, noch bevor marktförmige Verteilungen einsetzen. Im konventionellen System erzeugen wir in einem ersten Schritt unspezifisches, expansives Wachstum und kämpfen dann mit Regulierungsbemühungen und multiplen Transferleistungen über Gebühren und Steuern, um in einem zweiten Schritt die Liquidität zur Finanzierung ökologischer und sozialer Projekte zu generieren. Niemals, weder historisch, noch mathematisch oder politisch, haben wir die Volumina erreicht, die notwendig wären, um vollständig in unsere Gemeingüter zu investieren. Zugegeben, dieser neue, parallele und komplementäre Finanzierungsmechanismus löst nicht alle unsere Probleme, aber alle Probleme sind von diesem Mechanismus in positiver Weise betroffen. Er ist wahrscheinlich der wirksamste, schnellste und beste Mechanismus, den wir kennen, jenseits dessen, was derzeit in den Medien, in der Wissenschaft und in der Politik diskutiert wird.

Wie würden sich die Auswirkungen auf die konventionelle Wirtschaft nun darstellen? Der zusätzlich geschaffene Gegenwert von 5 Billionen USD würde der konventionellen Wirtschaft weder schaden noch sie beeinträchtigen. Im schlechtesten Fall könnte man von einem ‚Non- regret'-Ansatz sprechen. Genau das Gegenteil ist aber der Fall. Die Planungen der Unternehmen und des Staates, die Produktion und die Preisniveaus wie der Verbraucherpreisindex (Consumer Price index-CPI) und der Vermögenspreisindex (Asset price index -API) würden robuster und zuverlässiger und weniger spekulativ werden und eine längerfristige Perspektive einnehmen. Außerdem würden die 5 Billionen USD die Wirtschaft mit ihren prozyklischen Auf- und Abschwüngen stabilisieren. Es ist dieses Konzept der Prä-Distribution und nicht der eines Umverteilungsmechanismus (End-of-Pipe-Finanzierung), das das Potenzial hat, unsere gesamte Gesellschaft zu verändern und in die richtige Richtung zu lenken. In der folgenden Tabelle sind einige der unmittelbaren Auswirkungen aufgeführt, die die Einführung dieses Mechanismus mit sich bringen würde (Tab. 5.4). Und ein Aspekt fehlt noch in unserer Argumentation: Eine neue Distributed-Ledger-Technologie (DLT), wenn richtig konzipiert, kann schließlich ein paralleles Währungssystem, neue Geldkanäle und ein neues Mandat für die Regulierungsbehörden ermöglichen. All dies wird dann im nächsten Unterkapitel erläutert.

Tab. 5.4 Beispiele für die unmittelbaren Auswirkungen eines Parallelwährungssystems auf die regionale und sektorale Transformation

Grüne parallele Liquidität	Auswirkungen/Erläuterungen
Liquiditätsfalle	In einer global deflationären Situation, in der uns jährlich 4–5 Billionen USD für die Ziele für nachhaltige Entwicklung (SDGs) fehlen, bietet ein Parallelwährungssystem zusätzliche Liquidität in einem intelligenten Design. Anstatt Liquidität über das Standardprotokoll bereitzustellen, das den öffentlichen Sektor nicht mit Krediten versorgte, können begrenzte Direktinvestitionen in grüne und soziale Projekte sicherstellen, dass die Liquidität den realen Markt erreicht.
Schuldenfalle	Die meisten Länder sind überschuldet und haben wenig bis gar keinen Spielraum für die Finanzierung zusätzlicher ökologischer oder sozialer Projekte. Die zusätzliche Liquidität wird die grünen und sozialen Investitionen auslösen, die den meisten Ländern fehlen.
Inverse trafficking	Es besteht weniger Bedarf für Menschen, ihr Einkommen durch Drogenhandel, Kriminalität und Menschenhandel zu verdienen. Regionale Ressourcenkriege und erzwungene Einwanderung werden reduziert und die Beschäftigung im „grünen Sektor" wird die Attraktivität terroristischer Bewegungen für arbeitslose junge Menschen verringern. Ein grünes Quantitative Easing (QE) kann weltweit über 300 Millionen neue Arbeitsplätze schaffen.
Schattenbankwesen	Das zweckgebundene elektronische Verfahren stellt sicher, dass das Schattenbankwesen (Offsheet und Offshore) langfristig ausgetrocknet wird, was die Weltwirtschaft, die Regulierungsbemühungen, die Transparenz und die Geldpolitik im Allgemeinen stabilisiert.
Positive externe Effekte	Im Allgemeinen entstehen bei jeder Transaktion mit ‚grünen Währungen' positive externe Effekte, so dass sowohl die Privatwirtschaft als auch die öffentlichen Interessen davon profitieren.
Allokation und Effizienz	Zusätzliche begrenzte Liquidität wird die Effizienz jeder wirtschaftlichen Transaktion verringern, da es zwei Wege für die Abwicklung wirtschaftlicher Aktivitäten gibt statt einem. Allerdings machen diese Formen der parallelen Verarbeitung die Systeme trotz des Effizienzverlusts widerstandsfähiger und schockresistenter. Kurz gesagt: Ein paralleles System, das das Gesamtsystem stabilisiert, kann einen Nettogewinn bringen.
Grünes Wachstum	Unser herkömmlicher Wachstumsprozess, gemessen in Einheiten pro Bruttoinlandsprodukt (BIP), wird sich ändern. Langfristige Investitionen in sozial-ökologische Projekte und eine Erhöhung der Arbeitsintensität sind zwei der wichtigsten Auswirkungen, die unsere Wachstumspfade in Richtung eines grüneren, ausgewogeneren und gesünderen Planeten verschieben.

(Fortsetzung)

Tab. 5.4 (Fortsetzung)

Grüne parallele Liquidität	Auswirkungen/Erläuterungen
Beschäftigung	Ein Parallelwährungssystem kann zusätzliche Arbeitsplätze schaffen, ungedeckte Bedürfnisse befriedigen, das menschliche Potenzial in der Gesellschaft freisetzen und die Kollateral- oder Defensivkosten (Produktionsverluste, Kriminalität, Beeinträchtigung der körperlichen und geistigen Gesundheit, soziale Ausgrenzung) verringern.
Antizyklisch	Während sich die traditionelle quantitative Lockerung prozyklisch auf die Geldschöpfung, den Interbankensektor und die Kreditlinien für die Realwirtschaft auswirkt, kann ein grünes duales System antizyklisch wirken, da solche Investitionen optional sind. Wann immer sich eine Rezession oder ein deflationärer Druck abzeichnet, kann der grüne Kanal sichere und solide Liquidität bereitstellen.
Inflationsbekämpfung	Ein zusätzlicher Stimulus in Höhe von 4–5 Billionen USD wird einen inflationären Druck auf das Preisniveau ausüben. Allerdings wird jeder Dollar, der durch diesen „grünen" Mechanismus ausgegeben wird, die Kosten in der konventionellen Wirtschaft im sogenannten entropischen Sektor senken. Dieser „inverse Preiseffekt" wird das Preisniveau (Löhne) in Bereichen senken, die ursprünglich niemand wirklich will: Kriminalität, erzwungene Migration, Menschenhandel, ökologisches Katastrophenmanagement, Arbeitslosigkeit, Armut sind nur einige Beispiele, da die menschliche Aktivität in eine grünere und sozial gerechtere Welt investiert wird.
Korruption/unerlaubte Transaktionen	Austrocknung der Schattenwirtschaft: Es gibt unregulierte Märkte, auf denen Unternehmen/Investoren bankähnliche Dienstleistungen und Fristentransformation durch alternative Instrumente anbieten (Zweckgesellschaften (SPV), systematische Investitionspläne (SIP), Hedge-Fonds, Repos. in Höhe von 60–70 Billionen USD). Ein elektronisch basiertes grünes duales System kann einen wesentlichen Beitrag zur Vermeidung von Korruption leisten (E-Government).
Währungsstabilität	Eine durch ein Parallelsystem geschaffene Währung wäre durch langfristige, nachhaltige Sachwerte gedeckt, was eine solche Währung weniger volatil macht.
Bank-Runs und Marktpanik	Sowohl das Bankwesen als auch der Markt werden vertrauenswürdiger, ohne dass zusätzliche Regulierungsanstrengungen erforderlich sind, da grüne Investitionen nachhaltige und greifbare Resultat liefern.
Vertrieb	Die sozioökonomische Verteilung durch Steuern, Gebühren oder Philanthropie ist politisch unbeständig. Sobald eine neue politische Partei an der Macht ist oder der Geber seine Meinung ändert, werden benötigte sozioökonomische Projekte aufgegeben, Ein Parallelsystem bleibt eine stabile Quelle für die Finanzierung unserer Zukunft.

5.8   Die Wohlstandseffekte: Etwas Mathematik, Distributive – Ledger – Technologie und der Multi-Stakeholder-Ansatz

Jede Technologie ist ambivalent. Das gilt für das Haber-Bosch-Verfahren und die DNA-Codierung ebenso wie für neue Technologien wie Künstliche Intelligenz (KI), Big Data, Nanotechnologie, Robotronik, Kryptowährungen und Blockchain.[60] Wir Menschen entscheiden, welche Technologie wir in welchem Umfang und wie einsetzen wollen, um die Art von Gesellschaft zu schaffen, in der wir leben wollen. Dementsprechend muss die Frage nach der Art der Gesellschaft, in der wir leben wollen, an erster Stelle stehen und die nach der Technologie, um dies zu erreichen, an zweiter Stelle. Wenn wir eine nachhaltigere Zukunft anstreben, in der der Finanzsektor und das ihm zugrunde liegende monetäre Konzept eine herausragende Rolle spielen, kommt der dafür erforderlichen Technologie eine Schlüsselrolle zu.[61] Distributive-Ledger-Technologien wie Blockchain sind von Natur aus universell einsetzbar, ähnlich wie die Druckerpresse, das Internet oder die Dampfmaschine. Die Privatisierung einer solchen Allzwecktechnologie verwandelt die damit verbundenen Aktivitäten in ein privates Gut. Dies führt zu dem bekannten Effekt der Vermögenskonzentration und zu Problemen mit unklarer Haftung. Aber auch das Gegenteil ist der Fall: Die Nutzung einer Allzwecktechnologie als öffentliches Gut macht die damit verbundenen Aktivitäten zu einem Gemeingut, was zu einer stärkeren Dezentralisierung führen kann und anderen Formen der Haftung beinhaltet.[62] Dieser digitale Prozess schafft eine Art zweite Welt um uns herum, die folglich in die analoge Welt zurückwirkt. In diesem Sinne „verdoppelt" die Blockchain die Welt durch ein Alphabet aus 0 und 1 und erzeugt komplexe Algorithmen, um Merkmale, Muster und Regelmäßigkeiten aufzudecken, die das ungeschulte Auge nicht erfassen kann. Der Beginn dieses Prozesses ist vergleichbar mit Galileis Blick durch das Fernrohr oder der Identifizierung von Mikroben mit einem Mikroskop. In jedem

---

[60] Die Blockchain-Technologie und ihre Derivate sind mit mehreren Kompromissen verbunden: Vertrauen und Transparenz auf der einen Seite und Kontrolle und mangelnde Privatsphäre auf der anderen Seite; oder der bekannte „Garbage-in-Garbage-out"-Effekt: Jeder intelligente Vertrag kann schlechte, illegale oder unerwünschte Transaktionen liefern, z. B. illegale Finanztransaktionen; oder der Kompromiss zwischen Sicherheit und Energieverbrauch. Ein weiterer Kompromiss ist die zerstörerische Kraft des Verlusts jeglicher Vermittler für die aggregierte Massennachfrage. Jedes Mal sind es wir Menschen, die entscheiden, mit welchem Teil des Kompromisses wir besser dran sind.

[61] So wie die E-Mail eine der ersten grundlegenden Anwendungen des Internets ist, ist Bitcoin eine der ersten Anwendungen der Blockchain-Technologie. Es wird noch viel mehr kommen.

[62] Wir sollten beachten, dass es oft nicht das demokratische Mandat oder der öffentliche Diskurs ist, sondern ein KI-Algorithmus, der uns mit Wissen versorgt. Autokratische Systeme nutzen dieselbe Technologie, um die Bürger zu kontrollieren. Auch die Unternehmenswelt nutzt KI, um neue Geschäftsmodelle zu finden. Und das zwingt uns dazu, mehrere Dinge zu klären: Wer erstellt die Algorithmen, für welche Zwecke werden sie verwendet und wer besitzt, überwacht und kontrolliert die Daten?

Fall ist der Mensch gezwungen, unterstützende Technologien einzusetzen, um die Welt besser zu verstehen. Die durch die Digitalisierung gewonnenen Informationen sind ein Teil der Antwort in einer zunehmend komplexen Welt. So kann die Blockchain beispielsweise Ressourcen optimieren und effizienter zuweisen, indem sie Verschwendung vermeidet und potenzielle Risiken vorhersieht. Sie kann auch zusätzliche Informationen über die Komplexität des Finanzsystems liefern und dazu beitragen, Finanzströme besser zu steuern.[63]

Distributive-Ledger-Technologie (DLT) – schnell, effizient, widerstandsfähig und transformativ: für das in diesem Text beschriebene ergänzende parallele optionale elektronische Währungssystem würde die Blockchain-Technologie der dritten oder vierten Generation verwendet werden.[64] In Kombination mit öffentlich-privaten Schlüsselpaaren, Hash-Funktionen, Ellipsoiden-Kryptographien und einem intelligenten sozialen Vertragsalgorithmus – einem eingebauten Algorithmus, der bestimmte Transaktionen erlaubt und andere verbietet (dem sogenannten social contract) – erhöht die DLT die Nachvollziehbarkeit, das Vertrauen und die Transparenz.[65] Da diese Technologie ohne Zwischenhändler auskommt, werden die herkömmlichen Transaktionskosten, die sich normalerweise auf 2–3 % pro Transaktion belaufen, reduziert. Die Möglichkeit, Transaktionen zu verfolgen, kann die Automatisierung von Geschäftsabläufen und die unternehmensübergreifende Harmonisierung und Skalierung erleichtern. Darüber hinaus verbessert diese Technologie die Authentifizierung, indem sie nachweist, dass eine Person diejenige ist, die sie vorgibt zu sein; sie ermöglicht eine Autorisierung, indem sie nachweist, dass eine Person die Erlaubnis hat, das zu tun, was sie tut; und sie erhöht die Rechenschaftspflicht, indem sie aufzeigt, wer was wann getan hat, ähnlich wie eine Patientenakte oder ein Protokoll zur Arzneimittelsicherheit. Öffentliche Ausschreibungen, Auftragsvergabe und Beschaffung, Betrug, illegale Finanztransaktionen und Korruption würden ebenfalls positiv beeinflusst werden. Die Einführung eines zweiten Geldsystems erfordert die Schaffung von Anreizen, die gleichzeitig das Vertrauen, die Zuverlässigkeit und die Effizienz erhöhen.[66]

---

[63] Nassehi (2019).

[64] Die Funktionstüchtigkeit dieser Art von Technologie im Rahmen von Marktlösungen hat zwei wesentliche Auswirkungen: Erstens ersetzen Plattformen den Mittelsmann (Gesetz der ausgeschlossenen Mitte), was sich auf die Massennachfrage auswirkt. Zweitens führt der Netzwerkeffekt zu Monopolen, die in der Regel zu höheren Preisen und geringerer Qualität führen. Da die Steuersätze für Unternehmen niedriger sind als die für Privatpersonen, verringern sie die Steuereinnahmen weiter und setzen die Staatshaushalte unter Druck, was zu neuerlichen Sparmaßnahmen und einem Rückgang der Sozialausgaben führen kann.

[65] Das UN-Welternährungsprogramm ist ein erstes Beispiel für ein solches Konzept. Eine Smartphone-Schnittstelle mit einem biometrischen Identifikationssystem verhindert Missbrauch und Betrug. Die Sicherheit und der Schutz der Privatsphäre der registrierten Kunden werden erhöht, da sensible Daten nicht an private Dritte wie Social-Media-Unternehmen oder Banken weitergegeben werden.

[66] Im Informationszeitalter wirkt sich der Unterschied zwischen privatem und öffentlichem Eigentum nicht nur auf materielle Güter aus, sondern auch darauf, wie wir den Datenfluss organisieren. Wir sollten zwischen privatem und persönlichem Dateneigentum unterscheiden. Persönliche

Eine Parallelwirtschaft muss über relativ autonome Formen des Konsums und der Produktion verfügen, um nicht vom konventionellen System völlig absorbiert zu werden. Die DLT kann diese Unabhängigkeit gewährleisten. Ein solcher fakultativer Parallelwährungsmechanismus würde gezielte, programmierbare, identifizierbare, aufzeichenbare Finanztransaktionen und zweckgebundene Mittel bereitstellen und so Betrug und Korruption verhindern. Die ID-Blockchain würde sicherstellen, dass die zusätzliche Liquidität von Anfang an nur für die SDGs ausgegeben wird. Dies würde einen neuen parallelen Marktplatz für die 75 % der Weltbevölkerung schaffen, die nicht von dem bestehenden Betriebsmodell profitiert haben. Der neue Mechanismus würde schließlich mit dem traditionellen Sektor verflochten werden. Von Zentralbanken über Regierungen, lokale staatliche Behörden, IGOs, NGOs, KMUs bis hin zu großen internationalen Unternehmen ermöglicht dieser Mechanismus die Schaffung zusätzlicher Liquidität, um die Menschheit zu stärken und das Defizit bei der Finanzierung unserer Zukunft zu überwinden.

Es ist anzumerken, dass die durch diesen Mechanismus erzeugten Wohlstandseffekte potenziell um ein Vielfaches größer sind als der traditionelle keynesianische Multiplikator. Dies ist vor allem auf die andersartige Technologie (Blockchain) zurückzuführen, die es ermöglicht, den schlafenden Riesen der globalen Gemeingüter über andere monetäre Kanäle anzusprechen und zu wecken.[67] Darüber hinaus reduziert dieser Mechanismus systematisch die negativen externen Effekte im entropischen Sektor und erzeugt mehrere Zweitrundeneffekte: Im Gegensatz zum konventionellen Ansatz, bei dem wir in grüne Vermögenswerte investieren und von einem einmaligen Windfall-Profit profitieren, aber mehrere Rebound-Effekte und unerwünschte Spillover-Effekte erzeugen, können wir mit dieser neuen DLT in Verbindung mit der monetären Parallelisierung immer wieder positive, nachhaltige Feedback-Schleifen erzeugen. Jedes Mal, wenn wir diese grüne Währung verwenden, schaffen wir etwas Gutes für die Menschheit, dessen wir uns sicher sein können. Manchmal erwartet und manchmal auch unerwartet. Und dies ist genau das, was uns die klinische Psychologie lehrt, wie wir es oben bereits beschrieben

---

Daten sind die Informationen, die jeder von uns tagtäglich in irgendeiner digitalen Form erzeugt. Privates Dateneigentum bedeutet, dass diese Daten in das Eigentum eines privaten Akteurs, etwa eines Unternehmens, übergehen. Ein privater Akteur kann dann persönliche Daten monopolisieren, einschränken oder verzerren, um Profit zu machen. Um einen maximalen Informationsfluss zu gewährleisten, sollten personenbezogene Daten dezentralisiert verteilt werden. Wenn wir die Gesetze der Nachhaltigkeit als gegeben ansehen, bei denen die „anti-fragile Zone" zwischen Effizienz und Belastbarkeit den Grad bestimmt, in dem ein System auf einem langfristigen, nachhaltigen Pfad bleibt, müssen wir fordern, dass persönliche Daten innerhalb des persönlichen Netzwerks einer Person bleiben und nicht kommerziell privatisiert werden. Siehe Sir Tim Berners Lees Projekt Solid (https://solid.inrupt.com) oder Threefold (https://threefold.io).

[67] Wie bereits erwähnt, sind die am meisten diskutierten alternativen Kanäle die Bürgerdividende, der öffentliche Kanal, der Kanal für kleine und mittlere Unternehmen (KMU) und die Kanäle der NGO und IGO zur direkten Finanzierung dieser Einrichtungen und der öffentlich-privaten Partnerschaften, einschließlich der so genannten Vorabmarktverpflichtungen (Advanced comittment strategy – ACS). Beispiele für eine Vorab-Marktverpflichtung findet sich in Barder et al. (2005) oder Light (2005).

haben. Unerwartet Verstärker haben das größte Potenzial zur Verhaltensveränderung. Dies wird auch dazu beitragen, die negativen Auswirkungen der Schattenwirtschaft zu verringern, die wir im nächsten Kapitel behandeln werden. Dementsprechend würde dieser Mechanismus einen stabileren und widerstandsfähigeren Rahmen für die Weltwirtschaft als Ganzes schaffen. Sowohl die groß angelegten Investitionsstrategien institutioneller Investoren als auch die kleinerer Unternehmen werden in einem stabileren und zuverlässigeren Rahmen operieren, der die Entwicklung langfristiger Perspektiven ermöglicht. Das Gleiche gilt für die lokale und globale Politik: Politische Führer, unabhängig davon, ob sie ein demokratisches Mandat haben oder ihr Land autokratisch regieren, werden sich auf diesen Mechanismus einigen können, da er es ihnen ermöglichen wird, zusätzliche grüne Einnahmen zu generieren und die Wirtschaft zu stabilisieren.[68]

Es ist keine Übertreibung zu sagen, dass ein komplementäres optionales duales Währungssystem gegenüber einem monetären Monopol pareto-superior wäre. Die Wohlstandsgleichung stellt eine stellvertretende Schätzung des zusätzlichen Wohlstands dar, der durch die Einführung eines Parallelwährungssystems geschaffen wird, und wird im Folgenden zusammengefasst. Dieser Mechanismus erzeugt einen Wohlstandseffekt, der größer ist als der bekannte keynesianische Stimulus (Abb. 5.9).[69]

5.9   Schlussfolgerung: Das fehlende Glied

Wir könnten diese Angelegenheit aus einem anderen Blickwinkel betrachten. Der Durchschnittsbürger ist nicht daran interessiert, seinen ganzen Tag damit zu verbringen, über ökologische und soziale Fragen nachzudenken; der Durchschnittsbürger will einfach sein Leben leben und sicherstellen, dass er das Richtige tut. Wir brauchen einen Mechanismus, der rund um die Uhr für 8 Milliarden Menschen

---

[68] Da jede wirtschaftliche und politische Intervention letztlich die menschliche Arbeit zum Ziel haben sollte, können wir die folgende Gleichung aufstellen: 52 Wochen sind 2080 Stunden, 12 USD/h (Bruttolohn) sind 24.960 USD jährlich. Geht man davon aus, dass weltweit 350 Millionen Menschen arbeitslos sind, werden 8,7 Billionen USD benötigt, um ihnen einen Arbeitsplatz zu verschaffen. Bei einem keynesianischen Multiplikator von 2 sind 4–6 Billionen erforderlich, um weltweit Vollbeschäftigung zu schaffen. Dies entspricht dem oben genannten Betrag, der zur Finanzierung der SDGs erforderlich ist. Der Parallelwährungsmechanismus kann daher ungedeckte Bedürfnisse annähernd befriedigen und sinnvolle Arbeitsplätze für unsere gemeinsame Zukunft schaffen. Der Mensch ist eben die ultimative Ressource für Wohlstand, Kreativität und Arbeit (Simon 1983).

[69] Im Standardszenario gilt: Selbst wenn nur 70–80 % der angestrebten Projekte verwirklicht werden und wir den Rest der generierten zusätzlichen Liquidität abschreiben müssen, werden zwei Dinge sichtbar. Erstens werden wir 70–80 % der Ziele erreicht haben, die sonst nicht erreicht worden wären. Zum Beispiel werden 70–80 % der Menschen unterhalb der Armutsgrenze aus der Armut herausgeholt worden sein. Zweitens wird die staatliche Zentralbank über eine erweiterte Bilanz mit zusätzlichen 20–30 % Verbindlichkeiten mit unbegrenzter Laufzeit verfügen, wodurch sich die Seigniorage für den Staat entsprechend verringert. Ich denke, damit könnten wir leben.

$$WE = \frac{L \times ROI \times M \times C \times i}{y} \ (df)$$

WE	Wohlstandseffekt durch eine Parallelwährung
L	Von der Zentralbank geschaffene zusätzliche Liquidität
ROI	Return on Investment pro realisiertes Projekt
M	Keynes'scher Nachfragemultiplikator
C	Geldumlaufgeschwindigkeit
y	Jährliche Anpassung
df	Anteil der gescheiterten Projekte
▲*i*	Zinsdifferenz

Abb. 5.9 Keynes 2.0 – der grüne Hebel für die Zukunft

sicherstellt, dass wir alle mit jedem einzelnen Schritt, den wir machen, das Richtige tun.[70] Gegenwärtig fordern wir zuerst Wirtschaftswachstum, um dann Teile davon umzuverteilen, um die Gemeingüter mitzufinanzieren. Das ist nicht falsch, aber es ist relativ ineffizient und führt zu einer suboptimalen Allokation von Gütern und Dienstleistungen, da bei diesem Ansatz der entropische Sektor, negative soziale und ökologische Externalitäten oder die Schattenwirtschaft nicht berücksichtigt werden. In diesem Sinne sind Märkte *effizient,* da sie den bekanntesten Mechanismus zur Verteilung von Gütern und Dienstleistungen darstellen. Aber sie sind nicht *effektiv,* da sie kein eingebautes Ziel oder einen eingebauten Zweck haben. Wenn wir 4–5 Billionen USD jährlich als ungefähre Zahl annehmen, die erforderlich ist, um „die Welt zu verbessern", müssen wir vielleicht darüber nachdenken, die Dinge anders zu machen. Da etwa 1,7 Milliarden Menschen kein Bankkonto haben und keinen Wohlstand durch Sparen oder Handel schaffen können, ist eine stärkere Finanzialisierung – d. h. ein größerer Finanzsektor/BIP – erforderlich, um ihre Bedürfnisse zu decken.[71] Generell brauchen wir eine viel größere Finanzialisierung, um die Bedürfnisse von mehr als zwei Dritteln der Weltbevölkerung zu decken,

---

[70] Eine Möglichkeit, dies zu gewährleisten, ist die Synchronisierung des menschlichen Verhaltens in großen Gruppen (z. B. gemeinsames Singen, Tanzen, Laufen oder Gehen). Sobald ein solcher Synchronisationsmechanismus vorhanden ist, wird prosoziales Verhalten begünstigt und Trittbrettfahrereffekte reduziert. Die Mechanismen, die wir in diesem Text beschreiben, unterstützen diese empirischen Befunde. Innerhalb des gegebenen atomistischen, individualisierten, singulären, wettbewerbsorientierten und deregulierten freien Marktes begünstigt das individuelle nutzenmaximierende Verhalten eher das Gegenteil: Trittbrettfahrereffekte, negative externe Effekte und reduziertes prosoziales Verhalten (siehe Spitzer 2018).

[71] World Bank (2018).

nicht weniger.[72] Wenn die großen Geldakteure und Regulierungsbehörden (IWF, Weltbank, Zentralbanken, Vereinte Nationen, Entwicklungsbanken, Regierungen) jährlich zusätzlich 4–5 Billionen USD schaffen würden, und diese Summe in erster Linie an die Finanzierung von Projekten im Zusammenhang mit Gemeingütern gebunden wäre, würde sich die gesamte Situation ändern. Da alles mit allem verbunden ist und uns alle betrifft, sollte der hier beschriebene Mechanismus zumindest positive Auswirkungen auf diejenigen haben, die sich für eine gemeinsame, gerechtere und grünere Zukunft einsetzen. Aus diesem Grund brauchen wir einen Multi-Stakeholder-Ansatz, der alle beteiligten Interessengruppen berücksichtigt und für die meisten von ihnen von Nutzen ist. Die folgende Tabelle gibt einen Überblick über die Auswirkungen für die verschiedenen beteiligten Akteure (Tab. 5.5).

Auf einer eher operativen und exekutiven Ebene würde zusätzliche Liquidität, die von den Zentralbanken angemessen reguliert wird, zu einer Ausweitung der Bilanzen der Zentralbanken führen, während sie internationale oder nationale SDG-Anleihen kaufen und damit die SDGs auf nationaler Ebene fördern. Wir würden dann die Möglichkeit nutzen um Spenden, Wohltätigkeit und Philanthropie in ähnlicher Weise auf die SDGs zu lenken. Wir könnten den gleichen monetären Mechanismus nutzen um nationale oder internationale Besteuerung und offizielle Entwicklungshilfe (ODA) zu fördern. Impact-Investoren und institutionelle Anleger

---

[72] Es gibt zweifellos Überschneidungen mit der Modernen Geldtheorie (Modern Monetary Theorie – MMT): Im Kern besagt die MMT, dass die Geldschöpfung zur Lösung realer gesellschaftlicher Herausforderungen nicht von den Steuereinnahmen oder dem Erreichen der gleichen Spar- und Investitionsquote abhängt, sondern von der Inflationsrate und der Vollbeschäftigung in jeder Volkswirtschaft. Banken sind nicht nur Vermittler oder Broker und Sparen ist nicht die einzige Quelle für öffentliche Investitionen. Das bedeutet, dass jede Nation, die das souveräne Recht hat, eine Währung zu schaffen, diese Währung ausgeben kann, um ihren Haushalt ohne entsprechende Verbindlichkeiten zu finanzieren. Die Staaten haben keinen engen Haushaltsgürtel, aber es gibt politische Beschränkungen, wo sie ihr Geld investieren können. Jedes Mal, wenn Regierungen ein Haushaltsdefizit ausweisen, schaffen sie gleichzeitig eine Forderung der Zentralbank. Beide sind in einem bilanztechnischen Sinne im Binnenverhältnis ausgeglichen (!). *Warum also nicht die notwendige Liquidität zur Finanzierung unserer Zukunft schaffen?* Sobald Vollbeschäftigung erreicht ist, können die Besteuerung und die Ausgabe von Anleihen an die Wirtschaft angepasst werden, so dass überschüssiges Geld aus dem Verkehr gezogen wird. Aus der Sicht privater Investoren werden Arbeitsplätze und öffentliche Güter als Kosten betrachtet, die es zu minimieren gilt. Aus der Sicht der öffentlichen Hand hingegen schaffen öffentliche Schulden privaten Wohlstand. Sobald ein deflationäres Szenario erkannt wird, hat der Staat die Möglichkeit, diese Vermögenswerte zu finanzieren. In diesem Sinne sind direkte öffentliche Investitionen in die Schaffung von Arbeitsplätzen weitaus effizienter als ein allgemeiner unspezifischer fiskalischer Anreiz.

Der Unterschied zwischen der TAO of Finance (ToF) und der MMT besteht darin, dass wir (a) von Anfang an eine Doppelwährung befürworten, (b) die als permanenter automatischer Stabilisator für die Gesamtwirtschaft fungieren kann, (c) die Wirtschaft auf ein bestimmtes Ziel hin steuert, (d) garantiert, dass die Mittel durch die Distributive-Ledger-Technologie auf diese Ziele gelenkt werden, (e) über andere monetäre Kanäle als den Kreditmarkt und die Offenmarktpolitik funktioniert und (f) es der Gesellschaft ermöglicht, durch mehrere Zweitrundeneffekte eine größere Nachhaltigkeit anzustreben. Hinweis: Der in diesem Text näher erläuterte Doppelwährungsansatz geht über die Schaffung von Arbeitsplätzen hinaus und zielt auf die SDGs ab. Für weitere Literatur zu MMT siehe Coy et al. (2019); Mitchell et al. (2019); Mosler (2010); Wray (2015).

Tab. 5.5 Integrale Sichtweise einer Multi-Stakeholder-Perspektive

Anleger	Kostenreduzierung, Effizienzsteigerung, insbesondere bei Impact Funds, geringere Volatilität, De-Risking
Politik	Steuereinnahmen, politische Stabilität, Stärkung der Demokratie, politische Selbstwirksamkeit
Regulierer	Verbesserte Regulierungsanstrengungen: antizyklisch, ,Radfahren mit zwei Rädern', verbesserte und zielgenauere Geldmengensteuerung: Überfluss-Knappheit-Proportionalität
Sicherheits-militärischer Komplex	Stabilisiert politische Systeme und reduziert oder trocknet den Schwarz-/Schattenmarkt aus
Nichtregierungsorganisationen (NGOs)	Unterstützt und finanziert zahlreiche Initiativen, welche vor Ort viel Erfahrung und Expertise haben, häufig aber unterfinanziert sind
Bürger	Rücküberweisungen, die bereits das Doppelte des Volumens der offiziellen Entwicklungshilfe weltweit ausmachen, könnten von zusätzlicher grüner Liquidität profitieren. Das Geld geht direkt an jene Orte auf dem Planeten, die es am meisten brauchen
Unternehmen	Verbessert den Umgang mit Korruption, Betrug, illegalen Transaktionen; geringere Transaktionskosten
Zwischenstaatliche Organisationen (IGOs)	Jenseits der Global Governance, Überwindung der 'impossible triad': Globalisierung-Demokratie-Freier Markt (D. Rodrik)
Am wenigsten entwickelte Länder (LDCs)	Ermöglichung von Leapfrogging, regionalem Wohlstand, Erfüllung sozialer Grundbedürfnisse und Dekarbonisierung
Religion	Interreligiöser Dialog, Armut, Hunger, Natur, Erde, „Laudato si" (Papst Franziskus)
Wissenschaft	Erlaubt empirisch Erkenntnisse umzusetzen; von Information und Wissen zu Weisheit und Transformation
Natur	Harmonisierung unseres Lebensstils im Anthropozän
Zukunft	Die Zukunft wird zu einer Fähigkeit, nicht zu einem Fluch; fortschrittlich, nicht repressiv; ein Hebel zu mehr Freiheit und Selbstwirksamkeit

könnten ihre fossilen Anlagen in großem Umfang in grüne Anlagen umtauschen und die fossilen Brennstoffe könnten im Boden bleiben. In Anbetracht des Volumens, der Geschwindigkeit und des Umfangs der Herausforderung werden wir wahrscheinlich mit einer Mischung aus all diesen Faktoren arbeiten müssen.[73] Je niedriger die Steuern, die öffentliche Entwicklungshilfe, die Spenden und die priva-

---

[73] *Ein wichtiges Detail für Investoren:* Ein anfänglicher Zinssatz, der geringfügig über der inländischen Wachstumsrate und über dem Zinssatz der jeweiligen internationalen Währungen (USD, Euro) liegt, wird internationale Geldgeber, Unternehmen, institutionelle Investoren, die in der „neuen Normalität" der „säkularen Stagnation" gefangen sind, einen Anreiz bieten, ihre Anlagen mit niedriger bis negativer Rendite gegen Anlagen mit höherer Rendite mit grünen Anleihen zu tauschen. Eine *Staatsgarantie (Hermes-bürgschaft)*, die in dieser neuen grünen Währung ausgegeben wird, führt zu einem *Carry-Trade-Effekt:* Ein sogenannter Debt to equity-Swap wird in einen sogenannten *Equity to green equity Swap* umgewandelt. Durch dieses Finanz-Engineering

ten Investitionen sind, desto höher wird die zusätzliche Liquidität sein, die benötigt wird, um die 5 Billionen USD zu erreichen. In jedem Fall wird das Geld über inländische Anleihen kanalisiert und von der UNO und den Entwicklungsbanken überwacht. Das bedeutet, dass die staatliche Ebene, einschließlich des dritten Sektors, dafür verantwortlich ist, dass die Liquidität ordnungsgemäß ausgegeben wird, und dass die UNO diesen Prozess überwachen kann. Dieses Vorgehen zeigt uns einmal mehr, dass Geld keine Sache ist, sondern eine soziale Erfindung, deren Gestaltung wir zum Wohle der Menschheit anpassen können.

In diesem Sinne fungiert ein Parallelwährungssystem als vorgelagerter Stabilisator, der unabhängig von Wachstumsimpulsen ist und gleichzeitig unsere Grundbedürfnisse garantiert. Ein solcher Ansatz steht auch im Einklang mit den Erkenntnissen der Neuro- und Verhaltenswissenschaften, die darauf hindeuten, dass unser Gehirn und unser Geist von Natur aus die Fähigkeit haben, parallel zu arbeiten. Dies verschafft dem Menschen in der Tat einen viel größeren Selektionsvorteil, als wenn er sich nur auf eine einzige, lineare oder sequenzielle Verarbeitung verlässt. Und genau dieses Verfahren wird den Hintergrund für einen echten Wandel darstellen der über persönliche Verhaltensänderungen hinausgeht, einen Wandel, der 8 Milliarden Menschen rund um die Uhr erreichen kann.[74]

Zusammenfassend lässt sich sagen, dass sich dieser neue Finanzmechanismus von der aktuellen akademischen Literatur und öffentlichen Diskussion dadurch unterscheidet, dass die zusätzlich geschaffene „grüne" Liquidität parallel zu den bestehenden Kanälen läuft.[75] Darüber hinaus ist er als prädistributiver Mechanismus konzipiert, bei dem Geld auf der Grundlage des Bedarfs geschaffen wird, und nicht als Umverteilungsmechanismus auf der Grundlage von Knappheit; es ist ein Mechanismus, der die Marktallokation und die staatliche Regulierung in gleicher Weise berücksichtigt. Und aufgrund seiner zahlreichen positiven externen Effekte hat es das Potenzial, ein Pareto-Superiores-Gleichgewicht zu erzeugen. Sobald ein solches Parallelwährungssystem eingeführt ist, werden seine zahlreichen Auswirkungen dazu beitragen, unsere Gesellschaft als Ganzes und unsere wirtschaftlichen Aktivitäten im Besonderen wieder ins Gleichgewicht zu bringen. Diese neuen Symmetrien werden im nächsten und letzten Kapitel erläutert (Abb. 5.10).

---

werden zusätzliche internationale Schulden und Zahlungen vermieden. Anzumerken ist, dass sich für den Anleger ein trade-off ergibt, der im Nachhaltigkeitssektor höhere Renditen erzielen kann – gleichzeitig es ihm über eine digitale Verbotsliste untersagt, in bestimmte Dienstleistungen und Waren zu investieren (die z. B. mit Kinderarbeit, Landminen, Alkohol, Zigaretten und Waffen in Verbindung stehen).

[74] Nach unseren Berechnungen würde ein globaler Nachhaltigkeitsfonds zur Verwaltung der zusätzlichen grünen Parallelliquidität 200 Mitarbeiter benötigen (Juristen mit Fachkenntnissen in internationalen Handels- und Zahlungssystemen, Investmentbanker mit Erfahrung in Nachhaltigkeit und Entwicklungshilfe, IT und Verwaltung) und weniger als ein Jahr Anlaufzeit benötigen.

[75] Zum Beispiel das Konzept eines grünen Quantitative Easing (Anderson 2015), People's QE (Murphy und Hines 2010) oder Helicopter Drops (Bernanke 2000); Overt Monetary Financing (OMF) (Turner 2013), oder Sovereign Monetary Creation (SMC). Für einen Überblick siehe auch Van Lerven (2016). Keiner der Vorschläge unterbreitet die Vorteile eines dualen Währungsraums an, wie er in diesem Text behandelt wird. Alle bisherigen Vorschläge bleiben dem Konzept einer monetären Monokultur verhaftet.

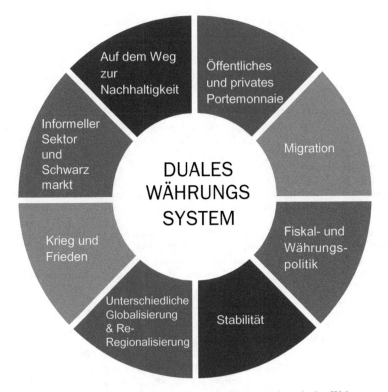

Abb. 5.10 Eine ganzheitliche Betrachtung – Die Auswirkungen eines dualen Währungssystems auf die Gesellschaft

Literatur

AAAA. (2015, July 27). *Addis Ababa action agenda of the third international conference on financing for development* (Resolution adopted by the General Assembly). www.un.org/ga/search/view_doc.asp?symbol=A/RES/69/313&Lang=E. Zugegriffen am 12.02.2022.

Ali, R., Barrdear, J., Clews, R., & Southgate, J. (2014). *Innovations in payment technologies and the emergence of digital currencies* (Bank of England quarterly bulletin, Q3). Bank of England.

Anderson, V. (2015). *Green money: Reclaiming quantitative easing.* The Greens/EFA. https://mollymep.org.uk/wp-content/uploads/Green-Money_ReclaimingQE_V.Anderson_June-2015.pdf. Zugegriffen am 12.02.2022.

Atkinson, A. B. (2005). *New sources of development finance.* UNU-WIDER Studies in Development Economics.

Atkinson, A. B., Micklewright, J., & Micklewright, M. (1992). *Economic transformation in eastern Europe and the distribution of income.* Cambridge University Press.

Bank of England. (2016, August). *How much quantitative easing have we done in the UK?* London. https://www.bankofengland.co.uk/monetary-policy/quantitative-easing. Zugegriffen am 12.02.2022.

Barder, O., Levine, R., & Kremer, M. (2005). *Making markets for vaccines: Ideas to action* (Report). Center for Global Development.

Barrdear, J., & Kumhof, M. (2016). *The macroeconomics of central bank issued digital currencies* (Working paper number 605). Bank of England.

Batini, N. (2019). Transforming agri-food sectors to mitigate climate change: The role of green finance. *Vierteljahrshefte zur Wirtschaftsforschung/Quarterly. Journal of Economic Research, 88*(3), 7–42.

Beneš, J., & Kumhof, M. (2012). The Chicago plan revisited.

Bermejo Carbonell, J., & Werner, R. A. (2018). Does foreign direct investment generate economic growth? A new empirical approach applied to Spain. *Economic Geography, 94*(4), 425–456.

Bernanke, B. S. (2000). Japanese monetary policy: A case of self-induced paralysis? *Japan's Financial Crisis and Its Parallels to US Experience Special Report, 13*, 149–166.

Binswanger, H. C. (2006). *Die Wachstumsspirale*. Metropolis.

Binswanger, H. C. (2009). Wege aus der Wachstumsspirale. In F. Hinterberger, H. Hutterer, I. Omann & E. Freytag (Hrsg.), *Welches Wachstum ist nachhaltig? Ein Argumentarium*. Mandelbaum.

Bivens, J. (2017). *The potential macroeconomic benefits from increasing infrastructure investment*. Economic Policy Institute. https://www.epi.org/files/pdf/130111.pdf. Zugegriffen am 12.02.2022.

Brown, G. (2004). The challenges of 2005. *New Economy, 11*(3), 127–131.

Brunnhuber, S. (2018). *The art of transformation: How we learn to change the world*. Tredition, CCOMP.

Buteică, A. C., & Huidumac-Petrescu, C. E. (2018). Sovereign wealth funds: Green capital flows for a climate solution. *Hyperion International Journal of Econophysics & New Economy, 11*(1), 175–189.

Chen, D. B., van der Beek, J., & Cloud, J. (2017). Climate mitigation policy as a system solution: addressing the risk cost of carbon. *Journal of Sustainable Finance & Investment, 7*(3), 233–274.

Chen, D. B., Zappala, G., & Van der Beek, J. (2018). *Central bank policy for managing climate-related risk: Carbon quantitative easing* (Draft). https://www.academia.edu/38092343/Carbon_Quantitative_Easing_Scalable_Climate_Finance_for_Managing_Systemic_Risk. Zugegriffen am 12.02.2022.

Club of Rome (2019). *Climate emergency plan: A collaborative call for climate action*. https://www.clubofrome.org/wp-content/uploads/2018/12/COR_Climate-Emergency-Plan-.pdf. Zugegriffen am 12.02.2022.

Cœuré, B. (2018, November). Monetary policy and climate change. In *Speech at "scaling up green finance: The role of central banks" conference hosted by Deutsche Bundesbank* (Bd. 8).

Coy, P., Dmitrieva, K., & Boesler, M. (2019, March 21). Warren Buffett hates it. AOC is for it. A beginner's guide to modern monetary theory. *Bloomberg Businessweek*. https://www.bloomberg.com/news/features/2019-03-21/modern-monetary-theory-beginner-s-guide. Zugegriffen am 12.02.2022.

Crowder, D. W., & Reganold, J. P. (2015). Financial competitiveness of organic agriculture on a global scale. *Proceedings of the National Academy of Sciences, 112*(24), 7611–7616.

Davies, G. (2010). *History of money*. University of Wales Press.

De Haldevang, M. (2017, November 28). Why we can't trust basic economic figures. *Quartz*. https://qz.com/1133984/the-global-offshore-system-means-we-cant-trust-foreign-direct-investment-figures-and-other-basic-data/. Zugegriffen am 12.02.2022.

Desjardins, J. (2017, October 26). *All of the world's money and markets in one visualization*. Money Project. http://money.visualcapitalist.com/worlds-money-markets-one-visualization-2017/. Zugegriffen am 12.02.2022.

Dixon, F. (2017, July). *Global system change: A whole system approach to achieving sustainability and real prosperity*. https://globalsystemchange.com/global-system-change-a-whole-system-approach-to-achieving-sustainability-and-real-prosperity/. Zugegriffen am 12.02.2022.

Draghi, M. (2012, July 26). *Speech at UKTI's global investment conference*. London.

ECB. (2015, January 22). *ECB announces expanded asset purchase programme* (Press release). Frankfurt. https://www.ecb.europa.eu/press/pr/date/2015/html/pr150122_1.en.html. Zugegriffen am 12.02.2022.

Elango, S., García, J. L., Heckman, J. J., & Hojman, A. (2015). Early childhood education. In *Economics of means: Tested transfer programs in the United States* (Bd. 2, S. 235–297). University of Chicago Press.

El-Erian, M. (2016). *The only game in town: Central banks, instability, and avoiding the next collapse*. Random House.

Ellen McArthur Foundation. (2015). *Growth within: A circular economy vision for a competitive Europe*. London. https://www.ellenmacarthurfoundation.org/assets/downloads/publications/EllenMacArthurFoundation_Growth-Within_July15.pdf. Zugegriffen am 12.02.2022.

Engerer, H. (2019). Sovereign Wealth Funds – Finanzierungsquelle für nachhaltige Entwicklung? *Vierteljahrshefte zur Wirtschaftsforschung/Quarterly Journal of Economic Research, 88*(3), 97–111.

Graeber, D. (2011). *Debt: The first 5000 years*. Melville House.

Grubb, M., Koch, M., Thomson, K., Sullivan, F., & Munson, A. (2019). *The 'earth summit' agreements: A guide and assessment. An analysis of the Rio'92 UN conference on environment and development* (Bd. 9). Routledge.

Harari, Y. N. (2016). *Homo Deus: A brief history of tomorrow*. Random House.

Hayek, F. A. (1976). *Denationalization of money: The argument refined*. Institute of Economic Affairs.

Heckman, J. J., Moon, S. H., Pinto, R., Savelyev, P. A., & Yavitz, A. (2010). The rate of return to the high scope Perry preschool program. *Journal of Public Economics, 94*(1–2), 114–128.

IMF. (2017, October). *Seeking sustainable growth: Short-term recovery, long-term challenges*. Washington, DC.

IMF, Data. (2019). *Currency composition of official foreign exchange reserves (COFER)* [World (U.S. dollars, billions), Q1 2019]. http://data.imf.org/?sk=E6A5F467-C14B-4AA8–9F6D-5A09EC4E62A4. Zugegriffen am 12.02.2022.

Jackson, A. (2013). *Sovereign money: Paving the way to a sustainable recovery*. Positive Money. http://positivemoney.org/wp-content/uploads/2013/11/Sovereign-Money-Final-Web.pdf. Zugegriffen am 12.02.2022.

Kennedy, M., & Lietaer, B. A. (2004). *Regionalwährungen: Neue Wege zu nachhaltigem Wohlstand*. Riemann.

Kennedy, M., Lietaer, B. A., & Rogers, J. (2012). *People money: The promise of regional currencies*. Triarchy Press Limited.

Keynes, J. M. (1980). Shaping the post war world employment and commodities. In *Collected writings of J.M. Keynes: Activities 1940–1946* (Bd. 27). Macmillan.

Kregel, J. A. (2004). *External financing for development and international financial instability*. UN.

Lagarde, C. (2018, November 14) *Winds of change: The case for new digital currency* (Speech at fintech festival). Singapore. https://www.imf.org/en/News/Articles/2018/11/13/sp111418-winds-of-change-the-case-for-new-digital-currency. Zugegriffen am 12.02.2022.

Lagarde, C., & Gaspar, V. (2019). *Getting real on meeting Paris climate change commitments*. IMF Blog.

Lietaer, B., & Brunnhuber, S. (2005). Economics as an evolutionary system: Psychological development and economic behavior. *Evolutionary and Institutional Economics Review, 2*(1). http://www.econ.kyoto-u.ac.jp/~evoeco/eng/eier.html. Zugegriffen am 12.02.2022.

Lietaer, B. A., & Dunne, J. (2013). *Rethinking money: How new currencies turn scarcity into prosperity*. Berrett-Koehler Publishers.

Light, D. W. (2005). Making practical markets for vaccines. *PLoS Medicine, 2*(10), e271.

Mancini-Griffoli, T., Peria, M., Agur, M. I., Ari, M. A., Kiff, M. J., Popescu, M. A., & Rochon, M. C. (2018). *Casting light on central bank digital currencies* (IMF Staff Discussion Note SDN/18/08). IMF.

Masters, R., Anwar, E., Collins, B., Cookson, R., & Capewell, S. (2017). Return on investment of public health interventions: A systematic review. *Journal of Epidemiol Community Health, 71*(8), 827–834.

McGath, T. (2018, April 9). M-Pesa: How Kenyan revolutionised mobile payments. *N26 Magazine.* https://mag.n26.com/m-pesa-howkenya-revolutionized-mobile-payments-56786bc09ef. Zugegriffen am 12.02.2022.

McKibbin et al. (2017). Climate change and monetary policy: Dealing with disruption. *Oxford Review of Economic Policy*, 36(3, Autumn 2020), 579–603. https://doi.org/10.1093/oxrep/graa040

Meyer, J., Reinhart, C. M., & Trebesch, C. (2019). *Sovereign bonds since Waterloo* (Bd. No. w25543). National Bureau of Economic Research.

Mitchell, W., Wray, L. R., & Watts, M. (2019). *Macroeconomics.* Macmillan.

Mosler, W. (2010). *Seven deadly innocent frauds of economic policy.* Valance Co.

Murphy, R., & Hines, C. (2010). *Green quantitative easing: Paying for the economy we need.* Finance for Future. http://openaccess.city.ac.uk/id/eprint/16569/1/GreenQuEasing.pdf. Zugegriffen am 12.02.2022.

Nassehi, A. (2019). *Muster: Theorie der digitalen Gesellschaft.* CH Beck.

Network for Greening the Financial System (NGFS). (2019). *A call for action: Climate change as a source of financial risk* (First comprehensive report). Banque de France. https://www.banque-france.fr/sites/default/files/media/2019/04/17/ngfs_first_comprehensive_report_-_17042019_0.pdf. Zugegriffen am 12.02.2022.

Positive Money. (2014). *How to fuel the economy without increasing debt, through sovereign money.* Retrieved September 30, 2019. https://positivemoney.org/videos/presentations-by-positive-money/fuel-economy-without-increasing-debt-sovereign-money/. Zugegriffen am 12.02.2022.

Ricupero, R. (2004). *Beyond conventional wisdom in development policy. An intellectual history of UNCTAD (1964–2004).* UN.

Ryan-Collins, J., Greenham, T., Werner, R., & Jackson, A. (2012). *Where does money come from: A guide to the UK monetary and banking system.* New Economics Foundation.

Ryan-Collins, J., Werner, R., Greenham, T., & Bernardo, G. (2013). *Strategic quantitative easing: Stimulating investment to rebalance the economy.* New Economics Foundation. http://www.neweconomics.org/publications/entry/strategic-quantitative-easing. Zugegriffen am 12.02.2022.

Safaricom. (2019). *M-Pesa rates.* Retrieved August 30, 2019. https://www.safaricom.co.ke/personal/m-pesa/getting-started/m-pesa-rates. Zugegriffen am 12.02.2022.

Schmelzing, P. (2019). *Eight centuries of global real rates, RG, and the ‚suprasecular' decline, 1311–2018* (Working paper number 845). Bank of England.

Schroeder, F. (2006). *Innovative sources of finance after the Paris conference: The concept is gaining currency but major challenges remain* (FES briefing paper). FES. https://library.fes.de/pdf-files/iez/global/50423.pdf. Zugegriffen am 12.02.2022.

Schumpeter, J. (1912). *Theorie der wirtschaftlichen Entwicklung.* Duncker & Humblot.

Simon, J. L. (1983). *The ultimate resource.* Princeton University Press.

Sinn, H. W. (2016). *Der Schwarze Juni. Brexit, Flüchtlingswelle, Euro-Desaster: Wie die Neugründung Europas gelingt.* Herder. ISBN 978-3-451–37745–7.

Spitzer, M. (2018). *Einsamkeit: Die unerkannte Krankheit. Schmerzhaft, ansteckend, tödlich.* Droemer eBook.

Stahel, W. R. (2019). *The circular economy: A user's guide.* Routledge.

Sumner, S. (2010, September 11). *The other money illusion.* https://www.themoneyillusion.com/the-other-money-illusion/. Zugegriffen am 12.02.2022.

Tobin, J. (1978). A proposal for international monetary reform. *Eastern Economic Journal, 4*(3/4), 153–159.

Turner, A. (2013, February 6). *Debt, money, and Mephistopheles: How do we get out of this mess?* (Lecture delivered at Cass Business School). London. https://www.ineteconomics.org/uploads/downloads/DEBT-MONEY-AND-MEPHISTOPHELES-HOW-DO-WE-GET-OUT-OF-THIS-MESS.pdf. Zugegriffen am 12.02.2022.

UN. (2015). *Transforming our world: The 2030 agenda for sustainable development.* https://sustainabledevelopment.un.org/content/documents/21252030%20Agenda%20for%20Sustainable%20Development%20web.pdf. Zugegriffen am 12.02.2022.

UNCED. (1992). *Agenda 21.* Rio de Janeiro. https://sustainabledevelopment.un.org/content/documents/Agenda21.pdf. Zugegriffen am 12.02.2022.

UNCTAD. (2014). *World investment report 2014. Investing in the SDGs: An action plan.* New York and Geneva. https://unctad.org/en/PublicationsLibrary/wir2014_en.pdf. Zugegriffen am 12.02.2022.

UNCTAD. (2019). *Debt and development finance. About: History.* Retrieved September 30, 2019, from https://debt-and-finance.unctad.org/Pages/History.aspx. Zugegriffen am 12.02.2022.

Van der Knaap, P., & De Vries, T. (2018). *World cash report 2018.* G4S Global Cash Solutions. https://cashessentials.org/app/uploads/2018/07/2018-world-cash-report.pdf. Zugegriffen am 12.02.2022.

Van Lerven, F. (2016). *A guide to public money creation: Outlining the alternatives to quantitative easing* (Positive money report). https://positivemoney.org/2016/04/our-new-guide-to-public-money-creation/. Zugegriffen am 12.02.2022.

Werner, R. (2003). *Princes of the yen: Japan's central bankers and the transformation of the economy.* Taylor & Francis Inc.

Werner, R. A. (2014). Can banks individually create money out of nothing? The theories and the empirical evidence. *International Review of Financial Analysis, 36,* 1–19.

Willett, W., Rockström, J., Loken, B., Springmann, M., Lang, T., Vermeulen, S., …, Jonell, M. (2019). Food in the Anthropocene: The EAT-Lancet Commission on healthy diets from sustainable food systems. *The Lancet, 393*(10170), 447–492.

Working Group on New International Contributions to Finance Development. (2004). *Report to the French president Jacques Chirac.* https://www.globalpolicy.org/images/pdfs/12landau.pdf. Zugegriffen am 12.02.2022.

World Bank. (2018). *The world bank annual report 2018.* Washington, DC.

World Bank. (2019). *Global economic prospects, June 2019: Heightened tensions, subdued investment.* World Bank. https://doi.org/10.1596/978-1-4648-1398-6.

World Bank, Indicators. (2018). *GDP (current, US$).* https://data.worldbank.org/indicator/NY.GDP.MKTP.CD. Zugegriffen am 12.02.2022.

Wray, L. R. (2015). *Modern money theory: A primer on macroeconomics for sovereign monetary systems* (2. Aufl.). Palgrave Macmillan.

Zuboff, S. (2019). *The age of surveillance capitalism: The fight for a human future at the new frontier of power: Barack Obama's books of 2019.* Profile Books.

Kapitel 6
Neue Symmetrien: Die Zukunft hat eine Geschichte oder ein Weg mit Herz

Wir haben dieses Buch mit der Einführung des Konzepts des TAO begonnen, um eine neue Art des Denkens, Wahrnehmens und Handelns in dieser Welt zu veranschaulichen, und wir haben versucht, dies auf den Finanzsektor und insbesondere auf das Problem der Finanzierung globaler Gemeingüter, wie sie in den SDGs der Vereinten Nationen verankert sind, anzuwenden. Der Impuls für dieses neue Denken ergibt sich aus der Tatsache, dass wir jetzt im Anthropozän leben. Die Menschheit sitzt auf dem Fahrersitz und bestimmt sowohl ihre eigene Zukunft als auch die des Planeten. Wir erleben hier einen Paradigmenwechsel. Der Philosoph Thomas Kuhn beschreibt einen solchen Paradigmenwechsel als eine Situation, in der mit zunehmender Häufigkeit Unregelmäßigkeiten und Anomalien auftreten, die innerhalb eines gegebenen Paradigmas nicht erklärbar sind. Um auf eine solche Situation angemessen zu reagieren sind zwei wesentliche Änderungen erforderlich: eine Änderung der Denkweise und eine Änderung des modus operandi, das heißt, des Handelns. In diesem Text beschreibt das alte Paradigma die monetäre Monokultur mit ihrem durchgängig linearen und sequentiellen Denken. Das neue Paradigma dagegen stellt ein komplementäres Geldsystem dar, das sowohl lineare als auch parallele Denkprozesse und lineare und parallele Handlungsanweisungen beinhaltet. Wenn wir mit diesem neuen Paradigma arbeiten, können wir Anomalien und Unregelmäßigkeiten wie die Vergrößerung der Einkommens- und Vermögensunterschiede, die zunehmenden ökologischen Schäden und die groß angelegte Wirtschaftsmigration bewältigen.

Die Natur lehrt uns, dass das Leben dazu neigt, seine Effizienz und Widerstandsfähigkeit innerhalb eines bestimmten Zeitfensters zu optimieren und seinen Output nicht zu maximieren. Wir haben dieses Fenster als ‚anti-fragile Zone' bezeichnet. Diese ‚anti-fragile Zone' gibt jedem lebenden System die Möglichkeit, seine Integrität zu erhalten, indem es aus Fehlern lernt. Die Biowissenschaften lehren uns, dass sich der menschliche Geist am erfolgreichsten an die Natur anpasst, wenn wir Zugang zu zwei Arten des Denkens, Wahrnehmens und Problemlösens haben.

Wir haben zudem den Umfang, die Geschwindigkeit, die Größenordnungen der vor uns liegenden Herausforderungen ermittelt, plausible Zahlen für die Finanzierung von Gemeingütern abgeleitet und die vielfältigen Lock-in-Effekte in unserem derzeitigen Wirtschaftssystem aufgezeigt, die uns an einer Veränderung hindern. Wir haben zudem verschiedene traditionelle Ansätze durchgespielt: Primäres Wirtschaftswachstum und sekundäre Umverteilung, Deregulierung des Systems, Impact funding bis hin zum öffentlichen Auftragswesen, um nur einige zu nennen. Dieses „Six-pack" ist erforderlich, um eine nachhaltigere Zukunft in einer anti-fragilen Zone anzusteuern, in der Resilienz und Effizienz die Leitplanken unseres Handelns darstellen. Wenn wir diesen Weg einschlagen, werden monetäre Regulierungsbehörden unverzichtbar. In einem letzten Schritt werden wir nun die weiteren Herausforderungen und Folgen eines solchen TAO der Finanzen und seine möglichen Auswirkungen auf das konventionelle Wirtschaftssystem näher untersuchen.

> **Wenn ein System stark aus dem Gleichgewicht geraten ist, können kleine Bereiche kohärenten Denkens und Handelns das gesamte System in Richtung eines neuen Gleichgewichts verschieben.**

6.1 Die Auswirkungen und Herausforderungen eines parallelen Währungssystems

Verschiedene Effekte und Auswirkungen in der Einführung eines Parallelwährungssystems müssen nun erörtert werden: die Auswirkungen auf illegale Finanztransaktionen und den so genannten informellen Sektor; dann die Frage, ob ein solches Parallelwährungssystem ein Schneeballsystem darstellt, des Weiteren ob die Zuführung paralleler Liquidität zur Inflation beiträgt oder eher die Preisstabilität aufrechterhält; und schließlich die Frage, wie ein Parallelwährungssystem den grundlegenden Unterschied zwischen einer Kriegs- und einer Friedenswirtschaft berücksichtigt. Jede dieser Auswirkungen wird der Reihe nach behandelt. In der folgenden Liste sind einige der wichtigsten Auswirkungen und Herausforderungen aufgeführt, denen wir uns stellen müssen, wenn wir anfangen unser Geldsystem parallelisieren.

Auswirkungen und Herausforderungen einer grünen, parallelen, optionalen Währung

1. Illegale Transaktionen
2. Aktivitäten im informellen Sektor
3. Die Gefahr eines Schneeballsystems
4. Auswirkungen auf die Inflation
5. Von der Kriegs- zur Friedenswirtschaft

6.2   Ein komplexes Thema: Illegale Finanztransaktionen und die Schattenwirtschaft

Illegale, nicht zugelassene und unregulierte Wirtschaftstätigkeiten spielen in der Weltwirtschaft eine wichtige Rolle.[1] Trotz einiger Überschneidungen entspricht dieser Sektor mehr als ein Drittel der konventionellen, regulierten und besteuerten Wirtschaft, der aber parallel zu den offiziellen und legalen Transaktionen liegt.[2] Würde man diesen komplexen Wirtschaftssektor plötzlich abschaffen, würde der formelle Sektor sofort zusammenbrechen. Der informelle und illegale Sektor ist also ein wichtiger (unerwünschter) Stabilisator der Weltwirtschaft. All diese illegalen und informellen Transaktionen erhöhen jedoch die Ungleichheit, verringern das Wirtschaftswachstum und das Sozialkapital,[3] senken die Steuereinnahmen,[4] verhindern den Zugang zum Kreditmarkt und lenken unsere gesamte Weltwirtschaft in die falsche Richtung.[5] Darüber hinaus verstärkt dieser illegale Sektor seine eigenen Regeln. So verhindert beispielsweise der Handel und die Arbeit in einem korrupten Umfeld die ordnungsgemäße Durchsetzung von Rechtsstaatsmechanismen, selbst in kleinem Maßstab: Wenn ein Polizeibeamter in einem korrupten Umfeld versucht, ein Bußgeld für eine Geschwindigkeitsüberschreitung zu verhängen, kann es sein, dass er das Bußgeld nicht vollstreckt, weil die betreffende Person ein Mitglied der Regierung oder einer anderen Elite sein könnte.

Illegale Finanzströme haben unterschiedliche Auswirkungen auf die Wirtschaft: Der Zufluss solcher Geldströme schafft zunächst Einkommen und Arbeitsplätze, der Abfluss hingegen nicht. Vergleicht man die Volumina der verschiedenen illegalen

---

[1] Nach Angaben von Transparency International (2018) liegt der durchschnittliche Korruptionsindex weltweit bei 43 von 100. Das bedeutet, dass Korruption endemisch und systemisch ist, insbesondere im öffentlichen Sektor. Wir benötigen folglich einen Mechanismus, der die Korruption nicht verstärkt, sondern verringert. Der in diesem Text beschriebene Mechanismus hat diese Wirkung.

[2] Eine weit verbreitete Taxonomie zur Unterscheidung zwischen verschiedenen Formen illegaler Finanztransaktionen ist folgende: 1) krimineller Markt (Menschenhandel, Drogen); 2) manifester Diebstahl von Ressourcen jeglicher Art; 3) Korruption; 4) illegale Steuertransaktionen (falsche Rechnungsstellung).

[3] Es besteht ein empirischer Zusammenhang zwischen öffentlichen Ausgaben und Wohlstand im Zeitverlauf. Je höher der Anteil der Steuern an den Staatsausgaben (im Gegensatz zu ausländischen Direktinvestitionen und öffentlicher Entwicklungshilfe), desto ausgeprägter sind die Entwicklungen im Laufe der Zeit und desto höher ist das Engagement für das öffentliche Gesundheits- und Bildungswesen.

[4] Wir sind bei der Körperschaftssteuer Zeugen eines Wettlaufs nach unten: Weltweit liegt der Körperschaftssteuersatz bei 20–30 %. Doch während die OECD-Länder ihre allgemeine Steuerbemessungsgrundlage beibehalten haben, haben die Entwicklungsländer sie verloren. Aus verwaltungstechnischer Sicht bräuchte Afrika 650.000 Steuerbeamte, um den OECD-Standard zu erreichen (OECD, 2019).

[5] Es gibt einen ständigen Nettoabfluss aus dem Süden in den Norden. In der Vergangenheit war dieser Abfluss auf die Begleichung von Auslandsschulden zurückzuführen, wird aber jetzt durch zunehmende illegale Finanzströme überlagert.

Transaktionsströme in den formellen Sektor von 2004 bis 2014, so belaufen sich die Verluste für die am wenigsten entwickelten Länder (least developed countries - LDC) auf 7,8 Billionen USD, mit einer Wachstumsrate, die doppelt so hoch ist wie die des konventionellen BIP. Im Nahen Osten beispielsweise fließt für jeden US-Dollar an formellen Zuflüssen aus öffentlicher Entwicklungshilfe, ausländischen Direktinvestitionen, Überweisungen und Philanthropie ein Gegenwert von 2,8 USD an illegalen Transaktionen aus dem Land. Die Gründe hierfür sind vielfältig, wobei falsche Rechnungsstellung die wichtigste Ursache ist. Im Allgemeinen übersteigen das Volumen illegaler Transaktionen, die Umwidmung der öffentlichen Entwicklungshilfe und die Ausgaben im Zusammenhang mit militärischen Konflikten die Summe aus öffentlicher Entwicklungshilfe und ausländischen Direktinvestitionen. Im Ganzen machen es der Abfluss ausländischer Direktinvestitionen, Überweisungen und Zahlungen für Auslandsschulden[6] nahezu unmöglich, genügend „grüne" und „nachhaltige" Kaufkraft in der Region zu erzeugen. Weltweit belaufen sich die Steuerausfälle durch die Nutzung von Offshore-Steueroasen und Steuervermeidung auf 200 bis 500 Milliarden USD jährlich.[7] Insbesondere das Verhältnis zur öffentlichen Entwicklungshilfe (Official Development Aid – ODA) offenbart das Dilemma: Von den 0,7 % des weltweiten BIP, die für die Unterstützung des globalen Südens aufgewendet werden sollen,[8] sind drei Viertel entweder indirekte Subventionen für Prestigeinvestitionen wie das Militär, gehen an Länder mit mittlerem Einkommen (wo das Geld weniger benötigt wird) oder unterstützen die heimische Industrie des Geberlandes. Nur ein Viertel kann man also als „echte" Entwicklungshilfe betrachten. Diese Zahlen zeigen, dass nicht genügend stabile Kaufkraft in den Ländern verbleibt, die sie am dringendsten benötigen, und dass die Welt gleichzeitig in die falsche Richtung gelenkt wird. Die Regulierung des Systems hat

---

[6] Die Auslandsverschuldung im Verhältnis zu den Staatseinnahmen ist eine bessere Kennzahl als die absolute Schuldenlast eines Landes. Nach 2014 stiegen die Auslandsschulden in Bezug zu den Staatseinnahmen weltweit um 60 %, und die Gesamtverschuldung im Vergleich zur Wirtschaftskraft ist um ein Drittel höher als vor der Krise 2008 (Jubilee Debt Campaign, 2018).

[7] Siehe Cobham und Janský (2018). Weitere Daten belegen das Ausmaß des Problems: Es gibt immer mehr Privatvermögen (10 % des globalen BIP) in Steueroasen, was zu weiteren Steuerausfällen in Höhe von bis zu 200 Mrd. USD pro Jahr führt; die Finanzierung des Terrors beläuft sich auf 2,5 Billionen USD pro Jahr; und 10 % des gesamten globalen Handels werden durch illegale Finanztransaktionen abgewickelt. Daraus ergibt sich eine weltweite Steuerlücke von 5 Billionen USD jährlich. 20 % dieser Steuerlücke gehen auf das Konto transnationaler Konzerne und 80 % auf das Konto von Einzelunternehmen und KMU, die hauptsächlich informell und in bar handeln. Illegale Transaktionen machen weltweit 20–25 % des BIP aus, Korruption kostet die Weltgemeinschaft jährlich 2,6 Billionen USD, und Geldwäsche beläuft sich auf 1,6 Billionen USD jährlich. Die weltweiten Einnahmeverluste aufgrund der Aushöhlung der Steuerbasis und der Gewinnverlagerung (BEPS) belaufen sich auf 100–240 Milliarden USD jährlich. Diese Zahlen verdeutlichen die Größenordnung der dem öffentlichen Sektor entgangenen Beträge. Es erscheint nahezu unmöglich, solche Beträge innerhalb des bestehenden Währungssystems zu regulieren. Ein Parallelsystem würde diese illegalen Finanztransaktionen indirekt korrigieren. Siehe Alstadsæter et al. (2018), OECD (2014, 2015), Pietschmann und Walker (2011).

[8] Siehe Grubb et al. (2019); Konferenz der Vereinten Nationen für Umwelt und Entwicklung (UNCED) (1992).

in den letzten 75 Jahren nicht funktioniert. Warum sollte das jetzt geschehen? Es wird wohl auch dieses Mal nicht funktionieren. Stattdessen müssen wir uns einen Mechanismus ausdenken, der Handel und Gewerbe langsam, aber sicher aus dieser Schieflage heraus in eine grüne und nachhaltige Zukunft führt, ohne dabei die wirtschaftliche Gesamtkapazität zu beeinträchtigen.

Jahrzehntelang haben wir versucht, die regulatorischen Bemühungen zur Formalisierung und Legalisierung des illegalen Sektors neu zu justieren, strafrechtlich zu verfolgen und zu harmonisieren. Diese Bemühungen waren jedoch wie der Versuch, Zahnpasta wieder zurück in die Tube zu drücken. Anstatt alle diplomatischen und politischen Bemühungen auf die Neuregulierung und Konsolidierung des bestehenden Systems zu konzentrieren, kann der vorgeschlagene Parallelwährungsmechanismus unter Verwendung der DLT illegale Transaktionen langsam austrocknen und den Menschenhandel eindämmen. Die Tatsache, dass ein Parallelwährungssystem in der Lage ist, die negativen wirtschaftlichen Auswirkungen des illegalen und informellen Sektors zu überwinden, ist im Grunde genommen bereits ein eigenständiges Argument für dieses System.

6.3 Aktivitäten des informellen Sektors: Vom System D zum System K

Es ist immer kennzeichnend für ein Systemdefizit, wenn der nicht-kriminelle informelle Sektor wächst, während die Grundbedürfnisse der Bürger unbefriedigt bleiben. Der informelle Sektor umfasst alle nicht-formalen Aktivitäten in unserer Wirtschaft, mit Ausnahme von Drogen-, Waffen- und Menschenhandel und ohne häusliche Dienstleistungen. Dieser Sektor wird manchmal auch als System D bezeichnet. D steht für den französischen Begriff „debroulliard", was Einfallsreichtum oder Findigkeit bedeutet.[9] Einfallsreichtum ist die Fähigkeit, in einer komplexen und schwierigen Situation zielgerichtet und erfolgreich weiterzukommen. Die wichtigsten Merkmale des Systems D sind, dass es sich selbst organisiert, nicht formell reguliert oder überwacht wird, keine Haftung hat und nicht besteuert wird. In diesem System gibt es keine Ansprüche auf Sozialversicherung oder Gesundheitsfürsorge, keine Teilzeitarbeit oder Gewerkschaften, keinen Urlaub und keine Unterscheidung zwischen Werktags- und Wochenendarbeit.

Dieser informelle Sektor arbeitet weitgehend parallel zur offiziellen Wirtschaft und erwirtschaftet weltweit jährlich bis zu 10 Billionen USD. Relativ gesehen handelt es sich um die zweitgrößte Volkswirtschaft der Welt, in der etwa 1,8 Milliarden Menschen oder bis zu 50 % der weltweiten Erwerbsbevölkerung beschäftigt sind. In den nächsten fünf bis acht Jahren, wenn Millionen junger Menschen das erwerbsfähige Alter erreichen, wird dieses Verhältnis höchstwahrscheinlich auf zwei Drittel der weltweiten Erwerbsbevölkerung ansteigen. In diesem Sinne stellt

---

[9] Neuwirth (2011).

System D das größte Feldexperiment in einem vollständig liberalisierten, deregulierten, individualisierten Marktsystem dar, das die Welt je gesehen hat.

Volkswirtschaften mit einem großen System D haben sich angesichts von Finanzkrisen als besonders widerstandsfähig erwiesen, wie die südeuropäischen Staaten mit ihren großen informellen Sektoren während der Krise von 2008 gezeigt haben. Dies bestätigt empirisch, dass das Vorhandensein einer Parallelwirtschaft im Falle einer Krise als Puffer wirkt. Aus einer Systemperspektive hat der informelle Sektor eine integrative, antizyklische und reparative Funktion in konventionellen Volkswirtschaften, die nur einen Markt und nur ein Währungssystem für die Verteilung von Waren und Dienstleistungen haben. Sobald dieses Monopol instabil wird, kommt es zu einer Verschiebung hin zu einem zweiten, parallelen System, das nicht den gleichen Bedingungen unterliegt.

Die wirtschaftliche Macht der Eigentumsrechte: Betrachtet man den informellen Sektor aus der Perspektive der Eigentumsrechte, so stellt er wahrscheinlich einen der größten schlafenden Riesen der Weltwirtschaft dar. Der peruanische Wirtschaftswissenschaftler Hernando de Soto schätzte den Gesamtwert der nicht dokumentierten und nicht titulierten Eigentumsrechte auf über 13 Billionen USD.[10] Das ist mehr als 50-mal so viel wie alle weltweiten Hilfsgelder oder ausländischen Direktinvestitionen in weniger entwickelten Ländern zusammen. Tatsächlich hat nur etwa ein Drittel der Weltbevölkerung Zugang zur Rechtsprechung über Eigentumsrechte, und nur knapp 10 % des afrikanischen Kontinents sind registrierte und formell dokumentierte Grundstücke. Dies bedeutet, dass 90 % der Fläche *terra nullius* sind. Dies hat enorme negative Folgen für die regionale Wertschöpfung. Weltweit leben bis zu 3 Milliarden Menschen auf kommunalem, nicht registriertem Land, und mehr als eine Milliarde Menschen müssen ständig befürchten, von diesem Land vertrieben zu werden, weil die Eigentumsverhältnisse nicht geklärt sind.[11] Richtig gemacht, kann die Landtitelvergabe die Produktivität der Landwirtschaft erheblich steigern. Denn nur klare, rechtlich gebundene Eigentumsverhältnisse berechtigen die Menschen zum Handel, zur Aufteilung, zur Besicherung, zum Verkauf und zum Kauf solcher Ansprüche, so dass die Armen an der Weltwirtschaft teilhaben und aus eigener Kraft Wohlstand schaffen können.

Ein wichtiger Grund, warum diese Registrierung von Land schwer zu erreichen ist, ist die Korruption vor Ort und der Missbrauch durch nationale Eliten. Außerdem entspricht die westliche Tradition individualisierter Eigentumsrechte nicht ganz dem eher kollektiven, familien- oder gemeinschaftsgebundenen Verständnis von Eigentumsrechten, das in vielen asiatischen und afrikanischen Ländern vorherrscht. Der Finanzierungsmechanismus, den wir in diesem Text beschreiben, stellt ein Mechanismus für die Vielen, nicht für die Wenigen dar, und er bietet die richtigen Instrumente, um eines der größten, billigsten und schnellsten Anreizprogramme für das gesamte SDG-Anliegen selbst zu verwirklichen: Investitionen in die Land-

---

[10] Gemessen in inflationsbereinigten USD, Stand heute, weltweit. Siehe Soto (De Soto, 2000).

[11] *The Economist*, 12. bis 18. September 2020, S. 31–33.

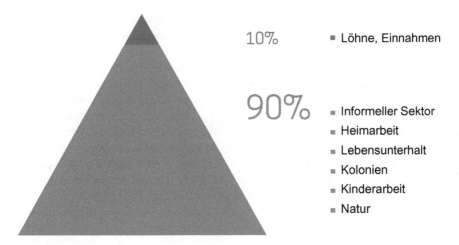

10%   ■ Löhne, Einnahmen

90%   ■ Informeller Sektor
      ■ Heimarbeit
      ■ Lebensunterhalt
      ■ Kolonien
      ■ Kinderarbeit
      ■ Natur

Abb. 6.1 Das asymmetrische Eisbergparadoxon

registrierung und die Sicherung verbindlicher Eigentumsrechte, die es den Menschen ermöglichen, ihr eigenes Leben zu führen.

Wenn wir den Eisberg als Metapher verwenden, um die Verbindung zwischen der formellen und der informellen Wirtschaft besser zu verstehen, sehen wir, dass die 10 % des Eisbergs, die sichtbar sind, die offizielle Wirtschaft darstellen, ausgedrückt in Löhnen und Gewinnen. Die verbleibenden 90 % des Eisbergs, die unter Wasser unsichtbar sind, stehen für unbezahlte häusliche Arbeit, den informellen Sektor, Kinderarbeit und Gemeingüter.[12] Traditionell werden diese beiden Teile in einer binären Weise betrachtet, als würden sie sich gegenseitig ausschließen: der formelle Sektor auf der einen und der informelle Sektor auf der anderen Seite. Die wichtige Verbindung zwischen den beiden ist jedoch, dass der kleinere formelle Sektor ohne den großen informellen Sektor, der seine Basis bildet, nicht existieren kann. Die 90 % können ohne die 10 % existieren, aber nicht umgekehrt (Abb. 6.1). Allgemeiner ausgedrückt: Gemeingüter brauchen keine privaten Einnahmen, aber private Einnahmen und Löhne brauchen Gemeingüter. Statt eines binären Ansatzes plädieren wir für einen komplementären Ansatz. Die Wahrheit ist, dass wir, wenn wir die 90 % richtig finanzieren und regulieren wollen, wir deutlich mehr an Finanzialisierung brauchen als heute, aber wir müssen sie auf eine andere Weise gestalten. Das TAO der Finanzen ist ein Ansatz, der eine komplementäre Perspektive und einen erweiterten, aber anderen Finanzsektor bietet.

---

[12] Der unerkannte Beitrag der Steuerzahler zur öffentlichen Forschung und Entwicklung, der die privaten Einnahmen unterstützt, wird von dem Wirtschaftswissenschaftler M. Mazzucato in The Entrepreneurial State (Mazzucato, 2013) gut dokumentiert. Das Gleiche gilt für die Investitionen der Steuerzahler in die städtische Infrastruktur, einschließlich Flughäfen, Abwasserentsorgung, Universitäten, Krankenhäuser, Kindergärten, Verwaltung, Sicherheit und Verteidigung; sie alle senken die Schuldenquote des Staates erheblich und ermöglichen es der Privatwirtschaft, zu florieren.

Wie würde das System D aussehen, wenn es ein duales Finanzsystem mit einer Parallelwährung gäbe? Wenn wir eine regulierte, transparente, sichere und faire Parallelwirtschaft hätten, würde sich das System D in ein System K verwandeln, wobei K für „komplementäres optionales Geldsystem" steht. In System K würden menschliche Aktivitäten reguliert, unterstützt, besteuert, versichert und so weiter. Wenn dieses System K elektronisch unterstützt würde, würden die erwarteten zwei Drittel der zukünftigen globalen Arbeitskräfte legalisiert und schrittweise in den formellen Sektor integriert werden. Langfristig bedeutet ein solches System enorme Kosteneinsparungen für die Gesellschaft, da die Steuerbasis steigen würde, die Kriminalitätsrate und die Kosten der sozialen Ausgrenzung sinken würden und die Einkommens- und Wohlfahrtsverluste aufgrund mangelnder Gesundheitsversorgung oder Katastrophenmanagement geringer wären. Wenn System K den zusätzlichen selektiven Anreiz der Schaffung von Arbeitsplätzen in den Bereichen der SDGs hätte, würde ein auf ein grünes Wachstumsszenario ausgerichteter Wachstumsimpuls entstehen.

Die Einführung eines solchen Systems ist relativ kostengünstig und schnell und stört nicht die bestehenden laufenden Geschäftstätigkeiten. In der Tat würde ein solches System K einen großen Teil der weltweiten Arbeitskräfte stabilisieren und in die globale Wertschöpfungskette integrieren. Wir würden sogar so weit gehen zu sagen, dass wir jetzt in eine Phase eintreten, in der wir es uns einfach nicht mehr leisten können, unsere gesamte Wirtschaft über das einzige gegebene traditionelle Monosystem von Besteuerung, Regulierung und Verteilung abzuwickeln. Eine monetäre Monokultur wird auf Dauer einfach zu störend, zu instabil und zu teuer werden.

6.4   Kein Schneeballsystem – Haftungen und Sicherheiten

Ein Schneeballsystem ist eine Art von Betrug, bei dem die „fiktiven Gewinne" einfach von denjenigen, die dem System beitreten, an die jeweils nächsten Anleger ausgezahlt werden. Solange neue Anleger zu diesem System beitragen, können die Akteure die Illusion eines nachhaltigen und produktiven Unternehmens aufrechterhalten. Bekannte spekulative Wirtschaftsblasen stellen so ein Schneeballsystem dar, da der Gewinn das Ergebnis von Folgekäufen von Vermögenswerten darstellt, bei denen der Preis den inneren Wert des Vermögenstitels übersteigt – bis die ganze Blase dann platzt. Die Tulpen-Spekulation des Mittelalters, die Immobilienspekulationen oder neuerdings die Entwicklung der privaten Kryptowährungen sind Beispiele hierfür.

Ist eine Parallelwährung auch eine Art Schneeballsystem? 95 % des derzeit im Umlauf befindlichen Geldes sind durch das Versprechen und den Wert des gegebenen BIP gedeckt. Da Geldvermögen mindestens drei- bis fünfmal so hoch ist wie reale Wirtschaftsgüter, ist der reale Sicherungswert des bestehenden konventionellen Geldsystems nur ein Drittel bis ein Fünftel der gesamten Wertschöpfungskette wert. Das bedeutet, dass der größte Teil des derzeit im Umlauf befindlichen Geldes keinen wirklichen Gegenwert hat.[13] Wir vertrauen einfach auf dieses Tauschmittel. Die herkömmlichen Sicherheiten des Zentralbankgeldes bestehen entweder aus Verbindlichkeiten des Geschäftsbankensystems oder aus Staatsanleihen.[14] Sollte der Staat in Konkurs gehen, müsste die Zentralbank ihre Verbindlichkeiten abschreiben.[15]

Im neuen komplementären System hingegen wären die regionalen und globalen Gemeinschaftsgüter zu 100 % durch die Sicherheiten dieses neuen Finanzmechanismus gedeckt. Der Grund dafür ist, dass die Geldschöpfung im Parallelsystem prädistributiv wäre. Sie würde sich nach den Erfordernissen des jeweiligen Projekts richten, wobei physische Vermögenswerte oder definierte Gemeingüter als materielle Sicherheiten dienen würden. Würden zum Beispiel die natürlichen Wasser- und Seespeicher Österreichs nach dem Marktpreis bewertet, hätten sie einen höheren Wert als das BIP des Landes. Wenn wir diese Sichtweise auf Länder mit exponentiellen Geburtenraten wie Nigeria oder den Kongo anwenden, sehen wir ein riesiges Potenzial mit Millionen von Menschen, die auf der Suche nach Bildung, Arbeitsplätzen und Gesundheitsversorgung sind, und Millionen von Lebenschancen, die nur darauf warten, realisiert zu werden. Die Fähigkeit, dieses ungenutzte Potenzial freizusetzen, hängt vom richtigen System ab – und wir glauben, dass das von uns beschriebene System dies ermöglichen würde. Der hohe ROI der meisten globalen Gemeingüter, der in den vorangegangenen Kapiteln beschrieben wurde, unterstützt dies. Mit anderen Worten: Wem gehört der Fisch? Wem gehört die biologische Vielfalt, wem gehört unser Klima oder die frische Luft? Uns allen. Und so sind Parallelwährungen keine Schneeballsysteme, sondern wirken als Stabilisatoren des Geldsystems.

---

[13]Anzumerken ist, dass der Zusammenhang zwischen der Höhe der Bilanz einer Bank und der Menge der Sicherheiten empirisch schwach ist. Ein großer Teil der Bankkredite ist unbesichert (zum Beispiel sind 40 % aller gewerblichen und industriellen Kredite in den USA nicht besichert).

[14]Für Experten: Die Zentralbanken können durch die so genannte Offenmarktpolitik zusätzliche Liquidität schaffen, indem sie Staatsanleihen aufkaufen, was wiederum dem Staat zusätzliche Liquidität verschafft. In diesem Fall verringert sich das relative Risiko des Schuldenportfolios dieses Staates und die Risikoprämie in Form des Zinssatzes ist niedriger, da es sich um einen sicheren Kredit handelt (non defaultable loan - NDL). Dies verschafft dem Staat folglich zusätzlichen fiskalischen Spielraum für Investitionen oder Steuern (siehe Kumhof & Tanner, 2005).

[15]Wir müssen zwischen einem echten Marktversagen und dem Fehlen eines Marktes unterscheiden. Märkte, die durch einen regulatorischen und politischen Prozess geschaffen werden, sind hochgradig formalisiert, mit transparenten Verbindlichkeiten und Eigentumsansprüchen versehen. Wenn es keinen solchen Markt gibt, der Staatsanleihen in Entwicklungsländern sichert, können wir dies nicht als Marktversagen bezeichnen. Ein echtes Marktversagen liegt vor, wenn ein Monopol mit fehlendem Wettbewerb besteht, wenn negative externe Effekte sozialisiert statt internalisiert werden, wenn eine erhebliche Informationsasymmetrie zwischen Anbieter und Nachfrager in Bezug auf die Qualität der Ware oder Dienstleistung besteht oder wenn öffentliche Güter übermäßig genutzt oder vernachlässigt werden. In all diesen Fällen ist es wichtig, dass Politik und Zivilgesellschaft die Aktivitäten des Marktes kontrollieren, regulieren und bestimmen.

6.5   Warum ist dieser Mechanismus nicht inflationsfördernd? Der VPI (Verbraucherpreisindex) unter einem parallelen Währungssystem

Während die hohen Verbraucherpreise in den 1970er- und 80er-Jahren eine Herausforderung darstellten, ist die Inflation in den letzten zwei Jahrzehnten weltweit zurückgegangen. Mit einigen Ausnahmen in Schwellenländern wie Argentinien und der Türkei, wo es einen vorübergehenden Anstieg gab, ist auch der Verbraucherpreisindex gesunken. Die Hauptgründe für diesen deflationären Trend sind die Technologie (IT) und der grenzüberschreitende Handel mit Waren, Dienstleistungen und Kapital.[16]

Alles geschaffene Geld, das in die Realwirtschaft einfließt, wird letztendlich Einkommen oder Löhne generieren und den Konsum in gewissem Umfang steigern. Dies gilt unabhängig davon, ob man einen Hubschrauber entwirft, ein Haus baut, ein Krankenhaus plant oder einen Hamburger isst. Unter normalen Umständen würde eine Erhöhung der Geldmenge um z. B. 7 % die Verbraucherpreise erhöhen und die Schaffung von Wohlstand verhindern, da dies zu Inflation führen würde.[17] Ein monetäres Parallelsystem würde jedoch aufgrund seines sektoralen und lokalen Steuerungsmechanismus sowie der neuen Wege, über die das geschaffene Geld fließt, einen Anstieg des Verbraucherpreisindex verhindern können. Es würde sogar zu einer Stabilisierung des Preisniveaus führen. Dies trifft auch dann zu wenn wir uns wie jetzt (2023) in einer inflationären Phase befinden.

Wie sieht der Zusammenhang aus? Erstens ist das Verhältniss zwischen dem VPI, der sich aus den Arbeitskosten in Form von Löhnen und Kapital zusammensetzt, gemessen an Zinsen und Risikoprämien auf der einen Seite, und der Geldschöpfung auf der anderen Seite, empirisch schwach. Der Geldschöpfungsprozess erfordert immer einen Transmissionsriemen oder „Pfad", wie in Kapitel 5 beschrieben, um das Preisniveau wirksam zu beeinflussen. Der größte Teil der in den letzten zehn Jahren geschaffenen Geldmenge wurde durch den Transmissionsriemen des so genannten FIRE-Sektors geschleust.[18] Das bedeutet, dass das tatsäch-

---

[16] Auch der Preisanstieg in 2022 folgt dieser Logik. Abhängigkeit vom fossilen Energieträger, disruptive globale Wertschöpfungsketten und Kriege erhöhen den Inflationsdruck. Umgekehrt gilt, dass Regionalisierung, Diversifikation und die erneuerbaren Energien das Preisniveau wieder senken können. Der TAO der Finanzen liefert dazu den monetären Mechanismus.

[17] Eine Hyperinflation ist relativ selten. Seit 1945 wurden 56 Fälle dokumentiert, die hauptsächlich auf Krieg oder Revolution zurückzuführen waren (Hanke & Krus, 2013). Aus finanzieller Sicht waren schwache öffentliche Finanzen (eine einzige Steuereinnahmequelle und öffentliche Korruption) ein wichtiger Beschleuniger der Hyperinflation. Der hier beschriebene Mechanismus beugt all dem vor: Er erhöht die Quellen der Steuereinnahmen, verringert Betrug und Korruption im öffentlichen Sektor und reduziert die Kosten für das Katastrophenmanagement.

[18] Banken werden als Vermittler betrachtet, die dem öffentlichen und privaten Sektor eine spezifische Dienstleistung anbieten und einen Mehrwert für deren Produktivität schaffen. Der Finanzsektor ist jedoch stark konzentriert. Im Vereinigten Königreich beispielsweise decken 5 private Banken 85 % aller Einlagen ab (Gond et al., 2014). Je größer die Bank, desto größer der Kredit,

lich geschaffene Geld nicht in die reale Wirtschaft von Waren und Dienstleistungen gelangte, sondern im FIRE-Sektor „geparkt" wurde und den API (Asset price index) statt den VPI erhöhte.[19] Wir glauben auch nicht, dass die Beschaffung zusätzlicher Liquidität durch zusätzliche Steuern, die Regulierung von Offshore-Oasen, öffentliche Entwicklungshilfe, Mischfinanzierungen, Spenden oder Schuldenerlass weniger inflationär wäre als die einfache Erzeugung der für die SDGs angestrebten Liquiditätsmenge durch ein duales System. Das Einsammeln von Geld über herkömmliche Kanäle aktiviert lediglich unproduktive Liquidität zur Finanzierung unserer Zukunft. Das Gleiche gilt für ein paralleles System. Wir werden einfach das Geld erschaffen, um unsere Zukunft zu finanzieren, anstatt es einzusammeln und umzuverteilen.

Wenn wir eine eher systemische Perspektive einnehmen, können wir mehrere verschiedene Variablen identifizieren, die das Potenzial haben, sich gegenseitig auszugleichen. Während eine einfache Geldzufuhr, eine verringerte Steuerbasis, kollektive Inflationserwartungen, ein Kostendruck (Energiepreis) oder ein Nachfragesog einschließlich einer Abwertung der Währung das Preisniveau erhöhen können, ist eine kluge Geldpolitik traditionell in der Lage, diese Herausforderungen zu be-

---

desto größer der Bonus und desto geringer die Haftung und Rechenschaftspflicht des Prozesses. Um die Verantwortlichkeit zu erhöhen, sollte der Bankensektor stärker dezentralisiert werden, so wie es in Deutschland mit über 1500 Raiffeisenbanken, Volksbanken und Sparkassen der Fall ist. Es bestand nie die Notwendigkeit, einen dezentralisierten und regionalisierten Bankensektor zu retten. Das Bankensystem ist nicht in erster Linie ein Vermittler oder Broker; die Banken legen nicht auf der einen Seite Geld ein und verleihen auf der anderen Seite den gleichen Betrag. Die Geschäftsbanken schaffen Geld. Nur zur Verdeutlichung: Eine Einlage bei einer Bank ist ein Kredit an die Bank. 97 % der gesamten Geldmenge wird durch das Geschäftsbankensystem selbst geschaffen. In dieser realistischeren Sichtweise ist ein Kredit ein fiktiver Kredit. Solange die Banken in produktive Güter und Dienstleistungen investieren, handelt es sich um eine Form der produktiven Kreditvergabe. Über zwei Drittel der Kredite gehen jedoch an den FIRE-Sektor. Hier wird mit dem Kredit eine Transaktion zum Eigentumswechsel von Vermögenswerten finanziert, es werden jedoch keine Güter oder Dienstleistungen produziert. Die Kaufkraft erhöht den API, was in der Folge die Ungleichheit erhöht. Nur Konsumkredite könnten den VPI erhöhen. Die entscheidende Frage ist also: Wohin fließt das Geld? Man könnte auch sagen: Geld ist, was Geld tut. Dies ist einer der Gründe, warum die Regulierungsbestrebungen von BASEL III (und seinen Nachfolgern) nicht funktionieren werden, weil diese Regulierung die Banken im Grunde nur als Intermediäre betrachtet. Gefragt ist eine Regulierung, die den Bankensektor lenkt und unproduktive FIRE-Investitionen verbietet. Die Bank kann weiterhin spekulieren, sollte dies aber mit Mitteln oder Geldern aus dem Kapitalmarkt tun. Zu beachten ist: Die City of London ist rechtlich gesehen nicht Teil des Vereinigten Königreichs und nicht Teil der EU, die Bürger haben kein Wahlrecht und die Königin hat kein gesetzliches Recht, einzugreifen. Streng genommen ist die City of London ein unregulierter Offshore-Ort und das Vereinigte Königreich hat offiziell keinen Finanzsektor. Das bedeutet ganz einfach: „The emperor has no clothes." Siehe wörtlich Werner (2014).

[19] Hyperinflation wird häufig bei externen Wechselkursspekulationen mit anderen Währungen durch Carry-Trader und andere private Währungsinvestoren mit verursacht. Dies hat zur Folge, dass die inländischen Zentralbanken noch mehr Geld drucken müssen. Der Mechanismus eines Parallelwährungssystems, das auf eine grüne Zukunft mit einer weichen Bindung an die konventionelle Währung abzielt, durch definierte Sicherheiten gestützt wird und mit digitaler Distributive-Ledger-Technologie arbeitet, ist viel weniger anfällig für solche externen Spekulationen.

- reduzierte Schadensbegrenzung
- geringere negative Externalitäten
- Förderung der regionalen
  Wertschöpfungskette
- Anti-Monopolismus
- Größenvorteile
- Substitutionseffekte
- Produktivitätslücke
- Schaffung positiver externer Effekte
- Zinssatz staatliche Anleihen

- zusätzliche Geldmenge
- reduzierte Steuerbasis
- Inflationserwartung
- Abwertung der Währung
- Kostenschub
- Nachfragesog

Abb. 6.2 Der revidierte VPI – Push- und Pull-Faktoren

wältigen. So kann beispielsweise ein anpassungsfähiger Zinssatz eine geldmengenbedingte Inflation vermeiden, eine breitere Steuerbasis verringert ebenfalls das Inflationsrisiko, und je höher das Vertrauen in eine Währung ist, desto geringer ist die Inflationserwartung; hinzu kommt, dass je geringer die Abhängigkeit von ausländischer fossiler Energie, ausländischen Direktinvestitionen und Fremdwährungskrediten ist, desto geringer sich auch das Inflationsrisiko bemisst. Mehrere zusätzliche Komponenten stabilisieren das allgemeine Preisniveau weiter, anstatt Inflation zu verursachen (Abb. 6.2).

Einige Beispiele belegen dies. Die Wirtschaftstheorie zeigt, dass Monopole im Allgemeinen zu einem höheren Preisniveau und einer geringeren Qualität der Produkte führen. Sie sind daher weniger effizient. Dies gilt für jedes Monopol, auch für ein Währungsmonopol. Die Einführung eines Doppelwährungssystems wird daher einen regulierten Wettbewerb schaffen, der die Preise senkt und die Qualität erhöht, wodurch die Effizienz des gesamten Systems gesteigert wird.

Regionale Wertschöpfungskette: Ein Drittel des Preises für einen Cappuccino spiegelt sich in den Kapitalkosten wider[20]; je länger die Wertschöpfungskette ist, desto höher sind die Risikokosten und die potenziellen Kosten für Logistik und Transport aufgrund der größeren Unsicherheit. Je lokaler oder regionaler eine Wert-

---

[20] Bruce-Lockhart und Terazono (2019).

schöpfungskette hingegen ist, desto weniger riskant ist sie und desto billiger kann ein Gut produziert werden. Wenn wir alle Kaffee aus der Region trinken würden, wäre der Preis niedriger.

Energieträger: Über 80 % aller Waren und Dienstleistungen sind direkt oder indirekt mit fossiler Energie verbunden. Je weniger wir von fossiler Energie abhängig sind, desto geringer sind die Kosten, die wir verursachen.

Kasten 6.1 Das überarbeitete Standardmodell im Zeitalter des Anthropozäns

Unter den Bedingungen des freien Marktes sagt das ökonomische Standardmodell voraus, dass die globalen Faktorpreise für Waren, Dienstleistungen und Kapital konvergieren, was zu einem höheren Wohlstand für die Welt als Ganzes führt (Pareto-Optimum). Das bedeutet, dass die Löhne zwischen den Ländern zuerst konvergieren, während die Unterschiede zwischen den Löhnen innerhalb der einzelnen Länder zwar noch hoch bleiben, aber schließlich auch konvergieren werden. Dies gilt insbesondere für die relativ friedlichen Zeiten mit geringen und überschaubaren negativen Spillover-Effekten, die wir in der nördlichen Hemisphäre von 1945–2015 erlebt haben. Derzeit können wir solche Einkommenskonvergenzen zwischen der EU und den USA auf der einen Seite und China und Indien auf der anderen Seite beobachten, und wir können diese Lohnunterschiede auch innerhalb jedes dieser Länder messen. Die Zuführung zusätzlicher Liquidität, einfacher gesagt das Drucken von Geld, wird in einem solchen Szenario des „business as usual" den zukünftigen Konsum/die Kaufkraft der Kapitaleigner entwerten und daher langfristig den Wohlstand für uns alle verringern.

Die heutige Situation unterscheidet sich jedoch in mindestens drei Aspekten von einem „Business-as-usual"-Szenario, wodurch die Abwertung des Konsums oder der Kaufkraft der Kapitaleigner in der Zukunft sterilisiert und sogar überkompensiert werden kann: a) Die Bereitschaft, *heute* zusätzliche Liquidität zuzuführen, spiegelt eine Investition in ein Zeitalter zunehmender asymmetrischer externer Schocks (Pandemien, erzwungene Migrationen, Naturkatastrophen usw.) wider, das für das Zeitalter des Anthropozäns charakteristisch ist. Wir müssen nun innerhalb der planetarischen Grenzen und unter den Bedingungen einer umfassenden Vernetzung agieren. Solche negativen Rückwirkungen können gewollt und geplant durch Internalisierung der negativen externen Effekte (Gesamtkostenanalyse) rückgängig gemacht werden, oder sie treten unbeabsichtigt und unkontrolliert durch asymmetrische Schocks auf. In jedem Fall nehmen asymmetrische Schocks an Häufigkeit und Ausmaß zu. Sie treffen eine Gesellschaft, ohne dass es eine Chance gibt, sich darauf hinreichend vorzubereiten, und sind ungleichmäßig und teuer. Wenn sie nicht angegangen werden, verursachen sie zusätzliche Kosten, die die Entwertung des Konsums der Kapitaleigner in der Zukunft aufwiegen können. Investitionen in SDGs und globale Gemeingüter werden daher zum größten präventiven und antiinflationären Programm, das die Welt je gesehen hat. b) Wenn die zusätzliche Liquidität *heute* in Projekte (SDGs) investiert wird, die einen hohen Wohlfahrtseffekt (Return on Investment) haben und eine höhere Produktivität in der Zukunft versprechen (wie z. B. Investitionen in die Vorschulbildung, die Gesundheitsversorgung oder die Abschwächung der negativen Auswirkungen der globalen Erwärmung), kann der Kapitaleigner *heute* eine höhere Rendite und einen höheren Ertrag für seine *zukünftige* Kapitalanlage erwarten. In diesem Fall konkurriert die *heute* zusätzlich zugeführte Liquidität nicht mit dem *heutigen* Konsum des Kapitaleigners, da er das Geld ohnehin hortet (Liquiditätsfalle). Dies wirkt sich positiv auf Schuldner und Gläubiger aus. Die Gläubiger haben eine höhere Chance, ihr Geld zurückzubekommen, da die Produktivität in der *Zukunft* steigen wird, und die Schuldner haben eine höhere Chance, ihre anstehenden Herausforderungen zu lösen und den Wohlstand insgesamt zu erhöhen. c) Die zusätzliche Liquidität, die in Projekte (SDGs) investiert wird, senkt die Kosten von *heute und morgen*, Kosten, die bereits Teil der gesamten Faktorkosten und Löhne von *heute* sind, und stabilisiert das allgemeine Preisniveau. Dies bezieht sich vor allem auf Investitionen zur Schadensbegrenzung, zur Vermeidung des Verlusts der biologischen Vielfalt und der Kosten der globalen Erwärmung. Die totale Faktorproduktivität (TFP) überlässt uns immer noch die unbekannte dunkle Materie oder das „Residuum" von zwei Dritteln eines jeden Wachstumspfads. Da wir nicht wissen, aus welchen Komponenten die gesamte TFP besteht, sollten wir besser ein qualifiziertes Wachstum einleiten und jetzt und in Zukunft davon profitieren. Heute ist eben alles anders, denn asymmetrische Schocks, negative Rückkopplungseffekte, planetarische Grenzen und Verflechtung zusammengenommen verändern das Spielfeld und die Anreize für zukünftiges Wirtschaften. Zusätzliche grüne Liquidität ist kein Gottesgeschenk, sondern ein Beitrag der Geldwirtschaft zur Schaffung eines besseren Umfelds, um die Finanzierung unserer gemeinsamen Zukunft zu ermöglichen. Aus diesem Grund kann ein zusätzliches grünes QE *heute und in Zukunft* zusätzlichen Wohlstand schaffen. Schließlich können wir diesen Ansatz maximieren, indem wir das Geldsystem hin zu einem dualen System parallelisieren, das unbegrenzte positive Zweitrundeneffekte für die Verbraucher und zahlreiche positive Carry-Trade-Effekte für die Investoren schafft (Pareto superior).

Die von uns favorisierte Ausgestaltung der digitalen Währung hat zudem den Vorteil, dass sie durch die Ausgabe von Staatsanleihen vollständig mit einem Zinssatz zum Ausgleich von Angebot und Nachfrage versehen werden kann. Mehrere Komponenten verhindern einen inflationären Druck auf das Preissystem, von denen einige in der folgenden Tab. 6.1 aufgeführt sind.

Jenseits von Knappheit und Überfluss liegt Angemessenheit: In einigen Volkswirtschaften werden derzeit bereits zwei Währungen parallel verwendet, z. B. eine

Tab. 6.1 Warum ein Parallelwährungssystem grundsätzlich nicht inflationär ist

Inflationshemmende Faktoren	Erläuterung
Verringerung negativer externer Effekte	Ein paralleles System ist darauf ausgelegt, soziale und ökologische Externalitäten zu reduzieren, was in der Folge die Kosten und potenziellen zukünftigen Kosten, die teilweise eingepreist sind, verringert.
Skalenerträge	Die schiere Größe, die erforderlich ist, wird es ermöglichen, von zusätzlichen Größenvorteilen zu profitieren (z. B. Toilettenschüsseln für 3 Milliarden Menschen, 250.000 Kindergärten) um so die Investitions- und Lebenshaltungskosten zu senken
Schließen der Produktivitätslücke	Die meisten Unternehmen arbeiten nicht maximal an der Kapazitätsgrenze, sondern haben eine Produktivitätslücke zu schließen, bevor das Preisniveau steigt
Regionale Wertschöpfungskette	Der ‚digitale smart contract' der Blockchain-Technologie begünstigt regionale und sektorale Geschäfte und Handel, was die Transportkosten der globalen Wertschöpfungskette und die damit verbundenen Gebühren für zusätzliches Kapital und Risiken reduziert
Der antifragile Faktor	Die Kosten eines monetären Monopols (Instabilität, Banken- und Staatsschuldenkrisen, Währungskrisen) werden durch ein duales System reduziert, das antizyklisch arbeitet und das Gesamtsystem stabiler gegenüber Schocks und damit kostengünstiger macht
Substitution	Die Lenkungswirkung des parallelen Systems hat einen Substitutionseffekt auf die konventionelle Wertschöpfungskette, indem es Rohstoffe, Waren und Dienstleistungen ersetzt, sie weniger vorteilhaft und attraktiv und folglich billiger macht
Produktivität	Mit dem Rückgang von Betrug, illegalen Transaktionen und Korruption sinken die Transaktionskosten und die Effizienz steigt mit der Zeit.
Erweiterte Mittelbindungsstrategie (Advanced comittement strategy -ACS)	Beschreibt ein Instrument der öffentlich-privaten Partnerschaft, das den Unternehmen im Voraus eine feste Verkaufsmenge garantiert, was den Marktpreis stabilisiert und eine bessere Zukunftsplanung ermöglicht. Eine präemptive, vorgelagerte Strategie des realen Sektors kann eine angepasste Nachfrage und ein angepasstes Angebot gewährleisten
Anti-Monopol-Strategie	Ein Geldmonopol führt zu höheren Preisen und geringerer Qualität. Duale Systeme führen stattdessen zu einer Wettbewerbssituation, die zu niedrigeren Preisen und höherer Qualität führt und damit die Effizienz und Allokation erhöht.
Staatsanleihen und Zinssatz	Beide (Staatsanleihen und Zinssatz) können überschüssiges Geld aus dem Verkehr ziehen, um Inflationsdruck zu vermeiden.

Landeswährung und der US-Dollar. Traditionell ist der Hauptgrund für die Verwendung von zwei Währungssystemen die Hyperinflation. In diesen Kontexten sind jedoch beide Währungen gleich konzipiert und funktionieren auf die gleiche Weise: Sie werden von Zentralbanken ausgegeben, sind zinstragend, bieten Liquidität für das Geschäftsbankensystem und unterliegen dem Kriterium der Knappheit. Da beide Währungen gleich konzipiert sind und nebeneinander verwendet werden, bleiben sie im Bereich der monetären Monokultur.[21]

Während Knappheit und Überfluss, die sich hier auf die Geldschöpfung beziehen, Optionen innerhalb des konventionellen Systems beschreiben, gibt es eine dritte Option. Der hier beschriebene Mechanismus unterscheidet sich dadurch, dass er sich auf die Verhältnismäßigkeit konzentriert, was bedeutet, dass er im Verhältnis angemessen und zielgenau ist. Anstatt um Liquidität zu konkurrieren oder zu viel davon zu haben, stellen wir je nach den festgestellten Problemen angemessene Liquidität bereit. Wenn eine Region beispielsweise den Bedarf für den Bau von zehn Universitäten, 100 Krankenhäusern, 1000 Schulen, 10.000 Kindergärten und 100.000 öffentlichen Toiletten feststellt, wird das Geld zur Finanzierung dieser Projekte nicht am Ende der Wertschöpfungskette abgezogen und dann umverteilt, wie es dem herkömmlichen Ansatz entspricht. Stattdessen würde die entsprechende Menge an notwendiger Liquidität durch diesen neuen monetären Mechanismus geschaffen werden. Wir würden dann von den zahlreichen positiven Rückkopplungsschleifen, dem erheblichen ROI von Gemeingütern, der durch den Einsatz von DLT erzeugten Effizienzsteigerung, der zusätzlichen Beschäftigung in diesem Sektor sowie den zusätzlichen Steuereinnahmen im öffentlichen Sektor profitieren. Die Zentralbanken haben traditionell ein ziemlich ausgefeiltes Verständnis von Proportionen und Verhältnismäßigkeiten, insbesondere im Hinblick auf die Preisstabilität. Sollte das Mandat der Währungshüter auf SDG-bezogene Projekte im Rahmen dieser neuen Art von Parallelwährung ausgeweitet werden, müsste diese Einstellung für Proportionen entsprechend angepasst werden (Abb. 6.3).

---

[21] Laut dem CIA World Factbook (2014) verwenden die folgenden Länder und Regionen mehr als eine Währung, um ihre Wirtschaft zu stabilisieren: China, das seit 2004 offiziell den Yuan für den internationalen Handel und den Renminbi für inländische Aktivitäten verwendet; Bhutan, das den Ngultrum (BTN) und die indische Rupie (INR) verwendet; Zypern, das im griechisch-zypriotischen Gebiet das zypriotische Pfund (CYP) und im türkisch-zypriotischen Gebiet die türkische Lira (TRL) verwendet; Guatemala, das den Quetzal (GTQ) und den US-Dollar (USD) verwendet; Guernsey, das das britische Pfund (GBP) und das Guernsey-Pfund verwendet; Jersey, wo das Britische Pfund (GBP) und das Jersey-Pfund verwendet werden; Lesotho, wo der Loti (LSL) und der Südafrikanische Rand (ZAR) verwendet werden; die Isle of Man, wo das Britische Pfund (GBP) und das Manx-Pfund verwendet werden; Namibia, wo der Namibische Dollar (NAD) und der Südafrikanische Rand (ZAR) verwendet werden; Panama, wo der Balboa (PAB) und der US-Dollar (USD) verwendet werden; Tuvalu, wo der Australische Dollar (AUD) und der Tuvaluische Dollar verwendet werden. Das Argument hier ist einfach, dass etwa 10 % der Nationalstaaten zwei Währungen mehr oder weniger effektiv zur Stabilisierung ihrer Wirtschaft verwenden. Dies ist eine hybride Form der Finanzierung. Wir könnten dies besser machen, wenn wir das in diesem Text beschriebene offizielle Doppelwährungssystem einführen würden. So könnten wir von den Vorteilen profitieren und die Nachteile der derzeitigen dualen Systeme vermeiden.

Abb. 6.3 Das
Geldmengendreieck:
Knappheit führt zu
Wettbewerb, Überfluss zu
Inflation und
Verhältnismäßigkeit zu
Wohlstand

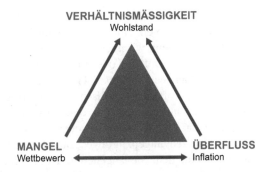

In diesem Sinne sind die beiden Währungssysteme miteinander verflochten; sie führen zu zahlreichen positiven Rückkopplungsschleifen und wirken komplementär zueinander. Dieser Unterschied ist von entscheidender Bedeutung und beschreibt einen grundlegenden Wandel der Denkweise von einer linearen hin zu einer komplementären Denkweise. Es ist dieses komplementäre Denken, welches auf der Suche nach einem neuen Gleichgewicht im Finanzwesen und der Zukunft die besten Antworten liefern wird. Beim TAO der Finanzen geht es darum, komplementär und nicht linear zu denken und zu handeln. Mit dieser veränderten Denkweise geschieht etwas Erstaunliches: Unüberwindbare Probleme verwandeln sich plötzlich in Ziele und Herausforderungen, die der Mensch zu erreichen und zu überwinden in der Lage ist.

6.6   Der Unterschied zwischen Kriegs- und Friedenswirtschaft

Es gibt ein Sprichwort, das besagt, dass wir den Frieden gewinnen müssen, um den Krieg nicht zu verlieren.[22] Wenn dies der Fall ist, sollten zivile, nicht-militärische Projekte in ähnlichem Umfang behandelt werden wie militärische Projekte. Solange wir weltweit Billionen von US-Dollar für militärische und militärähnliche Sicherheitsmaßnahmen ausgeben, sollte ein ähnlicher Betrag in sozio-ökologische, humanitäre und zivile Projekte investiert werden, um ein Gleichgewicht herzustellen. Solche Investitionen wirken präventiv und parallel zu militärischen Aktivitäten. Doch auch wenn die Ausgaben für ziviles, nicht-militärisches Konfliktmanagement nur einen kleinen Bruchteil der militärischen ausmachen,[23] sind die Vorteile dieses Konzepts noch lange nicht erreicht. Hätten wir 5 Millionen Kindergärten, 500.000 Schu-

---

[22] Die Forschung über das Wesen von Friedenswirtschaften im Gegensatz zu Kriegswirtschaften geht auf Keynes (1920) und Boulding (1978) zurück.

[23] Wir tappen immer wieder in dieselbe Falle. Aus spieltheoretischer und psychologischer Sicht sind wir mit einer *asymmetrischen Machtdynamik* konfrontiert, bei der der schwächere Partner notwendig bleibt, um eine insgesamt stabilere Lösung zu finden (wie die USA und Russland in der Zeit des Kalten Krieges). Ein solches Szenario erfordert eine andere Logik als ein *symmetrisches*

len, 50.000 Krankenhäuser und 5000 Universitäten mehr auf diesem Planeten, würden wir nicht nur mehr Bildung, Gesundheit und Wohlstand schaffen, sondern auch mehr Frieden. Wenn wir noch einen Schritt weitergehen, könnten wir konstatieren, dass die Frage nach Krieg oder Frieden im 21. Jahrhundert nicht an der Front zwischen verschiedenen religiösen Gruppen, zwischen Kapitalismus und Kommunismus, zwischen offenen Gesellschaften und Autokratien beantwortet wird, sondern daran, ob wir in der Lage sind, einen institutionellen Rahmen oder ein System zu etablieren, das 8 Milliarden Menschen auf dem Planeten unabhängig von ihren kulturellen Überzeugungen, ihrer geografischen und sozioökonomischen Lage und dem Rechtssystem, dem sie angehören, einbezieht. Der soziale Mechanismus eines Doppelwährungssystems, wie er hier in diesem Text beschrieben wird, ist ein Bestandteil einer solchen Friedensstrategie.

Ganze Gesellschaften verändern sich, wenn Krieg herrscht, auch ihre Wirtschaft. Eine Kriegswirtschaft weist drei wesentliche Merkmale auf. Erstens wird die Allokation auf dem freien Markt aufgegeben und es entsteht eine Planwirtschaft, in der Input-Output-Benchmarking die Wertschöpfungskette bestimmt. Zweitens müssen Kriegswirtschaften ihre Ressourcenversorgung sicherstellen, die in der Vergangenheit vor allem aus fossiler Energie bestand, heute aber aus jeder relevanten Ressource (seltene Mineralien, fossile Energie, Informationen) bestehen kann, insbesondere wenn die Ressource monopolisiert ist. Drittens übt eine Kriegswirtschaft Inflationsdruck aus, vor allem in importabhängigen Ländern, in denen es eine so genannte Nachfragedruck auf inländische Waren und Dienstleistungen gibt. Im Kriegsfall neigen die Politiker dazu, Geld zu drucken, um ihre Kriegsindustrie anzukurbeln, was zu einem Anstieg des VPI führt. Da die Güter des täglichen Lebens nicht proportional steigen, konkurrieren mehr Menschen um diese Güter, was die Inflation weiter anheizt. Kriegsökonomien oder auf den Krieg ausgerichtete Volkswirtschaften bringen also überregulierte oder oligopolistische Märkte, einen ständigen Inflationsdruck auf den VPI und hohe Militärausgaben mit sich, um den Zugang zu den benötigten Ressourcen zu sichern.

Umgekehrt bedeutet eine auf den Frieden ausgerichtete Wirtschaft eine freie, liberale Marktwirtschaft, dezentralisierte oder nicht monopolisierte Ressourcen (erneuerbare Energien) und geringere Militärausgaben.[24] Dies liegt daran, dass die Erwartung, in ein kriegerisches Szenario eintreten oder sich darauf vor-

---

Machtspiel, bei dem Wettbewerbsstrategien dominieren könnten. Im Gegensatz dazu ist in einem asymmetrischen Machtspiel die Kooperation erfolgreicher als der Wettbewerb. Hier überwiegen integrative Maßnahmen gegenüber ausschließenden Maßnahmen, und positive Verstärkungen sind gegenüber Bestrafungsszenarien vorzuziehen.

[24] In seinem Buch *Reinventing Fire* zeigt Amory Lovins, dass eine Umstellung von fossiler Energie auf erneuerbare Energien unsere Wirtschaft effizienter, friedlicher, robuster, widerstandsfähiger und produktiver machen kann (Lovins, 2013). Der fossilen Industrie liegen extrem hohe versteckte Kosten zugrunde, darunter die Volatilität des Ölpreises, die Kosten für das Benzin selbst, die Militärausgaben zur Sicherstellung des Ölimports, Stromausfälle und weitere indirekte Kosten im Zusammenhang mit zusätzlichen Gesundheitskosten usw. Lovins hat errechnet, dass allein für die US-Wirtschaft die Vorteile dieser Umstellung bis zu 5 Billionen USD an Einsparungen und einen Anstieg des BIP um bis zu 158 % in den nächsten Jahrzehnten bedeuten würden.

bereiten zu müssen, geringer ist und daher in nicht so großem Umfang berücksichtigt werden muss. Alternative Energiequellen sind ein Aspekt der Friedenswirtschaft. Da fossile Brennstoffe wie Öl, Gas und Kohle geografisch begrenzt
sind, wird es immer Konflikte um den Zugang zu diesen Ressourcen und die
Währung geben, in der sie abgerechnet werden. In diesem Sinne ist der fossile
Energiesektor monopolisiert. Die Energiequellen in einer Friedenswirtschaft sind
unbegrenzt, da sie aus erneuerbaren Energien (Wasser, Wind und Sonne) bestehen, die von Natur aus dezentraler und regionaler sind. Der Wettbewerb findet
daher weniger auf der Ebene der Ressourcen als vielmehr auf der Ebene der für
den Zugang zu ihnen erforderlichen Technologie statt. Dieser Unterschied hat
grundlegende Auswirkungen auf Krieg und Frieden.[25]

Gewalt ist für unsere Weltgemeinschaft äußerst kostspielig, da sie uns zu nicht
nachhaltigen Verhaltensweisen zwingt und unsere globale Gemeinschaft in die
falsche Richtung lenkt. Die Militärausgaben machen mit 5,5 Billionen USD den
größten Anteil an den Gewaltkosten aus, während Maßnahmen der inneren Sicherheit, einschließlich Polizei, Gefängnis und Justiz, mit 3,8 Billionen USD an zweiter
Stelle stehen. Tötungsdelikte und zwischenmenschliche Gewalt stellen den dritt-
größten Anteil dar und haben erhebliche indirekte wirtschaftliche Auswirkungen.
Zusammengenommen belaufen sich die direkten und indirekten Kosten von Krieg,
Verteidigung und Sicherheitsmaßnahmen weltweit auf über 14,7 Billionen USD oder
fast 2000 USD pro Person.[26] Dieses Geld hätte – zumindest teilweise – für etwas anderes, Friedlicheres ausgegeben werden können. Bewaffnete Konflikte haben negative Auswirkungen auf die Gesamtwirtschaft. Das Wirtschaftswachstum kann unter
friedlichen Bedingungen bis zu dreimal höher sein, wie ein Vergleich zwischen den
friedlichsten Ländern und den Ländern mit der größten Belastung durch Gewalt und
Krieg zeigt. So beliefen sich beispielsweise die Kosten für erzwungene Migration und
Flüchtlinge im Jahr 2017 weltweit auf über 350 Milliarden US-Dollar. Dies führt
dazu, dass positive Friedensinvestitionen wie Bildung, Gesundheit, WASH oder Ini-

---

[25] Die Verhinderung und Eindämmung von Gewalt auf der einen Seite und die mit Gewalt verbundenen Kosten auf der anderen Seite sind zwei teilweise gegensätzliche Aspekte. Beide verstärken sich gegenseitig in einer potenziell negativen Rückkopplungsschleife, in der die Menschen
immer die Verlierer sind. In einer Friedensökonomie wirkt der Multiplikator, Beschleuniger oder
Verstärker immer dann in die entgegengesetzte Richtung, wenn friedliches, kooperatives Verhalten
ausgeübt wird und sich dann selbst verstärkt. Die in diesem Text erwähnten neuen Finanzinstrumente können wie eine zweite Friedensdividende wirken. Die erste Friedensdividende erhielt
die Menschheit in den 1990er-Jahren nach dem Ende des Kalten Krieges – eine Chance, die wir
verspielt haben. Jetzt haben wir eine zweite Chance. Mit dem hier beschriebenen Mechanismus,
der eine „friedensorientierte Wirtschaft" hervorbringt, werden wir weniger Militärausgaben, weniger zentralisierte Energiequellen und ein weniger an Planwirtschaft benötigen. Die SDGs bilden
unseren Fahrplan, und die beschriebenen Finanzmechanismen sind die notwendigen Instrumente,
um sie zu erreichen. Siehe Institut für Wirtschaft und Frieden (2018).

[26] Dazu gehören Kosten für Sicherheitsdienste und Prävention (Militär, innere Sicherheit, friedens-
erhaltende Maßnahmen der UNO, öffentliche Entwicklungshilfe, Sicherheitsagenturen und private
Agenturen), bewaffnete Konflikte sowie die direkten und indirekten Kosten zwischenmenschlicher
Gewalt und die damit verbundenen negativen Multiplikatoren. Siehe Stockholm International
Peace Research Institute (SIPRI, 2019).

tiativen für erneuerbare Energien verdrängt werden. Der weltweite Verlust an BIP aufgrund des Verlusts von Entwicklungschancen durch Krieg und Gewalt beträgt bis zu 6 %, was einer „Wohlstandslücke" von Billionen USD entspricht, die unter den Bedingungen einer friedlichen Entwicklung verfügbar wären.

Frieden ist jedoch auch mit Kosten verbunden, zu denen die Eindämmung von Gewalt und präventive Maßnahmen wie öffentliche Entwicklungshilfe und friedenserhaltende Maßnahmen der Vereinten Nationen gehören. Ausgaben zur Gewalteindämmung sind wirtschaftlich nachhaltig, wenn sie Gewalt kosteneffizient verhindern können. Es besteht ein schmaler Grat zwischen den Kosten für die Eindämmung und Verhütung von Gewalt und den Kosten für den Umgang mit Gewalt und ihren Folgen. Die Präventivkosten machen zwei Drittel der gesamten gewaltbedingten Kosten aus. Während Syrien bis zu zwei Drittel seines BIP für gewaltbedingte Kosten ausgibt, wendet die Schweiz nur 1 % ihres BIP für diese Kosten auf, einschließlich der direkten und indirekten Kosten und deren Prävention. Empirisch gesehen sind ein hohes Niveau an Humankapital, ein niedriges Korruptionsniveau, eine gut funktionierende Regierung und eine gerechte Verteilung der Ressourcen die vier wichtigsten Faktoren, die Gewalt zwischen Menschen verhindern oder reduziert. Jeder Mechanismus, der nachweislich den Fluch der Gewalt verringern kann, ist eine Überlegung wert. Das TAO der Finanzen ist Teil eines solchen Mechanismus.

Kasten 6.2 Der gemeinsame Nenner der Belt and Road-Initiative und des Petrodollar-Regimes

Bei der Seidenstraße oder Belt and Road-Initiative geht es um Handel und Infrastruktur, bei den Petrodollars um Energie.[27] Beide scheinen völlig unterschiedliche nationale Projekte Chinas bzw. der USA zu sein, aber sie folgen einer ähnlichen monetären Regel: Beide erzeugen zusätzliche Liquidität in einer nationalen Währung, indem sie dieses Geld drucken, verleihen, konditionieren und außerhalb ihrer nationalen Grenzen ausgeben. Dieses zusätzliche Geld wird in einem von der Geldpolitik ausgelösten außerstaatlichen Markt wie der Seidenstraße oder dem Nahen Osten investiert und erzeugt in diesen Regionen zusätzliche Kaufkraft.[28] Dadurch können in diesen Regionen zusätzliche Arbeitsplätze und Wohlstand geschaffen werden, was den nationalen souveränen Interessen der Chinesen bzw. der Amerikaner zugutekommt. Das Seidenstraßenprojekt wird bis zum Jahr 2050 zwischen 4–8 Billionen USD kosten und über 150 Länder betreffen, die in Renminbi oder US-Dollar ausgewiesen sein werden.[29] Die zusätzliche Liquidität kommt in

---

[27] Die Seidenstraße ist eine alte Handelsroute, die den Osten und den Westen miteinander verbindet (Elisseeff, 2000). In jüngerer Zeit ist in der Literatur von einer „neuen Seidenstraße" die Rede, die China mit dem übrigen Asien und Afrika verbindet (Broadman, 2006; Simpfendorfer, 2009). Petrodollars beziehen sich auf die USD, die ein Land „durch den Export von Erdöl" verdient (Vassiliou, 2009).

[28] Es handelt sich um über 5000 Darlehen und Zuschüsse (einschließlich FDI-Schulden, Handelskredite und Direktdarlehen) in über 150 Ländern. Mehr als 50 % dieser Kredite sind verdeckt, was die Preiszuordnung und die Schuldenanalysen erheblich verzerrt. Siehe Horn et al. (2019);

[29] Desjardins (2018), Luft (2016), Khanna (2019).

Form von konditionierten Zuschüssen oder Krediten an andere Länder, die fast vollständig staatlich kontrolliert werden. Das von den USA geführte Petrodollar-Regime kostete bis zu 81 Mrd. USD pro Jahr; sein Ziel war es, die Ölversorgung zu schützen und jährlich Netto-Öleinfuhren in Höhe von über 160 Mrd. USD sicherzustellen. Es versorgte die Länder des Nahen Ostens mit Liquidität für Infrastruktur- und Sicherheitsmaßnahmen, um die Region[30] zu stabilisieren und dieses Geld in der westlichen Hemisphäre zu reinvestieren.[31] Doch weder die Liquidität für das Petrodollar-Regime noch die Liquidität für das Seidenstraßenprojekt stammen von den Steuerzahlern der jeweiligen Länder. Sie ist das Ergebnis eines Geld- und Kreditschöpfungsprozesses, bei dem nationale Banken Liquidität durch Kredite erzeugen, mit denen entweder fossile Energie (Petrodollars) oder Infrastrukturprojekte wie Flughäfen (Seidenstraßen-Yuan) oder entsprechende Währungsreserven gekauft werden. Dies gilt für 95 % des weltweit im Umlauf befindlichen Geldes. Es basiert nicht auf konventionellen Ersparnissen, die Investitionen ermöglichen, sondern auf einem Kreditschöpfungsprozess, der hauptsächlich durch den Geschäftsbankensektor erfolgt. In unserem Fall wird das Geld teilweise von öffentlichen und staatlichen Banken und teilweise vom Geschäftsbankensystem geschaffen. Seidenstraßen-Yuan und Petrodollars stellen eine Art „Extra-Yuan" und „Extra-Dollar" dar, die zusätzlich Wohlstand schaffen. Wenn wir diese Politik noch einen Schritt weiterführen, können wir sie an unser Thema der Finanzierung der Zukunft anpassen: Wir haben einen Parallelmarkt, der derzeit unterfinanziert ist (SDGs). Zusätzliche zweckgebundene Liquidität auf diesen Märkten würde zusätzlichen Wohlstand und zahlreiche positive Effekte für uns alle schaffen. Wenn wir diesen Prozess aus einem anderen Blickwinkel betrachten, können wir sehen, dass es weltweit 173 Millionen Arbeitslose und über eine Milliarde Unterbeschäftigte gibt oder dass uns beispielsweise bis 2030 69 Millionen Lehrer fehlen werden. Anstatt also fossile Energie zu finanzieren oder in eine Handelsroute zu investieren, investieren wir hier in die Zukunft unseres Planeten, wie sie in den SDGs festgelegt ist.

Die Parallelisierung des Finanzsektors ist folglich der Schlüssel. Diese Perspektive schafft ein Gleichgewicht zwischen dem Zugewinn und der Umverteilung von Reichtum einerseits und dem Schutz und der Regeneration von Wohlstand andererseits, die zusammen unsere Gesellschaft in eine ausgewogenere Zukunft führen.

---

[30] Securing America's Future Energy (2018), ITC (2019).

[31] Das Petrodollar-System basiert auf einer umfassenden Recycling-Strategie, bei der die internationale Fakturierung von Rohöl über die OPEC in USD erfolgt, der dann in der Folge in OECD-Länder reinvestiert wird (militärisches Gerät, Unternehmensaktien, Gebäude oder Staatsanleihen). Dieser geschlossene Kreislauf garantiert, dass der USD die globale Leitwährung bleibt. Diese privilegierte Führungsposition der Vereinigten Staaten drückt sich vor allem in zwei Zahlen

6.7   Eine Geschichte von morgen: Überwindung von Armut und Hunger

Dies ist die Geschichte von Amina Mwele, deren Name in der Bantu-Sprache „Hoffnung" und „die Fähigkeit, die Welt zu verändern" bedeutet. Amina ist eine 41-jährige alleinerziehende Mutter von fünf Kindern, die in einem Vorstadtslum einer großen Metropole in einem Land südlich der Sahara lebt. Ihr Mann kam vor zwei Jahren während eines Bürgerkriegs ums Leben, woraufhin Amina und ihre fünf Kinder in Armut gerieten. Sie und ihre Kinder sind unterernährt und leiden an chronischer Diarrhöe. Manchmal erhält sie Lebensmittel und andere Hilfe von internationalen Hilfsorganisationen, aber dieser Umverteilungsmechanismus bleibt eine unzuverlässige Einkommensquelle.

Wirtschaftswissenschaftler haben errechnet, dass eine globale Wachstumsrate von 15 % erforderlich wäre, um die Armut auf einem Niveau von 2,50 USD/Tag zu beseitigen, vorausgesetzt, der derzeitige Umverteilungsmechanismus bleibt unver-

---

aus: zwei Drittel aller Währungsreserven der Zentralbanken sind in USD, und etwa 90 % des auf dem globalen Devisenmarkt abgeschlossenen Handels wird in USD abgewickelt (IWF, 2019; Bank für Internationalen Zahlungsausgleich, 2019). Dies hat zu einer hohen Seigniorage für die amerikanische Bevölkerung geführt. Die US-Regierung würde in ihrem eigenen nationalen Interesse handeln, wenn sie das Petrodollar-System proaktiv zurückfahren und stattdessen schrittweise den Green-Dollar-Mechanismus einführen würde. Während das Petrodollar-System eng mit dem militärisch-industriellen Komplex verbunden ist, würde das Green-Dollar-System den Markt für erneuerbare Energien in Verbindung mit riesigen zivilen Infrastruktur- und Beschäftigungsprogrammen weltweit ankurbeln.

ändert. Obwohl die weltweiten Armuts- und Hungerquoten in den letzten drei Jahrzehnten zurückgegangen sind, sind in den afrikanischen Ländern südlich der Sahara
nach wie vor 400 Millionen Menschen von Armut und Hunger betroffen, genauso
wie im Jahr 1990.[32]

Vor etwa 18 Monaten änderte sich die Situation der Familie Mwele dramatisch.
Amina erhielt ein Mobiltelefon und ein Solarpanel für das Dach ihrer Hütte, finanziert und verteilt von der UNO. Amina Mwele wurde im Rahmen eines Programms
zur Finanzierung der Zukunft mittels biometrischer Iriserkennung registriert. Im
Rahmen dieses Programms wird sie jeden Morgen, wenn sie den Markt betritt,
durch einen Iris-Scanner identifiziert, und dann werden sofort 2,50 USD auf ihr
Handy geladen. Jetzt kann sie sich die Lebensmittel leisten, die ihre Familie braucht.
Anstelle der in ihrem Land üblichen Währung erhält sie das Geld in Form von digi-
talem „grünen" Geld, mit denen sie bestimmte Waren wie Gemüse, Schulbücher
und Kleidung kaufen kann, nicht aber andere Waren wie Alkohol, Zigaretten, Drogen oder Waffen. Diese grüne Währung ist nur in elektronischer Form erhältlich.

Die Geschäftsinhaber, die diese Währung annehmen, können damit einen Teil der
Löhne ihrer Angestellten sowie Steuern im Verhältnis zu der Menge an grüner Währung bezahlen, die sie im Geschäft annehmen. Die regionalen Finanzämter verwenden diese zusätzlichen Einnahmen ausschließlich zur Finanzierung von Gemein-

---

[32] Von 1,9 Milliarden auf weniger als 740 Millionen, wobei rund 1 Milliarde der aus der Armut
Entronnenen aus Ostasien und dem Pazifik stammen. Siehe Roser und Ortiz-Ospina (2017). Im
Jahr 1820 waren 90 % der Bevölkerung arm, während 200 Jahre später 10 % relativ gesehen arm
sind (Bourguignon und Morrison 2002; UN, 2018; Weltbank, 2018). In absoluten Zahlen hat sich
das Ausmaß der Armut nicht wesentlich verändert. Wenn Sie arm sind, ist es Ihnen egal, ob 10 %
oder 90 % nicht arm sind, da Sie selbst arm bleiben. Wenn wir China von der Gleichung abziehen,
ist die absolute Zahl der Menschen, die arm sind, ungefähr gleich geblieben!

gütern. Das bedeutet, dass sie mit dieser elektronischen Währung in Kindergärten, Schulen und die Infrastruktur des Gesundheitswesens investieren und/oder Staatsbedienstete bezahlen sowie mehr Krankenschwestern und Lehrer einstellen können. Diejenigen, die einen Teil ihres Gehalts in grüner Währung erhalten, können damit wiederum auf dem Markt einkaufen gehen. Dies ist technisch gesehen dann ein geschlossener Kreislauf, bei dem der zusätzliche Wohlstand, der durch dieses elektronische grüne Format geschaffen wird, die Region in eine nachhaltigere Zukunft führt.

Inzwischen produziert und speichert Aminas Solarpanel tagsüber genug Strom, um einen Elektroherd zu betreiben und abends Licht zu spenden. Da die Sonne jeden Tag 10 Stunden scheint, verkauft Amina jetzt den überschüssigen Strom, den sie erzeugt, an ein regionales intelligentes Stromnetz. Mit diesen zusätzlichen Einnahmen aus der grünen Währung kann sie die Schulgebühren für ihre Kinder bezahlen und die lokale Wirtschaft ankurbeln.[33]

Nationale und internationale Unternehmen investieren nun verstärkt in das Land, da die Nutzung des elektronischen Formats in Verbindung mit einem digitale smart contract zu einem Rückgang von Betrug, Korruption und illegalen Transaktionen geführt hat. Da das Regierungssystem seine Effektivität erhöht hat, ist eine erste demokratische Wahl in Sicht. Durch eine spezielle Vereinbarung zwischen dem öffentlichen und dem privaten Sektor, die so genannte Advance Commitment Strategy (ACS), haben Unternehmen nun ein sicheres Umfeld, in dem sie ihre Produkte und Dienstleistungen verkaufen können. Das Preisniveau hat sich aufgrund von Skaleneffekten weiter stabilisiert. Geringere indirekte Kosten für die Verschmutzung von Außen- und Innenräumen, saubereres Wasser, bessere Bildung und eine geringere Kriminalitätsrate sind weitere positive Auswirkungen. Die Gesamtwirtschaft ist aufgrund der geringeren Korruption, der stabilen inländischen Gesamtnachfrage, der geringeren Einkommensunterschiede und der geringeren Kosten für Umweltbelastungen robuster geworden.

Dies alles begann vor 18 Monaten. Die Beamten nannten es eine „landesweite Strategie für integratives Wachstum". Sie besteht aus prä-distributive Maßnahmen, die auf Investitionen in Bildung und den Zugang zur Gesundheitsversorgung abzielen, gefolgt von marktwirtschaftlichen Strategien, die sich mit Löhnen, geschlechtsspezifischen Fragen, Arbeitslosigkeit, künstlicher Intelligenz und Basicneed-Konzepten befassen. Darüber hinaus umfasst diese Strategie auch markt-

---

[33] Die monetäre Wirtschaft unterscheidet sich je nach den angestrebten Zielen. So erfordert die Überwindung von Armut und Hunger oft einfach nur genügend Liquidität als Tauschmittel, um die Waren und Dienstleistungen in der disparaten Region miteinander zu verbinden. Siehe zum Beispiel die POI aus Kenia von Will Ruddick und seinem Team, die gezeigt haben, dass es in einem unterversorgten Vorstadtslum auch an einer nationalen Währung mangelt. Eine gemeinschaftsbasierte Währung (die an den kenianischen Schilling gekoppelt ist), die als Tauschmittel unter den Bürgern fungiert, mit Blockchain verbunden ist, einen positiven Zinssatz hat und Mobiltelefone ohne Internet nutzt, kann diese Einschränkungen überwinden (siehe z. B. Ruddick & Mariani, 2013). Weitere Informationen über die Arbeit von Ruddick und seiner Organisation finden Sie auf der Website www.grassrootseconomics.org

begleitende Programme wie Steuern und Einkommenszuschläge. Diese Initiative wurde nur möglich, weil die Zentralbank des Landes, das Finanzministerium, die lokalen Behörden und die Handelskammer auf der Grundlage eines UN-Vorschlags zusammengearbeitet haben, um sie in die Tat umzusetzen. Sie schufen neue Liquidität in Form einer parallelen Währung auf elektronischer Basis, die die Distributive-Ledger-Technologie nutzt und für die Finanzierung von Gemeingütern bestimmt ist. Da dieses parallele System über andere Geldkanäle läuft, ersetzt es nicht die bestehende nationale Währung. Vielmehr ergänzt es diese durch ein intelligentes Design und stellt so die notwendige Liquidität und Kaufkraft für traditionell unterfinanzierte soziale und ökologische Programme bereit.

Auf systemischer Ebene hat sich die Mentalität der lokalen Behörden geändert. Sie haben jetzt das Gefühl, dass die Politik zuerst kommt. Das bedeutet, dass die Politik die Kontrolle und die Selbstwirksamkeit wiedererlangt, wenn genügend Liquidität zur Finanzierung sozialer Projekte vorhanden ist. Da dieser monetäre Kanal einen geschlossenen Kreislauf beschreibt, ist der zirkuläre Charakter dieses und anderer Systeme nun klar.

Auf individueller Ebene hat sich auch Aminas Bewusstsein verändert. Während sie sich anfangs oft fragte, warum zwei Systeme notwendig sind, und sich auf die damit verbundene Belastung konzentrierte, erkannte sie bald, dass – ähnlich wie wenn man alles auf eine Karte setzt –ein einzelnes System Instabilität und Risiken mit sich bringt. Sie benutzt zwei Körbe, um Dinge zu transportieren, weil sie sich gegenseitig ausgleichen – und jetzt sieht sie, dass dies auch für das Geldsystem und viele andere Dinge gilt. Da sie den zusätzlichen Strom aus ihren Solarzellen in das öffentliche Netz einspeisen kann, erkennt sie außerdem, dass ihr Leben mit dem aller anderen Menschen verbunden ist und dass ihre Handlungen positive oder negative Auswirkungen auf andere in ihrer Gemeinschaft haben können.

Amina Mwele hat mit ihren fünf Kindern noch einen langen Weg vor sich, aber sie lebt nicht mehr in absoluter Armut. Ihre Kinder müssen nicht mehr hungern und die Familie hat bessere Zukunftsaussichten. Die Kinder gehen jetzt regelmäßig zur Schule und Amina verfügt sogar über genügend Liquidität, um selbst an einen Schulbesuch zu denken. Sie ist stolz darauf, dass sie jetzt auf dem richtigen Weg sind.

6.8   Schlussfolgerung: Die Finanzierung der Zukunft ist nicht wie die Finanzierung der Vergangenheit

„Kunst" heißt in der griechischen Sprache τέχνη oder *téchnē*. Der Begriff beschreibt die menschliche Tätigkeit, etwas Neues zu meistern oder zu erreichen, oder die Fähigkeit mit Wissen und Weisheit, ständiger Disziplin und Kreativität, Talent und Übung, Wahrnehmung, Denken und ästhetischem Streben etwas zu bewirken.[34] Kunst in diesem Sinne ist ein Handwerk oder ist eine kulturelle Leistung, kein natürlicher Vorgang. Wenn ein Individuum Kunst oder *téchnē* produziert, oder wenn eine Gesellschaft im *téchnē*-Modus arbeitet, wird dieses Individuum oder diese Gesellschaft flexibel, fehlerfreundlich und offen für ständige Revision. Der ultimative Wille, etwas zu erreichen, wird zum vorherrschenden *modus operandi*. Es handelt sich um eine Art Kunstwerk, bei dem wir ein Umfeld schaffen, das es uns ermöglicht, Fehler zu machen und gegebenenfalls auf konstruktive und zielgerichtete Weise einen Schritt zurückzugehen. In diesem Sinne ist die Kunst der Transformation kein rein induktives Verfahren, bei dem wir von unten nach oben mit einer einzigen Erfahrung beginnen und mit einer endgültigen großen Theorie enden, sondern eines, bei dem wir das bereits Erreichte würdigen und verbessern, was immer notwendig ist, um etwas Neues zu schaffen. Es ist dieses Gleichgewicht zwischen der Vergangenheit und der Zukunft, das die Kunst und die Transformation gleichermaßen kennzeichnet.

Diese Art der Veränderung ist weder zufällig, noch geschieht sie einfach so. Eine solche Veränderung ist niemals ein bloßer Reflex oder eine Reaktion auf einen äußeren Reiz, noch ist sie ein mechanischer oder algorithmischer Vorgang. Wenn wir uns entscheiden, einen Weg der Veränderung einzuschlagen, wiederholen wir nicht die Geschichte, sondern beginnen, etwas Neues zu schaffen. Wir beginnen, unser Verhalten, unsere Wahrnehmung und unseren Bewusstseinsschwerpunkt zu verändern. Und jede wirkliche Veränderung beginnt mit einer guten Idee, bei der wir ein allgemeines regulatives Konzept auf ein spezielles Einzelereignis oder einen Einzelfall anwenden, der nie ganz von dieser Idee bestimmt bleibt. Die Idee stellt eine Art regelbasierte Vision oder Erzählung dar. Sie ist nicht traumatisch, disruptiv oder chaotisch. Sie erzählt uns eine Geschichte über Optionen, Veränderungen und

---

[34] Parry (2003).

Möglichkeiten, nicht über Flüche oder Probleme. Diese Geschichte allein ist jedoch nicht stark genug, um den erforderlichen Wandel zu gewährleisten. Während eine Minderheit der Weltbevölkerung ein solches inneres Bild oder Narrativ annehmen und entsprechend leben kann, benötigt der Rest von uns einen institutionellen Vermittler: Technologie (wie die Digitalisierung), die Konformität von Gruppenerfahrungen, Gesetze, Anreize, Regeln und Sanktionen. Das geeignete Geldsystem kann diese Vermittlerrolle ebenfalls mit übernehmen, und wir als Menschen haben die Macht, eine solche neue Welt aufzubauen. Genau darum geht es beim TAO der Finanzen.

In Zeiten der Ungewissheit gibt es zwei grundlegende Formen des Handelns. Die erste beschäftigt sich mit dem gegebenen System. Wir verbringen den größten Teil unserer Zeit und Energie damit, das gegebene System zu regulieren und zu reparieren, zu stabilisieren, zu verteidigen, zu kritisieren oder zu bekämpfen. Wir können dabei erfolgreich sein, aber es besteht auch die Möglichkeit, dass wir scheitern. Die zweite Form der Aktivität ist anders. Sie befasst sich mit etwas Neuem, etwas, das es in der Geschichte noch nie gegeben hat. Wir beteiligen uns an der Schaffung dieser Neuheit, die darauf abzielt, das Bestehende zu verbessern. Es ist wie ein Riss in der Wand, der uns einen Blick auf zukünftige Möglichkeiten gibt, die wir noch nicht erfasst haben. Während die erste Form der Tätigkeit am besten mit Begriffen wie Konsolidierung, Harmonisierung und Regulierung beschrieben werden kann, lässt sich die zweite mit Inklusion, Komplexität und Transformation beschreiben. Und das führt uns schließlich zu einer ganzheitlicheren Sichtweise unseres Anliegens. Eine Perspektive, bei der die Gestaltung des Geldsystems eine entscheidende Rolle spielt und bei der nichts auf der Strecke bleibt: weder der Planet, noch die Menschen, noch der Profit, noch der Zweck, noch das Vergnügen.

In diesem Buch haben wir versucht, mit mehreren Argumenten zu zeigen, dass wir psychologisch in der Vorstellung gefangen sind, dass es nur ein Geldsystem geben kann, das eine einzige, spezifische Form von Liquidität für alle Zwecke bereitstellt, und dass wir davon ausgehen, dass die allokative Verteilung durch eine monetäre Monokultur am effizientesten und effektivsten ist. Die Kosten des „business as usual", des „Abwartens" und der „Nichtstun"-Strategien, d. h. die Kosten, die entstehen, wenn ein Mechanismus wie der hier beschriebene oder ein sehr ähnlicher nicht eingeführt wird, steigen im Laufe der Zeit exponentiell an und werden jedes andere vorhersehbare Szenario bei weitem übertreffen. In dieser Situation ist es die vorteilhafteste Strategie, das Undenkbare zu denken und über den Tellerrand hinauszuschauen und zu handeln. Jede erfolgreiche Risikoanalyse erfordert die Überwindung der Kurzsichtigkeit und des linearen Denkens, das in der Unternehmensführung, im öffentlichen Dienst und im Konsumverhalten vorherrscht, und zwar jenseits der Szenarien des „geringsten Dramas" und des „kleinsten gemeinsamen Nenners". Genau das ist es, was das TAO of Finance tut.

Ein stiller Sturm: Es wird der Tag kommen, an dem wir aufwachen und einfach anfangen, unsere Rechnungen und Steuern zu bezahlen, unsere Geschäfte zu tätigen, Handel zu treiben und einzukaufen, und zwar über zwei optionale Kanäle: einen herkömmlichen und einen parallelen, ergänzenden. Und an diesem Tag werden wir langsam, aber sicher beginnen, die Welt zu verändern. Dieser Mechanismus wird, wenn er erst einmal richtig in Gang gekommen ist, stillschweigend fast alles beeinflussen: Er wird beginnen, das Leben in der Stadt und auf dem Land, Globalisierung und Regionalisierung, Migration und Ansiedlung, Arbeit und Arbeitslosigkeit, Einkommens- und Vermögensunterschiede miteinander in Einklang zu bringen. Er wird nach und nach die Schattenwirtschaft, illegale Transaktionen und den Menschenhandel eindämmen. Dieser Mechanismus wird dazu beitragen, den Zustand unseres Planeten zu verbessern (Artenvielfalt, Wasser, globale Erwärmung) und er wird unsere Zivilgesellschaften, Demokratien und freien Marktsysteme stabilisieren. Ein solches duales Währungssystem hat das Potenzial, asymmetrische Kriege und ethnische Spannungen zu verringern. Es hat die Kraft, antizyklisch zu wirken, Arbeitsplätze zu schaffen und soziale und ökologische Externalitäten zu reduzieren. Kurzum, es wird einen stillen Sturm in Gang setzen, der die dringendsten Herausforderungen der Welt mit sich zieht. Dieser Mechanismus löst nicht alle Probleme, aber alle Probleme werden von diesem Mechanismus betroffen sein. Er hat das Potenzial, der wirksamste und schnellste Mechanismus zu sein, den wir bisher kennengelernt haben, jenseits dessen, was in den Medien, in der Wissenschaft und in der Politik diskutiert wird, um die grundlegenden Probleme des 21. Jahrhunderts anzugehen. Die Zukunft, über die wir hier sprechen, ist dann keine bloße Verlängerung der Gegenwart, die ein bisschen grüner oder gerechter ist, sondern eine Zukunft, die sich deutlich von dem unterscheidet, was wir jetzt erleben.

Jede Generation trifft ihre eigenen Entscheidungen: Wir sind sowohl die erste als auch die letzte Generation in der Geschichte der Menschheit, die in der Lage ist, Armut und Hunger zu beenden, die Erschöpfung der Ressourcen zu stoppen, den Verlust der biologischen Vielfalt aufzuhalten und die globale Erwärmung zu verringern. Die Werkzeuge, die Technologie, die wissenschaftlichen Erkenntnisse und die Beweise dafür stehen uns zur Verfügung. Wir sind auch die erste und letzte Generation, die in der Lage ist, all dies für Jahrzehnte, wenn nicht Jahrhunderte, zu zerstören. Eine besondere Herausforderung besteht darin, dass es leichter ist, ökologische, soziale und menschenrechtliche Standards zu formulieren, als aufzuzeigen, wie sie finanziert werden können. Deshalb erfolgt die derzeitige Finanzierung der globalen Gemeingüter weder in dem Tempo noch in der Größenordnung, die notwendig wären, Konflikte, Armut, Hunger, Ungleichheit und andere sozioökonomische Nöte zu beenden. Alles könnte aber auch anders sein, wenn wir es wollten. Trotz all der unterschiedlichen Definitionen von Nachhaltigkeit gibt es einen Aspekt, den sie alle gemeinsam haben. Bei der Nachhaltigkeit geht es um Zukunftsfähigkeit, nicht um Automatismen, um Möglichkeiten und Veränderungen, nicht um Beschränkungen. Und diese andere Welt ist nicht nur möglich, sondern profitabel. Wissen, Know-how, Chancen, vorausschauendes Handeln und Vorbeugung sind die geeigneteren Kriterien, um ein solches Zukunftsbild zu beschreiben. Gemessen an diesen Kriterien ist unsere Generation die schlechteste in der Geschichte der Menschheit. Stellen Sie sich vor, welche Möglichkeiten die moderne Medizin, die Bildung, die Technologie und die Zivilgesellschaft bieten könnten, wenn alle Menschen auf dem Planeten Zugang dazu hätten. Stellen Sie sich das nur einmal vor! Was uns fehlt, sind nicht mehr Analysen, sondern Antworten; nicht mehr Informationen und Wissen, sondern die richtige Praxis und Anpassungsfähigkeit, die es 8 Milliarden Menschen ermöglicht, dass sie rund um die Uhr das Richtige tun. Mit diesem Mechanismus werden wir von Zeitmessern zu Taktgebern (Jim Collins) und können beginnen, eine andere Welt aufzubauen. Wir wissen nicht, ob wir uns anpassen werden, aber wir wissen jetzt sicher, *wie wir uns anpassen können*.

Ineffiziente akademische Rituale: Aus taoistischer Sicht ist das bekannte Ritual der Debatte zwischen neoliberalen und keynesianischen Argumenten (zwischen Austerität und Stimulierung) relativ unproduktiv, intellektuell anstrengend und wirtschaftlich ineffizient. Die Suche nach dem kleinsten gemeinsamen Nenner wird zu einer suboptimalen Lösung führen. Es ähnelt einer „Wohlfühl"-Übung oder einer symbolischen Geste ohne praktischen Nutzen, die das Spiel nicht grundlegend verändert. Anstatt die Debatte immer und immer wieder zu wiederholen, wäre es fruchtbarer, die unbestrittenen Gemeinsamkeiten zu identifizieren, auf die sich beide Parteien stützen, von denen das Geldmonopol und das lineare, sequentielle Denken zweifellos zwei sind.

Zusammengefasst: Der hier beschriebene Mechanismus ist kein Verteilungsmechanismus, bei dem das (inter)nationale Handels- und Zahlungssystem besteuert oder subventioniert wird und die Einnahmen anschließend in soziale und ökologische Projekte fließen. Dieses Verfahren haben wir als linear denkend, expansionsabhängig identifiziert und ist als alleinige Lösung ineffizient. Der hier beschriebene Mechanismus ist prä-distributiv. Er bietet einen optionalen, parallelen und komplementären Kanal oder Praxis, um zukünftige Probleme zu lösen und gleichzeitig das bestehende System zu stabilisieren, bevor Marktmechanismen oder staatliche Eingriffe stattgefunden haben. Wir haben dies als paralleles und zyklisches Denken bezeichnet, bei dem die Bewältigung von Komplexität und Unsicherheit im Vordergrund steht. Es handelt sich um einen Mechanismus, der die Vorteile der beiden großen Wirtschaftsschulen anerkennt und schätzt: Markt versus Staat oder mit anderen Worten: Einschränkungen versus Anreize. Er erkennt die Allokation auf dem freien Markt, die Risikobewertung, die Wettbewerbsfähigkeit und die Regulierungsbemühungen an, wie etwa die Rechenschaftspflicht oder die Transparenz im neoliberalen Sinne. Es erkennt auch den Interventionsaspekt jeder staatlich dominierten Wirtschaft im keynesianischen Sinne an, indem er ein selektives Instrument zur Unterscheidung von Gemeingütern und privaten Gütern bereitstellt und begrenzte Investitionen durch einen elektronisch gestützten, zweckgebundenen zusätzlichen Liquiditätsprozess fördert, der schnell und gezielt ist. Durch diesen parallelen und fakultativen Prozess, der je nach regionalem Bedarf auf- und abwärts skaliert werden kann, kann ein globaler Betrag von rund 5 Billionen USD jährlich in unsere gemeinsame Zukunft investiert werden. Kurz: Das Ausmaß der Lösungen muss dem Ausmaß der anstehenden Probleme entsprechen. Die Lösung besteht nicht darin, dem bestehenden Marktsystem jährlich etwa 300–500 Mrd. USD zu entziehen, um 80 % der Bevölkerung auf diesem Planeten den Lebensunterhalt zu sichern; es ist eine etwa zehnmal höhere Summe erforderlich. Das von uns vorgeschlagene Verfahren würde die negativen Auswirkungen des Schattenbankwesens und der Schwarzmarktwirtschaft verringern. Es würde eine der größten Volkswirtschaften des Planeten, das System D, formalisieren und integrieren und die Stabilität und Widerstandsfähigkeit des internationalen Handels- und Zahlungssystems

erhöhen. Es würde die Preisbildung weg vom Katastrophenmanagement, dem entropischen Sektor und negativen externen Effekten hin zu einer grüneren, gerechteren und nachhaltigeren Zukunft umkehren. Durch einen Substitutionseffekt
würde es die Arbeit von den unregulierten und riskanten Schatten- und Schwarz-
märkten in stabilere und zukunftsorientierte Arbeitsplätze lenken und anstoßen.
Und schließlich würde es als komplementäres System, das parallel und antizyklisch
zum bestehenden System funktioniert, die Geldpolitik und die Regulierung solider,
transparenter und widerstandsfähiger machen.

In gewissem Sinne sind die zahlreichen Krisen und Herausforderungen, die vor
uns liegen, keine vollendeten Tatsachen, sondern eher Symptome und Anzeichen
eines anstehenden Systemwechsels. Wenn wir die eigentlichen Ursachen ermitteln
wollen, müssen wir das Finanzsystem untersuchen, wie wir es in diesem Buch getan
haben. Wir können die Dinge umkehren, wenn wir den erforderlichen Paradigmenwechsel zuerst bei uns selbst beginnen. Das TAO der Finanzen hat das Potenzial,
mehr Wohlstand für alle zu schaffen, und wird von verschiedenen, nicht miteinander
verbundenen Disziplinen bestätigt; es ist der Weg, unversöhnte Gegensätze und
Mehrdeutigkeiten auszugleichen, zu harmonisieren und zu integrieren; und es ist
die alltägliche Praxis, in der sich Mikro und Makro, jedes einzelne Individuum und
jede kollektive Gesellschaft im selben Licht spiegeln.

Zusammenfassend lässt sich sagen, dass die eigentliche Tragödie der Gemeingüter nicht das Trittbrettfahrerproblem, das Moral-Hazard-Problem oder ihre Nicht-
ausschließbarkeit ist, sondern die Tatsache, dass wir sie durch ein Handels- und
Zahlungssystem verwalten, das die Natur der Gemeingüter nicht hinreichend anerkennt. Es ist nicht die Schuld der Gemeingüter, dass sie im Rahmen des derzeitigen Geldsystems chronisch unterfinanziert sind; es ist vielmehr das Ergebnis
einer unzureichenden Anpassung des Wirtschaftssystems an die Natur der Gemeingüter selbst. Das bedeutet, dass wir ein System entwickeln müssen, das zur Natur
der Gemeingüter passt und nicht umgekehrt, um ihren Nutzen für die Menschheit zu
optimieren. Gemeingüter passen nicht in unseren konzeptionellen Rahmen; deshalb
vernachlässigen und übernutzen wir sie und schaden damit unserer Gemeinschaft.
Der in diesem Buch vorgeschlagene duale Mechanismus, der eine parallele neue
Wirtschaft schafft, wird es uns ermöglichen, vieles von dem, was bereits bekannt ist,
umzusetzen: mehr zyklische und kaskadenartige Ökonomien, mehr Gemeinwohl-
Ökonomien und lokale Wertschöpfungsketten, einschließlich Verhaltens- und
Lebensstiländerungen. All dies lässt sich viel leichter umsetzen als beim konventionellen Ansatz, denn auf diesem grünen parallelen Pfad gibt es keine Lock-in-
Effekte mit Billionen von Subventionen, und hier wird eine neue Technologie
eingesetzt, um den erforderlichen Wandel zu gewährleisten, nämlich die
Distributive-Ledger-Technologie mit einem digitalen smart contract: schnell, effizient, belastbar, billig, fair und zielgerichtet. Es ist erst dieser duale Mechanismus, der
den Ausgleich zwischen ungedeckten Bedürfnissen und ungenutzten Ressourcen
schaffen kann. Und er kann eine Ergänzung zum bestehenden Währungssystem bieten und somit die Gesellschaft in Richtung größerer Ganzheit und Integrität ausgleichen.

Der Vorschlag eines grünen, optionalen, parallelen Mechanismus als Teil eines „Six-packs", wie er im vorliegenden Text beschrieben wird, ist in der Lage, eine Antwort auf unser gegenwärtiges Dilemma zu geben und die Möglichkeit zu schaffen, dass sich das volle Potenzial, das den Gemeingütern innewohnt, zum Wohle der Menschheit entfaltet. Ein optionales, ergänzendes paralleles Währungssystem, das verschiedene Formen von Liquidität bereitstellt, über verschiedene Geldkanäle läuft und mit verschiedenen neuen Technologien arbeitet, aber dennoch mit dem traditionellen Finanzsektor verbunden ist und so zyklische Rückkopplungsschleifen schafft. Die allgemein bekannten Kandidaten für eine nachhaltigere Zukunft, wie soziale Unternehmensverantwortung (SCR), grüne Investitionen, Verbraucherverhalten, Besteuerung und neue Technologien, werden ebenfalls eine wichtige und bedeutende Rolle spielen. Die monetären Regulierungsbehörden sind nicht die einzigen, aber wahrscheinlich die wichtigsten Akteure, die einbezogen werden müssen, um mehr Nachhaltigkeit zu erreichen.

Gesellschaftlicher Wandel beginnt immer in den Köpfen und Herzen von Einzelpersonen und kleinen Gruppen, die bereit sind, anders zu denken, zu fühlen und zu handeln. Im Gegensatz zu früheren Zeiten hat sich dieser Wandel in den letzten Jahrzehnten und Jahren beschleunigt und an Dynamik gewonnen. Während die meisten Veränderungen in der Geschichte unbewusst abliefen, sind wir jetzt in der Lage, uns auf wissenschaftliche Informationen und Daten zu stützen und dieses Wissen und diese Weisheit anzuwenden, um den Prozess absichtlich und bewusst in die Hand zu nehmen und unsere Gesellschaft auf höhere Standards, mehr Wohlstand und größere Nachhaltigkeit auszurichten. Mit mehr Bewusstheit sind wir nun in der Lage, die besten Ideen in machtvolles Handeln umzuwandeln und einen Prozess zu fördern, der die Agenda der Weltakademie der Wissenschaften und Künste (WAAS) ausmacht: ‚Leadership in thought that leads to action'. Während jede wissenschaftliche Erkenntnis Stückwerk bleibt, wird die Realität immer ein ungetrenntes, integrales Ganzes bleiben. Der in diesem Text beschriebene Finanzmechanismus berücksichtigt die empirischen Erkenntnisse verschiedener Disziplinen, wendet neue Technologien an und gestattet eine neue monetäre Governance. Er sollte Teil einer zukünftigen sozialen Gleichung sein, die die individuelle Freiheit maximiert, eingebettet in ein soziales Konstrukt, das den erforderlichen Wandel katalysiert.[35]

Die Welt, in der wir leben, wird durch das herrschende Geldsystem zutiefst geprägt und begrenzt. Dieses System ist in Bezug auf unsere Entscheidungsprozesse nicht neutral: Es ist im Grunde ein versteckter Mechanismus, der unsere Zukunft bestimmt. In seiner derzeitigen monopolistischen Ausprägung steht es jeder Form von Nachhaltigkeit entgegen. Es ist aber nicht in Stein gemeißelt! Erforderlich ist erstens ein Bewusstseinswandel, der System 1 und System 2 bzw. die linke und die rechte Gehirnhälfte ins Gleichgewicht bringt, und zweitens systemisches Denken anstelle des Silodenkens, wie es in diesem Text beschrieben wird. Der hier vor-

---

[35] Katalysierende Strategien für eine sozial transformative Führung (WAAS, 2020).

geschlagene Mechanismus hat das Potenzial, die Welt zu verändern. Dieser notwendige Paradigmenwechsel erfordert eine akademische und öffentliche Debatte, die bisher noch nicht stattgefunden hat. Es ist jedoch zu hoffen, dass der vorliegende Text diese Debatte in Gang setzen wird. Dies ist der Weg, wie wir unsere Zukunft finanzieren werden.

> **Patrifokale Gesellschaften bevorzugen Praktiken, bei denen es darum geht, etwas zu haben, zu nehmen, zu entnehmen und zu tun. Matrifokale Gesellschaften hingegen bevorzugen das Pflegen, Erhalten, Regenerieren und Sein. Wir brauchen beides, und genau das bietet das TAO der Finanzen.**

Die Vorteile der Einführung dieses oder eines ähnlichen Mechanismus sind vielfältig. Er kann schnell und gezielt umgesetzt werden und ist relativ kostengünstig. Er hat eine antizyklische, antiinflationäre und belastbare Wirkung auf unser Handels- und Zahlungssystem. Es baut auf den Erkenntnissen der Systemtheorie auf und vermeidet damit die langwierige Diskussion zwischen den verschiedenen ökonomischen Schulen. Darüber hinaus stützt er sich auf Erkenntnisse der Biowissenschaften (Neurobiologie sowie klinische und soziale Psychologie), um dem realen menschlichen Verhalten (jenseits des homo oeconomicus) zu entsprechen. Und schließlich geht es um das Ausmaß, den Umfang und die Bedeutung der bevorstehenden globalen Herausforderungen. Kurz gesagt: Das TAO der Finanzen basiert auf einer neuen Art des Denkens darüber, wie ein monetäres Ökosystem gestaltet werden kann, um die Welt zu einem besseren Ort zu machen. In Anbetracht der vielfältigen Beschränkungen und Zwänge, mit denen wir konfrontiert sind und die in diesem Text erläutert wurden, schlagen wir keine idealtypische Lösung für das Finanzsystem vor (die zwangsläufig ein theoretischer Vorschlag bleiben wird). Wir plädieren vielmehr für den besten praktischen nächsten Schritt in der Entwicklung unseres Geldsystems, der unsere Fähigkeit zur Finanzierung unserer gemeinsamen Zukunft in den nächsten 15 Jahren maximieren wird.

Wenn die Leser die Geduld hatten, unserer Argumentation bis zu diesem Punkt zu folgen, werden sie erkennen, dass das TAO der Finanzen die Errungenschaften des herkömmlichen Finanzsystems nicht vernachlässigt. Vielmehr brauchen wir sowohl das alte als auch das neue System, eine Art gemischte oder hybride Finanzwirtschaft, je nach dem Zweck, den jedes dieser Systeme erfüllen muss. Wenn wir zum Mars fliegen oder einen neuen KI-Algorithmus erfinden wollen, brauchen wir vielleicht immer noch konventionelle Instrumente, um genügend privates Risikokapital und Unternehmergeist zu akkumulieren. Wenn wir aber beschließen, die Luft zu reinigen, die biologische Vielfalt zu schützen, den Hunger zu besiegen und den allgemeinen Zugang zur Gesundheitsversorgung zu erreichen, müssen wir einen ergänzenden und alternativen Weg einschlagen. Wir können lernen, das bestehende System zu ehren und zu schätzen und es dennoch zu kritisieren, zu erweitern, zu transzendieren und in ein größeres Ganzes zu integrieren. Dies ist das TAO der Finanzen.

Abb. 6.4 Das TAO der Finanzen – der zukünftige Wohlstand der Nationen oder ein Mechanismus, der die Welt verändern kann

In den letzten Jahrhunderten hat die Menschheit versucht, ein Gleichgewicht zwischen Knappheit und Überfluss, Unterschiedlichkeit und Gleichheit, Weisheit und Torheit herzustellen. Das TAO der Finanzen ist ein Teil der Antwort auf dieses Bestreben (Abb. 6.4).

Literatur

Alstadsæter, A., Johannesen, N., & Zucman, G. (2018). Who owns the wealth in tax havens? Macro evidence and implications for global inequality. *Journal of Public Economics, 162*, 89–100.

Bank for International Settlements. (2019). *Triennial central bank survey: Foreign exchange turnover in April 2019.* https://www.bis.org/statistics/rpfx19_fx.pdf. Zugegriffen am 21.02.2022.

Boulding, K. E. (1978). *Stable peace.* University of Texas Press.

Bourguignon, F., & Morrison, C. (2002). Inequality among world citizens: 1820–1992. *American Economic Review, 92*(4), 727–744.

Broadman, H. G. (2006). *Africa's silk road: China and India's new economic frontier.* World Bank.

Bruce-Lockhart, C., & Terazono, E. (2019, June 4). From bean to cup: What goes into the cost of your coffee? *Financial Times.* https://www.ft.com/content/44bd6a8e-83a5–11e9–9935-ad75bb96c849o. Zugegriffen am 21.02.2022.

CIA. (2004). *The world factbook.* https://www.cia.gov/library/publications/download/download-2004/index.html. Zugegriffen am 21.02.2022.

Cobham, A., & Janský, P. (2018). Global distribution of revenue loss from corporate tax avoidance: Re-estimation and country results. *Journal of International Development, 30*(2), 206–232.

De Soto, H. (2000). *The mystery of capital: Why capitalism triumphs in the West and fails everywhere else*. Civitas Books.

Desjardins, J. (2018, March 18). Mapped: China's most ambitious megaproject. The new silk road. *Business Insider*. https://www.businessinsider.com/chinas-most-ambitious-megaproject-the-new-silk-road-mapped-2018–3?r=US&IR=T. Zugegriffen am 21.02.2022.

Elisseeff, V. (Hrsg.). (2000). *The silk roads: Highways of culture and commerce*. Berghahn Books. ISBN 978-92-3-103652–1.

FRED, Economic Data. (2017). Percent of value loans secured by collateral for all commercial and industry loans: All commercial banks. St. Louis, MO. https://fred.stlouisfed.org/series/ESANQ. Zugegriffen am 21.02.2022.

Gond, J. P., Spicer, A., Patel, K., Fleming, P., Mosonyi, S., Benoit, C., & Parker, S. (2014). *A report on the culture of British retail banking*. New City Agenda. http://newcityagenda.co.uk/wp-content/uploads/2014/11/Online-version.pdf. Zugegriffen am 21.02.2022.

Grubb, M., Koch, M., Thomson, K., Sullivan, F., & Munson, A. (2019). *The 'earth summit' agreements: A guide and assessment*. In *An analysis of the Rio'92 UN conference on environment and development* (Bd. 9). Routledge.

Hanke, S. H., & Krus, N. (2013). World hyperinflations. In R. Parker & R. Whaples (Hrsg.), *The handbook of major events in economic history*. Routledge Publishing.

Horn, S., Reinhart, C. M., & Trebesch, C. (2019). *China's overseas lending* (Bd. No. w26050). National Bureau of Economic Research.

IMF, Data. (2019). *Currency composition of official foreign exchange reserves (COFER)* [World (U.S. dollars, billions), Q1 2019]. http://data.imf.org/?sk=E6A5F467-C14B-4AA8-9F6D-5A09EC4E62A4. Zugegriffen am 21.02.2022.

Institute for Economics and Peace. (2018, October). *The economic value of peace 2018: Measuring the global economic impact of violence and conflict*. http://visionofhumanity.org/app/uploads/2018/11/Economic-Value-of-Peace-2018.pdf. Zugegriffen am 21.02.2022.

ITC. (2019). *Trade map: Imports*. [2709: Petroleum oils and oils obtained from bituminous minerals, crude]. https://www.trademap.org/Index.aspx. Zugegriffen am 21.02.2022.

Jubilee Debt Campaign. (2018, March 18). *Developing country debt payments increase by 60 % in three years*. https://jubileedebt.org.uk/press-release/developing-country-debt-payments-increase-by-60-in-three-years. Zugegriffen am 21.02.2022.

Keynes, J. M. (1920). *The economic consequences of the peace*. Harcourt, Brace and Howe.

Khanna, P. (2019). *The future is Asian*. Simon and Schuster.

Kumhof, M. M., & Tanner, M. E. (2005). *Government debt: A key role in financial intermediation* (Working paper number 05/57). IMF.

Lovins, A. (2013). *Reinventing fire: Bold business solutions for the new energy era*. Chelsea Green Publishing.

Luft, G. (2016). *It takes a road: China's one belt one road initiative. An American response to the new silk road*. Institute for the Analysis of Global Security [IAGS].

Mazzucato, M. (2013). *The entrepreneurial state: debunking public vs. private sector myths*. Anthem Press.

Neuwirth, R. (2011). *Stealth of nations: The global rise of the informal economy*. Pantheon. ISBN 978–0-375–42489–2.

OECD. (2014). *The rationale for fighting corruption* [Background brief]. http://www.oecd.org/cleangovbiz/49693613.pdf. Zugegriffen am 21.02.2022.

OECD. (2015). *Measuring and monitoring BEPS, action 11* [2015 Report, OECD/G20 Base Erosion and Profit Shifting Project].

OECD. (2019). *Corporate tax statistics*. OECD Publishing. https://www.oecd.org/tax/tax-policy/corporate-tax-statistics-database-first-edition.pdf. Zugegriffen am 21.02.2022.

Parry, R. (2003). Episteme und techne. https://plato.stanford.edu/entries/episteme-techne/. Zugegriffen am 21.02.2022.

Pietschmann, T., & Walker, J. (2011). *Estimating illicit financial flows resulting from drug trafficking and other transnational organized crimes*. UNODC. https://www.drugsandalcohol.ie/16151/1/Illicit_financial_flows_2011_web.pdf. Zugegriffen am 21.02.2022.

Roser, M., & Ortiz-Ospina, E. (2017, March 27). *Extreme poverty*. Our World in Data. https://ourworldindata.org/extreme-poverty. Zugegriffen am 21.02.2022.

Ruddick, W. O., & Mariani, L. (2013, May). *Complementary currencies strengthening the social and solidarity economy: Case studies from Kenya*. In *UNRISD international symposium on potential and limits of the social and solidarity economy special session on alternative finance and complementary currencies*. UN.

Securing America's Future Energy. (2018, September 21). *The military cost of defending the global oil supply*. http://secureenergy.org/wp-content/uploads/2018/09/Military-Cost-of-Defending-the-Global-Oil-Supply.-Sep.-18.-2018.pdf. Zugegriffen am 21.02.2022.

Simpfendorfer, B. (2009). *The new silk road: How a rising Arab world is turning away from the west and rediscovering China*. Palgrave Macmillan.

SIPRI. (2019). *SIPRI yearbook 2019: Armaments, disarmament and international security*. https://www.sipri.org/sites/default/files/2019–06/yb19_summary_eng.pdf. Zugegriffen am 21.02.2022.

The Economist. (2020, September 12). *Who owns that? Enforceable property rights are still far too rare in poor countries* (S. 31–33). https://www.economist.com/leaders/2020/09/12/who-owns-what. Zugegriffen am 21.02.2022.

Transparency International. (2018). *Corruption Perceptions Index 2017*. https://www.transparency.org/news/feature/corruption_perceptions_index_2017. Zugegriffen am 21.02.2022.

UN. (2018). *The sustainable development goals report 2018*. https://unstats.un.org/sdgs/files/report/2018/TheSustainableDevelopmentGoalsReport2018-EN.pdf. Zugegriffen am 21.02.2022.

UNCED. (1992). *Agenda 21*. https://sustainabledevelopment.un.org/content/documents/Agenda21.pdf. Zugegriffen am 21.02.2022.

Vassiliou, M. S. (2009). *Historical dictionary of the petroleum industry*. Scarecrow Press.

Werner, R. A. (2014). Can banks individually create money out of nothing? The theories and the empirical evidence. *International Review of Financial Analysis, 36*, 1–19.

World Academy of Arts and Science [WAAS]. (2020). *Catalytic strategies for transformative leadership: Leadership principles, strategies, & examples*. http://www.worldacademy.org/files/global_leadership/socially_transformative_leadership.pdf. Zugegriffen am 21.02.2022.

World Bank. (2018). *Poverty and shared prosperity 2018: Piecing together the poverty puzzle*. https://openknowledge.worldbank.org/bitstream/handle/10986/30418/9781464813306.pdf. Zugegriffen am 21.02.2022.

Literatur

AAAA. (2015, July 27). *Addis Ababa action agenda of the third international conference on financing for development* [Resolution adopted by the General Assembly]. www.un.org/ga/search/view_doc.asp?symbol=A/RES/69/313&Lang=E. Zugegriffen am 12.02.2022.

Adami, C., & Hintze, A. (2018). Thermodynamics of evolutionary games. *Physical Review E, 97*(6). https://arxiv.org/abs/1706.03058. Zugegriffen am 12.02.2022.

ADB. (2019). *What is co-financing?* https://www.adb.org/site/cofinancing/what-is-cofinancing. Zugegriffen am 12.02.2022.

Adrian, T., & Jones, B. (2018). Shadow banking and market-based finance. *IMF Departmental Paper, 18*(14). https://www.imf.org/en/Publications/Departmental-Papers-Policy-Papers/Issues/2018/08/01/Shadow-Banking-and-Market-Based-Finance-45663. Zugegriffen am 12.02.2022.

Aigner, J. (2019, August 30). *The unstoppable surge in negative yields reaches $17 trillion*. Bloomberg. https://www.bloomberg.com/graphics/negative-yield-bonds/. Zugegriffen am 12.02.2022.

Ali, R., Barrdear, J., Clews, R., & Southgate, J. (2014). *Innovations in payment technologies and the emergence of digital currencies* [Bank of England quarterly bulletin, Q3]. Bank of England.

Alstadsæter, A., Johannesen, N., & Zucman, G. (2018). Who owns the wealth in tax havens? Macro evidence and implications for global inequality. *Journal of Public Economics, 162*, 89–100.

Anderson, V. (2015). *Green money: Reclaiming quantitative easing*. The Greens/EFA. https://mollymep.org.uk/wp-content/uploads/Green-Money_ReclaimingQE_V.Anderson_June-2015.pdf. Zugegriffen am 12.02.2022.

Anshel, A., & Kipper, D. A. (1988). The influence of group singing on trust and cooperation. *Journal of Music Therapy, 25*(3), 145–155.

Arabella Advisors. (2016). *Measuring the growth of the global fossil fuel divestment and clean energy investment movement*. https://www.arabellaadvisors.com/wp-content/uploads/2016/12/Global_Divestment_Report_2016.pdf. Zugegriffen am 12.02.2022.

Aspinall, N. G., Jones, S. R., McNeill, E. H., Werner, R. A., & Zalk, T. (2018). Sustainability and the financial system review of literature 2015. *British Actuarial Journal, 23*, 1–21.

Atkinson, A. B. (2005). *New sources of development finance*. UNU-WIDER Studies in Development Economics.

Atkinson, A. B., Micklewright, J., & Micklewright, M. (1992). *Economic transformation in eastern Europe and the distribution of income*. Cambridge University Press.

Baldwin, R. (2016). *The great convergence: Information technology and the new globalisation*. Harvard University Press.

© Der/die Herausgeber bzw. der/die Autor(en), exklusiv lizenziert an Springer Nature Switzerland AG 2023
S. Brunnhuber, *Die Finanzierung unserer Zukunft*,
https://doi.org/10.1007/978-3-031-19625-6

Baldwin, R. (2019). *The globotics upheaval: Globalization, robotics, and the future of work.* Oxford University Press.

Banerjee, A., & Duflo, E. (2012). *Poor economics: Barefoot hedge-fund managers, DIY doctors and the surprising truth about life on less than $1 a day.* Penguin Books.

Banerjee, A. V., & Duflo, E. (2019). *Good economics for hard times: Better answers to our biggest problems.* Penguin.

Bank for International Settlements. (2019). *Triennial central bank survey: Foreign exchange turnover in April 2019.* https://www.bis.org/statistics/rpfx19_fx.pdf. Zugegriffen am 12.02.2022.

Bank of England. (2016, August). *How much quantitative easing have we done in the UK?* https://www.bankofengland.co.uk/monetary-policy/quantitative-easing. Zugegriffen am 12.02.2022.

Barder, O., Levine, R., & Kremer, M. (2005). *Making markets for vaccines: Ideas to action* [Report]. Center for Global Development.

Bardi, U. (2017). *The Seneca effect: Why growth is slow but collapse is rapid.* Springer.

Barrdear, J., & Kumhof, M. (2016). *The macroeconomics of central bank issued digital currencies* [Working paper number 605]. Bank of England.

Barrett, R. (2019). *2019 global consciousness report.* Barrett Academy for the Advancement of Human Values. https://assets.website-files.com/5da907821e9c2c7ab086dd1d/5dc1f1c66656f70d615cc7eb_2019%20Global%20Consciousness%20report%20(1).pdf. Zugegriffen am 12.02.2022.

Basevi, G., Fratianni, M., Giersch, H., Korteweg, P., O'mahony, D., Parkin, M., …, & Thygesen, N. (1975, November 1). The All Saints' Day manifesto for European monetary union. *Economist.*

Basevi, G., Claassen, E. M., Salin, P., & Thygesen, N. (1976). *Towards economic equilibrium and monetary unification in Europe.* Commission of the EC.

Bastin, J. F., Finegold, Y., Garcia, C., Mollicone, D., Rezende, M., Routh, D., et al. (2019). The global tree restoration potential. *Science, 365*(6448), 76–79.

Bateson, G. (1972). *Steps to an ecology of mind.* Ballantine Books.

Batini, N. (2019). Transforming agri-food sectors to mitigate climate change: The role of green finance. *Vierteljahrshefte zur Wirtschaftsforschung/Quarterly Journal of Economic Research, 88*(3), 7–42.

Batterbury, S. P., & Ndi, F. (2018). Land grabbing in Africa. In J. A. Binns, K. Lynch & E. Nel (Hrsg.), *The Routledge handbook of African development* (S. 573–582). Routledge.

Beckert, J. (2016). *Imagined futures.* Harvard University Press.

Beinhocker, E. D. (2006). *The origin of wealth: Evolution, complexity, and the radical remaking of economics.* Harvard Business School Press.

Bellah, R. N., Madsen, R., Sullivan, W. M., Swidler, A., & Tipton, S. M. (1985). *Habits of the heart: Individualism and commitment in American life.* University of California Press.

Beneš, J., & Kumhof, M. (2012). *The Chicago plan revisited.* International Monetary Fund.

Bermejo Carbonell, J., & Werner, R. A. (2018). Does foreign direct investment generate economic growth? A new empirical approach applied to Spain. *Economic Geography, 94*(4), 425–456.

Bernanke, B. S. (2000). Japanese monetary policy: A case of self-induced paralysis? *Japan's Financial Crisis and Its Parallels to US Experience Special Report, 13*, 149–166.

Berner, E. K., & Berner, R. A. (2012). *Global environment: Water, air, and geochemical cycles.* Princeton University Press.

Berry, C., & Guinan, J. (2019). *People get ready! Preparing for a Corbyn government.* OR Books.

Binswanger, H. C. (2006). *Die Wachstumsspirale.* Metropolis.

Binswanger, H. C. (2009). Wege aus der Wachstumsspirale. In F. Hinterberger, H. Hutterer, I. Omann & E. Freytag (Hrsg.), *Welches Wachstum ist nachhaltig? Ein Argumentarium.* Mandelbaum.

Bivens, J. (2017). *The potential macroeconomic benefits from increasing infrastructure investment.* Economic Policy Institute. https://www.epi.org/files/pdf/130111.pdf. Zugegriffen am 12.02.2022.

BlackRock Investment Institute [BII]. (2019). *Dealing with the next downturn.* https://www.blackrock.com/corporate/literature/whitepaper/bii-macro-perspectives-august-2019.pdf. Zugegriffen am 12.02.2022.

Bloomberg. (2019, April 2). *One of Africa's most fertile lands is struggling to feed its own people.* https://www.bloomberg.com/features/2019-sudan-nile-land-farming/. Zugegriffen am 12.02.2022.

Board of Governors of the Federal Reserve System. (2019). *3-month treasury bill: Secondary market rate* [TB3MS]. Retrieved December 31, 2019, from FRED, Economic Data. https://fred.stlouisfed.org/series/TB3MS. Zugegriffen am 12.02.2022.

Bohr, N. (1966). *Atomphysik und menschliche Erkenntnis II. Aufsätze und Vorträge aus den Jahren 1958–1962.* Vieweg.

Boulding, K. E. (1978). *Stable peace.* University of Texas Press.

Bourguignon, F., & Morrisson, C. (2002). Inequality among world citizens: 1820–1992. *American Economic Review, 92*(4), 727–744.

Bozesan, M. (2020). *Integral investing. From profit to prosperity.* Springer.

Braxton, J. M., & Hargens, L. L. (1996). Variation among academic disciplines: Analytical frameworks and research. In J. C. Smart (Hrsg.), *Higher education: Handbook of theory and research* (Bd. 11, S. 1–46). Agathon Press.

Breakthrough – National Centre for Climate Restoration Melbourne, Australia.

Breitenfellner, A., Pointner, W., & Schuberth, H. (2019). The potential contribution of central banks to green finance. *Vierteljahrshefte zur Wirtschaftsforschung/Quarterly Journal of Economic Research, 88*(2), 55–71.

Broadman, H. G. (2006). *Africa's silk road: China and India's new economic frontier.* World Bank.

Brown, G. (2004). The challenges of 2005. *New Economy, 11*(3), 127–131.

Bruce-Lockhart, C., & Terazono, E. (2019, June 4). From bean to cup: What goes into the cost of your *coffee? Financial Times.* https://www.ft.com/content/44bd6a8e-83a5-11e9-9935-ad75bb96c849o. Zugegriffen am 12.02.2022.

Brunnhuber, S. (2015). How to finance our sustainable development goals (SDGs): Socioecological quantitative easing (QE) as a parallel currency to make the world a better place. *Cadmus, 2*(5), 112–118.

Brunnhuber, S. (2016). *Die Kunst der Transformation.* Herder.

Brunnhuber, S. (2018). *The art of transformation: How we learn to change the world.* Tredition, CCOMP.

Brunnhuber, S. (2019). *Die Offene Gesellschaft: Ein Plädoyer für Freiheit und Ordnung im 21. Jahrhundert.* Oekom.

Buchanan, J. M. (1979). *Cost and choice: An inquiry in economic theory.* University of Chicago Press.

Buchanan, J. M. (2008). Opportunity cost. In Palgrave Macmillan (Hrsg.), *The new Palgrave dictionary of economics.* Palgrave Macmillan.

Bunge, M. (2003). *Emergence and convergence: Qualitative novelty and the unity of knowledge.* University of Toronto Press.

Bureau of Labor Statistics. (2019). *CPI inflation calculator.* https://www.bls.gov/data/inflation_calculator.htm. Zugegriffen am 12.02.2022.

Buteică, A. C., & Huidumac-Petrescu, C. E. (2018). Sovereign wealth funds: Green capital flows for a climate solution. *Hyperion International Journal of Econophysics & New Economy, 11*(1), 175–189.

Byers, W. (2014). *Deep thinking: What mathematics can teach us about the mind.* World Scientific Publishing.

Cambridge University Press. (2009). *Cambridge academic content dictionary.* Cambridge University Press.

Cane, J., O'Connor, D., & Michie, S. (2012). Validation of the theoretical domains framework for use in behaviour change and implementation research. *Implementation Science, 7*(1), 37.

Capra, F. (2010). *The Tao of physics: An exploration of the parallels between modern physics and eastern mysticism.* Shambhala.

Carbon Market Watch. (2017). *Pricing carbon to achieve the Paris goals* [Policy briefing]. https://carbonmarketwatch.org/wp/wp-content/uploads/2017/09/CMW-PRICING-CARBON-TO-ACHIEVE-THE-PARIS-GOALS_Web_spread_FINAL.pdf. Zugegriffen am 12.02.2022.

Carney, M. (2015). *Breaking the tragedy of the horizon: Climate change and financial stability.* Bank of England.

Carney, M. (2016, September 22). *Resolving the climate paradox* [Arthur Burns Memorial Lecture]. Berlin.

Chen, D. B. (2018). Central banks and blockchains: The case for managing climate risk with a positive carbon price. In *Transforming climate finance and green investment with blockchains* (S. 201–216). Academic Press.

Chen, D. B., van der Beek, J., & Cloud, J. (2017). Climate mitigation policy as a system solution: Addressing the risk cost of carbon. *Journal of Sustainable Finance & Investment, 7(3)*, 233–274.

Chen, D. B., Zappala, G., & Van der Beek, J. (2018). *Central bank policy for managing climate-related risk: Carbon quantitative easing* [Draft]. https://www.academia.edu/38092343/Carbon_Quantitative_Easing_Scalable_Climate_Finance_for_Managing_Systemic_Risk. Zugegriffen am 12.02.2022.

CIA. (2004). *The world factbook.* https://www.cia.gov/library/publications/download/download-2004/index.html. Zugegriffen am 12.02.2022.

Citigroup. (2015). *Energy Darwinism II. Citi GPS: Global perspectives & solutions.* Citigroup.

Claringbould, D., Koch, M., & Owen, P. (2019). Sustainable finance: The European union's approach to increasing sustainable investments and growth-opportunities and challenges. *Vierteljahrshefte zur Wirtschaftsforschung, 88(2)*, 11–27.

Club of Rome. (2019). *Climate emergency plan: A collaborative call for climate action.* https://www.clubofrome.org/wp-content/uploads/2018/12/COR_Climate-Emergency-Plan-.pdf. Zugegriffen am 12.02.2022.

Cobham, A., & Janský, P. (2018). Global distribution of revenue loss from corporate tax avoidance: Re-estimation and country results. *Journal of International Development, 30(2)*, 206–232.

Cœuré, B. (2018, November). Monetary policy and climate change. In *Speech at „scaling up green finance: The role of central banks" conference hosted by Deutsche Bundesbank* (Bd. 8). Berlin.

Community Currencies in Action [CCIA]. (2015). *People powered money: Designing, developing & delivering community currencies.* New Economics Foundation. https://monneta.org/wp-content/uploads/2017/01/CCIA-book-People-Powered-Money.pdf. Zugegriffen am 12.02.2022.

Copenhagen Consensus. (2019a). *Post-2015 consensus.* https://www.copenhagenconsensus.com/post-2015-consensus. Zugegriffen am 12.02.2022.

Copenhagen Consensus. (2019b). *The economist.* https://www.copenhagenconsensus.com/post-2015-consensus/economist. Zugegriffen am 12.02.2022.

Coy, P., Dmitrieva, K., & Boesler, M. (2019, March 21). *Warren Buffett hates it. AOC is for it. A beginner's guide to modern monetary theory.* Bloomberg Businessweek. https://www.bloomberg.com/news/features/2019-03-21/modern-monetary-theory-beginner-s-guide. Zugegriffen am 12.02.2022.

Credit Suisse Research Institute. (2018). *Global wealth databook 2018.* Credit Suisse.

Creel, H. G. (1982). *What is Taoism? And other studies in Chinese cultural history.* University of Chicago Press.

Cross, L., Wilson, A. D., & Golonka, S. (2016). How moving together brings us together: When coordinated rhythmic movement affects cooperation. *Frontiers in Psychology, 7*, 1983.

Crowder, D. W., & Reganold, J. P. (2015). Financial competitiveness of organic agriculture on a global scale. *Proceedings of the National Academy of Sciences, 112(24)*, 7611–7616.

Crutzen, J. (2002). Geology of mankind. *Nature, 415*, 23.

Crutzen, P. J., & Stoermer, E. F. (2000). The anthropocene. *Global Change Newsletter, 41*, 17–18. Dag Hammarsskjörld Foundation. Retrieved September 6, 2019. https://www.daghammarskjold.se/wp-content/uploads/2019/08/financial-instr-report-2019-interactive-1.pdf. Zugegriffen am 12.02.2022.

Crutzen, P. J., Davis, M., Mastrandrea, M. D., Schneider, S. H., & Sloterdijk, P. (2011). *Das Raumschiff Erde hat keinen Notausgang.* Suhrkamp.

Dadush, U., Demertzis, M., & Wolff, G. B. (2017). *Europe's role in North Africa: Development, investment and migration* [No. 2017/10]. Bruegel Policy Contribution.

Dag Hammarskjöld Foundation. (2019, September). *Financing the UN development system time for hard choices*. https://www.daghammarskjold.se/wp-content/uploads/2019/08/financial-instr-report-2019-interactive-1.pdf. Zugegriffen am 12.02.2022.

Dalio, R. (2018). *A template for understanding big debt crisis*. Bridgewater, Greenleaf Book Group.

Damgaard, J., Elkjaer, T., & Joahannesen, N. (2019). The risc of phantom investments. *Finance & Development, 56*(3), 11–13. https://www.imf.org/external/pubs/ft/fandd/2019/09/the-rise-of-phantom-FDI-in-tax-havens-damgaard.htm. Zugegriffen am 12.02.2022.

Damodaran, A. (2019, January 5). *Annual returns on stock, T. bonds and T. bills: 1928 – Current*. Federal Reserve Database. http://pages.stern.nyu.edu/~adamodar/New_Home_Page/datafile/histretSP.html. Zugegriffen am 12.02.2022.

Darwin, C. (1859). *On the origin of species by means of natural selection: Or the preservation of favoured races in the struggle for life* (1. Aufl.). John Murray. ISBN 1-4353-9386-4.

Davies, G. (2010). *History of money*. University of Wales Press.

De Fries, R. S., Edenhofer, O., Halliday, A. N., Heal, G. M., Lenton, T., Puma, M., et al. (2019). *The missing economic risks in assessments of climate change impacts*. Grantham Research Institute on Climate Change and the Environment. http://www.lse.ac.uk/GranthamInstitute/wp-content/uploads/2019/09/The-missing-economic-risks-in-assessments-of-climate-change-impacts-2.pdf. Zugegriffen am 12.02.2022.

De Giacomo, P., & Fiorini, R. A. (2017). *Creativity mind*. Amazon Digital Services LLC.

De Grauwe, P. (2019). Green money without inflation. *Vierteljahrshefte zur Wirtschaftsforschung/Quarterly Journal of Economic Research, 88*(2), 51–54.

De Haldevang, M. (2017, November 28). *Why we can't trust basic economic figures*. Quartz. https://qz.com/1133984/the-global-offshore-system-means-we-cant-trust-foreign-direct-investment-figures-and-other-basic-data/. Zugegriffen am 12.02.2022.

De Soto, H. (2000). *The mystery of capital: Why capitalism triumphs in the West and fails everywhere else*. Civitas Books.

Desjardins, J. (2017, October 26). *All of the world's money and markets in one visualization*. Money Project. http://money.visualcapitalist.com/worlds-money-markets-one-visualization-2017/. Zugegriffen am 12.02.2022.

Desjardins, J. (2018, March 18). Mapped: China's most ambitious megaproject. The new silk road. *Business Insider*. https://www.businessinsider.com/chinas-most-ambitious-megaproject-the-new-silk-road-mapped-2018-3?r=US&IR=T. Zugegriffen am 12.02.2022.

Dewey, J. (1910). *How we think*. Southern Illinois University Press.

Dill, A. (2019). World social capital monitor. https://sustainabledevelopment.un.org/content/documents/commitments/6686_11706_commitment_World Social Capital Monitor 2019.pdf. Zugegriffen am 12.02.2022.

Dill, A. (2020). Trust your place. https://trustyourplace.com/. Zugegriffen am 12.02.2022.

Dixon, F. (2003, December). Total corporate responsibility: Achieving sustainability and real prosperity. *Ethical Corporation Magazine*. http://globalsystemchange.com/total-corporate-responsibility-achieving-sustainability-and-real-prosperity/. Zugegriffen am 12.02.2022.

Dixon, F. (2006, April 18). *Sustainability and system change: Wal-Mart's pioneering strategy*. CSRwire.com. http://globalsystemchange.com/sustainability-and-system-change-wal-marts-pioneering-strategy/. Zugegriffen am 12.02.2022.

Dixon, F. (2017, July). *Global system change: A whole system approach to achieving sustainability and real prosperity*. https://globalsystemchange.com/global-system-change-a-whole-system-approach-to-achieving-sustainability-and-real-prosperity/. Zugegriffen am 12.02.2022.

Dixon, F. (2019). System change investing and the sustainable development goals. *Cadmus, 3*(6), 98–117.

Dollar, D., Kleineberg, T., & Kraay, A. (2013). *Growth still is good for the poor* [Policy research working paper 6568]. World Bank. https://openknowledge.worldbank.org/bitstream/handle/10986/16001/WPS6568.pdf?sequence=1. Zugegriffen am 12.02.2022.

Domar, E. (1946). Capital expansion, rate of growth and employment. *Econometrica, 14*, 137–147.

Douglas, C. H. (1924). *Social credit*. Cecile Palmer.

Draghi, M. (2012, July 26). *Speech at UKTI's global investment conference*.

ECB. (2015, January 22). *ECB announces expanded asset purchase programme* [Press release]. https://www.ecb.europa.eu/press/pr/date/2015/html/pr150122_1.en.html. Zugegriffen am 12.02.2022.

Economist. (2018, April 28). Within reach: Universal healthcare, worldwide [Print edition]. *Economist.*

Economist Intelligence Unit. (2015). *The economist.* https://espas.secure.europarl.europa.eu/orbis/sites/default/files/generated/document/en/Long-termMacroeconomicForecasts_KeyTrends.pdf. Zugegriffen am 12.02.2022.

Edenhofer, O. (2015). King Coal and the queen of subsidies. *Science, 349*(6254), 1286–1287. https://doi.org/10.1126/science.aad0674

Ehrlich, P. R. (1968). *1968: The population bomb.* Ballantine Books.

Eichengreen, B. (2014). Secular stagnation: A review of the issues. In C. Teulings & R. Baldwin (Hrsg.), *Secular stagnation: Facts, causes, and cures* (S. 41–46). CEPR Press.

Elango, S., García, J. L., Heckman, J. J., & Hojman, A. (2015). Early childhood education. In *Economics of means: Tested transfer programs in the United States* (Bd. 2, S. 235–297). University of Chicago Press.

El-Erian, M. (2016). *The only game in town: Central banks, instability, and avoiding the next collapse.* Random House.

Elias, N. (1997). *The civilizing process.* Blackwell.

Elisseeff, V. (Hrsg.). (2000). *The silk roads: Highways of culture and commerce.* Berghahn Books. ISBN 978-92-3-103652-1.

Ellen McArthur Foundation. (2015). *Growth within: A circular economy vision for a competitive Europe.* https://www.ellenmacarthurfoundation.org/assets/downloads/publications/EllenMacArthurFoundation_Growth-Within_July15.pdf. Zugegriffen am 12.02.2022.

Emerson, J. (2018). *The purpose of capital: Elements of impact, financial flows, and natural being.* Blended Value Group Press.

Engerer, H. (2019). Sovereign Wealth Funds-Finanzierungsquelle für nachhaltige Entwicklung? *Vierteljahrshefte zur Wirtschaftsforschung/Quarterly Journal of Economic Research, 88*(3), 97–111.

Escobar, A. (2011). Sustainability: Design for the pluriverse. *Development, 54*(2), 137–140.

Escobar, A. (2015). Transiciones: A space for research and design for transitions to the pluriverse. *Design Philosophy Papers, 13*(1), 13–23.

ESRB. (2018, January). *Sovereign bond-backed securities: A feasibility study* (Bd. 1). https://www.esrb.europa.eu/pub/task_force_safe_assets/shared/pdf/esrb.report290118_sbbs_volume_I_mainfindings.en.pdf. Zugegriffen am 12.02.2022.

Esser, I., Ferrarini, T., Nelson, K., Palme, J., & Sjöberg, O. (2013). *Unemployment benefits in EU member states.* European Commission. http://www.diva-portal.org/smash/get/diva2:682677/FULLTEXT01.pdf. Zugegriffen am 12.02.2022.

Eurodad. (2018). *History rePPPeated: How public private partnership are failing.* https://www.cenfa.org/wp-content/uploads/2018/10/Eurodad-Report-Oct-2018.pdf. Zugegriffen am 12.02.2022.

European Commission. (2016). Commission delegated regulation (EU) 2016/1450 of 23 May 2016 supplementing directive 2014/59/EU of the European Parliament and of the Council with regard to regulatory technical standards specifying the criteria relating to the methodology for setting the minimum requirement for own funds and eligible liabilities. *Official Journal of the European Union, 237*(1). https://eur-lex.europa.eu/legal-content/EN/TXT/?uri=CELEX:32016R1450. Zugegriffen am 12.02.2022.

European Commission. (2018). *Action plan: Financing sustainable growth* [COM/2018/097]. European Commission. https://eur-lex.europa.eu/legal-content/EN/TXT/?uri=CELEX:52018DC0097. Zugegriffen am 12.02.2022.

Eurostat. (2018). *Agricultural land prices and rents* [Newsrelease 48/2018]. https://ec.europa.eu/eurostat/documents/2995521/8756523/5-21032018-AP-EN.pdf/b1d0ffd3-f75b-40cc-b53f-f22f68d541df. Zugegriffen am 12.02.2022.

EY. (2016). *Untapped potential: Engaging all Connecticut youth* [Parthenon EY report]. http://cdn.ey.com/parthenon/pdf/perspectives/Parthenon-EY_Untapped-Potential_Dalio-Report_final_092016_web.pdf. Zugegriffen am 12.02.2022.

Falk, A., Becker, A., Dohmen, T., Enke, B., Huffman, D., & Sunde, U. (2018). Global evidence on economic preferences. *The Quarterly Journal of Economics, 133*(4), 1645–1692.

FAO. (2017). *The future of food and agriculture: Trends and challenges.* Rome. http://www.fao.org/3/a-i6583e.pdf. Zugegriffen am 12.02.2022.

Flachenecker, F., & Rentschler, J. (Hrsg.). (2018). *Investing in resource efficiency: The economics and politics of financing the resource transition.* Springer.

Flyvbjerg, B. (2008). Public planning of mega-projects: Overestimation of demand and underestimation of costs. In H. Priemus, B. Flyvbjerg & B. van Wee (Hrsg.), *Decision-making on mega-projects.* Edward Elgar Publishing. https://doi.org/10.4337/9781848440173.00014. ISBN 9781848440173.

Food and Land Use Coalition. (o. J.). https://www.foodandlandusecoalition.org/wp-content/uploads/2019/09/FOLU-GrowingBetter-GlobalReport-ExecutiveSummary.pdf. Zugegriffen am 12.02.2022.

Ford, J. L. (2016). *The divine quest, east and west: A comparative study of ultimate realities.* SUNY Press.

Foster, J. B., & McChesney, R. W. (2012). *The endless crisis: How monopoly-finance capital produces stagnation and upheaval from the USA to China.* Monthly Review Press.

Fowler, J. H., & Christakis, N. A. (2010). Cooperative behavior cascades in human social networks. *Proceedings of the National Academy of Sciences, 107*(12), 5334–5338. https://doi.org/10.1073/pnas.0913149107 and https://www.pnas.org/content/107/12/5334.long

FRED, Economic Data. (2017). *Percent of value loans secured by collateral for all commercial and industry loans: All commercial banks.* . https://fred.stlouisfed.org/series/ESANQ. Zugegriffen am 12.02.2022.

Freedman, C., Kumhof, M., Laxton, D., Muir, D., & Mursula, S. (2010). Global effects of fiscal stimulus during the crisis. *Journal of Monetary Economics, 57*(5), 506–526.

Freeman, C., & Soete, L. (2009). Developing science, technology and innovation indicators: What we can learn from the past. *Research Policy, 38*(4), 583–589.

Friedman, G. (2016, February 27). *Response to the romers.* http://dollarsandsense.org/Friedman-Response-to-the-Romers.pdf. Zugegriffen am 12.02.2022.

Friedman, T. L. (2008). *Hot, flat, and crowded: Why we need a green revolution, and how it can renew America.* Farrar Straus and Giroux.

Frydman, R., & Goldberg, M. D. (2011). *Beyond mechanical markets: Asset price swings, risk, and the role of the state.* Princeton University Press.

Frydman, R., Duncan, I., & Goldberg, M. D. (2007). *Imperfect knowledge economics: Exchange rates and risk.* Princeton University Press.

Gaffney, O., Crona, B., Dauriach, A., & Galaz, V. (2018). *Sleeping financial giants: Opportunities in financial leadership for climate stability.* Global Economic Dynamics and the Biosphere programme, Future Earth, & Stockholm Resilience Centre. https://sleepinggiants.earth/wp-content/uploads/2018/09/Sleeping-financial-giants-report-24-September-2018.pdf. Zugegriffen am 12.02.2022.

Galbraith, J. K. (2014). *The end of normal: The great crisis and the future of growth.* Simon and Schuster.

Galilei, G. (1610, August 19). Letter of August 19, 1610. In E. Albéri (Hrsg., 1842–1856), *Le opere die Galileo Galilei. Prima edizione completa condetta sugli autentici manoscritti Palatini* (Bd. 6, S. 116–118). Sociéta editrice Fiorentina.

Gallagher, K. P., & Kozul-Wright, R. (2019, April). *A new multilateralism for shared prosperity: Geneva principles for a global green new deal.* Global Development Policy Center Boston University, UNCTAD. http://sarkoups.free.fr/unctad419.pdf. Zugegriffen am 12.02.2022.

Gapminder. (2018, March 9). *Four income levels.* Retrieved September 20, 2019. https://www.gapminder.org/topics/four-income-levels/. Zugegriffen am 12.02.2022.

Gapminder. (2020). https://www.gapminder.org. Zugegriffen am 12.02.2022.

Giegold, S., Philipp, U., & Schick, G. (2016). *Finanzwende: Den nächsten Crash verhindern.* Verlag Klaus Wagenbach.

Giridharadas, A. (2018). *Winners take all: The elite charade of changing the world.* Knopf Doubleday.

Gladwell, M. (2000). *The tipping point: Howe little things can make a big difference*. Little Brown & Company.

Global Witness. (2019, July). *Enemies of the state? How governments and businesses silence land and environmental defenders*. https://www.globalwitness.org/en-gb/campaigns/environmental-activists/enemies-state/. Zugegriffen am 12.02.2022.

Goerner, S. J., Lietaer, B., & Ulanowicz, R. E. (2009). Quantifying economic sustainability: Implications for free-enterprise theory, policy and practice. *Ecological Economics, 69*(1), 76–81.

Gond, J. P., Spicer, A., Patel, K., Fleming, P., Mosonyi, S., Benoit, C., & Parker, S. (2014). *A report on the culture of British retail banking*. New City Agenda. http://newcityagenda.co.uk/wp-content/uploads/2014/11/Online-version.pdf. Zugegriffen am 12.02.2022.

Goodhart, C. A. (1984). Problems of monetary management: The UK experience. In *Monetary theory and practice* (S. 91–121). Macmillan.

Goodhart, C. A. (2008). The boundary problem in financial regulation. *National Institute Economic Review, 206*(1), 48–55.

Gordon, R. (2016). *The rise and fall of American growth: The U.S. standard of living since the civil war*. Princeton University Press.

Gore, A. (1992). *Earth in the balance: Ecology and the human spirit*. Houghton Mifflin Company.

Graeber, D. (2011). *Debt: The first 5000 years*. Melville House.

Griffin, K. (1979). *The political economy of agrarian change: An essay on the Green Revolution* (2. Aufl.). Macmillan.

Griffin, P. (2017). *The carbon majors database* [CDP carbon majors report 2017]. CDP, Climate Accountability Institute. https://b8f65cb373b1b7b15feb-c70d8ead6ced550b4d987d7c03fcdd1d.ssl.cf3.rackcdn.com/cms/reports/documents/000/002/327/original/Carbon-Majors-Report-2017.pdf?1499691240. Zugegriffen am 12.02.2022.

Grubb, M., Koch, M., Thomson, K., Sullivan, F., & Munson, A. (2019). *The 'earth summit' agreements: A guide and assessment. An analysis of the Rio'92 UN conference on environment and development* (Bd. 9). Routledge.

Haldane, A. G., & May, R. M. (2011). Systemic risk in banking ecosystems. *Nature, 469*, 351–355.

Hall, P. A. (1993). Policy paradigms. Social learning, and the state: The case of economic policy-making in Britain. *Comparative Politics, 25*(3), 275–296.

Hall, R. (2011). Land grabbing in southern Africa: The many faces of the investor rush. *Review of African Political Economy, 38*(128), 193–214.

Hanke, S. H., & Krus, N. (2013). World hyperinflations. In R. Parker & R. Whaples (Hrsg.), *The handbook of major events in economic history*. Routledge Publishing.

Hansen, A. (1939). Economic progress and declining population growth. *American Economic Review, 29*(1), 1–15.

Harari, Y. N. (2014). *Sapiens: A brief history of humankind*. Random House.

Harari, Y. N. (2016). *Homo Deus: A brief history of tomorrow*. Random House.

Hardin, G. (1968). The tragedy of the commons. *Science, 162*(3859), 1243–1248.

Hare, B., & Woods, V. (2020). *Survival of the friendliest: Understanding our origins and rediscovering our common humanity*. Random House.

Harrod, R. F. (1939). An Essay in dynamic theory. *The Economic Journal, 49*(193), 14–33.

Hayek, F. A. (1976). *Denationalization of money: The argument refined*. Institute of Economic Affairs.

Heal, G., & Schlenker, W. (2019). *Coase, hotelling and Pigou: The incidence of a carbon tax and CO_2 emissions* (Bd. w26086). National Bureau of Economic Research.

Heckman, J. J. (2012). Invest in early childhood development: Reduce deficits, strengthen the economy. *The Heckman Equation, 7*, 1–2.

Heckman, J. J., Moon, S. H., Pinto, R., Savelyev, P. A., & Yavitz, A. (2010). The rate of return to the high scope Perry preschool program. *Journal of Public Economics, 94*(1–2), 114–128.

Heine, D., Semmler, W., Mazzucato, M., Braga, J. P., Flaherty, M., Gevorkyan, A., et al. (2019). *Financing low-carbon transitions through carbon pricing and green bonds*. The World Bank.

Heinonen, S., Karjalainen, J., Ruotsalainen, J., & Steinmüller, K. (2017). Surprise as the new normal-implications for energy security. *European Journal of Futures Research, 5*(1), 1–13. https://doi.org/10.1007/s40309-017-0117-5

Helfrich, S., & Heinrich-Böll-Stiftung (Hrsg.). (2012). *Commons: Für eine neue Politik jenseits von Markt und Staat*. Transcript.

Henderson, H., & Sethi, S. (2006). *Ethical markets: Growing the green economy*. Chelsea Green Publishing.

Henderson, H., Long, L., & Nash, T. J. (2019). *Transitioning to science-based investing* [Green transition scoreboard report]. Ethical Markets Media.

Hertwig, R., & Grüne-Yanoff, T. (2017). Nudging and boosting: Steering or empowering good decisions. *Perspectives on Psychological Science, 12*(6), 973–986.

Hirsch, F. (1977). *Social limits to growth*. Routledge and Kegan Paul.

Hoekstra, A. Y., & Chapagain, A. K. (2006). Water footprints of nations: Water use by people as a function of their consumption pattern. In *Integrated assessment of water resources and global change* (S. 35–48). Springer.

Hoekstra, A. Y., & Hung, P. Q. (2005). Globalisation of water resources: International virtual water flows in relation to crop trade. *Global Environmental Change, 15*(1), 45–56.

Hogan, M. J. (1989). *The Marshall plan: America, Britain and the reconstruction of western Europe, 1947–1952*. Cambridge University Press.

Holt-Giménez, E., Shattuck, A., Altieri, M., Herren, H., & Gliessman, S. (2012). We already grow enough food for 10 billion people... And still can't end hunger. *Journal of Sustainable Agriculture, 36*, 595–598.

Horn, S., Reinhart, C. M., & Trebesch, C. (2019). *China's overseas lending* (Bd. w26050). National Bureau of Economic Research.

Huber, J. (2020a). *Dominant money. Part I: Dominant money and tidal changes in the money supply*. https://sovereignmoney.site/dominant-money-i-taxonomy-and-monetary-tide-changes#ref. Zugegriffen am 12.02.2022.

Huber, J. (2020b). *Dominant money. Part II: The rise of sovereign digital currency*. https://sovereignmoney.site/dominant-money-ii-the-rise-of-sovereign-digital-currency. Zugegriffen am 12.02.2022.

Huber, J. (2020c, April 30). *Monetary financing of helicopter money*. https://sovereignmoney.site/monetary-financing-of-helicopter-money. Zugegriffen am 12.02.2022.

Human Rights Foundation. (2019, October 3) *Political regime map*. https://hrf.org/research_posts/political-regime-map/. Zugegriffen am 12.02.2022.

IEA. (2017). *Energy access outlook 2017: From poverty to prosperity.*. https://www.iea.org/publications/freepublications/publication/WEO2017SpecialReport_EnergyAccessOutlook.pdf. Zugegriffen am 12.02.2022.

ILO. (2019). *World employment social outlook: Trends 2019* [Executive summary]. http://www.ilo.org/wcmsp5/groups/public/%2D%2D-dgreports/%2D%2D-dcomm/%2D%2D-publ/documents/publication/wcms_670554.pdf. Zugegriffen am 12.02.2022.

ILO, Department of Statistics. (2019, July). *The global labour income share and distribution*. ILO. https://www.ilo.org/ilostat-files/Documents/LIS%20Key%20Findings.pdf. Zugegriffen am 12.02.2022.

IMF. (2016). *Fiscal monitor. Debt: Use it wisely*. Washington, DC. https://www.imf.org/en/Publications/FM/Issues/2016/12/31/Debt-Use-it-Wisely. Zugegriffen am 12.02.2022.

IMF. (2017, October). *Seeking sustainable growth: Short-term recovery, long-term challenges*. Washington, DC.

IMF, Data. (2019). *Currency composition of official foreign exchange reserves (COFER)* [World (U.S. dollars, billions), Q1 2019]. http://data.imf.org/?sk=E6A5F467-C14B-4AA8-9F6D-5A09EC4E62A4. Zugegriffen am 12.02.2022.

Institute for Economics and Peace. (2018, October). *The economic value of peace 2018: Measuring the global economic impact of violence and conflict*. http://visionofhumanity.org/app/uploads/2018/11/Economic-Value-of-Peace-2018.pdf. Zugegriffen am 12.02.2022.

Investment & Pensions Europe. (2019). *The top 400 asset managers*. https://www.ipe.com/Uploads/j/e/b/Top-400-Asset-Managers-2019.pdf. Zugegriffen am 12.02.2022.

Ireland, J. D. (2018). *The Udāna and the Itivuttaka: Inspired utterances of the Buddha and the Buddha's sayings* (S. 78–79). Pariyatti Publishing.

ISO. (2018). *ISO 31000: Risk management guideline* (2. Aufl.).

ITC. (2019). *Trade map: Imports* [2709: Petroleum oils and oils obtained from bituminous minerals, crude]. https://www.trademap.org/Index.aspx. Zugegriffen am 12.02.2022.

Jackson, A. (2013). *Sovereign money: Paving the way to a sustainable recovery*. Positive Money. http://positivemoney.org/wp-content/uploads/2013/11/Sovereign-Money-Final-Web.pdf. Zugegriffen am 12.02.2022.

Jacobs, G. (2010). *The book: The spiritual individual in quest of the living organization. Codex for the infinite game*. Amazon Digital Services LLC.

Jacobs, G. (2016). Foundations of economic theory: Markets, money, social power and human welfare. *Cadmus, 2*(6), 20.

Jacobs, G., & Slaus, I. (2012). The Power of Money. *Cadmus, 1*(5), 68–73.

Jasny, B. R. (2018). Tipping points in social convention. *Science, 360*(6393), 1082. https://doi.org/10.1126/science.360.6393.1082-d

Jevons, W. S. (1866). *The coal question: An inquiry concerning the progress of the nation, and the probable exhaustion of our coal-mines*. Macmillan.

Jubilee Debt Campaign. (2018, March 18). *Developing country debt payments increase by 60% in three years*. https://jubileedebt.org.uk/press-release/developing-country-debt-payments-increase-by-60-in-three-years. Zugegriffen am 12.02.2022.

Kahneman, D. (2011). *Thinking, fast and slow*. Farrar Straus and Giroux.

Kahneman, D., & Tversky, A. (1982). Intuitive prediction: Biases and corrective procedures. In D. Kahneman, P. Slovic & A. Tversky (Hrsg.), *Judgment under uncertainty: Heuristics and biases*. Cambridge University Press.

Kander, A., Jiborn, M., Moran, D. D., & Wiedmann, T. O. (2015). National greenhouse-gas accounting for effective climate policy on international trade. *Nature Climate Change, 5*, 431–435.

Kant, I. (1784). Beantwortung der Frage – Was ist Aufklärung? [An answer to the question: What is enlightenment?]. *Berlinische Monatsschrift, 4*, 481–494.

Kaplan, S. N., & Schoar, A. (2005). Private equity performance: Returns, persistence, and capital flows. *The Journal of Finance, 60*(4), 1791–1823.

Kar, D., & Schjelderup, G. (2015). *Financial flows and tax havens. Combining to limit the lives of billions of people*. Global Financial Integrity. https://secureservercdn.net/45.40.149.159/34n.8bd.myftpupload.com/wp-content/uploads/2016/12/Financial_Flows-final.pdf. Zugegriffen am 12.02.2022.

Kar, D., & Spanjers, J. (2015, December). *Illicit financial flows from developing countries: 2004–2013*. Global Financial Integrity. https://financialtransparency.org/wp-content/uploads/2016/03/IFF-Update_2015-Final-1.pdf. Zugegriffen am 12.02.2022.

Karlqvist, A. (1999). Going beyond disciplines. *Policy Sciences, 32*(4), 379–383.

Kaya, Y., & Yokobori, K. (1997). *Environment, energy, and economy: Strategies for sustainability*. United Nations University Press.

Keeley, B. (2007). *Human capital: How what you know shapes your life*. OECD Publishing.

Kennedy, M., & Lietaer, B. A. (2004). *Regionalwährungen: Neue Wege zu nachhaltigem Wohlstand*. Riemann.

Kennedy, M., Lietaer, B. A., & Rogers, J. (2012). *People money: The promise of regional currencies*. Triarchy Press Limited.

Keynes, J. M. (1920). *The economic consequences of the peace*. Harcourt, Brace and Howe.

Keynes, J. M. (1980). Shaping the post war world employment and commodities. In *Collected writings of J.M. Keynes: Activities 1940–1946* (Bd. 27). Macmillan.

Khanna, P. (2019). *The future is Asian*. Simon and Schuster.

Ki-Moon, B. (2015). *The road to dignity by 2030: Ending poverty, transforming all lives and protecting the planet synthesis* [Report of the Secretary-General on the post-2015 sustainable development agenda, A/69/700]. UN. https://www.un.org/development/desa/publications/wp-content/uploads/sites/10/2015/01/SynthesisReportENG.pdf. Zugegriffen am 12.02.2022.

Kirkland, R. (2004). *Taoism: The enduring tradition*. Routledge.

Kissinger, H. (2015). *World order*. Penguin Books.

Klein, N. (2015). *This changes everything: Capitalism vs. the climate*. Simon and Schuster.

Klein, N. (2019). *On fire: The (burning) case for a green new deal*. Simon & Schuster.

Knapp, G. F. (1924). *The state theory of money*. Macmillan.

Knapp, S., & Van der Heijden, M. G. (2018). A global meta-analysis of yield stability in organic and conservation agriculture. *Nature Communications, 9*(1), 3632.

Knight, F. (1933). *Memorandum on banking reform* [President's Personal File 431]. Franklin D. Roosevelt Presidential Library.

Koenig, P. (2003). *30 lies about money*. iUniverse.

Kompas, T. (2020, February 14). *What are the full economic costs to Australia from climate change?* Melbourne Sustainable Society Institute. https://sustainable.unimelb.edu.au/news/what-are-the-full-economic-costs-to-australia-from-climate-change. Zugegriffen am 12.02.2022.

Koo, R. C. (2015). *The escape from balance sheet recession and the QE trap*. Wiley.

Korzeniewicz, R. P., & Moran, T. P. (2009). *Unveiling inequality: A world-historical perspective*. Russell Sage Foundation.

Kregel, J. A. (2004). *External financing for development and international financial instability*. UN.

Kregel, J. A. (2019, March). *Democratizing money*. Levy Economics Institute Public Policy Brief, 147.

Krugman, P. (2012). *End this depression now*. Norton.

Krugman, P. (2014). Four observations on secular stagnation. In C. Teulings & R. Baldwin (Hrsg.), *Secular stagnation: Facts, causes, and cures* (S. 61–68). CEPR Press.

Kuhn, T. S. (1962). *The structure of scientific revolutions*. University of Chicago Press.

Kumhof, M. M., & Tanner, M. E. (2005). *Government debt: A key role in financial intermediation* [Working paper number 05/57]. IMF.

Kuznets, S. (1955). Economic growth and income inequality. *The American Economic Review, 45*(1), 1–28.

Laeven, L., & Valencia, F. (2013). Systemic banking crises database. *IMF Economic Review, 61*(2), 225–270.

Lagarde, C. (2018, November 14). *Winds of change: The case for new digital currency* [Speech at fintech festival]. https://www.imf.org/en/News/Articles/2018/11/13/sp111418-winds-of-change-the-case-for-new-digital-currency. Zugegriffen am 12.02.2022.

Lagarde, C., & Gaspar, V. (2019). *Getting real on meeting Paris climate change commitments*. IMF Blog.

Lakoff, G. (2004). *Don't think of an elephant! Know your values and frame the debate: The essential guide for progressives*. Chelsea Green Publishing.

Lakoff, G., & Johnson, M. (1980). *Metaphors we live by*. University of Chicago Press.

Lammar, R. (2013). *Das ist unsere Welt: Der Mensch im 21. Jahrhundert*. Books on Demand GmbH.

Lancet. (1978). Water with sugar and salt. *Lancet, 312*, 300–301.

Larsen, L. B. (2018). *A fair share of tax: A fiscal anthropology of contemporary Sweden*. Springer.

Laszlo, E. (1996). *The systems view of the world: A holistic vision for our time*. Braziller.

Law, J. (Hrsg.). (2014). *A dictionary of finance and banking*. Oxford University Press.

Lazonick, W. (2014, September). Profits without prosperity: Stock buybacks manipulate the market and leave most Americans worse off. *Harvard Business Review*. http://gesd.free.fr/lazonick14.pdf. Zugegriffen am 12.02.2022.

LeDoux, J. E. (1996). *The emotional brain: The mysterious underpinnings of emotional life*. Simon and Schuster.

LeDoux, J. E. (2000). Emotion circuits in the brain. *Annual Review of Neuroscience, 23*(1), 155–184.

Lempert, D., & Nguyen, H. (2011). The global prisoners' dilemma of unsustainability: Why sustainable development cannot be achieved without resource security and eliminating the legacies of colonialism. *Sustainability: Science, Practice and Policy, 7*(1), 16–30.

Lessenich, S. (2019). *Living well at others' expense: The hidden costs of western prosperity*. Polity Press.

Lewis, M. C. (2014, April 24). *Stranded assets, fossilised revenues* [ESG sustainability research report]. Kepler Cheuvreux.

Lidell, H. G., & Scott, R. (1869). *A Greek-English dictionary*. Macmillan.

Liermann, V., & Stegmann, C. (Hrsg.). (2019). *The impact of digital transformation and FinTech on the finance professional*. Springer/Palgrave Macmillan.

Lietaer, B., & Brunnhuber, S. (2005). Economics as an evolutionary system: Psychological development and economic behavior. *Evolutionary and Institutional Economics Review, 2*(1). http://www.econ.kyoto-u.ac.jp/~evoeco/eng/eier.html. Zugegriffen am 12.02.2022.

Lietaer, B., Arnsberger, C., Goerner, S., & Brunnhuber, S. (2012). *Money and sustainability: The missing link. A report from the Club of Rome-EU chapter.* Triarchy Press.

Lietaer, B., Preuss, H., Hudon, M., De Spiegeleer, K., Legat, D., & Sherburne, C. (2019). *Towards a sustainable world: 3 paradigm shifts to achieve.* Delta Institute – Dieter Legat E.U.

Lietaer, B. A., & Dunne, J. (2013). *Rethinking money: How new currencies turn scarcity into prosperity.* Berrett-Koehler Publishers.

Light, D. W. (2005). Making practical markets for vaccines. *PLoS Medicine, 2*(10), e271.

Liu, X., Klemeš, J. J., Varbanov, P. S., Čuček, L., & Qian, Y. (2017). Virtual carbon and water flows embodied in international trade: A review on consumption-based analysis. *Journal of Cleaner Production, 146,* 20–28.

Lomborg, B. (2017, April 19). *The low cost of ending poverty.* Project Syndicate. https://www.project-syndicate.org/commentary/low-cost-of-ending-global-poverty-by-bjorn-lomborg-2017-04?mc_cid=ab47031854&mc_eid=6c0209759f&barrier=accesspaylog. Zugegriffen am 12.02.2022.

Lomborg, B. (2020). *False alarm – How climate change panic costs us trillions, hurts the poor, and fails to fix the planet.* Basic Books.

Lovins, A. (2013). *Reinventing fire: Bold business solutions for the new energy era.* Chelsea Green Publishing.

Luft, G. (2016). *It takes a road: China's one belt one road initiative. An American response to the new silk road.* Institute for the Analysis of Global Security [IAGS].

MacIntyre, A. (1984). *After virtue: A study in moral theory* (2. Aufl.). University of Notre Dame Press.

Macy, J. (1991). *Mutual causality in Buddhism and general systems theory: The dharma of natural systems.* Suny Press.

Maddison, A. (2001). *The world economy: A millennial perspective.* OECD.

Mai, H., & Schneider, F. (2016). Size and development of the shadow economies of 157 worldwide countries: Updated and new measures from 1999 to 2013. *Journal of Global Economics, 4*(3), 1–15.

Mancini-Griffoli, T., Peria, M., Agur, M. I., Ari, M. A., Kiff, M. J., Popescu, M. A., & Rochon, M. C. (2018). *Casting light on central bank digital currencies* [IMF staff discussion note SDN/18/08]. IMF.

Mandelbrot, B. B. (1977). *Fractals: Form, chance, and dimension.* WH Freeman.

Mandelbrot, B. B. (1983). *The fractal geometry of nature.* WH Freeman.

Mariana, M. (2013). *The entrepreneurial state: Debunking public vs. private sector myths.* Anthem Press.

Masters, R., Anwar, E., Collins, B., Cookson, R., & Capewell, S. (2017). Return on investment of public health interventions: A systematic review. *Journal of Epidemiol Community Health, 71*(8), 827–834.

Mazzucato, M. (2013). *The entrepreneurial state: Debunking public vs. private sector myths.* Anthem Press.

Mazzucato, M. (2018). *The value of everything: Making and taking in the global economy.* Hachette Book Group.

McAfee, A. (2019). *More from less: The surprising story of how we learned to prosper using fewer resources – And what happens next.* Scribner.

McCaffery, E. J. (1994). The uneasy case for wealth transfer taxation. *The Yale Law Journal, 104*(2), 283–365.

McCormack, G., Keay, A., & Brown, S. (2017). *European insolvency law: Reform and harmonization.* Edward Elgar Publishing.

McDonough, W., & Braungart, M. (2002). *Cradle to cradle: Remaking the way we make things.* North Point Press.

McGath, T. (2018, April 9). M-Pesa: How Kenyan revolutionised mobile payments. *N26 Magazine.* https://mag.n26.com/m-pesa-howkenya-revolutionized-mobile-payments-56786bc09ef. Zugegriffen am 12.02.2022.

McGilchrist, I. (2009). *The master and his emissary: The divided brain and the making of the Western world*. Yale University Press.

McGlade, C., & Ekins, P. (2015). The geographical distribution of fossil fuels unused when limiting global warming to 2 °C. *Nature, 517*, 187–190. https://doi.org/10.1038/nature14016

McIntosh, S. P. (2015). *The redesign of the global financial architecture: The return of state authority*. Routledge.

McKibben, B. (2012). Global warming's terrifying new math. *Rolling Stone, 19*(7), 19.

McKibbin, W. J., Morris, A. C., Panton, A., & Wilcoxen, P. (2017). *Climate change and monetary policy: Dealing with disruption*.

McLeay, M., Amar, R., & Thomas, R. (2014). *Money creation in the modern economy. Bank of England's monetary analysis directorate* [Quarterly Bulletin Q1]. Bank of England.

Mead, G. H. (1934). *Mind, self, and society*. University of Chicago Press.

Mead, M. (1964). *Continuities in cultural evolution*. Yale University Press.

Meadows, D. H. (2002). Dancing with systems. *Systems Thinker, 13*, 2–6.

Meadows, D. H. (2008). *Thinking in systems: A primer*. Chelsea Green Publishing.

Meadows, D. H., Meadows, D. L., Randers, J., & Behrens, W. W. (1972). *The limits to growth: A report for the club of Rome's project on the predicament of mankind*. Universe Books.

Meyer, J., Reinhart, C. M., & Trebesch, C. (2019). *Sovereign bonds since Waterloo* (Bd. w25543). National Bureau of Economic Research.

Meyer-Abich, K. M. (1965). *Korrespondenz, Individualität und Komplementarität*. Steiner.

Miles, L., Nind, L., & Macrae, C. N. (2010). Moving through time. *Psychological Science, 21*(2), 222.

Miller, E. K., & Cohen, J. D. (2001). An integrative theory of prefrontal cortex function. *Annual Review of Neuroscience, 24*(1), 167–202.

Miller, W. R., & Rollnick, S. (2012). *Motivational interviewing: Helping people change*. Guilford Press.

Minsky, H. P. (1965). The role of employment policy. In M. S. Gordon (Hrsg.), *Poverty in America*. Chandler Publishing.

Mitchell, R. B. (2017). *International environmental agreements database project* [Version 2017.1]. University of Oregon. https://iea.uoregon.edu/sites/iea1.uoregon.edu/files/MEAs-1857-2016.jpg. Zugegriffen am 12.02.2022.

Mitchell, W., Wray, L. R., & Watts, M. (2019). *Macroeconomics*. Macmillan.

Mosler, W. (2010). *Seven deadly innocent frauds of economic policy*. Valance Co.

Mudaliar, A., & Dithrich, H. (2019). *Sizing the impact investing market*. Global Impact Investing Network. https://thegiin.org/assets/Sizing%20the%20Impact%20Investing%20Market_webfile.pdf. Zugegriffen am 12.02.2022.

Murphy, R., & Hines, C. (2010). *Green quantitative easing: Paying for the economy we need*. Finance for Future. . http://openaccess.city.ac.uk/id/eprint/16569/1/GreenQuEasing.pdf. Zugegriffen am 12.02.2022.

Nash, J. (1950). Equilibrium points in n-person games. *Proceedings of the National Academy of Sciences, 36*(1), 48–49.

Nassehi, A. (2019). *Muster: Theorie der digitalen Gesellschaft*. CH Beck.

Nefiodow, L., & Nefiodow, S. (2017). *The sixth kondratieff: A new long wave in the global economy*. CreateSpace Independent Publishing Platform.

Network for Greening the Financial System [NGFS]. (2019). *A call for action: Climate change as a source of financial risk* [First comprehensive report]. Banque de France. https://www.banque-france.fr/sites/default/files/media/2019/04/17/ngfs_first_comprehensive_report_-_17042019_0.pdf. Zugegriffen am 12.02.2022.

Neuwirth, R. (2011). *Stealth of nations: The global rise of the informal economy*. Pantheon. ISBN 978-0-375-42489-2.

Niedenthal, P. M., Barsalou, L. W., Winkielman, P., Krauth-Gruber, S., & Ric, F. (2005). Embodiment in attitudes, social perception, and emotion. *Personality and Social Psychology Review, 9*(3), 184–211.

Norbert, E. (1994). *The civilizing process: The history of manners and state formation and civilization* (reprint). Blackwell Publishers.

Nordhaus, W. (2018a). Projections and uncertainties about climate change in an era of minimal climate policies. *American Economic Journal: Economic Policy, 10*(3), 333–360.

Nordhaus, W. (2018b). *Climate change: The ultimate challenge for economics* [Nobel lecture in economic sciences]. https://www.nobelprize.org/uploads/2018/10/nordhaus-slides.pdf. Zugegriffen am 12.02.2022.

Nordhaus, W. (2019). Climate change: The ultimate challenge for economics. *American Economic Review, 109*(6), 1991–2014.

O'Neill, J. (2018). Factfulness: Ten reasons we're wrong about the world-and why things are better than you think. *Nature, 556*(7699), 25–26.

Obama, B. (2017). The irreversible momentum of clean energy. *Science, 355*(6321), 126–129. http://science.sciencemag.org/content/sci/early/2017/01/06/science.aam6284.full.pdf. Zugegriffen am 12.02.2022.

Obstfeld, M., & Taylor, A. M. (1998). The great depression as a watershed: International capital mobility over the long run. In *The defining moment: The great depression and the American economy in the twentieth century* (S. 353–402). University of Chicago Press.

Ockham, W. (1495). *Quaestiones et decisiones in quattuor libros Sententiarum Petri Lombardi.* Editioni Lugdenensi, i, dist. 27, qu. 2, K.

Ocklenburg, S., & Gunturkun, O. (2017). *The lateralized brain: The neuroscience and evolution of hemispheric asymmetries.* Academic Press/Elsevier.

OECD. (2007). *Human capital: How what you know shapes your life.* https://www.oecd.org/insights/humancapitalhowwhatyouknowshapesyourlife.htm. Zugegriffen am 12.02.2022.

OECD. (2014). *The rationale for fighting corruption* [Background brief]. http://www.oecd.org/cleangovbiz/49693613.pdf. Zugegriffen am 12.02.2022.

OECD. (2015). *Measuring and monitoring BEPS, action 11* [2015 Report, OECD/G20 Base Erosion and Profit Shifting Project]. Paris.

OECD. (2017). *Net ODA* [Total, % of gross national income, 2000–2017]. https://data.oecd.org/oda/net-oda.htm. Zugegriffen am 12.02.2022.

OECD. (2018). *States of fragility 2018.* http://www.oecd.org/dac/conflict-fragility-resilience/docs/OECD%20Highlights%20documents_web.pdf. Zugegriffen am 12.02.2022.

OECD. (2019). *Corporate tax statistics.* OECD Publishing. https://www.oecd.org/tax/tax-policy/corporate-tax-statistics-database-first-edition.pdf. Zugegriffen am 12.02.2022.

Oladele, O. I., Bam, R. K., Buri, M. M., & Wakatsuki, T. (2010). Missing prerequisites for green revolution in Africa: Lessons and the challenges of Sawah rice eco-technology development and dissemination in Nigeria and Ghana. *Journal of Food, Agriculture & Environment, 8*(2), 1014–1018.

One Planet Sovereign Wealth Funds. (o. J.). Retrieved March 30, 2020. https://oneplanetswfs.org. Zugegriffen am 12.02.2022.

Oppenheimer, D. M., & Trail, T. E. (2010). Why leaning to the left makes you lean to the left: Effect of spatial orientation on political attitudes. *Social Cognition, 28*(5), 651–661.

Orlov, S., Rovenskaya, E., Puaschunder, J. M., & Semmler, W. (2017, December 12). Green bonds, transition to a low-carbon economy, and intergenerational fairness: Evidence from an extended DICE model. *Transition to a Low-Carbon Economy, and Intergenerational Fairness: Evidence from an Extended DICE Model.*

Orlov, S., Rovenskaya, E., Puaschunder, J., & Semmler, W. (2018). *Green Bonds, Transition to a Low-Carbon Economy, and Intergenerational Fairness: Evidence from an Extended DICE Model.* IIASA working paper, Laxenburg.

Ostrom, E. (1990). *Governing the commons: The evolution of institutions for collective action.* Cambridge University Press. https://doi.org/10.1017/CBO9780511807763

Oswald, M. E., & Grosjean, S. (2004). Confirmation bias. In R. F. Pohl (Hrsg.), *Cognitive illusions: A handbook on fallacies and biases in thinking, judgement and memory* (S. 79–96). Psychology Press. ISBN 978-1-84169-351-4, OCLC 55124398.

Otte, M. (2019). *Weltsystemcrash: Krisen, Unruhen und die Geburt einer neuen Weltordnung.* Finanzbuch Verlag.

Otto, I. M., Kim, K. M., Dubrovsky, N., & Lucht, W. (2019). Shift the focus from the super-poor to the super-rich. *Nature Climate Change, 9*(2), 82–84.

Otto, I. M., Donges, J. F., Cremades, R., Bhowmik, A., Hewitt, R. J., Lucht, W., …, & Lenferna, A. (2020, January). Social tipping dynamics for stabilizing Earth's climate by 2050. *Proceedings of the National Academy of Sciences.*

Our World in Data. (2020, January 30). https://ourworldindata.org. Zugegriffen am 12.02.2022.

Oxelheim, L. (1990). *International financial integration.* Springer.

Oxfam. (2011, September 22). *Land and power: The growing scandal surrounding the new wave of investments in land.* https://www.oxfam.de/system/files/20110922_land-power-rights-acquisitions.pdf. Zugegriffen am 12.02.2022.

Oxfam. (2015, December 2). *Extreme carbon inequality: Why the Paris climate deal must put the poorest, lowest emitting and most vulnerable people first.* Oxfam Media Briefing. https://www-cdn.oxfam.org/s3fs-public/file_attachments/mb-extreme-carbon-inequality-021215-en.pdf. Zugegriffen am 12.02.2022.

Paarlberg, R. (2009). *Starved for science: How biotechnology is being kept out of Africa.* Harvard University Press.

Parry, I. W., Heine, M. D., Lis, E., & Li, S. (2014). *Getting energy prices right: From principle to practice.* International Monetary Fund.

Parry, R. (2003). Episteme und techne. In *Stanford encyclopedia of philosophy.* https://plato.stanford.edu/entries/episteme-techne/. Zugegriffen am 12.02.2022.

Pavlov, I. P. (1927). *Conditioned reflexes.* Oxford University Press.

Perkins, D. (2014). *Future wise: Educating our children for a changing world.* Wiley.

Pietschmann, T., & Walker, J. (2011). *Estimating illicit financial flows resulting from drug trafficking and other transnational organized crimes.* UNODC. https://www.drugsandalcohol.ie/16151/1/Illicit_financial_flows_2011_web.pdf. Zugegriffen am 12.02.2022.

Pigou, A. C. (1920). *The economics of welfare.* Macmillan.

Piketty, T., & Saez, E. (2013). Optimal labor income taxation. In A. J. Auerbach, R. Chetty, M. Feldstein & E. Saez (Hrsg.), *Handbook of public economics* (Bd. 5). Elsevier.

Pink, D. H. (2005). *A whole new mind.* Riverhead Books.

Pink, D. H. (2009). *Drive: The surprising news about what motivates us.* Riverhead Books.

Pinker, S. (2018). *Enlightenment now: The case for reason, science, humanism, and progress.* Viking.

Pogge, T. (2005). World poverty and human rights. *Ethics & International Affairs, 19*(1), 1–7.

[Pope] Francis. (2015). *Laudato Si': On care for our common home.* Vatican Press.

Popper, K. R. (2003). *Die Offene Gesellschaft und Ihre Feinde. Band II: Falsche Propheten. Hegel, Marx und die Folgen.* Mohr Siebeck.

Positive Money. (2014). *How to fuel the economy without increasing debt, through sovereign money.* Retrieved September 30, 2019. https://positivemoney.org/videos/presentations-by-positive-money/fuel-economy-without-increasing-debt-sovereign-money/. Zugegriffen am 12.02.2022.

Preston, S. H. (1975). The changing relation between mortality and level of economic development. *Population Studies, 29*(2), 231–248.

Project Drawndown. (2019, June 20). *Summary of solutions by overall rank.* https://www.drawdown.org/solutions-summary-by-rank. Zugegriffen am 12.02.2022.

Radermacher, F. J. (2018). *Der Milliarden-Joker-Scientific Edition: Wie Deutschland und Europa den globalen Klimaschutz revolutionieren können.* Murmann Publishers GmbH.

Ram, M., Bogdanov, D., Aghahosseini, A., Oyewo, S., Gulagi, A., Child, M., et al. (2017). *Global energy system based on 100% renewable energy-power sector.* Lappeenranta University of Technology and Energy Watch Group.

Randers, J., Rockström, J., Stoknes, P. E., Golüke, U., Collste, D., & Cornell, S. (2018). *Transformation is feasible: How to achieve the sustainable development goals within planetary boundaries* [A report to the Club of Rome]. https://www.stockholmresilience.org/download/18.51d83659166367a9a16353/1539675518425/Report_Achieving%20the%20Sustainable%20Development%20Goals_WEB.pdf. Zugegriffen am 12.02.2022.

Rathi, A. (2017, December 2). *The world's astonishing dependence on fossil fuels hasn't changed in 40 years.* Quartz. https://qz.com/1144207/the-worlds-astonishing-dependence-on-fossil-fuels-hasnt-changed-in-40-years/. Zugegriffen am 12.02.2022.

Raworth, K. (2012). A safe and just space for humanity: Can we live within the doughnut? *Oxfam Policy and Practice: Climate Change and Resilience, 8*(1), 1–26.

Reckwitz, A. (2019). *The society of singularities: On the transformation of modernity.* Polity Press.

Reinhart, C. M., & Rogoff, K. S. (2009). *This time is different: Eight centuries of financial folly.* Princeton University Press.

Rennung, M., & Göritz, A. S. (2016). Prosocial consequences of interpersonal synchrony: A meta-analysis. *Zeitschrift für Psychologie, 224*, 168–189.

Rich, N. (2018, August 1). Losing earth: The decade we almost stopped climate change. *New York Times Magazine.* https://www.nytimes.com/interactive/2018/08/01/magazine/climate-change-losing-earth.html. Zugegriffen am 12.02.2022.

Ricupero, R. (2004). *Beyond conventional wisdom in development policy. An intellectual history of UNCTAD (1964–2004).* UN.

Rifkin, J. (2019). *The green new deal.* St. Martin's Press.

Ro, S. (2015, February 12). Here's what the $294 trillion market of global financial assets looks like. *Business Insider.* https://www.businessinsider.com/global-financial-assets-2015-2?r=US&IR=T. Zugegriffen am 12.02.2022.

Robinson, J. A., & Acemoglu, D. (2012). *Why nations fail: The origins of power, prosperity and poverty.* Profile.

Rockström, J., & Klum, M. (2016). *Big world. Small planet. Wie wir die Zukunft unseres Planeten gestalten.* Ullstein.

Rodrik, D. (2000). How far will international economic integration go? *Journal of economic perspectives, 14*(1), 177–186.

Rodrik, D. (2012). *The globalization paradox.* Oxford University Press.

Rogoff, K. (2016, April 22). *Debt supercycle, not secular stagnation.* VoxEU. http://www.voxeu.org/article/debt-supercycle-not-secular-stagnation. Zugegriffen am 12.02.2022.

Roosevelt, F. D. (1938). Inaugural address, March 4, 1933. In S. Rosenman (Hrsg.), *The public papers of Franklin D. Roosevelt, volume two: The year of crisis, 1933* (S. 11–16). Random House.

Roser, M., & Ortiz-Ospina, E. (2017, March 27). *Extreme poverty.* Our World in Data. https://ourworldindata.org/extreme-poverty. Zugegriffen am 12.02.2022.

Roser, M., & Ortiz-Ospina, E. (2018, September 20). *Literacy.* Our World in Data. https://ourworldindata.org/literacy. Zugegriffen am 12.02.2022.

Rosling, H., Rosling Rönnlund, A., & Rosling, O. (2018). *Factfulness: Wie wir lernen, die Welt so zu sehen, wie sie wirklich ist.* Ullstein Buchverlage.

Rosset, P., Collins, J., & Lappé, F. M. (2000). Lessons from the green revolution. *Third World Resurgence*, 11–14.

Rössner, P. R. (2012). *Deflation, devaluation, rebellion: Geld im Zeitalter der Reformation.* Franz Steiner.

Rössner, P. R. (2018). Monetary theory and Cameralist economic management, c. 1500–1900 AD. *Journal of the History of Economic Thought, 40*(1), 99–134.

Ruddick, W. O., & Mariani, L. (2013, May). *Complementary currencies strengthening the social and solidarity economy: Case studies from Kenya* [UNRISD International Symposium on Potential and Limits of the Social and Solidarity Economy Special Session on Alternative Finance and Complementary Currencies]. UN.

Rulli, M. C., Saviori, A., & D'Odorico, P. (2013). Global land and water grabbing. *Proceedings of the National Academy of Sciences, 110*(3), 892–897.

Ryan-Collins, J., Greenham, T., Werner, R., & Jackson, A. (2012). *Where does money come from: A guide to the UK monetary and banking system.* New Economics Foundation.

Ryan-Collins, J., Werner, R., Greenham, T., & Bernardo, G. (2013). *Strategic quantitative easing: Stimulating investment to rebalance the economy.* New Economics Foundation. http://www.neweconomics.org/publications/entry/strategic-quantitative-easing. Zugegriffen am 12.02.2022.

Sachs, J. (2015). Climate change and intergenerational well-being. In L. Bernard & W. Semmler (Hrsg.), *The Oxford handbook of the macroeconomics of global warming.* Oxford University Press.

Sachs, J., McCord, G., Maennling, N., Smith, T., Fajans-Turner, V., & Loni, S. S. (2019, September). *SDG costing & financing for low-income developing countries.* UN Sustainable Development Solutions Network [SDSN]. https://irp-cdn.multiscreensite.com/be6d1d56/files/uploaded/FINAL_SDG%20Costing%20%26%20Finance%20for%20LIDCS%2028%20Oct.pdf. Zugegriffen am 12.02.2022.

Sachs, J. D. (2006). *The end of poverty: Economic possibilities for our time.* Penguin.

Sachs, J. D. (2014). Climate change and intergenerational well-being. In *The Oxford handbook of the macroeconomics of global warming* (S. 248–259). Oxford University Press.

Saez, E., & Zucman, G. (2019a). *The triumph of injustice: How the rich dodge taxes and how to make them pay.* Norton.

Saez, E., & Zucman, G. (2019b, *2019*). Progressive wealth taxation. *Brookings Papers on Economic Activity,* 2019(2), 437–533.

Safaricom. (2019, August 30). *M-Pesa Rates.* https://www.safaricom.co.ke/personal/m-pesa/getting-started/m-pesa-rates. Zugegriffen am 12.02.2022.

Saha, D., Hong, S. H., Shao, A., Modi, A., & Zemlytska, I. (2018). *2017 private participation in infrastructure (PPI): Annual report.* World Bank. http://ppi.worldbank.org/~/media/GIAWB/PPI/Documents/Global-Notes/PPI_2017_AnnualReport.pdf. Zugegriffen am 12.02.2022.

Sandel, M. J. (1982). *Liberalism and the limits of justice.* Cambridge University Press.

Santarius, T. (2015). *Der Rebound-Effekt. Ökonomische, psychische und soziale Herausforderungen für die Entkopplung von Wirtschaftswachstum und Energieverbrauch.* Metropolis.

Saxe, J. G. (1936). The blind men and the elephant. In H. Felleman (Hrsg.), *The best loved poems of American people* (S. 521–522). Doubleday.

Schelling, T. C. (1971). Dynamic models of segregation. *Journal of Mathematical Sociology, 1*(2), 143–186.

Schenk, D. H. (1999). Saving the income tax with a wealth tax. *Tax Law Review, 53,* 423.

Schmelzing, P. (2019). *Eight centuries of global real rates, RG, and the 'suprasecular' decline, 1311–2018* [Working paper number 845]. Bank of England.

Schneider, M. (2007). The nature, history and significance of the concept of positional goods. *History of Economics Review, 45*(1), 60–81.

Schröder, M. (2018). *Warum es uns noch nie so gut ging und wir trotzdem ständig von Krisen reden.* Benevento.

Schroeder, F. (2006). *Innovative sources of finance after the Paris conference: The concept is gaining currency but major challenges remain* [FES briefing paper]. FES. https://library.fes.de/pdf-files/iez/global/50423.pdf. Zugegriffen am 12.02.2022.

Schultz, W. (2015). Neuronal reward and decision signals: From theories to data. *Physiological Reviews, 95*(3), 853–951. https://doi.org/10.1152/physrev.00023.2014

Schumacher, E. F. (1973). *Small is beautiful: Economics as if people mattered.* Harper & Row.

Schumpeter, J. (1912). *Theorie der wirtschaftlichen Entwicklung.* Duncker & Humblot.

Scott, H. K., & Cogburn, M. (2017). *Behavior modification.* StatPearls Publishing.

Securing America's Future Energy. (2018, September 21). *The military cost of defending the global oil supply.* http://secureenergy.org/wp-content/uploads/2018/09/Military-Cost-of-Defending-the-Global-Oil-Supply.-Sep.-18.-2018.pdf. Zugegriffen am 12.02.2022.

Shah, A. (2013, June 30). *World military spending.* Global Issues. Retrieved July 10, 2019. http://www.globalissues.org/article/75/world-military-spending. Zugegriffen am 12.02.2022.

Shorrocks, A., Davies, J., & Lluberas, R. (2018). *Global wealth report 2018.* Credit Suisse Research Institute, Credit Suisse.

Simon, J. L. (1983). *The ultimate resource.* Princeton University Press.

Simpfendorfer, B. (2009). *The new silk road: How a rising Arab world is turning away from the west and rediscovering China.* Palgrave Macmillan.

Singer, P. (1972). Famine, affluence, and morality. *Philosophy & Public Affairs, 1*(3), 229–243.

Sinn, H. W. (2012). *The green paradox: A supply-side approach to global warming.* MIT Press.

Sinn, H. W. (2016). *Der Schwarze Juni. Brexit, Flüchtlingswelle, Euro-Desaster: Wie die Neugründung Europas gelingt.* Herder. ISBN 978-3-451-37745-7.

Sinn, H. W., & Wollmershäuser, T. (2012). Target loans, current account balances and capital flows: The ECB's rescue facility. *International Tax and Public Finance, 19*(4), 468–508.

SIPRI. (2019). *SIPRI yearbook 2019: Armaments, disarmament and international security.* https://www.sipri.org/sites/default/files/2019-06/yb19_summary_eng.pdf. Zugegriffen am 12.02.2022.

Skinner, B. F. (1990). *The behavior of organisms: An experimental analysis*. BF Skinner Foundation.

Slaus, I., Giarini, O., & Jacobs, G. (2013). Human centered development perspective. *Cadmus, 1*(6), 18–23.

Sloterdijk, P. (2016). *Was geschah im 20. Jahrhundert? Unterwegs zu einer Kritik der extremistischen Vernunft*. Suhrkamp Verlag.

Snidal, D. (1985). Coordination versus prisoners' dilemma: Implications for international cooperation and regimes. *American Political Science Review, 79*(4), 923–942.

Solid. *Welcome to solid*. Retrieved January 30, 2020. https://solid.inrupt.com/. Zugegriffen am 12.02.2022.

Sorel, E., & Padoan, P. C. (2008). *The Marshall plan: Lessons learned for the 21st century*. OECD.

Soroos, M. S. (1994). Global change, environmental security, and the prisoner's dilemma. *Journal of Peace Research, 31*(3), 317–332.

Soros, G. (2015). *The alchemy of finance*. Wiley.

Sorrell, S., & Dimitropoulos, J. (2008). The rebound effect: Microeconomic definitions, limitations and extensions. *Ecological Economics, 65*(3), 636–649.

Sperry, R. W. (1975). Left-brain, right-brain. *Saturday Review, 2*(23), 30–32.

Spitzer, M. (2018). *Einsamkeit: Die unerkannte Krankheit. Schmerzhaft, ansteckend, tödlich*. Droemer eBook.

Spratt, D., Armistead, A., & Dunlop, I. (2020). *Fatal calculations: How economics has underestimated climate damage and encouraged inaction*. National Centre for Climate Restoration Melbourne. https://climateactionaustralia.wordpress.com/2020/04/16/how-economics-has-underestimated-climate-damage-and-encouraged-inaction-climateemergency-fatal-calculations/. Zugegriffen am 12.02.2022.

Stahel, W. R. (2019). *The circular economy: A user's guide*. Routledge.

Steffen, W., Broadgate, W., Deutsch, L., Gaffney, O., & Ludwig, C. (2015). The trajectory of the Anthropocene: The great acceleration. *The Anthropocene Review, 2*(1), 81–98.

Steffen, W., Rockström, J., Richardson, K., Lenton, T. M., Folke, C., Liverman, D., et al. (2018). Trajectories of the earth system in the Anthropocene. *Proceedings of the National Academy of Sciences, 115*(33), 8252–8259.

Stern, N. (2006). *The economics of climate change: The Stern review*. Cambridge University Press.

Stern, N. (2007). *The economics of climate change: The Stern review*. Cambridge University Press.

Stern, N. (2016). Economics: Current climate models are grossly misleading. *Nature, 530*(7591), 407–409.

Sternberg, R., & Jordan, J. (Hrsg.). (2005). *A handbook of wisdom: Psychological perspectives*. Cambridge University Press.

Stiglitz, J. E. (2017a, March 6). *The overselling of globalization* [Paul Volcker prize lecture]. National Association of Business Economists.

Stiglitz, J. E. (2017b). *Globalization and its discontinents revisited*. W.W. Norton.

Storm, S., & Schroeder, E. (2018). *Economic growth and carbon emissions: The road to 'hothouse earth' is paved with good intentions*. Institute for new economic thinking working paper series, 84.

Summers, L. H. (2015). Demand-side secular stagnation. *American Economic Review: Papers and Proceedings, 105*(5), 60–65.

Sumner, S. (2010, September 11). *The other money illusion*. https://www.themoneyillusion.com/the-other-money-illusion/. Zugegriffen am 12.02.2022.

Taleb, N. N. (2007). *The black swan: The impact of the highly improbable*. Random House.

Taleb, N. N. (2012). *Antifragile: Things that gain from disorder* (Bd. 3). Random House.

Taylor, C. (1989). *Sources of the self*. Harvard University Press.

Taylor, C. (1998). Fallback to a common currency: What to do if EMU stumbles? In J. Arrowsmith (Hrsg.), *Thinking the unthinkable about EMU: Coping with turbulence between 1998 and 2002* (S. 104–117). National Institute of Economic and Social Research London.

Tetlock, P. E., & Gardner, D. (2015). *Superforecasting: The art and science of prediction*. Crown Publishers.

The Economist. (2020, September 12). Who owns that? *Enforceable property rights are still far too rare in poor countries* (S. 31–33). https://www.economist.com/leaders/2020/09/12/who-owns-what. Zugegriffen am 12.02.2022.

Threefold Network. (2020, January 30). https://www.threefold.io/. Zugegriffen am 12.02.2022.

Tiftik, E., & Mahmood, K. (2019). *Global debt monitor: Devil in the details.* IIF. https://www.iif.com/Portals/0/Files/Global%20Debt%20Monitor_January_vf.pdf. Zugegriffen am 12.02.2022.

Tinbergen, J. (1962). *Shaping the world economy.* Twentieth Century Fund.

Tobin, J. (1978). A proposal for international monetary reform. *Eastern Economic Journal, 4*(3/4), 153–159.

Transparency International. (2018). *Corruption Perceptions Index 2017.* https://www.transparency.org/news/feature/corruption_perceptions_index_2017. Zugegriffen am 12.02.2022.

Turner, A. (2013, February 6). *Debt, money, and Mephistopheles: How do we get out of this mess?* [Lecture delivered at Cass business school]. https://www.ineteconomics.org/uploads/downloads/DEBT-MONEY-AND-MEPHISTOPHELES-HOW-DO-WE-GET-OUT-OF-THIS-MESS.pdf. Zugegriffen am 12.02.2022.

Turner, A. (2015). *The case for monetary finance: An essentially political issue* [Paper presented at the 16th Jacques Polak annual research conference]. IMF. https://www.imf.org/external/np/res/seminars/2015/arc/pdf/adair.pdf. Zugegriffen am 12.02.2022.

von Uexkull, J., Jacobs, G., Šlaus, I., Hoffman, R., & Marien, M. CADMUS.

Ulanowicz, R. E., Goerner, S. J., Lietaer, B., & Gomez, R. (2009). Quantifying sustainability: Resilience, efficiency and the return of information theory. *Ecological Complexity, 6*(1), 27–36.

UN. (2015). *Transforming our world: The 2030 agenda for sustainable development.* https://sustainabledevelopment.un.org/content/documents/21252030%20Agenda%20for%20Sustainable%20Development%20web.pdf. Zugegriffen am 12.02.2022.

UN. (2018). *The sustainable development goals report 2018.* https://unstats.un.org/sdgs/files/report/2018/TheSustainableDevelopmentGoalsReport2018-EN.pdf. Zugegriffen am 12.02.2022.

UN. (2019). *World population prospects 2019: Special aggregates.* https://population.un.org/wpp/Download/SpecialAggregates/EconomicTrading/. Zugegriffen am 12.02.2022.

UNCED. (1992). *Agenda 21.* https://sustainabledevelopment.un.org/content/documents/Agenda21.pdf. Zugegriffen am 12.02.2022.

UNCTAD. (2014). *World investment report 2014. Investing in the SDGs: An action plan.* https://unctad.org/en/PublicationsLibrary/wir2014_en.pdf. Zugegriffen am 12.02.2022.

UNCTAD. (2019, September 30). *Debt and development finance. About: History.* https://debt-and-finance.unctad.org/Pages/History.aspx. Zugegriffen am 12.02.2022.

UNDP. (2019). *Global multidimensional poverty index 2019: Illuminating inequalities.* http://hdr.undp.org/sites/default/files/mpi_2019_publication.pdf. Zugegriffen am 12.02.2022.

UNEP. (2013). *The emissions gap report 2013.* http://web.unep.org/sites/default/files/EGR2013/EmissionsGapReport_2013_high-res.pdf. Zugegriffen am 12.02.2022.

Utke, A. R. (1998). Introduction: The (re) unification of knowledge: Why? How? Where? When? *Counterpoints, 39*, 1–33.

Van der Knaap, P., & De Vries, T. (2018). *World cash report 2018.* G4S Global Cash Solutions. https://cashessentials.org/app/uploads/2018/07/2018-world-cash-report.pdf. Zugegriffen am 12.02.2022.

Van Lerven, F. (2016). *A guide to public money creation: Outlining the alternatives to quantitative easing* [Positive Money report]. https://positivemoney.org/2016/04/our-new-guide-to-public-money-creation/. Zugegriffen am 12.02.2022.

Vassiliou, M. S. (2009). *Historical dictionary of the petroleum industry.* Scarecrow Press.

Vaubel, R. (1990). Currency competition and European monetary integration. *The Economic Journal, 100*(402), 936–946.

Veblen, T. (1899). *The theory of leisure class.* Macmillan.

Véron, N., & Wolff, G. B. (2016). Capital markets union: A vision for the long term. *Journal of Financial Regulation, 2*(1), 130–153.

Vicary, S., Sperling, M., Von Zimmermann, J., Richardson, D. C., & Orgs, G. (2017). Joint action aesthetics. *Public Library of Science One, 12*(7), e0180101.

Von Weizsäcker, E. U., & Wijkman, A. (2017). *Come on!: Capitalism, short-termism, population and the destruction of the planet.* Springer.

Walach, H. (2010). Complementary? Alternative? Integrative? *Forschende Komplementärmedizin, 17*(4), 215–216.

Walach, H. (2019). *The Galileo commission report: Beyond a materialistic world view. Towards and expanded science.* Scientific and Medical Network. https://www.galileocommission.org/wp-content/uploads/2019/04/Science-Beyond-A-Materialist-World-View_compressed.pdf. Zugegriffen am 12.02.2022.

Wason, P. C. (1968). Reasoning about a rule. *Quarterly Journal of Experimental Psychology, 20*(3), 273–281. https://doi.org/10.1080/14640746808400161. ISSN 1747-0226.

Water Corporation. (2018). *Statement of corporate intent 2018–19.* Water Corporation. https://www.watercorporation.com.au/-/media/files/residential/about-us/our-performance/annual-report/statement-of-corporate-intent-2018-19.pdf. Zugegriffen am 12.02.2022.

Wehling, E. (2016). *Politisches Framing: Wie eine Nation sich ihr Denken einredet und daraus Politik macht.* Herbert von Halem Verlag.

Weisberg, H. I. (2014). *Willful ignorance.* Wiley.

Werner, R. (2003). *Princes of the yen: Japan's central bankers and the transformation of the economy.* Taylor & Francis Inc.

Werner, R. A. (2014). Can banks individually create money out of nothing? The theories and the empirical evidence. *International Review of Financial Analysis, 36*, 1–19.

WHO, & Unicef. (2017). *Progress on drinking water, sanitation and hygiene: 2017 update and SDG baselines.* https://apps.who.int/iris/bitstream/handle/10665/258617/9789241512893-eng.pdf;jsessionid=832C087A189FFA4D249EBD26F172DBF1?sequence=1. Zugegriffen am 12.02.2022.

Wilber, K. (2000). *Integral psychology: Consciousness, spirit, psychology, therapy.* Shambhala.

Willett, W., Rockström, J., Loken, B., Springmann, M., Lang, T., Vermeulen, S., et al. (2019). Food in the Anthropocene: The EAT-Lancet Commission on healthy diets from sustainable food systems. *The Lancet, 393*(10170), 447–492.

Williamson, J. (1993). Democracy and the 'Washington consensus'. *World Development, 21*(8), 1329–1336.

Winthrop, R., & McGivney, E. (2015). *Why wait 100 years? Bridging the gap in global education.* DeBrookings Institution. https://www.brookings.edu/wp-content/uploads/2015/06/global_20161128_100-year-gap.pdf. Zugegriffen am 12.02.2022.

Wolff, E. N. (2017). *Household wealth trends in the United States, 1962 to 2016: Has middle class wealth recovered?* [Working paper number 24085]. National Bureau of Economic Research.

Woodward, D. (2015). Incrementum ad absurdum: Global growth, inequality and poverty eradication in a carbon-constrained world. *World Economic Review, 4*, 43–62.

Working Group on New International Contributions to Finance Development. (2004). *Report to the French president Jacques Chirac.* https://www.globalpolicy.org/images/pdfs/12landau.pdf. Zugegriffen am 12.02.2022.

World Academy of Art and Science [WAAS]. (2020). *Catalytic strategies for transformative leadership: Leadership principles, strategies, & examples.* http://www.worldacademy.org/files/global_leadership/socially_transformative_leadership.pdf. Zugegriffen am 12.02.2022.

World Bank. (2016). *Development goals in an era of demographic change* [Global monitoring report 2015/2016]. https://doi.org/10.1596/978-1-4648-0669-8

World Bank. (2017). *Guidance on PPP contractual provisions: 2017 edition.* https://ppp.worldbank.org/public-private-partnership/sites/ppp.worldbank.org/files/documents/Guidance_%20PPP_Contractual_Provisions_EN_2017.pdf. Zugegriffen am 12.02.2022.

World Bank. (2018a). *Poverty and shared prosperity 2018: Piecing together the poverty puzzle.* https://openknowledge.worldbank.org/bitstream/handle/10986/30418/9781464813306.pdf. Zugegriffen am 12.02.2022.

World Bank. (2018b). *The world bank annual report 2018.*

World Bank. (2019). *Global economic prospects, June 2019: Heightened tensions, subdued investment.* World Bank. https://doi.org/10.1596/978-1-4648-1398-6

World Bank, Indicators. (2018a). *Population, total.* https://data.worldbank.org/indicator/SP.POP. TOTL. Zugegriffen am 12.02.2022.

World Bank, Indicators. (2018b). *GDP (current, US$).* https://data.worldbank.org/indicator/ NY.GDP.MKTP.CD. Zugegriffen am 12.02.2022.

World Data Lab. (o. J.). Retrieved April 30, 2020. https://worlddata.io/?utm_source=google&utm_ medium=cpc&utm_campaign=Worlddatalab&campaignid=6444202480&adgroupi d=80923113321&adid=378525020332&gclid=Cj0KCQjwy6T1BRDXARIsAIqCTXpOBPxr Heu-f9SSNN5dhWGJ5vnRy2TpOHP7yN5UMHtKFtupcUmkY1waAlcEEALw_wcB. Zuge- griffen am 12.02.2022.

World Economic Forum. (2018). *Global gender gap report 2018.* http://reports.weforum.org/ global-gender-gap-report-2018/. Zugegriffen am 12.02.2022.

World Food Programme. (2017, March 7). *What is 'blockchain' and how is it connected to fighting hunger?* https://insight.wfp.org/what-is-blockchain-and-how-is-it-connected-to-the-figh- ting-hunger-7f1b42da9fe. Zugegriffen am 12.02.2022.

Worldbank, Indicators. (2015). *Fossil fuel energy consumption (% of total).* https://data.world- bank.org/indicator/EG.USE.COMM.FO.ZS. Zugegriffen am 12.02.2022.

Wray, L. R. (1998). *Understanding modern money: The key to full employment and price stability.* Edward Elgar.

Wray, L. R. (2015). *Modern money theory: A primer on macroeconomics for sovereign monetary systems* (2. Aufl.). Palgrave Macmillan.

Wu, K., & Dunning, D. (2018). Unknown unknowns: The problem of hypocognition. *Scientific American Mind, 29*(6), 42–45.

Wuebbles, D. J., Fahey, D. W., Hibbard, K. A., Dokken, D. J., Stewart, B. C., & Maycock, T. K. (Hrsg.). (2017). *Climate science special report: Fourth national climate assessment* (S. 470). U.S. Global Change Research Program.

Yuan, G., Drost, N. A., & McIvor, R. A. (2013). Respiratory rate and breathing pattern. *McMaster University Medical Journal, 10*(1), 23–25.

Zuboff, S. (2019). *The age of surveillance capitalism: The fight for a human future at the new frontier of power: Barack Obama's books of 2019.* Profile Books.